国家社会科学基金重大项目：
我国社会诚信制度体系建设研究（批准号为11&ZD030）

本项目得到中国人寿资产管理有限公司资助；
得到中信建设有限责任公司资助；
得到深圳市晟大生物有限公司资助。

"十二五"国家重点图书出版规划

法学译丛·法治诚信系列

主　编　曹义孙
副主编　李士林　缪建民

法律与伦理实证主义

[澳] 汤姆·坎贝尔 (Tom Campbell)　著
刘坤轮　译

Prescriptive Legal Positivism: Law, Rights and Democracy

中国人民大学出版社
·北京·

法学译丛·法治诚信系列

编 委 会

诚：实与信（代序）

要回答"诚信是什么"，首先应该了解"诚"这个字的含义。"诚"这个字的意思很丰富，用得也很广泛，然而就其本意而言，却只是"实"，以及由实而生的"信"，用词来表达就是"诚实"与"诚信"。而"诚信"主要有两个方面，即"信仰"与"规范"。

诚是人类探寻的道德实在

翻开任何字典，我们都能发现"诚"这个字的意思就是实在。所谓"实在"，就是真实的存在，是由"实"来形容"在"的偏正结构。从理论上看，所谓"实在"，是指不以人的意志为转移的客观存在。诚之实在，不仅是客观的，而且是本质的。因为在哲人看来，仅仅从主观与客观的区分来判别实在的意义是远远不够的，还需要从现象与本质相区别的角度来理解。现象意义的存在叫做存在者，只有本质或根据意义上的存在才是哲学意义上的存在。因而，真实的存在不是指存在者，而是指存在本身。

在中国古人看来，这种作为存在本身的诚之实在，只有在天、地与圣人那里才得以完全的显现。于是，中国古人认为诚只是天、地与圣人共有的本性。在《中庸》和《孟子》中都说，"诚者，天之道也"。宋明理学家张载说，"性与天道，合一存乎诚"。实际上，诚就是我们哲学所讲的客观实在性。那么，在我们人的世界里，诚之实在与诚之德性、诚之规则以及诚之行为之间是一种什么关系呢？

诚之德性、规则虽然相对于各种具体的诚之行为来说，是抽象的，是理由与依据，但相对诚之实在来说，却是存在者，是派生的。诚之实在不依赖于诚之种类而存在，而诚之种类却依赖诚之实在，诚这种实在是诚之种类的根据和本源。这种思考与我们哲学所说的物质第一性具有相似性。宋明理学家周敦颐在《通书·诚》中说，诚是"五常之本，百行之源"，不仅是诚之行为的根据，也是各种德性与规范的理由，从而非常直接地肯定了诚实的第一性。这种第一性的诚，我们称之为"至诚"，也就是最高的实在。由于诚作为实在不仅是天、地、圣人之本性，而且是万物之根源和规律，所以有人说中国文化中的"诚"是中国人所追求的道德本体，具有西方基督教的"上帝"之意义与地位。至诚作为宇宙之实在、道德之本体，是整体，是"一"，具有不可见、不动无息、永恒与无限的特征。

诚是人类追求的道德信仰

如果说诚实即诚之实在，具有永恒与无限的特征，那么，从生存论看，作为最高存在的诚实，就是道德的信仰。其内容不仅是真，而且是善，是全真完善的存在。所谓诚之真，就是说诚没有虚假，没有被他者所遮蔽，是事物如其本性的存在。天就拥有这种实在，昼夜交替、四季循环就是其表征。作为实在的诚，也是人类所追求的知识层面的绝对真理，是人类解释一切事情存在与变化的知识与智慧。所谓诚之善，就是说诚不仅是万物生存的内在的动力与原因，而且是万物自我成长与完善的目的，当然更是人类自觉追求的道德信仰。

实际上，诚之信仰是人类最大的美德，朱熹说，"凡人所以立身行己，应事接物，莫大于诚敬"。人类对诚实本体应该心怀敬意、敬畏和信仰之心。这就是宗教所提倡的虔诚美德，在基督教中也叫信德。中国古人说，诚者，信也。对人来说，诚实作为美德就是相信。正如宋明理学家张载在《正蒙》中所说："天不言而信，神不怒而威；诚故信，无私故威。"

在诚实本体与人类存在者之间的关系问题上，我们人类要担当宇宙完善的责任，要与至诚相融合。一方面，我们要相信，诚实真实存在，因而视诚实为自己的信仰，同时视诚实为自己的真正本性；另一方面，我们要相信，人类良善定能战胜邪恶，既行大善也不弃小善，这就是我们的诚实美德。因而，诚就是信仰，是人类对至诚的渴望与信守。人类只有以诚信为美德，才能真正成其为人。正如朱熹所说，"道之浩浩，惟立诚才有可居之处"。

诚是人类趋善避恶的道德规范

诚是人类追求的道德实在，是人类的道德信仰，这是诚信的一个方面。诚信的另一个方面，就是要相信他人，即人与人之间要相互信任。人由于自身的弱点不仅无法完全认识与把握诚实这种永恒之本体，而且难于完全认识他人之本性、随时把握他人的全部变化。因而，处理自我与他人的关系时，应该持有一种基本的信任态度。不仅如此，人对自己的认识与把握也不可能是完全的，实际上存在着许多自己都不认识的领域与方面，因而，人对自己也应该持有信任的态度，这就是自信。无论是人与人之间相互的信任关系，还是人对自己的信任关系，都需要有一套道德原则和规范来保障。所以，诚实除信仰性之外，还存在规范性。

从诚实原理来看，趋善避恶的良善原则应该为道德的第一原则，正当应为第二原则，趋利避苦的功利是道德的第三原则。这种原则秩序有着其内在的逻辑联系，不能任意地中断或颠倒。如果顺其秩序而支配人的性情欲望，主宰人的决定，那么诚实就可以显现；反之，自欺与欺人的行为就会发生。

我们要坚持趋善避恶的良善原则的首要地位，无论是道德规则还是道德行为都必须从良善原则出发，正本清源，明确诚实是善，虚伪是恶，以诚实良善为安身立命之所、养性修业之基，努力光大自己原有的趋善避恶的自然倾向，反对以利害和乐苦的功利原则为道德第一原则的人生选择，更反对趋炎附势的小人做法。

以诚实良善原则为基础的道德规则，有五个方面的道德要求：第一，做人要诚实，要表里如一，不要伪善。"诚，谓之诚实也"。"诚者何？不自欺，不妄之谓也。"第二，心意要自信，不欺心。《礼记·大学》中说："所谓诚其意者，毋自欺也。"意思是说，要自己相信自己，不要自己欺骗自己。苏格拉底说，自欺是把骗子留在家里，与自己整天待在一起。因而，自欺是首要的恶；同时，要懂得诚心诚意是修身之本，不仅观察思考要求实存真，而且意志决定要真诚善良。第三，言谈要真诚，不欺人。不撒谎、说实话，这是人与人相互沟通、取得相互信任的重要渠道和重要保障。第四，行为要守诺，讲信用，不要欺诈。《尚书·孔传》说："鬼神不保一人，能诚信者则享其祀。"第五，做错事要坦白，承担责任，接受应该受到的惩罚，这比躲避惩罚要幸福。

综上所述，"诚"具有客观"实在性"及其派生的人生"信仰性"与道德"规范性"，是实在、信仰与规范的统合体。

曹义孙

目 录

第一章　重新定位法律实证主义

本书收集了从宪法角度研究法律、权利和民主理论的一系列作品。它们试图将法律和政治哲学聚合在一个规范性框架之内，根据具体文章中该理论所强调维度的不同，该框架的名称可不断变换，分别可称为"伦理实证主义法律理论"、"规定性法律实证主义"，或是简单称为"民主实证主义"。该选集展现了以一种民主方式关注如何推进权利的（部分）政治哲学。我希望，就实质问题，对于有着极为千差万别政治点的人们来说，规定性实证主义的宪法进路能够具有吸引力。出于这一原因，可以通过各种不同方式来了解关于社会民主的各种政治哲学，范围从激进的个人主义到高度社群化的形式。的确，它的核心偏见是，在解决和协调多元化、多样性社会中的冲突和争议时，具有机械主义。然而，该理论致力于推进民主和人权，在这一点上，它毫不妥协，并且在这两种当代法律和政治治理理念如何能以一种相互维持的方式进行整合的问题上，它有着自己独特的观点。

提出观点

全球恐怖主义、局部战争、渐增的不平等、猖獗遍布的腐败和环境恶化，将我们的注意力加速转向基本正义、理性和善治等基本问题。在这种语境中，曾经一度流行的一系列法律、平等理念再次春芽破土，成为可持续民主与世界和平的核心要素。该系列理念的语言工具是围绕法治的话语，也就是这样一种理念，即政府的运作应当通过并受制于法律，其他组织和个人必须接受和服从这些法律，而在其他方面，则可以根据他们认为适当的方式自由行为。

法治的一个特殊形式为实在法之治，或更具体地说，是规则之治。根据法律实证主义，法治的收益要求相关法律是现行一般规则（也就是适用于特定类型人和行为的规则），这些规则充分清晰、具体，足以使一个社会中的成员就规则是否得到遵守或被违反达成一致认识，即使是当他们对相关规则的可欲性存在认识争议时。这种法治就是我所称的"规定性法律实证主义"。

本书出版商曾试图说服我，不在题目中使用"法律实证主义"。这可以理解。整体而言，法律实证主义常被当作一种无趣的、保守的法律理论，该理论错误地将法律实践展现为规则的机械适用，不考虑特定情形中法律实践之于人类福利和社会正义的结果，只关注这些规则如何通过惩罚得以执行，并设定一种占有无限权力、不切实际的主权观念。由于法律实证主义的这种负面形象，法律不断地沦为一种开放性社会控制的迟钝工具，或是妨碍社会进步的保守机制。①

无论是从道德上，还是从智识上来看，这都不是一幅有吸引力的图景。从道德上看，法律实证主义被看作防止依赖个人良心，并将依据一个总方案下的威胁和暴力的治理合法化。从智识上看，法律实证主义被认为错误地展现了作为最佳法律推理特征的、关于正义的原则性探讨，高估了外部制裁的社会效用，而忽略了理解主权本身的困难，更不用说它归咎于"人民"了。考虑到这种广为人知的负面形象，将"法律实证主义"从任何书名中抹去，而代之以一些更为温和的词语，比如"法治"，或更好一点的"人权"或"正义"，必然是一个很好的营销策略。

本书中的大多数文章都是关于人权和法治的，尽管事实如此，但我仍然拒绝了这一建议，因为，这些文章的独特之处在于，它对这些核心概念采取了特殊的进路，该进路主要源于经典法律实证主义所阐明的法律观点，尤其是杰里米·边沁的研究。从这一传统中，我所汲取的并不是边沁弟子约翰·奥斯丁所秉持的概念上的教条主义，对他而言，法律被定义为（无限）主权权力的（一般）命令。相反，从经典法律实证主义那里，我得到一种规定性或规范性的珍贵法律类型模式，这种模式中存在一个融贯的一般规则体系，这些一般规则清晰、可理解、具体，经适用它们的那些人同意而合法化，并且通过一个统一等级的公正审判庭予以执行，这些审判庭的工作是将这些规则适用于具体情境，

---

① 近来关于这种形象的一个探讨，可参见 AJ Sebok, "Misunderstanding legal positivism", *Michigan Law Review*, Vol 93, 1995, 2054—132, reprinted in TD Campbell and A Stone, *Legal Positivism*, Aldershot：Ashgate/Dartmouth, 1999。

并审查政府行为与通过民主颁布的规则的一致性程度。因而，也就有了"规定性法律实证主义"之名。

在边沁那里，无论从法律上，还是从政治上，规定性法律实证主义的形式都是一种激进的、实际上革命性的理论。在19世纪早期，它对普通法的无序、晦涩和保守主义提出了有力的批判，并且，对服务于"最大多数人最大快乐"的新型法律秩序，它为大众民主作为其合法渊源的情形给出了一个关键要素。一个半世纪之后，法律实证主义开始被广泛认为是一种关于法律"含义"的纯粹概念理论，具有非常保守的含义，它将"大写的法律"优先于法律改革和民主进步问题，考虑到这一历史，注意到这一点，就显得非常有趣。

关于法律实证主义为什么会出现这样一种形象转折，解释起来很复杂。它 5 们包括在一个"最大多数人"已经相对富裕的社会中，对弱势少数派予以适当道德关注的兴起，以及法律实证主义与鼓励、固化社会经济不公的国家作用极端自由观念的偶然关联。法律实证主义还开始被看做一种虚假的司法良知，借此，司法者的集体意识形态为，法院"发现"但不"制定"法律，在实践中，这就有利于掩饰和合法化实际上是运用司法自由裁量权所作出的具有争议，并且通常是压迫性的司法裁决。

尽管这种分析适用于特定历史阶段具有合理性，但是，启发本书中大多数文章思路的却是一种修正版本的边沁式实证主义，它将边沁进路中的规范方面置于概念和经验要素之上，并且，以一种与所谓法律实证主义和法律实证主义者负面历史背道而驰的方式，与当代法律体系和民主政治发生重大关联。

对法律实证主义修正复名要通过霍布斯、康德、边沁、奥斯丁，以及最近的凯尔森和哈特的作品，从认识到其强大的规范性方面开始。以他们的概念作为前见之后，每个人都强烈地受到一定道德价值和政治倾向的驱动，这无论如何都和实证主义的咒语，也就是我们总是必须区别实然法和应然法的理念相冲突。无须主张应当将这些范例实证主义者解释为纯正的规定性实证主义者，他们的理论中有充分的规范性元素，据此可以建构一个规定性法律实证主义。这种实证主义将概念分析仅仅当作一种道德论证的工具，而将经典实证主义的经验命题当作确定一种真正实证主义法律体系的可能性，而非现实性。

以一种全新，甚至激动人心的装饰重新展现所熟悉的理论，有一定的乐趣。对社会理论意识形态进行历史哲学重塑的痴迷源于我对亚当·斯密有关道德理论的博士论文的研究。[①] 尽管他对市场经济和最小国家理论具有巨大影

---

① 　TD Campbell, *Adam Smith's Science of Morals*, London: George Allen & Unwin, 1971.

响，但是，斯密还探讨了一种道德的社会理论在他那个时代的功利主义和干预主义意义，该讨论意义重大，影响深远。斯密支持免费的基本教育，支持对商业实践加强控制，这广为人知，但是，或许并没有被人了解的是，这些明显的失范源于他对人类社会属性的一般理论没有了解，他将社会制度植根于源于人类发展的社会化经验，他称之为"道德情操"者的重要意义。

6   研究亚当·斯密经济社会理论的名声和现实之间的差异本身就很有趣。但更有趣的是，尽管他的研究带有自然法气质，因为他也致力于古希腊这方面的研究，但基本上，斯密理论的规范方面却是功利主义的，在其心理学利己主义方面（在这方面，斯密又非常社会化）并不太多，更多和其根本道德前提有关，认识到这一点，更加有趣。从认识论上看，斯密致力于整体福利，但这是站在与我们自身福利没有利害关系的公正立场之上，乃是植根于"任何有思想者"较之不幸福，对幸福无法动摇的偏好。斯密可能不是一个规定性或实践性功利主义者，原因在于，他质疑我们牵涉自己福利时直接最大化整体幸福行为的能力，但是，他是一个"沉思的功利主义者"，这是因为，他对社会所作可取或不可取的评断，最终依据的是对人类福利的比较判断。①

此外，斯密对社会化个体生活中良知的出现进行了分析，正是通过这一分析，我才开始对规则在一个有序、繁荣且公正的人类社会中多元、本质性的作用产生兴趣。根据斯密的分析，道德规则产生于对什么会取得无利害关系旁观者赞同或反对进行的概括，在我们的道德发展和教育过程中，这是一个我们都参与的过程。人们学着适用这些概括来预测他人会如何对他们的行为作出反应，从而使我们得以避开谴责和惩罚，取得赞誉和奖励。在这一过程中，学者从一种行为观察者角度——公正旁观者——来看待我们的行为，这样，通过移情和想象来谴责或赞扬我们自己，从而也就有了良心现象或"内在的人"②。尽管这一过程会产生自我导引或自治的人，但是，这并不意味着，在决定如何行为时，个人可以或应当追随自己的情感。这是因为，在行为时，我们倾向于自我偏袒，因而，作为参与者，我们必然无法采用公正的观点。因此，在实践中，要严格遵守规则，原因在于，这会阻止我们因主体无法避免的自我偏好而被误导，从而使我们能确保得到他人的许可；反过来说，这也是确保得到我们自己良心许可的方式。由于这个原因，起源偶然的规则在实践中实乃必要。此

---

① See TD Campbell, "Scientific explanation and ethical justification in The Moral Sentiments", in AS Skinner and T Wilson (eds), *Essays on Adam Smith*, Oxford: Clarendon Press, 1975, 68—82.

② Adam Smith, *The Theory of Moral Sentiments*, 6th edn, London: A Strahan, 1790, Vol 1, 321: "假定的公正、博学旁观者……心中的人，伟大的法官以及他们行为的裁判者。"

外，这些规则并不服从于市场谈判，而是可接受经济行为的道德前提，这些可接受经济行为是有助于实现最大化人类福利的一种制度。

通过对亚当·斯密道德社会理论的研究，对于我们所承继下来的社会政治理论的意识形态式分类，我内心油然而生出一种怀疑态度。如果所谓理性主义经济学缔造者基本上还是一个社会福利理论家的话，那么，对于超越竞争性社会政治哲学传统理论战线的可能性保持开明思想，就诚无所谓。

这种怀疑主义蔓延到后二战时期对分析哲学的哲学风格之有限意义的承认。我曾认同，并且仍然接受，逻辑实证主义者对先验综合法（a priori synthetic）的批判。根本就不存在概念上必要的实质真理，因而，寻求发现这样的先验真理也是一个具有误导性的哲学目标。超然的概念分析是对同义反复（有时有用）的阐明，但是，它本身却并不是一种真理来源。

另一方面，排他地专注于维特根斯坦在其社会运行语境中分析日常语言的策略，似乎既野心不足，又雄心过度。将分析约化为在日常背景中解释其精巧之处，尽管在解决一些哲学难题时，常常多有助益，具有启发性，但是，这并不是合法哲学雄心的要义（be-all and end-all）。除此之外，认为哲学是一种纯粹的"元"或"次级"活动，不能直接涉及"一级"或实质的道德、政治问题，这一理念野心不足，这一点，随后应用哲学的再次崛起已经予以表明。

然而，主张这种日常语言分析能够为概念恰当性设置权威的标准，或是在理解这类话语为其中关键组成部分的社会现实方面，它能够长远地引领我们，却是一个错误。显然，这种指向社会取向分析技术的主张过于野心勃勃，尽管，它们也可以是建议性的，并且，必定非常有助于哈特《法律的概念》的说服力。① 我将概念分析当作一种或是描述性、解释性，或是规范性话语的重要的次级方法。

通过对 18 世纪的研究，应用型道德哲学为我所熟悉，这些方法论起点则打开了支持此类道德哲学的道路，通过约翰·罗尔斯及其后继者的影响，它再次复兴。② 此外，对社会和政治领域中的教条主义，这还进一步鼓励了怀疑主义批判，一并放开了对一系列可用概念进行的创造性重构。

这一进路的早期例子是我对罗尔斯正义理论中一个核心假定的批判。"正义"，在罗尔斯看来，"乃是社会制度的第一美德"③。但在我看来，这并不符

---

① 例如，他区别性地负有一项义务和被迫——*The Concept of Law*, Oxford: Clarendon Press, 1961。

② 当然，还有他的前辈，尤其是拉斐尔（DD Raphael），那时他是格拉斯哥大学政治学的教授，我的博士导师。

③ J Rawls, *A Theory of Justice*, Oxford: OUP, 1971, 3；"正义是社会制度的第一美德，犹如真理之于思想。"

合我们的道德直觉，而这恰恰是罗尔斯方法论所诉诸的关键特征。在一些社会情境中，我们会认为其他美德，比如善良或真实，应当优先于对正义的追求，即便是考虑到在我们希望拥有的基本社会制度中，找出这样的社会情境也并不困难。同样，正义的自动优先性也并不符合标准社会语境中的正义话语，在标准语境中，正义通常和其他考虑保持一种平衡，从而不引发不恰当的问题。综合这两大因素，我们可以追问，如果总是优先考虑实现正义，那么，家庭生活或社区会被变成何种类型？

如果罗尔斯只是指出他理论中的一个假定，没有其他任何独立的认识论或哲学意义，那么，这就没有什么问题。然而，当他开始表达他（并默示我们）关于正义的道德直觉时，他使用这一假定给我们提出了这样一个问题，那就是：当设计我们社会的基本制度时，在优先性秩序中，我们会将何种因素放在首位？这是一个公平问题，但是，它是一个关于正义的问题吗？或者，换句话说，在回答我们的优先系列这样的问题时，他能假定我们是否总是会首先考虑正义呢？

再次重申，只要我们脑海中明确，所给出的只是暂时的概念假定，那么，这就仍然没有问题，但是，当涉及正义是否能够通过美德或应得（desert）进行分析等问题时，这很快就失去了预见力。事实上，关于正义，其中一个最持久的信念在于，它与根据人们的应得对待有一定关系。然而，根据罗尔斯对正义优先性的假定，就很难以应得来分析正义，原因在于，根据他们的应得来对待人们不适合作为一种最高的社会价值。将应得排除在正义之外（对此，罗尔斯有另外的论证）意味着，将该理论从正义话语中剥离开来，因为，它实际上是在真正（也就是，实践和日常）的社会政治理由中运行。当然，尽管这种话语本身并不具有与概念范围和所涉价值相关的证明价值，但是，提出一种如此脱离日常正义话语的政治正义理论，确实没有什么帮助，尤其是当你正在使用一种特殊的概念假定，以得出该理论所赖以建立的道德直觉之时。

横向思考这一问题，无论是从实用上、智识上，还是从道德上来看，承认存在一种连接正义和应得的根深蒂固的社会假定，但同时质疑人们获取他们所应得的是一种首要的社会或制度价值，都更有好处。从实用角度讲，这更符合日常的正义话语，因而有利于有效沟通。从智识角度讲，它避免了对一般的社会价值理论的根基作出一个争议性假定。从道德角度来讲，它开放了阐明道德上更优先命题的可能性，也就是说，如果将人性美德理解为对解除人类困难的关心，将正义理解为一些人对他人不当行为的纠正，那么，在很多情形中，人性美德都应当优先于正义。①

　　这种美德式正义理论（meritorian theory of justice）确立了一种模式，该 9
模式将明显保守的理论（比如正义是一个应得的问题）展现为可能非常激进的
理论，无论是从它可以被用以肯定者（在某些领域，比如刑法中，不惩罚无罪
者或罪刑相匹配是一个道德要求），还是从它可以被用以否定者（我们对我们
没有伤害的那些人不负有义务）来看。另外，在尝试以一种相对确切的方式定
义正义时，它表明了规定性法律实证主义的其中一个优点，也就是，对于关键
术语，我们应当努力在一个它们具有有用的含义、相对具体的层面上，就它们
的含义达成一致。就正义而言，一旦和应得概念剥离，该词语就成了一个在意
义上信马由缰的术语，我们可以将我们道德义务所指的内容赋予该词，从而弱
化了它在澄清政治问题时的有用性。

　　本书中使用的正是这种有时相当拙劣，却相当有解放性的方法论，它的扩
展实例既展示出了这些文章的风格，也揭示出了其目的，而这些正是本书的特
点。这里的目标并不是出于概念本身的原因进行创新，而是对一种创造性的分
析重新排序，通过借助传统理念，却以一种新方式运用它们以满足变更情境的
要求，从而对服务于当代语境中一个进步目的的政治观点予以阐明。这样，法
律实证主义就被描绘为一种规定性理论，该理论给出了支持规则之治的多种合
理性，对我们当前社会政治情境中出现的诸多问题，它给出部分的解决方案。
这一进路使我们能够有效地运用我们哲学历史中根深蒂固的理念和实践，同时
使它们符合我们当前的情势。这是我寻求对正义、权利、民主和法律使用的
技术。

　　本书渐次展开，呈现出一种政治哲学的解决框架，该框架植根于一种平等
主义意义上的人道主义，与通常并列的功利主义和权利相反，这种形式实际上
要求在一个权利体系中予以实例化。权利被用来融合以下两个方面：对确定首
要人类利益的强调；以及通过采用和维持一个公共权利所依据的实在规则体
系，保护、实现这些利益的义务。在这种制度中，规则——也就是，一般但却
具体的行为规定——具有一种有助于公正制定决策和执行的形式，并具有一种
由民主加以确定的内容。

　　因而，权利、法律和民主之间存在着一种相互支持的关系，这种关系通过
一种规定性法律实证主义而在理论上得以调和，根据这种法律实证主义，一个

---

　　① Sec TD Campbell，"Humanity before Justice"，*British Journal of Political Science*，Vol 4，
1974，51—63.

所欲的法律体系由具体的规则组成，这些规则无须诉诸争议性道德判断就能够被理解、遵守和适用。这些实在规则为特定社会中的权利主张和救济提供了依据。实证主义法律制度所保护的利益中，有一些（比如可预测性和确定性）并不局限于民主制度之中，但是，其他利益（比如增加政治争论和决策制定的公正性，以及最大化民主的责任）却只会出现在民主政体内。由于这个原因，在其更发达的形式中，我使用"民主实证主义"术语来指代这些论文中所积极罗列出表现形式的一般法律政治理论。

法　律

10　　我命题的最刚性形式为，法律实证主义当代的低劣形象是对一种意识形态推动的刻画，忽略了其在民主理论中的作用，并试图通过质疑大众规则的合法性，通过设立妨害人民主权的机制，来损害民主程序。更温和的表述为，法律实证主义的错误表述不理性地排除了某些替代选择，从而将我们和一些对我们法律政治目标发展的重要思路断裂开来。

本书第一部分的文章目标在于，寻求对另一种更有利的法律实证主义解释进行阐明和辩护，即将其解释为融合规则美德和民主美德之理论的一个要素。它以相对新近的文章作开篇，也就是"法律实证主义要义"，该文以近乎"伦理实证主义法律理论"中"伦理实证主义"的同等篇幅对这一理论进行了概述，"伦理实证主义"是我优先于含糊的"规范性实证主义"而选择的一个术语，后者适用于以规范作为研究对象的实证主义理论——比如哈特的，不同于那些将规范约化为原初（或非制度）事实（brute facts）者的理论——比如斯堪的纳维亚现实主义。[①]

以当代技术术语将伦理实证主义确定为一种规定性刚性法律实证主义，也就是确定，承认规则（哈特用于决定什么是法律，以及什么不是法律的术语），以及其他法律规范，都不应当包含道德术语。接下来，文章就开始区分法律实证主义和逻辑实证主义，尤其是在逻辑实证主义拒绝承认道德话语的客观

---

① 除了接下来章节中见到的引用外，在这一领域中，之后的贡献者也相当重要，值得指出的包括 GJ Postema, "Jurisprudence as practical philosophy", *Legal Theory*, Vol 4. 1998, 328; SJ Shapiro, "Law, morality and the guidance of conduct", *Legal Theory*, Vol 6, 2000, 127; J Waldron, *Law and Disagreement*, Oxford: OUP, 1999; L Alexander and E Sherwin, *The Rule of Rule: Morality, Rules and the Dilemmas of Law*, Durham. NC and London: Duke University Press, 2001。

性——甚至是意义——方面。[①] 在这方面，一些法律实证主义者是逻辑实证主义者，但是，大多数仍坚守道德真理的理念，同时确定区分道德和事实、应然和实然——这种区分被一些人认为是法律实证主义的本质。

接着，论文总结了我们为什么应该采用规定性刚性法律实证主义的理由。11 这些理由都是各种形式的规则理性，涵盖了社会承认规则在行为控制和协调时的效用、同等情况同等处理的要求、要求我们提前知道我们行为法律后果的自由理想，以及规则在限制和监督国家行为中的作用——通过授权给那些治理者，并作为一种机制，鼓励那种权力以一种衡平、透明方式行使的机制。所有这些因素都指向确切规则，规则制定独立于规则适用，以及具有规则制约之民主程序的需要。这些论证源于霍布斯、斯密、卢梭、康德、边沁、哈特、富勒、拉兹、绍尔和沃尔德伦的研究，本书通篇都在以不同的方式详细阐明这些论证，为之声辩。在开篇章节中，对采用该理论的实践意义，也进行了研究。

尽管我现在倾向于使用"规定性法律实证主义"（或者，为了区别于权威的霍布斯主义传统，有时也使用"民主实证主义"）这一术语，而非"伦理实证主义"；但是，就"伦理实证主义"这一标签有助于引出该理论的一个重要方面，也就是以下命题而言，这是一种损失，该命题即，符合规定性法律实证主义理念的法律体系的运行，不能离开规制那些执行者和服从于该制度者行为的伦理实践。规则之治这一承诺本身并不能完全由规则统治，并且，尤其是对于司法权威而言，其本身不能得到合法的执行。法律实证主义的伦理前提为第二章的主题，即"实证主义的伦理"。在此，"伦理"这一术语尤为恰当，因为它关涉一个法律体系中作为立法者、法官、律师、警察和公民所要扮演角色有关的道德权利、义务和美德。立法者必须作出真正诚信的努力，颁布清晰、确切、具体、可预测的规则；法官必须尽力适用这些规则，视其为立法者意图的表达，即便并不赞同它们的内容；律师必须不忽略或任意地因为他们自己或其客户的利益，而歪曲解释规则；警察必须在他们理解和适用规制他们行为的规则时，表现出同样的善意；而公民则负有一种遵守法律（的义务），不通过对规则要求作自利性曲解而为他们自己寻求优势。

本章将对这些伦理义务的局限和力量进行探讨，尤其是关涉律师时，律师高贵的自我形象与其恶劣的名声形成对照，还有就是关涉法官时，法官在作出特定类型结果时排除其个人和集体偏好的诚信是一种无法执行的伦理义务，而此义务恰是实在法所依赖的。在对（或许是形式上有瑕疵）规则含义和适用存

---

① As in AJ Ayer, *Language, Truth and Logic*, Harmondsworth: Penguin, 1936.

在真正疑问的时候，就会对正确的做法进行一定的关注，而这个问题，在之后的章节中将会更为详细地论述。然而，问题在于，规定性实证主义所要求的伦理义务最初依赖于法律创制者——立法者——并因而间接地依赖于选民和社会中的所有居民，选民的代理人即为立法者，而社会中的居民正是法律适用的对象。较之一种裁判理论而言，规定性法律实证主义首先是一种立法理论。对于立法者而言，诱惑在于，艰难选择的作出，必须是出于颁布清晰的规则，而非因肮脏的妥协。立法者更多的实在伦理义务在于，以诚信介入讨论和规则是什么的决定，理解我所称之为规则之治——"道德形式理由"的意义，也就是，要直接决定哪些区别具有道德上的重要性，须根据规则，而非根据我们面对的特定情境来决定。

12   在第一部分的剩余章节中，我以不同的方式提出了这些命题。第三章谈的是司法和政治权力的概念。这有时略显技术性的论证拒绝依据法律上和事实上的权力而对司法和政治权力进行区分，原因在于，权威既是政治权力，也是法律权力的一个实质要素，但是，它认同，司法权力通常既具有法律、也具有事实维度。然而，关键在于，法律权力无须拥有强加其意志于不情愿他人的自治，这其实是政治权力的一个特征。它没有接受越多受限制的法律权力，越具有鲜明法律性这一概念命题，而是提出，这一结合代表了一种权力"分立"的理想形态。

将这一分析适用于宪法问题时，人们认同，最高法院必须享有决定宪法案件的最终事实权力，但是，这并不是赋予它们去决定例如它们在裁决此类案件时解释模式的法律权力。宪法要运行，法院必须要拥有不受制于立法推翻，而作出这类决定的权力，但是，这并不意味着，它们如何执行这一任务不会构成司法权力的滥用。宪法的含义是什么，如何适用于特定情境，对此，宪法理念要求法院保留最后的话语权，但是，这并不意味着，它们如何履行这一任务不受制于政治上恰当的道德批判，该批判指向的是，它们如何履行角色的正确方式最终为一个信任问题。

这些命题在第四章中提出，关涉的是众彩纷呈的立法意图概念以及依赖于它的制定法解释。直白的观点为，立法者具有立法的义务，司法者具有解释立法的义务，而公民则有权利依据这一认识行为，即法律权利和义务可通过颁布为法律者之语境中普通含义予以确定。换句话说，从决定如何理解立法的角度来看，重要的是，立法意图是一个规范性观念，也就是说，一个立法机构应当被认为意图采纳为法律的词语具有语境普通含义。这里，"语境"指的是立法所针对的社会情境的类型。这一命题位于意义学哲学理论和制定法解释的竞争

性理论话语之中，但其证立是通过法律的优先功能，以及法律义务合法性追溯
至它们民主渊源的需要。

这种立法意图的探讨给出了制定法解释的一种具体理论，用以探讨规定性 13
法律实证主义的意义。同时，它还揭示出单纯概念分析不能作为解决本质上为
道德、政治问题的方式，但是，它确实明确了规范（或解释）理论可用的替代
性概念方案。此外，它还揭示了一种明显保守的概念化——这儿显然是有关立
法意图的原旨主义观念——可以根据其激进潜能予以证立的方式，这儿是通过
对民主的合法变更予以更多的授权。对于意图使用他们自己的立场，以得出他
们认为社会想要的变更的能动主义法官而言，这种进路似乎并不激进，相反，
就司法角色不等同于政治保守主义而言，它似乎是保守的。

第一部分最后一章从一个"司法能动主义"论辩的讲座提出，使用澳大利
亚的例子来引出对所引发的宪法危险的关注，这些危险不仅来自试图根据他们
自己的政治理想来发展法律的标新立异的法官，还来自于那些解释的自由理
论，其中，大多数都在德沃金引人注目的理论，也就是"尽可能好地"制定法
律理论中有明确表达，该理论对司法能动主义加诸了智识上的局限，也就是，
无论怎样意图良好，它都会危及法律内容的政治责任的基础。[1] 这是一个在第
三部分再次采用的方案，第三部分处理的是人权应当如何通过一个民主法律进
行保护和改善的问题。

权　利

在提出规定性法律实证主义理论之前，在我的研究中，核心特征是权利
概念。

贯穿于 20 世纪 70 年代，冷战仍然主导着国际关系。福利国家的社会基础
在西方民主国家中，也仍是一个可信的政治立场，人权话语在联合国仍然弱
小，却在充满希望的增长中积聚力量，普世福利国家的概念得到一种强有力的
民主程序的支撑，但对于这一概念的支持者而言，人权理念提出了一个严峻的
挑战，能够产生引人注目的社会改革，比如多数西方国家出现的废除死刑、对
同性恋行为的歧视、反歧视法以及一定程度的种族和性别平等，还有全面就
业、全民医疗以及全面免费教育。权利是否要被看作阻碍集体组织发展和福

---

[1]　R Dworkin, *Law's Empire*, London: Fontana, 1986. 德沃金自己相当独特地将"司法能动主
义"定义为无原则的司法决策。

利国家出现的那种个人主义式的自由主义，或是被视为引致进一步种族性别平等的有力手段？是要将权利视为蔓延资本主义意识形态的一部分，重申它本身对社会民主的反对，还是将其作为一种确保大屠杀恐怖场景永不再现的一种手段？

14 在这种语境中，我的权利研究介于自由资本主义和福利社会主义之间，追寻"第三种道路"。1983 年出版的《左与右：社会主义权利理念的一个概念分析》(*The Left and Rights：A Conceptual Analysis of the Idea of Socialist Rights*) 寻求将权利理念和卡尔·马克思所批判的资产阶级意识形态类型分离开来，从而表明它能够和一种能够表达社会民主目标的可接受的社会主义乌托邦形式相容。与此相伴的，还有通过融合准法定主义权利观念的一种权利"利益理论"形态，根据准法定主义权利观念，道德权利主张被理解为默示要求人际行为能够合法化，并保障一定期待之规则的执行，而权利的利益理论的形式大意则是，一项权利应当会产生一种规则保护的利益。利益理论与个人主义的联合遭到这样一种"利益"分析的分解，这种分析将它从一种纯粹私利观念中剔除出来，将合法"有利益"的个人纳入进来，包括他们在推进他人福利时的作用。

  《左与右》一书广泛为人传阅，但却久未再版。正是因为这一原因，这里再次收录了它的两个核心章节，针对的是权利分析的问题。第一，也就是本书第六章，以相当篇幅阐述支持法治的理由，以形式正义予以表达。这并不包括重要的关联讨论，也即原则上否定规则之治和强制之间必然关系的讨论，而这也是马克思对自由主义法律和权利进行批判的核心依据之一。第二，本书第七章为反对权利"意志"的"利益"理论的探讨，根据这种理论，一项权利只存在于权利所有人能够要求履行或免除权利相关义务之时。循着哈特对边沁权利利益理论的陈述，以及尼尔·麦考密克对儿童权利的研究[1]，我认为，意志理论只适合于分析权利的次级范畴 (sub-category)——"选择权"，因而不承认其会妨碍阐明重要的福利权利。更一般地说，意志理论错误地从一些权利的特定方面（赋予一项权利所有者对他人行为的权力）进行了归纳，从而得出结论，所有权利都可以通过表明选择自由予以证立。

  在那本书之后，以及接下来的几年中，我研究了一些特定权利，研究了对它们的内容在一定的具体性程度上达成一致时所出现的困难，这种具体性也就

---

[1] DN MacCormick, "Rights in legislation", in PMS Hacker and J Raz (eds), *Law, Morality and Society*, Oxford: Clarendon Press, 1977.

是在决定什么构成，比如工作权①，或自由表达权②时，决定相应道德政治问题的具体性程度。正是在这类争议中出现的认识论问题致使我相信，从人权的视角来看，通过对立法进行司法审查，来保护抽象表达的宪法权利的宪法规定，是无效的，并且最终会是具有破坏性的。在第二部分的剩余两章中，这种情况被再次提出，第一章和澳大利亚梅森法院时期有关，梅森法院适用默示宪法权利概念来解读政治沟通权利，将其解读进这样一种宪法，这部宪法缔造者明确拒绝权利保护的权利法案方式。这是一个饶有趣味的例子，因为被建构解读的默示权利被用以挫败这样一种（并不那么激烈的）尝试，也就是通过限制选举时期的政治广告来控制金钱对选举过程的影响。

第二章解决的是妥协方案，《1998 年人权法案》被引入英国，法院可以签发"不相符宣告"，该宣告并不能使立法无效，却能使议会将被法院认为与《欧洲人权公约》不相符的立法置入适当修正的快速通道。更重要的是，在实践中，法院被要求在"可能时"以使之与《欧洲人权公约》相符的方式解读立法。本章解释了法院在他们乐意时，是如何通过这种"解释条款"来重写立法的，其所使用的方式已经远远超出了寻求决定议会意图的制定法解释的所有观念。这就解释了，为什么有时人们会认为，《1998 年人权法案》融入《欧洲人权公约》后，英国法院仿佛被授权直接适用《欧洲人权公约》，而不仅仅是将它作为一种"解释"和"不相符宣告"的依据。

民　主

第三部分内容由对民主的讨论构成，本部分中法院中心的权利法案问题，具有中心地位。在人权支持者的脑海中，一个最需要打破的困难关系介于以下二者之间：一为改善人权目标，一为使用司法权来废除立法，而他们认为这违反宪法固有权利法案的基础。这种改善人权的特定手段已开始被视为致力于此类人权的一个试金石。司法审查式的立法是对人权的直接侵犯，因为它平等地分享了政府的选择，因而同等地分享了对法律的选择，这是广为人知的事实，尽管如此，这种情况仍然发生了。对于承诺推进人权和拒绝法院执行权利法案的融合，法学界所表达出来的怀疑已经相当普遍，可以确保解释。对于那些希

----

① *The Left and Rights*, Chapter 9.

② "Free speech rationales", in TD Campbell and W Sadurski (eds), *Freedom of Communication*, Aldershot Dartmouth, 1994, 17—44.

望研究的人而言，增强法院所拥有的权力，并对法院应当如何处理这些权力，很有一些吸引力。

当给出支持法院行使权利法案的理由时，这些理由之中，关键的是这一命题，也就是，选举民主在实践中有缺陷，因而需要一种与之相抗衡的司法权力，以保护少数派免受多数派选民之弊，并保护我们所有人免受不可靠政客之弊。正是这一理由将我们引向本书的第三大主题，也就是民主理论。第十二章勾勒出了我的基本立场，该章是在全球化语境中处理民主理论的。

我提出的民主理论是边沁主义合理性的杂糅理论，也就是，公民应当拥有一定自卫权，方式是适用代议式民主，从而在希望赢得再选的代表和选举代表他们利益的选民之间，产生一种人为的利益和谐。这就是最简单的民主市场模式，法院执行权利法案的支持者就将此归咎于其对手。就是这种模式最明显地引出了以下问题，也就是，如何保护选举过程中被漏掉的那些人的利益。而这恰恰是为什么法院行使固有权利的理念被引入，而当作对抗多数主义机制的原因。

16 然而，对于少数派权利，还有其他介入进路。在这些进路中，其中一个就是审议式民主理论。该理论对于什么构成公益，信任通过公开争论可以得出共识，在这里的争论中，所有受影响者都享有同等的参与权。我认为，这种民主的理想主义进路绝不能取代多数决选举的原初权力，但是，它能够消解自私多数派的问题，尤其是当公共争论专注于社会中具有权威性的一般规则之时。对于前文列出的规则之治，这一分析综合了审议理论和道德形式理性。

之后章节提出了法律实证主义和审议式民主的这种结合，更加深入地探究了尤尔根·哈贝马斯的研究，并考察对于司法在体现他的理想民主政体中的作用时所持的矛盾态度。接下来的一章明确提出了"民主实证主义"的概念（"法律实证主义的伦理维度"），该章也以规则之治在构成一种可解释民主模式中的作用的角度，提出了一些目前为人所熟悉的理由。这种探究是为了回应对规定性法律实证主义的一些批判。在这些批判中，其中一个错误地认为，存在一种充分同质化的共同语言和生活方式，从而能够使沟通变得可能。它认为，没有这种可沟通性，我们就不能希望创造和执行实证良好的立法，也无法将司法能动和对法律的司法忠诚区别开来。规则之治要创造它所承诺的利益，就需要一定程度的符合性，而类似的问题就与一致程度的界点有关。

这些困难被当作研究进一步改善民主机制的一个时机。在这些机制中，其中一个就是立法原则接受一定程度以法院为中心的司法审查，例如一般性、明确性以及具体性等形式特征，并且或许扩展到这样一种要求，即有效审议、咨询和披露，尽管这存在明显的危险，也就是，在这一过程中，对它们一旦运用任何推迟权力，都可能出现司法滥用。

最后一章研究的是另外一种方案，通过这一方案，被专门颁布用来改善人权的"人权立法"，例如种族歧视法，被赋予了准宪法的地位。这种立法可以得到保护，免受之后通过立法解释而进行的默示修正，因而，可要求修改它必须有特定多数或通过特定程序。要将人权置于民主议程中更中心的地位，另一个建议措施为，经民主采用的权利法案，并不能直接适用于司法，但是，通过固定的议会程序，它却拥有了一种宪法意义上的作用，这里的议会程序使人权委员会能够推迟那些其认为可能侵犯"民主权利法案"的立法。这样一种权利法案有时可以使法院扮演权利法案所承负的教育和民族建构的角色，并有利于合法化赋予特别组成的宪法委员会以强化的权力。

未竟之业

民主法律实证主义的一些要素还需要进一步研究和提炼。还需要表明，抽象的人权表述能够系统地转化为能够制定实证良好的人权立法的那类具体规则。要实现形式良好的实证主义体系，我们要有什么规则，关于这一问题的公共话语，如何实现基础更为广泛的参与，对于这些问题的考虑，仍然存在诸多挑战。接下来，就是通过教育、劝说，以及理所当然的制度运作，在那些制定、适用和遵守法律的那些人之间，如何形成一种有效实证主义伦理的问题。除此之外，关于规则之治后果所作的经验主义假定要求，要根据可用证据进行检验和调整，尽管需要记住，规则之治的可能收益，并不会因为缺乏对这种法治形式的伦理义务，而遭到损害。

我手头的这本作品，如果其中的一些观点获取成功，就可能有助于为人权执行提供替代性模式。当法院中心权利法案失败的幻灭，以及人权在国际关系强权政治中的滥用再次出现时，人权如何以一种个人与社会感觉他们自己真正参与了，并且成为其主流的民主程序，得到保护和改善，对此，还有其他，并且是更可靠的观点，这是很重要的。

17

第二章　法律实证主义要义

21　　通常，法律实证主义理论被视为分析性、描述性以及解释性的。[①] 根据这种看法，法律实证主义的观点是对实然，而非应然的法律进行精确阐述。人们认为，这源于实证主义者的坚持，即认为自然法理论忽略了描述和规定之间的区别，特别是混淆了对法律的分析和对它的批判。如果我们区别法律内容相关的规定和法律形式相关的规定，那么，这一观点就会遭到挑战。根据这一区分，我认为，将法律实证主义视作一种规范性理论具有启发性，也富有成效，这种理论寻求以其形式，而非就其内容来确定法律应该是什么。[②]

　　法律实证主义的规范性解释避免了关于法定义的纯语义争论，把关于法的描述分歧置于一种卓有意义的情境之中，在此情境中，这些相互竞争的分析描述似乎对其他法律理念都有所影响，由此就避免了一对陷阱，即一是法概念的定义分歧，另一则是不同法律体系信息交换的无结果交流。除了进一步更好地理解各种类型的法律实证主义外，对实证主义的规范性解读也能让我们略过对法律实证主义本身特征进行界定的无谓争论。[③]

　　对于多数当代法律理论家而言，法律实证主义不过是一席背景幕，用以强

---

① 例见 WJ Waluchow, *Inclusive Legal Positivism*, Oxford: Clarendon Press, 1994, Chapter 2。

② 关于此类法律实证主义观点，可参见 Campbell, *The Legal Theory of Ethical Positivism*, Aldershot: Ashgate/Dartinouth, 1996; DN MacCormick, "The ethics of legalism", *Ratio Juris*. Vol 2, 1989, 184; J Raz, The Authority of Law: Essays on Law and Morality, Oxford: OUP,. 1979, 50; and J Waldron, "The rule of law in contemporary liberal theory", *Ratio Juris*, Vol 2. 1989, 79。

③ 关于法律实证主义定义的有益研究，可参见 HLA Hart, *Essays in jurisprudence and Philosophy*, Oxford: Clarendon Press, 1983, 57—59; Coleman, "Negative and positive positivism", *Journal of Legal Studies*, Vol 11, 1982, 139。

调他们自己更为深奥、更具启发性的研究法律进路的优势。据称，实证主义错误地把法律描述为一系列具体规则，这些规则可确定、可理解，并可以通过法律官员的技术知识予以适用，这些法律官员的工作与日常生活的道德和政治分歧无关。① 更具体地说，法律实证主义被认为未能适应法律哲学的解释性转向，这一转向更加关注于法官和司法文化在规则的意义归属和重要性方面的关键作用，因为规则本身就有无限的不同理解。"普通含义"的衰落与所谓法律实证主义的死亡相随相伴。②

任何将法律完全视为自治规则体系的阐述，都是明显存在缺陷的描述实践。既然如此，那么，这就很容易理解，为什么法律实证主义被认为是一种不可信的理论。每一个律师都知道，法律裁决取决于没有出现在相关法律规则中的一系列因素。如果法律实证主义的描述目标和科学实证主义的狭隘经验主义相关联，那么，这些目标就更加值得质疑，因为根据科学实证主义的狭隘经验主义，只有能够通过感性贯彻证伪的经验归纳才有资格成为科学真理。③ 这就意味着，除了定义之外，所有关于法的有意义的阐述都需要指向可观察的现象，比如物理制裁，这就扭曲了参与者视角对于法律的理解。但正如哈特曾如此明确表明的那样，对于法律的任何阐述，如果忽略那些根据其规范结构和受其影响者对法的可理解性（intelligibility）和意义的理解，那么就不能对这样一种复杂的社会制度作出令人满意的阐述。④

关于法律过程，法律实证主义者进行了错误的描述，这被认为包括没有根据的概念教条，这种教条以社会事实来定义法律，比如强权者的命令，并据此将日常影响法律实际运作的道德或民主因素排除在外。对法律实证主义的这一批判给出了一种意识形态扭曲，它指出，将法律系统错误地描述为一系列确定规则，这具有掩藏司法者政治权力的意识形态功能，因而，司法者更能够强加他们自己的价值，方式即依据对既存规则进行道德中立的适用，但实际上却作出他们的裁决，它还鼓励这样一种信念，也就是，公民与法官一样，对一种客观确定之"法"，有义务表现出完全遵从。根据这一观点，法律实证主义的观

---

① "这主要是法律现实主义者，尤其是规则怀疑论者的批评。" J Frank, *Law and the Modern Mind*, New York: Brentano's, 1930, vii.

② See S Kripke, *Wittgenstein on Rules and Private Language*, Cambridge, MA: Harvard University Press, 1982; C Yablon, "The indeterminacy of law: critical legal studies and the problem of legal explanation", *Cardozo Law Review*, Vol 6. 1985, 917; and C Norris, "Law deconstruction and the resistance of theory", *Journal of Law and Society*, Vol 15, 1988, 165.

③ 例见 K Lee, The Positivist Science of Law, Aldershot: Cower, 1989。

④ HLA Hart, *The Concept of Law*, Oxford: Clarendon Press, 1961, Chapter 2.

点可以在一个隐藏的意识形态事项中找到，即将一种掩盖法律人及其所代表阶层利益的体系合法化。①

23　　这些批评相当有力，对它们的不断重申导致出现了这样一种情形：法律实证主义被广泛看做一种显然错误，甚或是危险的法律理论，一种对于法律和法律体系的发展毫无助益的历史好奇心，一种研究起来只是为了确定它所包含的错误而替其他理论进路扫清道路的理论。法律实证主义式微的一个后果为，它不再理所当然地扮演着能够用以证成法律知识的现实和重要性，以及大写法律中心地位的官方理论角色。高级法官公然驳斥与法律实证主义相关联的"神话"，即当现行文本中不存在权威指导的时候，法官并不造法，法院也无须作出困难的裁决。更一般地说，有些人认为，通过抹杀法律过程的现实，法律实证主义对法律的发展产生负面作用，他们认为，相对而言，法律过程实际上极少受到实体及程序规则的限制，法律规则实际决定法律结果只是一种表象或幻象，对于公然考虑相关理由以及法律的进步发展是一种有效的阻碍，对于这些人来说，法律实证主义的衰落大受欢迎。作为这样一种理论，法律实证主义不仅仅是错误的，它还被认为是邪恶的，也就是说，它保护既得利益，使法院对社会变革的需求、对社会中被压迫群体之福利不承担责任。②

　　如果我们采用这样一种观点，即法律实证主义的要义主要并不是提供一种分析性、描述性的工具，而是直接和法律、法律体系应当是什么关联起来，那么，情景就会大不相同。如果法律实证主义是一种规范理论，那么它的描述性不足就不必然是致命的，而它所谓的意识形态偏见也就可能予以公开面对、评估并回应。描述性上的不能（failure）并不否定规定性方面的努力，除非前者表明后者不切实际。事实上，指出这样的不能——这里是表明实际法律过程常常受到外在社会价值、政治压力以及司法偏见的影响——可能变成重申其规定性诉求的催化剂。特别是，表明法院常常存在阶层、性别和种族偏见可能正是一个机会，可以重申规则在帮助权威机构克服作出武断、偏见裁决时的作用。

24　　若将其理解为公民、立法者和法官的法律相关行为的伦理理论，那么，法律实证主义的意义就在于，它给出了一种模型和一个正当理由。据此，一个法律体系的构建可以尽可能实现一个自治的规则体系，将其作为任何合意政治体系的必要部分。这里的自治与法律体系的输入没有关联，因为至少在法律实证

　　① See AC Hutchinson and P Monahan, *The Rule of Law: Ideal or Ideology?*, Toronto: Carswell Legal Publications, 1986; and V Kerruish, *Jurisprudence as Ideology*, London: Routledge, 1991.

　　② See RW Gordon, "New developments in legal theory", in D Kairys (ed), *The Politics of Law*, New York: Pantheon, 1982.

主义的民主模式看来，它们是立法者颁布的规则，这里，自治指向的是以法院为中心的（司法）过程，这一过程的功能在于能够使法律规则适用到特定的情形，解决引起他们关注的法律和事实问题。① 这样理解的话，法律实证主义的意义就在于提出，法律体系是以一种最大化社会政治福利的方式发展的，原因在于，已存在一个可以确定的规则体系，这些规则如此清晰、明确、界限分明，以至于无须诉诸争议重重的道德和政治判断，就可以常规地理解和适用它们。②

　　法律实证主义不仅被认为在智识上是错误的，还被认为具有倒退的社会政治意义，当这种看法如此泛滥之时，要为法律实证主义重塑声誉并不简单。然而，法律实证主义并不是没有声辩者，即便是那些批判者也越来越承认，近年来，这一理论遭受了太多本不该有的恶劣批评。在对新近有关法律实证主义的文集的引言中，斯蒂芬·盖斯特（Stephen Guest）指出，对于区分法律和道德进路的批判多数都停留于表面，但忽略了它们之间存在的显然不相似之处：

　　由于法律和道德规则之间存在这些属性差异，以这种追寻法律意义的方式，我们可以对法律实证主义提出疑问。这正是它让人振奋之处。如果我们追问意义问题，我们就偏离了以（比如）法律权威的经验来源来对法律进行的描述性阐述，走向了另外一种根据的阐述，这种根据即由法律决定而非由道德决定作出某些行动的实际人类价值。我们应当直接追问：追求人类决定在一定意义上要高于（或许是上帝赋予的）道德决定为了什么？采用类似于此的进路最终很容易成为一种价值负载（value-laden）的阐述，也许会得出这样的结论：实证主义是一种善或恶的道德理论，是有关政治道德的一般理论的一个理论分支。③

　　循着盖斯特的指引④，通过探讨支撑、指引该理论发展的一些政治道德目标，本章对法律实证主义的意义进行了反思。⑤ 它旨在例证这样一种信念：关注实证主义事业的道德政治侧面，特别是将法律实证主义视为这样一种理论，

---

　　① See G Postema, "Law's autonomy and public practical reason", in RP George (ed), *The Autonomy of Law: Essays in Legal Positivism*, Oxford: OUP, 1996, Chapter 4.

　　② 因此，拉兹指出："如果法律的内容和存在能够不借助道德理由来确定，那么法律就有一种来源。"参见 J Raz, *op cit* fn 2, 47.

　　③ S Guest (ed), *Positivism Today*, Aldershot: Dartmouth, 1996, x.

　　④ 参见 R Dworkin, *Taking Rights Seriously*, London Duckworth, 1977, 347. 德沃金指出，"法律提供一系列确定的、公开的、可靠的行为标准，官员的政策与道德观念不能质疑其效力"，按照这一进路，我们将法律实证主义视为"一种关于法律意义或功能的政治理论"。也可参见 R Dworkin, *Law's Empire*, London Fontana, 1986, 45—113.

　　⑤ See TD Campbell, *The Legal Theory of Ethical Positivism*, Aldershot: Dartmouth, 1996.

该理论建议我们创造和维持法律在其中得到确定、遵守和适用，而在这一过程中无须诉诸道德因素的法律体系，这是一项卓有启发、令人激动（因为解放）的事业。我将这样一种进路称为伦理实证主义的法律理论（legal theory of ethical positivism）。

为伦理实证主义扫清道路

25   法律实证主义者的确具有道德和政治立场，这一点早就为人所知。经典法律实证主义者杰里米·边沁（Jeremy Bentham）和约翰·奥斯丁（John Austin）既是道德上，也是心理上的功利主义者。持绝对政治主权立场的法律实证主义可以追溯到霍布斯，即便是他，也被认为赞同生命和服从上帝的根本价值，而这些则超越了纯粹的审慎主义（prudentialism）。我认为，辨别法律实证主义缔造者并不在于他们没有道德信念，而是他们将这些信念和他们对法律的定义和描述相分离，界定实证主义者最为著名的箴言来自奥斯丁，"法律的存在是一回事，法律的好坏是另一回事"①。

        法律存在和法律好坏的区分被认为表明，法律实证主义理论自身限定于对法律存在，而非法律好坏的研究。这是一种谬误的假定。应然法律理论能够就法律确定与适用的相关问题提出一种法律体系，这种法律体系无须对"实然"与"应然"予以过多关注，就总能够与其自己的前提相一致。事实上，法律工作者应该在其工作中免作价值判断，法律制定者应该制定能够以价值无涉方式操作的法律，就关于此的争论来说，实然/应然的区分是争论的前提。如果不能作出这种区分，那么，要求在实践中这样执行就毫无意义，而一旦作出这样的区分，那么就有可能为支持道德无涉的实践提供道德理由。因而，始终保持与实然、应然的逻辑区分一致，法律实证主义的意义可以是一种道德意义，即以一种区别进路对法律进行描述，这种进路确定了一个被遵守和执行的规则系统，但之所以遵循和执行这些规则，却并不取决于这些规则的内容。

        法律和道德之间的多重关系编织出一张错综复杂的网，如果我们要深究伦理实证主义的属性，那么就必须对其进行研究和分析。区别法律和道德直接关系的经验、概念和规定形式较有裨益。

26   法律实证主义和这样一个命题紧密相连：法律和道德之间没有必然（即概

---

① J Austin, *The Province of Jurisprudence Determined*, London: Weidenfeld & Nicolson, 1955, 184.

念上）的关系。这就是众所周知的"分离命题"，根据这一命题，法律和道德都可以不借助对方而使用自身术语进行确定和分析。[①] 用哈特的话说，"法律和道德之间或法律的实然和应然之间不存在必然联系"[②]。对于法律和道德之间的概念关系，更为精确、更为强硬的观点被称作"刚性"（hard）或"排他性"（exclusive）实证主义。这种观点认为，如果一个法律体系在它的承认规则中包含任何道德，如果法院在其法律渊源序列中承认任何道德，那么，这个法律体系就是不融贯的。[③] 阐明刚性实证主义，其目的常常只是确立"柔性"（soft）或"包容性"（inclusive）实证主义的分析优势，即这样一个命题：承认规则可以容纳道德标准，却不必如此。与之相反，法律必须在其承认的规则中诉诸道德的命题则被批判为一种自然法理论形态，超出了实证主义理论的范围。

伦理实证主义预设的是柔性实证主义，在概念属性上，它认为，在其承认规则中可以包含、也可以不包含道德，但是，这一主张从属于其主要论点（contention），即一个法律体系的法律渊源清单中不应当包括道德标准。这既不是分析性，也不是描述性，而是一种规定性（prescriptive）的刚性或排他性法律实证主义形态。[④]

对法律和道德的概念分析不应被误解为法律和道德现象之间所牵涉事实关系的经验主张。有观点认为，道德和法律是经验上区别的现象，我们可以将这种观点称为"分开命题"（separation thesis），但概念分离命题并非如此。事实上，没有实证主义者否认道德和法律的互动，否认一个社会中道德和法律的内容和功能之间可能存在着重叠。实际上，论述这两大体系之间的互动以及它们实际分开的程度时，分离命题是一个必需的预设。此外，我们已经看到，多数实证主义者采用的是柔性实证主义，它明确表明，法律体系中可以通过正式方式包含道德内容。无论是就一般法律以及承认规则的内容，还是就法律和道德的社会功能而言，伦理实证主义都不主张对法律和道德事实上的分离作出经

---

① J Coleman, "Negative and positive positivism", *Journal of Legal Studies*, Vol 11, 1982, 139.

② HLA Hart, "Positivism and the separation of law and morals", *Harvard Law Review*, Vol 71, 1958, 593 at 601. See also HLA Hart, *op cit* fn 7, 253.

③ 关于这一路径的各种视角，参见 J Raz, *op cit* fn 2, 50; and R Dworkin, *Taking Rights Seriously*, *op cit* fn 13, 2nd edn, 1978, 347—48.

④ 伦理实证主义可以根据其理论目标来选择它对分离命题的优先解读，因而可以不受到"告别，法律实证主义"观点的影响。这种观点指出，分离命题有多种可能形态。参见 K Fuber, "Farewell to legal positivism", in RP George (ed), *op cit* fn10, Chapter 5. 菲比（Fuber）提出了很多分离命题形式，其中一种和伦理实证主义相符，即"中性内容命题（The Neutral-Content Thesis, 简称 'NCT'），即基本司法表述的定义内容上应当是价值无涉的"。参见第 134 页。

验主张，其主张毋宁是，那些负责执行法律规则的法律活动和道德活动之间，在一定程度上，进行分离也许是可能的。

确实，无论作为社会子系统的法律和道德之间的相似性是内容上，还是形式上的，法律实证主义一般总会深陷于对它的展现。奥斯丁对实证道德的阐述，以及哈特对于作为社会义务子系统的法律义务的分析，都再次确定了作为社会现象的法律与道德之间的经验联系。① 然而接下来，这两个理论家则都描述了一种机制，借助这种机制，如果愿意，实在道德和实在法律可以进行区分，进行分离。

27 　　由于实证主义理论不能区分方法和目的，这就给这些经验问题造成了一定的困惑。的确，很多法律实证主义者认为，他们自己在对法律（实际上还有道德）进行一种科学研究，因而也是价值中立的，但是，这种方法论实证主义并没有得到明确阐明，他们得出的结论必然是，那些实际牵涉的体系在确认法律的过程中，并不涉及道德，甚或法律和道德之间没有必然联系。② 这就会混淆观察者的科学方法和被观察者的科学（或非科学）行为。作为科学家的实证主义者可能发现，法律人处理法律的方法绝非科学的。然而必须要说的是，一些实证主义者自己给出了这样的预设，并把他们自己的科学实证主义加诸于系统内的法律职员。伦理实证主义没有犯这样的错误。实际上，确切而言，伦理实证主义的抱怨在于，许多法律参与者实际并没有采取一种价值中立的态度，而对于处理法律而言，这却是他们适宜采取的。

这样，我们就被引导至法律和道德的第三种关系模式，即规定性模式。根据这种观点，我们可以将伦理实证主义视为这样的理论，它超越了分离命题，主张在法律实践中，法律和道德之间不仅能够，而且应当存在明确的界限。这一主张并不是说，法律和道德的内容方面不应当存在重叠——在这个问题上，考虑到它所限定的范围，它基本上是中立的——而是说，承认规则不应包含引入道德判断的条件。这就是规定性分离命题，或更加具体地说，是规定性刚性实证主义。③

28 　　将道德因素从承认规则中排除，这并不意味着，特定社会中所有或部分

---

① HLA Hart, *Law Liberty and Morality*, Stanford: Stanford University Press, 1963, 20; and *op cit* fn 7, 79—88.

② See SR Perry, "The varieties of legal positivism", *Canadian Journal of Law and Jurisprudence*, Vol IX, 1996, 361.

③ "规定性刚性实证主义"的说法更好，这特别是因为它将伦理实证主义和承认规则联系起来，从而区分于立法活动。"规定性分离"是一个标签，它更好地适应尼尔·麦考克（Neil MacCormick）的道德分离主义（moral disestablishmentarianism），它主张，法律应当尽可能少地包容社会的道德。参见 Neil MacCormick, "A moralistic case for amoralistic law?", *Valparaiso University Law Review*, Vol 20, 1985, 1.

人的任何道德信念，或是神圣书籍中的，或是其他形式的道德权威都丝毫不会涉及——假定这些能够通过一种经验方式进行识别。一个社会中普遍流行，或一个特定文本中包含的道德观念，可以通过公认的语言习惯来确定其含义，而原则上，无须借助于此，就可以发现意义。根据伦理实证主义，一项规则在能够给出指引实际行为的充分内容之前，如果需要道德判断，这样的语言就需要从承认规则中排除。只要实在道德或宗教来源能够被确认为社会来源，那么，它们就仍然能够被包容在内。如果识别标准不能对来源于它们的法律内容给出明确指导，那么，这种法律来源就不可能服务于法律的目的。借助于可接受标准并不能产生好的法律，尤其是在没有这样公认标准的情形下，然而，只要特定社会存在一系列同质的道德习俗，并且这种道德可以通过经验的、无争议的方式予以识别，那么，原则上，承认规则诉诸这类道德就不会遭到反对。

当代多元社会中，这些条件并不能获得满足，因此，这种社会中，实在道德若要被识别为具有法律约束力，有效承认规则就必须给出确定这种实证道德要素的方式。就这方面来说，在后现代社会广博的多元性中，法律和道德规定性的分离具有特别的重要意义。

将伦理实证主义的性质具体界定为规定性刚性实证主义是一回事，但是，道德标准不应成为作为主体的公民、作为管理者的官僚，以及作为裁判者的法院所使用法律渊源的特征。为什么我们会转而采用这样的命题？尽管可以说它非常适合于盖斯特所说法律和道德话语的不同感觉（feel），但伦理实证主义却并不是关于"法律"含义的概念主张。同样，它也不是法律程序中法律和道德分离的经验主张。较之阐述法院做或不做什么，伦理实证主义更是对它的批判，因此，法院中存在制度性政治偏见的证据能够推动，而不是阻却伦理实证主义者。因而，它要求道德和政治术语的正当理由。作为规定性理论，在对伦理实证主义的这些正当性进行探讨前，解决一些初步障碍，对于伦理实证主义的这种解读大有裨益。

要展现伦理实证主义，必须克服的一个障碍就是伦理实证主义和逻辑实证主义的关联，后者是流行于 20 世纪 30 年代到 50 年代的哲学教义，它只允许两种有意义的论断（assertion），一种是经验的或可证伪的，另一种是对语词含义的分析性陈述。[1] 根据这一理论，道德语言被排除在有意义的话语王国之外，并且它的表面客观性必须进行解释，解释方法例如指出它不过是情感的伪

---

① 经典公式参见 AJ Ayer. *Language*，*Truth and Logic*，London：Victor Gollancz Ltd.，1936。

装表达。如果法律实证主义被理解为对逻辑实证主义的运用，那么就很难再将它主要视为一种伦理理论，从而也就很容易明白为什么它会被认为是一种经验化约主义（empirical reductivism）。通过将道德剔除于法律，经验化约主义将法律从纯粹的主观中拯救出来。

29 富有争议的是，一些理论家也许会被认为是法律实证主义者，却支持逻辑实证主义的信条，试图给出完全无关各类道德的法律分析，其依据即道德论断不过是情感的表达。一般而言，阿尔夫·罗斯（Aif Ross）和斯堪的纳维亚法律现实主义即属于此种类型。[①] 然而，就法律实证主义的定义特色而言，道德主观主义者的理论从来就不具备。杰里米·边沁和约翰·奥斯丁的功利伦理理论为他们所有其他的研究奠定了基础，我们只需想一下坚定的客观道德学说，就会发现，赋予实证主义者理论以深层次的道德目的并不存在一般的不恰当。也不能假定支持伦理主观主义理论的所有人更不认真对待道德。

然而，如果说许多法律实证主义者都关注道德观点的多样性，关注道德争论的艰涩难解的属性，那么这是正确的。采取以其内容区分法律和道德的实证主义进路时，这通常是一个理由，如此，法律就可以被用作促进社会融贯，并可以作为裁判的基础，解决具有相反道德观念的人们之间的纠纷。但是，如果将伦理学中情感主义（emotivism）和极端道德多样性，或是和不可调和的道德争论关联起来，则不存在这种基础。客观真理可能会是什么？对此，这种真理的存在并不能确保达成一致观点，此外，由于确信自己观点的客观正确性，这种确信支持者的观念之间也就存在争论，比起那些情感主义者之间的争议，这些争议可能更不容易处理。[②]

可以认为，法律实证主义既不预设，也不需要道德的逻辑实证主义观点。不过，它和逻辑实证主义的第二个分支关系却密切得多，这一分支即科学经验主义，在这一分支理论看来，经验是知识的唯一来源，超越了我们通常描述的语词意义。若要将法律实证主义展现为一种伦理理论，和科学经验主义的关联是需要逾越、也是更为可怕的障碍。经典实证主义者边沁和奥斯丁深受这种经验主义认识论的影响，他们努力使法律从模糊的语言中摆脱出来，在他们看来，这种语言风格盛行于普通法，这种认识论就是他们理论的支撑。可以将奥斯丁关于命令、制裁、主权和习惯的整个定义安排视为这样一种努力，即纯粹

---

① A Ross, *On Law and Justice*, London: Stevens & Sons, 1958.

② 对于这些问题，最好的一般解决方式可参见 JL Mackie, *Ethics: Inventing Right and Wrong*, Harmondsworth: Penguin, 1977.

通过可经验观察的类别来分析法律。研究法律时，哈特避开了粗糙的经验主义，转而采用一种诠释进路（hermeneutical approach），集中关注现象对于参与者的意义，但即便是他，也认为自己在进行一种社会学事业，目的在于，对人类社会表面上看来神秘的方面，给出一种容易理解的描述性阐述。①

当然也有反例，一些规范法律实证主义者绝不是科学经验主义者。霍布斯寻求的更多是几何学依据，而非经验依据。凯尔森则采用了康德哲学的方法论，不再依赖于区分法律和经验科学②，尽管将康德归于法律实证主义存在争议，但他显然不是个经验主义者。③ 无论怎样，就区分法律和道德这一点而言，法律实证主义和逻辑实证主义的经验主义分支之间存在着紧密的联系，这就为通过经验方法解释法律这一主张扫清了障碍。确实，多数法律实证主义都有着一种强烈的反形而上观点。

然而，在其对法律实证主义的解读方面，伦理实证主义并不是帝国主义式的。当前的实证主义理论有一个明确的目标。它并不主张所有的实证主义观点相同，也不主张所有实证主义只有一个目标。个体而言，实证主义者们或多或少地关注分析、关注描述、关注规定，但分支不同，侧重点也不同。它主张的是，我们不能将规定性要素从实证主义理论的核心关注中排除出去；实证主义的这一方面和其他特征并行不悖；实证主义理论的这一分支一直被不恰当地忽略，而强调其作为一种工具，或一种提示，理解在宪法和政治哲学中实证主义传统和当前争论的可能关联，则大有裨益。

将伦理实证主义理解为政治哲学内部的一个组成部分并不是一项历史任务，尽管对于理解经典实证主义者的研究来说，这可能是最富有启发性的方式。此外，要给整个传统作出融贯，但同时具有道德吸引力的图景，它也不是一种"最好的"解释。伦理实证主义是一种现实的、发展中的实证主义形式，而不仅仅是一种解释工具。它和从道德或其他方面理解实证主义历史无关，它寻求阐明令人满意的当代法律理论。法律是一种最宽泛意义上的解释活动，在这个过程中，解释意味着采用适合特定评判目的的含义，伦理实证主义接受这样的观点，许多法律实证主义者首要的本体论和科学目的并不是和道德目标相关联，这同样也是法律实证主义的历史特征，但这一事实并不有损于伦理实证主义。

①　HLA Hart, *op cit* fn7, preface.

②　H Kelsen, *The Pure Theory of Law*, Berkeley: University of California Press, 1967.

③　See J Waldron, "Kant's legal positivism", *Harvard Law Review*, Vol 109, 1996, 1535.

接下来，接受伦理实证主义的障碍是这样一个假定：法律实证主义不允许对法律的任何评断进入理论实质，继而沦为一种自然法，以避免和它的独特前提相冲突，这一独特前提就是法律和道德的分离。[①] 然而，这只是一种心理障碍，而非哲学障碍，因为，我们已经看到，一旦将两种话语区分开来，单独陷入两种模式之一都不存在不一融贯。但无论怎样，我们都可以说，经典法律实证主义情境中进行区分的全部意义在于建立一个独立的法学学科，或法律科学学科，在这个学科范围内，不存在就法律的适当内容或形式进行争论的空间。法律科学不会遭受立法学的污染。

31 　　对于这种历史真理，出现了两大重要回应。第一个回应是，法律实证主义之父所避开的道德判断是关于法律适当内容的判断，而不是关于对法律进行价值无涉科学研究活动的理由的判断。一个学科本身是非道德的，但对这个学科进行研究却可能具有道德理由。很显然，在着手和追寻他们的事业时，边沁、奥斯丁和凯尔森（较少有争议）都有这样的道德基础。必须承认，要对伦理实证主义进行评断，首先并不会指向纯粹描述和解释事业的本质价值，也不会指向法律的适当内容。他们关心的是表明，法律应当由可适用的固定、明确的规则组成，可以无须诉诸价值判断。

　　第二个回应是，与展示这一法律体系的现实存在相比，可能将经典实证主义者的科学因素看作更多体现为建立价值无涉法律体系的可能性，即便是在发达文化的限定范围之内。这里，参与者在这种体系中行为需要思维过程和决策，价值无涉仅指他们和法律的识别和适用时的价值无涉，而非法律制定相关范围内的价值中立。同时，法律实证主义实践中并没有拒绝对法律形式作出价值判断。从他们的角度来说，这可以是，也可以不是一种不一致，但是，我们无须进行进一步的文本分析和历史解释，从而主张伦理实证主义并没有背离它诞生之日起就具备的传统。

　　但是，如果伦理实证主义变得更容易被归类为一种柔性自然法，主张道德和法律形式而非内容之间存在一种必然联系，那么如此谈论这一理论就没有什么用处。[②] 这只不过是将法律实证主义从道德空洞的虎穴中救出，然后丢入自然法的狼口之中，惨胜而已。对于这种分析进路，最简单的答案是，伦理实证主义并不主张，法律如果要成为法律，就必须贯彻一定的道德目标，无论是在

[①]　这种主张出现在 D Beyleveld and R Brownsword，*Law as a Moral Judgment*，London Sweet & Maxwell，1986；M Detmold，*The Unity of Law and Morality：A Refutation of Legal Positivism*，London：Routledge，1984；and J Finnis，*Natural Law and Natural Rights*，Oxford：Clarendon Press，1980。

[②]　关于这种进路的不同版本，可参见 D Beyleveld and R Brownsword，*ibid*；M Detmold，*ibid*；and P Soper，*A Theory of Law*，Cambridge，MA：Harvard University Press，1984。

内容方面，或是在形式方面。法律概念和道德存在必然联系的理由并不仅仅在于法律需要具有道德正当性。所有需要道德正当性者本身并不都是道德事业。实证主义认为恶法仍然是法，恶的法律概念仍然是法律概念，对于这一立场，伦理实证主义并没有退出。此外，它也没有主张法律具有超越人类决定的某些客观目的。因而，尽管自然法理论本身具有大量支持实在法功利和道德潜力的理由，但我们仍然很难接受自然法的核心概念。

伦理实证主义和朗·富勒（Lon Fuller）的程序自然法之间有着诸多相似之处，它们都将法律看做目的性事业，需要一系列特定技术，这些技术一般被称为法治。① 如果人们要接受法律的统治，那么，该法律就必须由明确的（clear）、可预期的（prospective）、可操作的（practicable）、公布的（promulgated）和稳定的（stable）规则组成。对此，伦理实证主义予以附和，没有提出异议。富勒宣称，作为法律的道德内容，这些技术满足了法制的条件，对于这样的进路，伦理实证主义并没有继续追随。因而，如果认为自然法包含善的形式和善的内容之间存在着内在、必然的关系，那么伦理实证主义甚至不是程序自然法的一种形式。另外需要指出，自然法理论对道德理论中的客观主义并不具有垄断地位。伦理实证主义最初产生于较为功利的传统，对它来说，客观主义的道德形式立基于对自然之善采取一种目的论推理，这显得较为陌生，而自然法代表的正是这种形式。

拒绝伦理实证主义的另一个不太出名的理由是，它成为了替罪羊，当前对法律和律师的失望很大程度上被归咎于该理论。"替罪羊说"鼓励将法律实证主义的形象塑造为：将邪恶理论视为理想类型——道德上盲目、智识上落后、政治上压迫，在面对反面论据及实例的过程中逐步衰亡。在实证主义的这些形象中，尤其需要更彻底分析的是和所谓的无道德主义，甚至是不道德性的关联。在这种形象中，实证主义要求公民和法官等绝对服从法律，而不管法律的道德内容如何。而日益为人接受的实践却是，如果未能履行其道德义务，没有违反恶法，那么，今后就会依法被指控，这一立场显然与之不符。②

我们会看到，伦理实证主义确实主张，即使除了它们是法律这一事实外，没有任何其他道德理由，我们也要一般性地服从法律。它也确实提出，我们不应

① L Fuller, *The Morality of Law*, New Haven, CT：Yale University Press, 1969.

② 这一争论在哈特和富勒之间持续进行，具体可参见 HLA Hart, "The separation of law and morals", *Harvard Law Review*, Vol 71, 1958, 597; and L Fuller, "The separation of morality and law: a reply to Professor Hart", *Harvard Law Review*. Vol 71, 1958, 595. See D Dyzenhaus, *Hard Cases in Wicked Legal Systems：South African Law in the Perspective of Legal Philosophy*, Oxford：Clarendon Press, 1991.

仅仅因为法律和我们自己的道德观念相冲突，就转而根据我们自己的道德观念行事。因此，伦理实证主义不能完全附和对描述性实证主义的回应：通过区别实然法和应然法，法律实证主义鼓励我们批判法律，并由此在我们的良心和恶法发生冲突时，遵循我们的良心。尽管伦理实证主义并不承诺对法律绝对的、不加思考的服从，但是，它的确指出，如果允许根据道德而违反法律，即便是认为该法律不公正，那么，这种行为一旦广泛出现，就会破坏作为一个系统的法律，因为法律正是通过确保一致性来促进合作与秩序，解决纠纷的。除极其个别的情形外，个人的道德观念遵从法律义务一般都是正确的，对此，伦理实证主义给出了许多令人信服的理由。这并不是一种无道德的立场，而是一种次阶（second-order）道德，即我们的一阶（first-order）道德判断与我们既定管辖法律相悖时，偏离一阶道德的情形。这些次阶理由是什么，则是接下来要考虑的问题。

33　　对于法律实证主义的"替罪羊"形象，第二个重要的巧妙回应是指出，它混淆地假定，在现实中，伦理实证主义者必定如他们身处一个完美的实证体系中那样行为，而实际上，他们不得不在法律缺乏优质实在法所需的大量重要特质的情形下行为。例如，当面对含糊不清的法律时，或面对根本无法可依的情形时，一个持实证主义立场的法官不能，也不应作出"机械的"裁判。至少是当面对形式上的恶法，而次优方案可能是最佳的实践时，所有的实证主义者都允许裁量裁判。通常，可以将相当专断的制定法解释规则视为一种人为制度，用以制约这种裁量权，其方式是最低限度地和实证主义所赖以立基的理想达成妥协，比如确定性和决定性。

　　无论怎样，承认实证主义方案的成功与否取决于，在多大程度上，实证主义模型在这一点上与之相一致，也就是明确表明，伦理实证主义不能成为一种纯粹的规定性理论。规定性首先意味着，一个社会不仅可以接近实证主义法律理想，而且意味着，实践中能实现与之达到相当程度的一致性。伦理实证主义主张遵循规则具有社会优势，确实，这不仅仅是预设了"实然"和"应然"之间的区别，还预设了：比起形式上的恶法，更偏好形式上的善法。下文所列的许多论断都预先假定，对实在法的这种一般遵守是产生所谓有利行为模式所需要的。例如，如果只有零星地遵守交通规则，那么，对于遵守规则的任何特定人来说，都可能只有很少的福利。这就是为什么，在对法律的一般性遵守或习惯性服从意义层面上的实效，通常被视为实证主义方案中法律有效性的前提条件。① 伦理实证主义对规则之治的讨论在被真正展开之前，必须要有一个一致

---

① See TD Campbell，"Obligation: societal, political and legal", in P Harris (ed), *Political Obligation*, London: Routledge, 1990.

性的界点，该界点要转而假定在清晰性和准确性方面，法律存在一定的品质界点。

与其他理由相对，支持采取规则之治的理由预设了更多一致性。与更为私人、更不危险的互相接触相比，共同处于潜在危险情形中的大量人群更容易不服从，或不利用法律。但是，仍然可以得出一般的看法，尽管伦理实证主义主要并不是一种关于法律的描述性理论，但它确实假定了一定程度的经验现实主义，而这可能正是某些社会多数时候，或所有社会某些时候所缺乏的。这本身就有助于解释，将实证主义作为一种经验理论的观点为什么如此根深蒂固。这是一个可以理解的错误，理由在于，伦理实证主义的规范目标取决于执行实证主义法律模式的经验可能性，而实证主义的法律模式则被认为是对现实体系的描述。

证成伦理实证主义

伦理实证主义者认为，创造规则和运用规则的功能应保持独立，并且，后者应当尽可能以一种价值无涉的方式进行。要总结实证主义者支持这一观点的道德理由，这一任务让人感到畏惧。这并不需要一整套政治哲学，因为伦理实证主义并不直接关注特定法律内容的选择。实际上，伦理实证主义的一个主张就是，它是一种包容性极强的理论，可以包容各种不同的政治哲学。尽管如此，要证成伦理实证主义，仍然需要给出采取这样一种政治体制的理由，这种政治体制既明确表达出，又包含着将规则的使用作为其主导的治理模式。

幸运的是，这一艰巨任务可以融入与法治相关的论断和立场中去，而这是我们所熟悉的。作为民主制度的一部分，法治指向的是运用规则的诸多利好之处，即规则既作为政府的工具，同时又作为政府的限制。要理解这些论断的作用，首先，我们必须要分析规则的理念。规则是合法统治的基本要素，对于这一主张，规则理念是其特征。此外，我们还要略微了解一下规则在一般社会中所发挥的作用，以及对国家治理方式产生的影响。我们可以从约翰·奥斯丁以主权者的命令对法律进行的经典实证主义论述开始。由于奥斯丁的命令是一般命令，既指向它们的接收者，又针对它们的内容，因而就本质而言，这是一幅立基于规则的法律图景。① 哈特毫不费力地将这些一般

---

① J Austin, *The Province of Jurisprudence Determined*, London: Weidenfeld & Nicolson, 1955, Lecture I.

命令与命令者分离开来，提出了以社会常规性对规则进行的著名分析，这种社会常规性以社会参与者的内在态度为支撑，这种内在态度本身就会对行为模式的偏离表现出强烈的批判性回应。[①] 此类社会规则是强行性的，这是它们的一个特征，这种特征在于这样的要求：个人必须遵从要求，以避免制裁或是社会和自我的批判。

社会规则表现的是行为的常规性，这种常规性由赞扬或指责的内在态度支撑，对于这一分析来说，还必须加上一项重要的区别，即"经验规则"（rules of thumb）和"真正"（real）或"强制"（mandatory）规则的区别。经验规则给出指引，当且仅当它们的提议不能符合他们的既定目的时[②]，才可能出现偏离。"真正"（real）或"强制"（mandatory）规则则要求不论即刻所理解的功利怎样，都要遵从。强制性规则具体规定了特定情形下必须考虑的权衡因素，排除了其他的权衡，这些规则正是构成伦理实证主义理由特征的那类规则。[③]

35　　规则理性源于这样一个假定：当我们实际作出决定时，我们为什么应该考虑这些因素，以及为什么只考虑规则中界定的这些因素？对此必须给出理由，仅从这个意义上来说，所有的强制性规则都需要正当理由。确实，在所有的情形中，不考虑所有相关的因素，似乎总有些不合理。换言之，实际上存在着一种强烈的对立情形，即一种反理性主义。经验规则较容易得到证成，因为这些规则方便快速作出决策，它们依赖于从审判和错误中积累的经验，然而，如果它们的使用者认为，对于特定的情形，它们没有帮助，那么就仍然会出现偏离的情况。强制性规则给排除相关理由的非理性加上了选择自由的剥夺，但不论怎样，都没有那么容易得到证成。

证成强制性规则之治尤其具有挑战性，这是因为，我们这里面对的不是通过其内容来证成某一特定规则，而是面对任何内容的规则的证成问题。因此，很大程度上，这种证成必须是与内容无涉的。我们为什么应该或不应该采用或遵守这个或那个特定规则，对此，我们比较容易给出理由。但是，我们为什么应该或不应该采用或遵守一般性的规则，并且不借助于政治哲学的无政府主

---

① HLA Hart, *op cit* fn7, 79—81.

② F Schauer, *Playing by the Rules：A Philosophical Analysis of Rule-based Decision-Making*, Cambridge：CUP, 1991, 11.

③ 因此，在 The Object of Morality, London.：Methuen, 1971, 65 中，G Warnock 写道："无论可能的特定案件情形怎样，提前限定应该怎么做，通过这种方式，（规则）排除了实践中对特定案件特定性质的权衡。"也可参见 J Raz, *op cit* fn 2, 35—45, 73—76.

义，以及道德哲学中的情境可能性或情境伦理，从而对它们的内容作出独立的评断，就不那么容易给出理由了。

然而，一旦我们着手探求规则理性，就会发现，它们早已存在。大体来说，规则理性可以分为两类：一类目标是控制，另一类目标是协调。控制规则是为了阻止损害，确保有利行为的机制，和制裁、教育机制密切相关。将一些事项从个人选择中排除出去的策略是实现所需行为控制的唯一有效方式，这正是其正当理由。如果任由个人自己解决，那么，由于愚蠢或自私，这些事项就会给他们自己和他人造成不必要、不可接受的损害。在理想情况中，关于要求人民怎么做，这种规则应当绝对明确，明确程度要使个人的理性无意介入，以逃避对他们来说常常是负担性的要求。因此，也就有了所谓的将道德因素从社会控制规则中排除出去的要求，因为，道德因素会招致主观判断，从而允许出现自利的例外范围。①

协调规则分为如下几类较有助益：促成规则（facilitative rules），比如合法规则，这些规则可使得协议得以制定和履行；便利规则（convenience rules），这类规则可以使本身没有道德意义的区域中出现有效合作，比如交通规则；分配规则（distributive rules），这类规则用以在大规模人群中实现一个同意的利益和负担分配模式；以及输出规则（output rules），这类规则用以协调进行物质产品和其他社会福利生产的大规模经济活动。② 所有这些规则有一个共同的理念，即对于彼此需要又互不相识的需要大量人员参与才能实现的目标而言，协调行动是一个更为有效的方式。在所有这些情形下，人们是否遵从规则，以及是否以此种或彼种方式修改规则，如果允许他们自己作决定，那就将导致相应活动的协调出现混乱与崩溃。如同对控制规则目标认识的混乱，对此类规则内容认识的混乱具有同等破坏性。

除了这些一般的规则理性类别外，还有其他的规则理性。因而，除了出于其他目的的工具福利外，与之不同的，还有有条不紊的放心和自信的心理优势。③ 人们广泛遵从清晰、确切的规则，因而心理的宁静得以增加，尤其是对复杂社会而言。人们之间如何以及应当如何互相对待，特别是国家如何或应当

---

① 因此，拉兹指出，法律"给出公开、可确定的标准，它要使社会成员必须遵守这些标准，而不能通过挑战这些标准的合理性来为不遵守开脱"，这是法律的一个功能。参见 J Raz, *op cit* fn 2, 51.

② See G Postema, "Co-ordination and convention at the foundations of law", *Journal of Legal Studies*, Vol XI, 1982, 165.

③ See V Aubert, "Some social functions of legislation", *Acta Sociologica*, Vol 10, 1966, 99.

如何对待个人和组织，它们之间存在的区别和相似性具有决定性，有没有能够反映这些的规则，一定程度上，正义和公正的权衡与之密切相关。如果没有规则的常规化（routinisation），制度化地相似处理类似案件、差别处理不类似案件就难以想象。①

证成需要强制性规则似乎是艰难的任务，但这些类别多样的理性表明，法律实证主义可以用以完成这一任务的权衡因素范围广泛。尽管这些规则涉及规则指向的活动，涉及运用规则可能要实现目标的一般属性，但关于证成哪个具体规则，这些理性与之却是完全独立的。所有这些理性都一般性地既适用于社会规则，也适用于法律规则。证成法律规则所需的额外因素存有争议，但与需要一般规则的理由也并不相异。规则所服务目的的严肃性，以及在多大程度上遵守准确、一致的规则是这些规则的有效性的前提，这主要是与将需要规则理性转变为需要法律理性相关的原因。这些问题是法律和政治哲学的核心，但是，它们和需要上文所列的规则类型的一般理性并不直接相关。

37　　然而，当规则被正式采用时，仍然会有特殊的考量因素，不仅是和它们的含义，还和执行它们时使用强制和制裁有关。我们已经揭示了一些规则强制执行的积极原因，对于创建和维持国家，将其作为实现这种强制的工具来说，这些原因很容易转化为支持理由。当然也有一些指向国家道德价值的其他理由，将国家界定为协调的决策和社会合作中心。这些国家的证成理由本身不涉及规则。对于实现政治哲学为国家设立的许多目标来说，追求军事、经济和社会目的的特定规则是显然的手段。然而，国家从它们公民那里获取的权力又引出了另一项规则理性，这一理性和权力的运用和监督相关。在这里，我们就看到了熟悉的论断，国家——正当国家——必须根据公开的规则进行统治，必须通过规则媒介来控制协调它们的公民，这些规则要确保一定的可预测性，以及公民拥有一定的生活自由。②

正是在这种语境下，伦理实证主义的宪法因素才呼之欲出。也因此才有了这样的要求：政府所遵守的规则必须清晰、精确，否则就不能对政府形成真正的限制。此外，还出现了这样的论断，即国家超越公民的权力如此之大，为政府成员及其关联机构谋取私利的任意行为如此危险，因而，只有要求精确、清晰的规则之治才能对公民提供所有保护，也才能确保个人自由的空间。③

---

① See TD Campbell, *Justice*, London: Macmillan, 1988, Chapter 2.
② See J Waldron, "The rule of law in contemporary liberal theory", *Ratio Juris*, Vol 2, 1989, 79.
③ P Pettit, *Republicanism*, Oxford: OUP, 1996.

两种权衡都要求一种权力分立，据此，制定规则者本身不能对规则如何适用于具体情形作出判断，因为相应的规则就是为了引导和控制他们的行为。据称，如果没有立法和司法功能的这种分立，既制定法律又适用法律的那些人为了私利而选择适用或不统一适用法律的情形就难以得到有效防范。所有这些理由都是为人所熟悉的、基本法治理论主张的一部分，共同指向清晰、明确的实在法规则，这是实践中区别立法和司法的前提条件。含糊不清的规则有效地将政治权威移转给法院，法院则乐享根据他们自己的价值和偏好塑造法律的自由。

就这一点来说，伦理实证主义必须被视为更宽泛意义上的政治哲学的一部分，该政治哲学应当包含一种民主实证主义理论。这一理论主张，政治合法性取决于拥有民主程序相关的强制性规则，而民主程序正是它们的起源。这本身就是一个宏大的主题，伦理实证主义之于现代政治学的力量和意义，构成了一个重大的支撑观点来源。因而，可以这样说，关注依规则选择的选举政治，而非仅仅关注统治者的选择，对于使大量选民根据平等政治权力理想进行选择而言，是其中一个重要的方面。此外，要将简单的多数决变成一种可以对何为正义，以及何为公益接近达成共识的民主决策，对规则的争议和选择也能发挥重要的作用。

对于可用以支持实在规则之治的论断来说，这里伦理实证主义情形的理论轮廓揭示了其障碍所在。[①] 这些理由并不会都将我们引向同一方向，引向它们所需要的那种规则之治，但是，它们却都指向了强制性规则的核心角色：以清晰、准确的语言表述，使用时无须诉诸所牵涉的道德意见，包括公民、管理者和法官的道德观念。

支持实在规则的论断累计起来如此有力，以至于要阻止伦理实证主义成为任何可为人接受的政治哲学的一个要素，只有展示出压倒性的有力反论才能实现。只有规则的范围和它们应运行的领域仍然有争议。但是，尽管有和其他政治理念相关的反论，比如自发性和自由价值，但这些都能进行调和，方式即压缩我们所采用规则的范围和领域。通过规则之治，伦理实证主义希望推进和限制政府（权力），而不是整个社会和经济生活。

一些论断意图指出，实证主义理论建立的是不切实际的理想，因为实际上，无论如何也没有哪个社会能靠近它所要求实现的目标实例水平，对于伦理

38

---

① 更深入的探讨，参见 TD Campbell，*The Legal Theory Ethical Positivism*，Aldershot Dartmouth，1996。

实证主义者来说，解决这些要困难得多。这些论断中，有些是经验性的，指向良善实在法理想与糟糕执行、扭曲规则、无视规则以及规则缺失现实之间的裂缝。另外一些则更多是认识论层面的、先验的，这些论断试图表明，由于规则的不确定性，它们不可能完成分配给它们承担的功能，即便法官（与实际情况相反）总是致力于以价值中立的方式解释规则、执行规则。①

经验反击和认识论反击都代表了伦理实证主义所面临的主要挑战。在一定层次上，可以用一种相当概括的方式处理它们。考虑到依特定立法进行管理的一般有效性，以及如交通法的一般效用问题，伦理实证主义批判者终局性地表明实证主义模式不切实际。那么，接下来，问题就变成了在多大程度上可以接近这个理想，以及确定最容易实现一致性，也最为重要的社会生活领域。

与之类似，相当多的成功沟通确实在发生，特别是发生在具有相同语言和社会经验的人们之间，对此，也没有任何哲学论断能够令人信服地予以否认而不自相矛盾。如果语言哲学不能解释显而易见的交流成功的情形，那么，显然，作为一种理论，它就是有缺陷的。对于法律而言，沟通的问题在于，当程序中的一些参与人对破坏沟通以避免不利后果具有既得利益时，如何维持成功的沟通。

39 　　有研究试图识别规则一致性的条件，特别是识别语言共同体内部规范成功沟通的条件，在这里的语境中，这些要富有成效得多。一旦人们认为，法律实证主义是一种期望的理想，而不仅仅是一种对所有法律体系进行描述和解释的真理，那么，就可以把一致性和沟通问题看作是为期望和现实之间的差距提出证据，而这个问题可以通过减少差距而予以解决，尤其是当它们造成不公正和低效率时。因此，就与阶级、性别有关的规则解释与规则适用中的制度性歧视证据而言，解决方式就可以是努力给出对这些不利的社会后果方面更为明确的规则，并对相关人士进行教育，提供信息，以让他们更为清醒地意识到阶级和性别歧视的潜在影响，从而提高公正适用规则的质量。

关于所有规则的不确定性（indeterminacy），更为抽象的论断来自诸如任何排列都可能以无限的方式进行解读，对于这一论断，在实践中追求稳定的共同预期，以及可以用来纠正不恰当偏离熟悉模式的制度设计，这些影响的证据

---

① 关于这些问题的探讨，参见 B Bix, *Law, Language and Legal Determinacy*, Oxford: Clarendon Press, 1993; and A Marmor (ed), *Interpretation and Legal Theory*, Oxford: Clarendon Press, 1992.

即可予以回应。一般来说，语言学研究揭示语言的传统属性，揭示理解符号与特定文化和时代意义可能性之间的关联性，这些研究可以被认为，表明共同意义和成功沟通是不稳定的文化成果，需要不断地更新和修复。换句话说，明显和"自然"意义是一种取决于社会，不断变化的文化现象，它的因变参数是一种不间断的挑战，这种挑战不仅之于立法者和法官，而且之于为他们不同的生活方式努力寻求一种共同框架的语言共同体的所有成员。

对于熟悉实际法律过程的那些人来说，这一宏大的广泛沟通的成功显得幼稚，实际的法律过程让他们认为，法官和律师经常进行一些歪曲共同意义的活动，并经常引入出乎意料的含糊、新颖的解读，打破协助沟通的解释模式，以有利于他们客户的"利益"，或他们所认为法律可能得到适当发展的观点。此外，法律现实主义者认为，法律是法院通过其特定裁判所进行的宣告，假定这是明显（如果夸大）的真理，那么在一个期望法院介入法律发展之中的敌对普通法制度中，维持实证主义模式的机会确实微乎其微。

毫无疑问，要例证实证主义模式，前提条件之一就是，拥有法律官员真诚、忠诚的有利法律文化。法院致力于实证主义理想，并且具有达到令人满意的清晰、准确和广泛程度的规则，只有这样，才会有实证主义法律体系。每个人都赞同，规则不会自我执行，只有在特定群体的语言惯习意义上，它们才具有意义。对于在他们共同体的语言惯习内最明确的含义，没有任何个人会被强迫采用。法律现实主义认为，除了有限的上诉制度之外，没有其他方式执行实证主义法制，这是对的，但这并不意味着，由那些熟悉相应共同体沟通惯习者所执行的一个体系，有了好的实证主义法律，并且致力于实现实证主义法律理想，不能达到实践中法院所通常不能达到的水准。伦理实证主义的"伦理"不仅仅指向支持创造实在良法的证成理由，还指向被要求执行这个体系的那些人的行为和方法。没有致力于实现伦理实证主义理想的法院，实证主义法律的利益就触手难及。根据伦理实证主义理论，法律人的伦理应尽可能地对实在法保持忠诚，一如我们所更为熟悉的诚实、忠诚和保密问题。[①]

伦理实证主义的意义

如果法律实证主义是建立一个法律体系的理想形态，那么，可以预想，在

---

① 极为不同观点见于当前法律职业伦理中所散见的法律实证主义，参见 W Simon, *The Practice of Justice: A Theory of Lawyers' Ethics*, Cambridge, MA: Harvard University Press, 1998。

法律改革方面它是个游击队，因为那既要对法律形式和程序施加压力，同时又要对所欲的特定法律内容保持中性。因此，伦理实证主义有助于理解这样一个事实：对法律假定纯粹的科学阐述是通过有着明确改革计划的理论家予以推进的。对于这一点，没有人比杰里米·边沁更加理解，他对晦涩神秘的普通法敌视，对普遍、不可剥夺的非法律权利的辛辣嘲讽批判，以及对积极法典化的热情，一如他对基于功利主义的社会政治改革的热诚那般著名。因此，借着来自当前情势中所采用的实证主义模式的那类规定的指引，我得出了结论。这些指引中，有些和法治的一般适用问题有关，一如边沁的例子，另外一些也同样来自边沁，但更多的和民主制度中的法律角色有关。

伦理实证主义的意义远远超越了法院的行为。实际上，它是这样一种理论：首要指向的是立法的属性和形式，而立法是新法律的优先来源。如果就制定法所指向的共同体语言实践来说，它不清晰、不准确，不易理解，那么，在实现实证主义理想的道路上，法院所能发挥的作用就寥近于无。

41　　　伦理实证主义偏好将制定法作为主要的法律渊源，在许多方面，这都是基于民主合法性的考量，但是，要达到同样的偏好，还有更为一般的理由，其中之一可见于对制定法文本语词优先性的强调，比较而言，赋予普通法判决中的实际语词的重要性更少。尽管文本解释过程中会出现各种困难，但就法律要求什么，它们至少给出了达成一致意见的希望。正是出于这个目的，伦理实证主义必然关注法律体系识别法律权威文本的能力，必然要发展出一种解释那种文本的模式，以证成在立法过程中赋予它重要性的合理性。在实证主义者看来，法院必须对立法机构根据正式程序进行争论和投票而产生的语词表示尊敬，而不能着手进行一种毫无希望的活动，寻求制定法律之背后那些隐在意图和立法动机。要解决这个问题，就要强加于伦理实证主义一项义务，即阐明一种立法规范理论：以实证主义形式上的"良法"理想来识别立法权威的产生时刻。这一任务需要对以法院为中心的法律解释法理争议给予同等的关注。

关于伦理实证主义之于权利法案的意义，民主和更一般意义的法治因素的类似结合构成了其特征。我们再次聚焦于规则之治的非民主理性，伦理实证主义对权利法案的不信任主要和宏大权利表述的含糊、不确定，以及开放式除外条款有关，因为，这就将整个立法义务完全加诸法院的解释。有些基本人权，尽管政府应一般性地认同，却并不总是予以尊重，与此相关者可以解决，但如今，基本权利的范围包括一些最具争议、最难处理的政治纠纷，而这也正是当代社会的特点。与生命权相关的堕胎，与表达自由相关的竞选费用，以及与结社自由相关的罢工权都表明，当代的人类权利话语不再局限于控制政府履行显然不合法的行为。有人提出，人权法院的判例法可以赋予这些权利以确切性，这种论断不过是强调了这样一个事实，即确定性是由那些职责是适用、执行这些权利的相同机构以一种临时方式来实现的。①

当与其他法律渊源发生冲突时，语词上，基本法律优先，对此，规范形态 42
的伦理实证主义本身并不排斥，一般而言，对于依民主支持或反对固有法律的理论，它也持中立态度，但是，这一理论确实抛出一系列考量因素，抵制赋予不具体、无边界的权利主张这样的一种地位，因为一旦努力和实际情境联系起来，具体化这些权利，立即就会引起争议。② 荒谬的是，正是由于缺乏将这类抽象转化为具体决策的机制——实证主义者经常被指责装作拥有（这些机制）——法律实证主义者才对措施宽泛的法律权利感到如此不安。对于宪法中固有权利法案的案件，法院的决定在法律上是至高无上的，由此，在没有对权利表述进行大量的精确化工作之前，就将它们命运交付法院不确定的法哲学之手，对于伦理实证主义者来说，无论是康德的世界主义方法、罗尔斯的公正决策技术，还是德沃金的"尽可能好"地解释法律传统的训诫，都无法让其宽下心来。

在和这样一些问题联系起来时，关于伦理实证主义的实际意义，这些例证可以得到强化，比如替代性纠纷解决机制、反歧视法律，以及对行政行为的司法审查等。当然，这里给出的例证已经足以表明，将伦理实证主义视为一种政治理想，这种方式将会以一种聚焦的方式引发争议，而争议围绕的正是当时当代宪法中出现的争论最大、意义最为深远的问题。这些争议表明，伦理实证主义有着一些远远不同于一般抽象的作用。试图抓住所有现实法律体系的一般特征以及基本法律概念，从而对想象的法律体系改革争论限定情境的，并不是这些抽象。

通过解释法律实证主义引出的渐次开放、集中的争议，与相互竞争的政治理想的其他主要法律理论一起，并没有被限定于特定的政治和宪法问题，而是对一些法律理论中最为持久的抽象争议也有影响，比如法律义务的性质问题。

① 对这些问题，批判性综述可参见 TD Campbell，"Democracy，human rights and positive law"，*Sydney Law Review*，Vol 16，1994，195。

② 瓦卢乔（WJ Waluchow）指出，排他性法律实证主义不能解释"宪章国家"的法律，这里的道德意义是法律的一部分。规定性刚性法律实证主义认同他的阐述，但是，对于他的证据，则被用来作为驳斥引入道德解读的"宪章"之理由。参见 WJ Waluchow，*Inclusive Legal Positivism*，Oxford：Clarendon Press，1994，Chapter 5。德沃金则认为，对于美国宪法的此种解读，尽管没有被明确的广泛接受，但确实是正常的，也应该被提倡。参见 R Dworkin，*Freedom's Law：The Moral Reading of the American Constitution*，Cambridge，MA：Harvard University Press，1996。

例如，前文对强制性规范的分析，如果我们加上进行规则之治的理由，那么，我们就可能会尽可能地接近一个有意义的法律义务观念，并且是一个远远不同于与制裁相关的审慎理由的观念，这些审慎理由可能得出无视法律的结果，而这常常是和法律实证主义联系在一起的。我们为什么应该遵守法律，在从我们对它们内容的批准或不批准的抽象中，伦理实证主义给了我们诸多理由，这就让这一理念变得更加容易理解，即我们负有服从法律的义务，这种义务不取决于我们对其内容的认同。然而，这却又是一个问题，并且是一个不同的问题。

第三章　实证主义的伦理

实证主义理想直接和规定性实证主义的政治合理性相关。在一个通过规则 43
治理的系统中，有各种角色扮演者，实证主义的伦理就和这些人的行为有关，
主要是立法者、公民、律师和法官。伦理问题不得不通过制度理念和支持这一
系统的合理性才能解决，只有在制度之中，这些角色才有意义。本章的目的就
在于，在这种语境中探讨伦理实证主义法律理论（LEP）中的伦理。

伦理既是一个规范履行各种法律职责的主体的行为的道德标准问题，也是
一个对这些标准要求的义务和服从问题，一般情况下不涉及法律制裁。[①] 在一
定程度上，这是一个设计与追求遵守适当行为规则的问题，但却也涉及规则空
白，或规则不能充分涵括所有情形时替代行为的选择问题。

在这里，"伦理"是一个适当的术语，这不仅仅是因为它的规范属性与角 44
色履行，而非与个人行为相关，还因为，这些规则和标准中，尽管一部分可能
会由相关行业组织以一种准法律方式予以执行，并且他们的决定可以像法律那
样被提出异议和接受裁判，但是，它们本身却并不是法律。[②] 假如伦理被化约
为一种职业规则法律形态的执行，那么，它实际上就变成了一种执行问题，而

---

① 从更宽泛的意义来说，"伦理"被用做道德哲学。参见 AC Ewing, *Ethics*, New York: Free
Press, 1953; B Williams, *Ethics and the Limits of Philosophy*, Glasgow: Collins, 1985; and O Brink,
Moral Realism and the Foundations of Ethics, Cambridge: CUP, 1989。

② 职业行为规范的例子包括《美国律师协会职业行为模范规则》（1983）和新南威尔士法律协会
委员会颁布的《诉状律师职业行为和执业规则》（1994）。

非道德问题，并且，考虑到职业制裁在法律上具有可执行性，那么，在很多方面，它本身就难以和法律区分开来。在这样的情形下，如果可以得到证成，那么"伦理的"标签就可以由这一事实予以证成：正式角色规则所要求的道德标准要比他人所预期的标准"更高"。实际上，在履行律师角色保护当事人的利益时，一些明显不道德的行为会得到许可，而被当作"职业伦理"的很多内容不过是给这些行为加上一些限制。一般可以认为，律师伦理可以比一般在道德上受尊敬的行为标准要"更低"。此外，在职业规范中，有些方面指向的是保护行业利益，以及调整律师之间的内部竞争。这些问题是职业"伦理"规范的核心内容，就这些内容而言，没有什么可谓伦理的。①

政治学悖论之一就是，没有一种法律制度能够完全解决控制管理者的问题。一个政体中，无论采用何种权力分割形式，都必须有一个或多个宪法界定的政治制度，信任由其根据宪法的根本规则和目标恰当行为。因此，为了实现宪政，就必须由其他机构，而非立法机构自己来决定立法机构是否在其权力范围内行动，就难以理解。在宪法上，关于作出这样决策的权力，并没有明确的方式可使之接受立法机关的审查，而又不虚有其表。如此情形，就其立法效力的宪法裁决来说，法院必须仅仅是被信任的。除此之外，立法机关就可能陷入没有外部法律控制，而在其宪法权力内行为的境地。那么，接下来，就得信任它会保持在传统惯习之内了，这些惯习控制着其先例的恰当性。没有即刻的相应制裁，也没有现成有效的法律救济，从这个意义上来说，对这些问题，无论哪个机构被赋予最终决定权，它们都负有一种伦理选择权。这种信任没有被逃避，却被麦迪逊制度冲淡了，它将分权推进到政府有效性遭到质疑的程度。②这就意味着，对于有些个人或集体形式的角色承担者，无论其决定什么，都可以避开处罚，不会出现针对他们的违宪政治行动。但这并不是说没有相关规则。这些角色的伦理既受制于社会或政治惯习，还受制于明确颁布的宪法。然而，对于这类情形而言，间接受制于（under-determined）* 相关的规则和惯习正是其特色，在没有明确变革现有机制的情况下，这些规则和惯习可以进行灵活解释和逐步变化，从而适应当时的政治压力。

---

① "被美国律师和法律教授称作法律伦理的大部分内容其实不是伦理。大部分被称作法律伦理者和行政机关制定的规则相似。它是规制性的。它的诉求不是良心，而是制裁。它追求强制，而非领会（insight）。"参见 TL Shaffer, "The legal ethics of radical individualism", *Texas Law Review*, Vol 8.5, 1987, 297。

② 常见引证为 James Madison, *The Federalist Papers*, num 51。

* 这里是指没有直接的明确规则和惯习情形下的决定因素问题，因此，译者将 under-determined 译为间接受制。

　　在高级宪法角色那里，这些因素出现得最为明显，比如最高法院、总统和国会所承担的角色，但是，在一个法律制度中的次要角色那里，尽管会有更多可用的规则，并且，在一个较低的层次上，改变起来也更为容易，但它们仍然适用。这里也存在执行问题，它通常意味着，维持和保证符合角色履行的妥当性并不容易。确实，法律制度需要大部分公民服从法律的原因不是出于对法律制裁的畏惧，这是一条社会学真理。与此相似，关于律师和法官的角色标准，如果没有一定程度的基于良心（conscientious）的服从，那么，任何法律制度都无法运行。①

　　另外，和规则所有角色履行相关的，特别是那些关涉 LEP 规则的，都有另一个伦理方面。无论在一个实证主义者看来，规则有多么正确，对这些规则的态度，仍然可能有多种形态：或是一种努力理解规则、内心遵守规则的善意态度；或是规避这一目标的恶意态度；又或是介于二者之间的态度：努力以最符合相关个体利益之方式来解读规则，并仅为避免制裁的限度内遵守它们。辩称遵循法律的精神，而非法律的字面意义在道德上更优越，这不过是陈词滥调。如果我们将法律的"精神"用作规则制定者的目的，而不是法律的含义，或"字面意义"，那么，这部分就不属于 LEP 理念。LEP 赞同的观点是，规则将这些因素排除在外了。不过，遵守法律的精神也可以用来表明，应当善意地解读和遵守规则，也就是说，要对规则的意义持一种公正态度，并根据良心努力遵守这样解读而来的规则。这里，"公正"（impartiality）的意思不过是将关涉个体的后果从那些可能会影响裁决的因素中排除出来，除非是在那些没有直接相关者看来，这些结果具有应当注意的道德相关性。换句话说，公正关涉的是，如果你不是主要的受影响一方，你如何看待特定情形——这是普适原则提出的。②

　　有人认为，除非一个法律体系中的多数参与者，无论是立法者、公民、律师，还是法官，都对他们的角色设定采取这样一种"伦理"态度，否则 LEP 的理念就不能实现。我们应当看到，这和律师责任这样一种理念相悖而行，那就是，只要符合当事人利益，那么律师有义务做任何事情，即便这意味着隐瞒证据，故意歪曲其他情形下很明确的规则含义，并试图破坏、拖延法律程序，律师有义务只叙述实践的一个侧面，即便这些让律师和法律执业背上了恶名。

---

① 有益的介绍性探讨，可参见 J Waldron, *The Law*, London：Routledge, 1990, Chapter 4.
② 对于亚当·斯密的道德与法律理论而言，公正的限定性社会学观念是其核心。参见 A Smith, DD Raphael and AL Macfie（eds），*The Theory of Moral Sentiments*，Oxford：Clarendon Press，1976.

首先，我们需要重新审视一下以下一段观点，而作为一种制度的法律是非道德的，这一观点会毁灭实证主义具有法律伦理的整个理念。

法律实证主义与所谓的法律非道德性

46　　法律和道德借分离命题在概念上区别开来，但这一命题却常常导致这样的错误观点，即法律实证主义不能建立在对法律和政治进行肯定的道德或伦理立场上。同时，也有必要将 LEP 和更为具体的道德分离主义命题区别开来，在这一命题看来，一个社会中的道德在法律内的反映程度应当最小化。除此之外，LEP 也不认为法律可以对不同生活方式的道德性保持中立，它只是认为，无须借助自治的一阶道德判断，法律就可以得到确认和适用。

　　另一方面，一些实证主义者持非道德（即和道德无关，而不是不道德）这一立场，这一主张有其依据，那就是，法律实证主义和追求实际的科学实证主义理论有着历史关联，凡是涉及批判性道德评断的问题，在这儿都没有位置。这一点，已经为人所知。此类非道德法律实证主义的各种形态得到逻辑实证主义者的拥笃。另外一些人认为，道德判断最终不过是一个个人的偏好问题，而不是可在智识上，或可经验验证的信念，因而非认知主义者（non-cognitivist）笃信非道德法律实证主义。对于任何客观性或认识论只要不是建立在可被检验的（falsifiable）命题，或建立在推演自道德附随定义的分析真理之上，逻辑实证主义者和一些法律实证主义者都不屑一顾。

　　这些关于道德论断主观性的哲学观点常常和法律实证主义联系起来，并常常关涉这样一个事实，那就是，许多经典法律实证主义者倾向于坚定地拥护无条件地遵守法律，无论这些法律本质上是恶还是善的。在对这些关联进行评判之前，我们应该注意，尽管和每个其他人都一样，实证主义者不能不自相矛盾地否认，人们负有遵守或尊重所有实在法的法律义务，当代法律实证主义者将法律实然和法律应然的严格区分作为他们理论的一个优点，但这就使得公民在道德上是否必然履行他们的法律义务成为一个显然的开放问题。经典实证主义者倾向于边沁的观点，即公民负有准确遵守、自由审查的道德义务①，但是，现代实证主义者却更乐于强调，审查可能牵涉提出法律不一致。在决定是否遵

---

① See GJ Postema, *Bentham and the Common Law*, Oxford: Clarendon Press, 1986, 318—19; J Bentham, *An Introduction to the Principles of Morals and Legislation*, R Burns and HLA Hart (eds), Oxford: Clarendon Press, 1970, Chapter 2.

守法律时适用个人判断，对此，和其他人一样，奥斯丁也当然地运用无政府状态进行谴责①，尽管他这样做的依据是一种认知主义认识论。此外，这些实证主义者认为，自然法对社会秩序具有不利影响，对于接受这一理论的学者来说，对于法院和制定法要他们做什么，他们容易形成自己的道德性和合法性判断——根据自然法理论。根据实证主义理论，除非假定，以认为法律不道德为理由而不服从法律不是一个道德选择，否则，这一论断就毫无意义。这样的话，实证主义者似乎就是在谴责认识法律的道德进路，而这就可能成为实证主义是一种非道德理论的观点的基础。

这一结论忽略了这样一个事实，那就是，当决定是否遵守一项法律时，要终止个人对这一法律的道德判断，那么，政治义务绝对论必须有道德理由。这些道德理由是二阶的，这是因为，它们并不直接介入特定法律的道德或不道德问题，而只是关注设立法律的理由。这些二阶道德理由的称呼为"伦理的"，以区别于道德的。在这一点上，所有为规则之治的功利与道德而提出的理由，都为 LEP 所借鉴。② 没有一般的一致性，便利惯习（convenience convention）和组织制度安排就没有作用；威慑（deterrence）要求我们一般性地不允许个体的良心反对，同时，民主公正要求一般性地接受那些通过规则形式表现出来的多数决定。所有这些因素在道德上都基于要求一致性的主张，却没有立即考虑实质。然而，我们已经看到，这些规则理性中，没有哪个能够证成完全终止个人道德判断。这不仅仅是因为，它们中的大多数都牵涉根据规则类型和目的的一些观点来评断遵守规则的功效和收益，更在于，所有这些规则理性都要求我们接受这样一种可能，那就是，在特定情形下，遵守所造成的损害非常明显地超过可能的收益，从而使遵守变得在道德上不可接受。所有的人依据对自己行为的这种评断来行动，这就使他们得以避免了不这样做所需承担的负担，尽管这里有自我偏袒（self-partiality）的危险，但是，实证主义者仍然可能会接受，这是因为，尽管存在自私自利的错觉危险，尽管有可能会破坏社会秩序所依赖的有益的整体服从习惯，但有些时候，依据这些评断行为在道德上却是正确的。

关于法律服从的道德可废止性（moral defeasibility），大量争论都取决于一个社会中道德争议的程度，特别是关于这一主题的道德争议，即在关于特定

47

---

① J Austin, *The Province of Jurisprudence Determined*, London: Weidenfeld & Nicolson, 1955, Lecture VI.

② TD Campbell, *The Legal Theory of Ethical Positivism*, Aldershot: Dartmouth, 1996.

法律义务效力的实践理性上，个人在多大程度上应该遵循他们自己的良心。如果某个地方的公民对颁行的法律持有强烈的道德保留，并坚持认为遵从这样的法律要么不是道德所要求的，要么是道德上实际所不可接受的，那么，那些取决于一般一致性假定的规则理性就会遭到损害。当然，一致性可以通过威慑或刺激手段来取得，但是，这样也可能没有效果，并且还会有道德成本，体现在对那些不服从的（disaffected）公民的重要的自由和道德尊严所造成的影响上。

48　　在这样的情形下，需要解决的道德问题就是，要求人民违反他们一阶道德信念所导致的自由和道德尊严成本，对于通过特定规则可取得（或许是减少）的收益来说，是否是值得付出的。如果不关注异议者的道德意见，那么，对于这样的问题，就很难形成一个立场。当他们的观点有一定道德或经验层面的合理性时，这似乎就会削弱强制要求服从的情形，当异议者对诸如基本人权问题所持信念被视为荒谬时，那就几乎难以造成什么道德不安。最终，关于道德上允许或要求服从的，如果不诉诸特定法律的道德属性，那么就不能形成一道牢固的界限。

　　然而，各种道德观念威胁法律的一致性，重视它们各不相同的可接受性确实似乎预设了一种认知主义元伦理（cognitivist meta-ethic），这是因为，如果我们要将他人观点视为不理性或荒谬，那么，就需要对我们自己道德判断的普适性保持一定的信心。① 这里，我们确实是将政治义务问题以及至少某些形态的法律实证主义联系了起来，这是因为，很多实证主义者都对伦理采取一种非认知主义的态度，这就似乎排除了他们会采取某种道德立场，而该类立场恰是证成不遵从现行法所需要的。相反，否认存在道德真理这样一种东西则给了他们一个理由，该理由可以对法律人负有拒绝遵守不正当法律的自然义务予以驳斥，也就是说，我们没有办法知道什么在本质上是正当的。既然 LEP 涉及一种认知道德认识论，那么，在个人面对具有道德争议的法律而进行个体道德裁量时，它似乎就不能根据这种特殊理由予以反对，但是，如果法律实证主义者所持的认知主义形式很难得出，或至少是对某些问题而言，很难得出道德真理；并且，如果认为人类的自私和无知意味着，他们所拥有的这种道德真理与他们的行为之间只存在一种微弱联系，那么，引入客观主义元伦理学对道德裁量的意义就大大降低，不过，将特定法律谴责为荒谬、不道德的程度也大大减低了。

49　　接下来，很明白的是，对于我们遵守或不遵守法律的道德义务问题，LEP

① 这一哲学观点尚有争议，它可能会被认为混淆了伦理学和元伦理学。然而，我极力主张，对于道德判断投入理性的重要性程度，元伦理学具有启发意义。不同的观点可参见 JL Mackie, *Ethics: Inventing Right and Wrong*, Harmondsworth: Penguin, 1977.

确实采用了一种非道德立场，尽管其他法律实证主义者也可能持相同的观点。总的来说，LEP 对法律一致性提出了一系列伦理理由：重要的自由、公正，对公共产品与整体幸福的有效追求，以及适用时对民主权利的尊重。LEP 所做的是提出了一定坚持实证主义规则的理由，这些理由对遵守实证法给出了可废止的理性。对于我们来说，对整体不道德规则和制度要设定我们反应的相关的道德立场，这些已经足够具体。这并不是一种非道德立场，尽管这种立场常常在道德上要求我们，作为公民、律师或法官，要常态地使我们对于一项立法实质的一阶或伦理观点服从于我们对作为整体的制度之合法性和价值的二阶或伦理观点。如果服从现行有效的法律并不总是在道德上高于一切，那么，在每一种情形下，就都需要对是否遵守法律，而不是对法律的效力作出一项道德判断。如果仅仅是根据规则的内容来作出决定，那么，它就绝不会和公民或法官的角色相兼容，但是，若因为特定规则整体上的不道德而推翻支持遵守规则的道德理由，那这就始终是一个道德选择。在这些情形中，是否遵守的选择不是一个法律判断，而是一个伦理判断，并且，它还是一种和 LEP 道德基础相兼容的伦理判断。这可能就意味着，任何关于角色履行的判断都是一种伦理问题。接下来的推论就是，达成这样一种决定所应当遵循的方式，必须符合公正和善意的要求，这些在本章介绍时就已经列出。从一个非道德观点来看待法律制度，仍然长路漫漫。

律师伦理

为实证主义的非道德主义指责进行辩护不过是要面对严重程度略低一点的控诉，这是因为，人们常常认为，实证主义是这样一种意识形态，它不仅试图合法化律师的非道德性，还试图合法化律师的不道德性（immorality）。[①] 我们很快就应该考虑将实证主义和对抗制方法的所谓缺点联系起来的可行性，实证主义是许多民法法系司法制度的主流理论，而对抗制则是普通法制度的一个特色。不过，首先我们必须要审查一下这样一种指控的实质：执业律师不是一种道德良善者的工作。[②]

有一则广为流行的嘲笑：律师和老师的差别在于，有些事情老鼠是不会做

---

① WH Simon，"The ideology of advocacy：procedural justice and professional ethics"，*Wisconsin Law Review*，Vol 29，1978，30—144.

② 言辞更激烈者，可参见 C Fried，"The lawyer as friend：the moral foundations of the lawyer-client relation"，*Yale Law Journal*，Vol 85，1976，1060—89。

的。① 和老鼠相比，人们认为律师会撒谎、揭发、操纵与贬低他们委托人之外的任何人，尽管这并不公平。以更为为之辩护的形态来看，在对抗制中，这些行动被认为是律师对他们的客户所负的责任。若不那么动听地说，这些行动则被视为律师纯粹实用主义行为的一部分，用以向富有、不道德客户交换维系他们生活的所需。这些批判，尤其是后者，招致一个行业的愤慨回击，这一行业自视具有很高的号召力，自视在社会中处于一个由行业正直、诚信（integrity and trustworthiness）保障的地位：这不过是一个公众的误解问题，忠贞于对客户利益的保护恰是致力于实现正义的一种特殊付出。我们这里似乎又触及了另外一个悖论，那就是，律师自认为具有高于一般水平的伦理标准，因而应当特别受到公众的信任，而这种认识所立基的行为，同样恰恰导致律师不值得尊敬的公众认识。

50 　　关于对法律职业的认知，行业内部和外部的看法存在着这种不相匹配，一定程度上是因为评断角色道德属性的困难。所谓角色道德，指的是赋予某一个社会系统中某一位置与一般人不同的权利和义务。② 当其作为一个大型社会组织中的工具时，理解具有角色道德的这些困难则进一步加剧，原因在于律师在一个法律制度中为客户建议与代言的工作属性，这种情形在对抗制程序中达到顶峰，因为在对抗制中，通常认为，公正的结果取决于冲突双方尽力质疑对方的主张。此外，对抗式争论是由公正裁判者进行裁决的，这一过程中，或许会伴随陪审团的参与，尽管陪审团并不发挥积极作用。据称，一旦要理解一般角色道德和特定对抗制法律角色的奥妙之处，那么就会看到，好律师确实是好人，这是因为，在其他人处于最终权益受到损害，同时又最容易受到强迫与侵害干涉之时，正是他们在竭力帮助这些人。律师的义务在于，要让他们自己的观点与利益服从于他们的客户的观点和利益，他们必须运用他们的法律与其他技巧、知识来为这些客户服务，因此也就有了对道德目标和客户品质都保持中立的双重理念，进而在推进确认他或她的利益之时，极尽偏袒之热忱。③

　　我们会发现，当我们谈到法官角色时，很容易就能理解负有特殊责任的这些人必须要具备高于他人的伦理行为标准。因此，和大多数官员一样，法官也负有对一般公民个人并不适用的公正义务。然而，尽管如此，拿战争中士兵的

---

① 关于此类以及其他的嘲笑，可参见 D Luban (ed), *The Ethics of Lawyers*, Aldershot: Dartmouth, 1994, xiff。

② 因而可参见 R Wasserstrom, "Lawyers as professionals: some moral issues", *Human Rights*, Vol 5, 1975, 1—24。

③ See SL Pepper. "The lawyer's amoral ethical role: a defense, some problems and some possibilities", *American Bar Foundation Research Journal*, 1986, 613—35。

例子来说，要引入特殊责任的理念所可能要求的对一般道德行为标准的豁免理念，则并不那么容易。因而，我们发现，律师有权为客户撒谎，或有权隐藏可能会明显确定他们的客户有罪或负法律责任的证据，很难被接受。尽管党派性（partisanship）因素可能会受人尊敬，尤其是当为一个民事被告或底层民事当事人辩护时，但是，为了服务富有的公司客户，律师可能采取拖延策略、操作和把戏，对此，我们却不大可能热切相迎。

关于这些问题，尽管文献已经汗牛充栋，但是关于律师角色的确切标准，却仍然鲜有一致认识。即使律师应使自己的利益服从于客户的利益，但是，他们是否可以通过隐藏证据，或诋毁他们知道所言为真的证人之可信性，从而牺牲他人的利益呢？难道允许出示伪证仅仅是确保保密性所需支付的对价，从而以保密性保证来鼓励客户向律师披露那些对其履行指定任务或代理角色所必需的信息？挑战在于找出一种原则化的方式，要能在可接受的党派性和不可接受的党派性之间划出界线。没有争议的是，律师只可在法律范围之内行动，但对于这些问题，法律应该是什么，并不能帮助我们回答。无论怎样，我们都要关注超越法定最低限度的职业标准。我们也不能满足于清洁命题，即律师只可做客户可能会为他们自己做的事情，这是因为，客户的道德可能和律师的道德有所差异，并且，当涉及为客户做一些他们自己不能做的事项的角色，我们也不能根据这一公式来实现。

这样一来，我们就不可避免地要面对法院程序的属性，这是由于它的功能及履行这些功能的方式。执业人员提出的标准命题是，如果法庭程序是对抗制的，各方法律代理人为己方提出最佳的法律和证据论证，有一个负责执行程序规则，并在双方当事人所提出的两种情形中进行选择的法官，也许还会有一个决定事实问题的陪审团，那么，正义就会得到实现。因而，人们通常称，审判的主要目的在于，就争议主张或指控找到真理，并根据法庭就实际究竟发生了什么的认识而适用相应的法律规则。法院所主要关心的，对抗制度尤其与之息息相关的问题，都是事实争议的确定。据称，如果努力确定或否定某一特定事实主张的当事人之间能够进行一场公开争辩，那么，我们就最有可能将确定事实所需的相关的所有证据提交裁判。据称，在确定事实方面，寻找支持或反对就某一事实主张的证据的专家角色尤其有效，接下来则是证人的重要性，再次则是通过严格质询检验他们回忆的需要。[①]

51

---

　　① See MH Freedman, "Personal responsibility in professional systems", *Catholic University Law Review*, Vol 27, 1978, 191—205.

如果无所限制的对抗主义要比其他任何实践做法更有助于找到准确事实，那么，鉴于法律的目的，所有这些就极具说服力。尤其是，它非常契合一种实证主义模式，这种模式的理念即准确地适用规则，这就要求必须超越其他一切可靠事实的发现。然而，在现实主义者看来，这就不那么具有说服力了，因为，这一观点认为，我们可以期待有利的，或可预测的裁决，却不能期待准确的，或正确的裁决。

52　　这里，我们不能对对抗制在事实发现方面的有效性多作探讨，尽管我们可能注意到了，没有什么证据表明它的有效性不适用于民法法系。① 但是，这一主张确实具有这样一个优点，那就是，它使职业伦理问题取决于一种关于其他法律制度的工作和结果的经验主张。我们为职业实践所寻找的伦理界线也就变成了，或至少部分变成了，根据所欲结果对其他法院程序进行检验的问题。接着，这就变成了一个经验调查问题，即去发现何种角色行为最适合于制度目的。这就立即将我们从服务于客户利益的教条义务中解放出来，因为无论发生什么，行业角色为客户所做的仅在于最大化制度效用。按照这种进路，我们就有可能得出一些将以下事项归结于伦理的结论，这些事项为：毁坏律师明知所言为真的证人的信誉，不向对方披露相关证据，以及说谎或支持说谎。②

要对律师的辩护角色达成一致认识，关于其前景，争议可能取决于这样一种幼稚的信念，即有可能知道实际上什么为真、什么为假，而不是努力去证明何者为真、何者为假。③ 或许，律师狂热的党派性可由以下事实证成，那就是，共识性事实信念取决于作为法律人的个人所具有的共同偏见，而不是正确的证据。律师的角色在于去理解对于真或假的重要决定，这些共识并不构成充分的经验基础，去强迫他们试着从不同的视角来审视这些主张的事实，尤其是要从客户的视角来看待争议的问题。如此一来，无论律师怎么相反地认为，客

---

① 关于对抗方法在证据评估方面的准确性的批评，可参见 W H Simon, *op cit* fn 11，119—30。

② 典型的例子被称为"道德困境"，其纯粹形式可被看作道德批判的基础，关于这些，相关探讨可参见 Freedman, "Professional responsibility of the criminal defense lawyer: the three hardest questions", *Minnesota Law Review*, Vol 64, 1966, 1989。它们都和刑事辩护有关：试图诋毁尽管律师明知其所说为真的对方证人的信誉，将证人置于律师明知其会做伪证的立场，以及以一种鼓励当事人做伪证的方式提供咨询。人们认为，比较接近真实困境的例子一般涉及以下情形的保密性义务，也就是若不违反保密性，无辜者将会遭受损害。

③ "先生，在法官决定之前，你不知道（一个理由）是好还是坏……如果一个理由不能说服你自己，却可能会说服你所力劝的法官；如果确实说服了他，那么先生，他当然是对的，而你是错的。"（Boswell, *The Life of Johnson*, 1987, 47f）尽管这看起来更像是法律现实主义的立场，但罗德却将它视为一种实证主义观点。参见 DL Rhode, "The ethical perspectives on legal practice", *Stanford Law Review*, Vol 37, 1985, 619。

户实际上都可能是无辜的，因此，律师表现出他们相信确实如此，并给予客观观点恰当的代理就是正确的。这甚至适用于被告也具有共同偏见的时候，因而他对自己行为的认识也可能是歪曲的。在这种情形下，只要是为了客户利益，律师的义务甚至包括质疑客户自己的认识。

在争论法律问题时，关于律师的角色，也有类似的问题。实证主义者尊重法律规则的显然意义，但这一理想遭到律师职责的反驳，后者支持按照最有利于其客户的方式来对规则进行解读，继而是对动机，甚或是对义务的解读，从而打击实证主义者的目标，也就是说，实现对规则含义以及内容达成共识的目标。律师负有将明显意义变得含糊的义务，这看起来可能很奇怪，但是，在一个特定社会中，听众对同一词语和语句的理解也会大相径庭。对于在交流仍成问题的社会情境中的规则，以及在实际运作过程中根据不同标准而没有明显含义的规则来说，此类程序可能被视为达成共识的最佳方式。当然，当我们正在努力剔除含糊和模糊以改善立法的时候，这种方法当然恰当。另外，当要对相关法律界定一种权威意义时，这同样大有裨益。①

这是一个艰涩的领域，但是，通过检验法庭律师的角色如何有利于发挥法官应当具有的角色，可以为这一问题寻求答案。简单来说，关于推定事实的情形，如果法官被禁止发挥大量想象力；关于适用对象如何理解规则，法官被禁止过多采用开放思维，那么，我们就会认为，掩盖证据或精心欺骗，或是将证人和当事人置于一种压力之下，从而不太可能作出诚实、准确描述的情形，都不会对法官的角色履行有所助益。但是，它确实考虑到了律师和法官从双方当事人角度看待争议问题时所作的巨大努力。

我们可能认为，纠纷情境中准确适用法律的理念，以及为实现该目标的制度所采取的特定方式，共同设定了法庭律师的义务界限。因此，致力于客户利益在理论上就变成第二位的，但在实践中却仍然可能是首要的。对于律师的其他功能，比如建议和调解，情况也大体相同，但是，并不是所有执业行为都要出现在可能的诉讼情形之中，也并不是所有诉讼都是由狭隘自私自利所驱动的。法律既指向好人，也指向坏人，因而，应着眼于确定使询问者遵守法律之目的来确定法律权利和法律义务，以此寻求法律建议，或应当常态地假定可以此寻求法律建议。实际上，从 LEP 的观点来看，我们可以这么说，尽管以合法或不合法的方式给客户提供建议是律师的义务，但是，这并不意味着，要集

---

①　当然，可能解释和恶意操作之间的区别问题，很难制度化，但是，对于代理人来说，不能作出很多道德区分恰是它的一个特征。

中关注为追求个人目的，律师能够接近于违反法律，但实际上却并不违反或超越法律到何种程度。①

54　　在一篇关于法律实证主义以及其他法律理论不能证成对抗制且颇有影响的论文中，威廉姆·西蒙（William H Simon）对法律实证主义对辩护意识形态的支持提出了严厉批判，并指出法律实证主义未能为这一制度提出充分的抗辩理由。② 西蒙的分析将实证主义塑造为一种自我中心的自由主义的极端宣告，而从霍布斯时代起，这一理论就没有再继续发展，因而，除了引出美国法律现实主义的措施外，西蒙的分析毫无助益。③ 他没有注意到，很多法律实证主义者是不支持对抗制的。尽管西蒙认为服务于个体自治的社会秩序是法律实证主义的唯一支持价值，从而完全忽略了如哈特所关注的促成性规则（facilitative rules）等问题，但他确实是规定性地对待法律实证主义的。西蒙的理论的实质在于，现行法律制度不能产生实证主义所支持的法律存在理由（raison d'être），也就是，确定性和可预测性。这是因为，法律实证主义者引入了控制国家权力的程序规则，将司法视为遵循这些形容词规则的问题，而不关心对一阶法律的准确适用。除此之外，律师据说也没有将他们的客户看作自立的个人，这表现在，他们总是不停地兜售理论本身的个人主义理性论。④

　　西蒙引用大量证据表明，至少在美国，程序规则被用来阻却发现事实，发起诉讼不过是为了强制执行统治者的武断意志，而作出的解决方案常常忽略实体法。他具有说服力的结论是，在民事案件中，普通法赋予当事人（及事实上作为他们的律师）对程序的自由裁量权意味着，法律控制在私人权力手中，并被富有者用作合法的敲诈形式，以至于"主权者对公民的威胁只能以加重其他公民同伴威胁为代价才能减轻"⑤。西蒙认为，在恢复对抗模式的信誉方面，实证主义者没能提供帮助，因为它缺乏重建实质正义，或提供可实现的客户的非个人主义目的所依赖的任何共同价值观念。

　　事实上，为了完成这些任务，除了西蒙过于简单的描述外，我们可以援引

---

　　① 西蒙认为，尽管实证主义者认为他们的客户都是自私的个体，但实际情况却可能根本不是这样。尽管在霍布斯的功利个人主义以及后来的若干功利主义实证主义者那里，这一分支确实是一个要素，但为什么要特别将这一法律观点和当代法律实证主义联系起来则并不清楚，参见 WH Simon, *op cit* fn 11, 30。

　　② WH Simon, *op cit* fn 11.

　　③ WH Simon, *op cit* fn 11, 39—42.

　　④ 西蒙指出："实证主义律师不是一个建议者，而毋宁是一个关于人类本性的特定理论的说客。"参见 WH Simon, *op cit* fn 11, 58。

　　⑤ WH Simon, *op cit* fn 11, 48.

的实证主义观点还有很多。尤其是，边沁对普通法程序复杂性研究所采取的进路和西蒙自己对程序崇拜的批判相一致。实证主义可以对澄清法律伦理问题有所贡献的地方，恰恰在于一种改革程序的努力，方式是将它变成服务于准确适用规则之目的。边沁的观点是，证据承认方面的制度应当灵活，这样，法院就能对它的价值作出自己的评估。^① 这和揭开证据法神秘复杂性的行动相一致，对于这一问题，西蒙通过将其确认为一项商业价值而附和了边沁的观点。实际上，边沁关于每个人是他自己的律师的提议和西蒙有关非职业化辩护的理念极为相似。^②

　　当关注一个实证主义裁判制度的实现前景时，就不能将西蒙的经验证据轻描淡写地置之一旁，尤其是作为私人业务的职业和作为法院雇员的律师角色之间的兼容性存在着诸多问题，前者是以通过服务于消费者的利益来为律师带来收入，而后者则负有保证整体正义的公共职能。尽管在律师更多的是公仆，而非商人的地方，这一问题可能不那么尖锐，但这种情况也有自己的不足之处，仅就法治而言，该情形意图使政府远离它自己颁布的法令的执行。于是，我们就要面对政治悖论的另一个困境：是将律师和法官视为政府的组成部分，还是独立于政府呢？^③ 如果我们认为，作为一种维护被告权益和履行法律义务的制度，独立的法律行业是更好的选择，那么，将法律服务托付于一个具有强烈公共道德的专业群体，该公共道德将形式正义价值置于他们的客户利益之上，对于法律服务的这种私人垄断，我们就要非常重视。这尤其适用于要求严格保密性和专业党派性的对抗制。然而，如果这些价值不能和真正的诚实义务、滥用保护性程序的完全摒弃，以及为了非法行为而操纵法律程序结合，那么，律师接近客户和法院特权的正当理由就失去了根基。

　　关于律师执业伦理，可以说的还有很多，其中绝大多数都在关注角色道德的特殊性，这一点由于律师的垄断特权而凸现出来，因为，这些特权使得律师面临着过度收费以及其他权力滥用的诱惑。对于立基于律师作为公民和法律程序中间人之工具角色的全景来说，这些问题都是次阶性的。就我们所关注法院中心的问题而言，这意味着，将律师理解为以一种尽管困难，但仍致力于确定真理和意义的方式致力于准确履行一阶规则，他们必须要以不歧视任何关涉方的方式来履行。换言之，律师的伦理就是服从于裁判程序，我们现在也应该看

55

---

　　① GJ Postema, *op cit* fn 7, 347—50.

　　② WH Simon, *op cit* fn 7, 130—44.

　　③ 这方面，政府律师和公共角色的对比，可参见 RL Abel and PSC Lewis, *Lawyers in Society*, Berkeley：University of California Press，1988—89。

到，这种程序的持续运作依赖于律师对伦理理性的尊重。

裁判伦理

用于解释需要分离规则适用和规则制定的理由，正是法治的理由。规则若要实现它们的功能，颁布后它们还必须得到适用。法律制度假定：大多数最初规则的适用是由这些规则所指向的人，也就是那些规则遵守者自己实现的，他们的遵守是规则之治的前提条件。然而，一定的不遵守以及对遵守或不遵守不可避免的争议，让规则的自我实现显得不够充分，因而也就有了强制执行规则的需要，主要体现为（a）对不遵守的调查、取证以及惩罚/矫正和（b）就适用于他们双方行为的规则的争议达成解决方案。

56　　在这两种情形下，对规则含义和范围的争议都可能要求根据具体情势作出决定，而这恰是适用规则时并没有明确界定的。一般而言，这些决定或明确工作首先可能由那些创立规则者完成。这至少具有这样一种优势，规则制定者需要对通过他们颁布而合法化的规则提供必要的细化（specification）和解释。然而，要求一个经历特殊训练的官员群体来执行规则，解决规则对某一特定人和特定行为的适用争议也有许多强有力的理由[①]：

（a）如果政府有权适用规则，那么，要求政府根据规则进行治理的优势会遭到削弱。规则适用中的解释因素赋予了一定的规则适用变化范围，该方式可能损害这些规则既定的普遍性，从而既损害公平，又损害效率。

（b）准确寻找与规则相关的事实是一项复杂、耗时的活动，需要专家介入，需要技术，并需要排除政治压力，因为政治压力会导致根据政治倾向和当事方重要性而进行差别的规则适用。

（c）选择和解释作为政治选择表现形式的规则，同时维护规则形式的一般性，这一任务是一个复杂的过程，需要独特的职业技巧和职业伦理。这是本章余文的中心话题。

概言之，这些理由给出了支持独特司法角色无法抵抗的情形，这使得规则创制和规则适用之间观念上的差别制度化。但究竟司法角色应该如何履行？这正是 LEP 核心的关注点。很大程度上，所采用的模式遵循了选择独立裁判的理由，尤其是要避免将规则适用于特定情形过程中的政治偏见。

---

① 更为细致的概括，参见 J Wroblewski，*The Judicial Application of Law*，Dordrecht：Kluwer，1992。

　　此处分析集中关注这样的事实，即规则自身不会适用，这也是所有法律理论家的共识。人们在处理一个一般性规则，将它适用于特定情形的过程中时，总会出现错误。首先的问题是要确定适用哪些规则。接下来的任务就是确定规则中所要求，或允许的界定情形是否在相关案件中出现了。这就需要了解规则的含义，掌握已经发生存疑事件的证据。规则总是概括性的，规定的是类型化的情形，而实践中的情况却总是特殊的，涉及的实际情况无所穷尽，而其中只有一些被选作与问题相关，这样的事实使得第一个问题困难重重。实际情况总会包括规则中没有规定，却可能与实际发生了的具体情况有关联的许多事实。同时，依据二手证据，而非直接调查来重构过去的困难也让第二个任务变得问题重重。

　　通常，将规则准确适用于过去的事件是一项非常困难的任务，考虑到这一点，适用规则者可能总要受他们对某一特定类型结果的个人偏好的影响，就很容易理解了。然而，这也就意味着，这种权力接着是由规则适用者，而不是由规则创立者行使，如此就会毁坏建立规则之治所要实现的目标。因此，为有始有终，LEP 就需要就法官应该如何展开他们的工作，就裁判的技术和伦理给出解释。裁判的职业伦理包括一系列要素，这里概括如下：

　　（a）对以一定恰当术语表达的规则进行解读，这些术语为采用规则和适用规则的社会之一般自然语言；

　　（b）将规则理解为政治选择的表达，该表达是从那时的文化存在的多种其他选择中筛选出来的；

　　（c）将这种理解限定为此类政治选择规则制定时的形态，而非立法机关进一步的目标，因而，尽管将规则视为一种控制或促进人类活动，从而达到某种目标的目的性尝试是恰当的，但是，以可能更好地实现这些背景目标为理由，以规则中没有具体规定或明确许可的方式来变更规则却是不恰当的。

　　（d）在事实认定和规则解释过程中尽可能减少法官的个人价值假定，从而最小化偏见。

　　（e）取消与特定案件结果有利害关系的法官的资格，并运用技术来限定那些直接的利益相关者的不同观点的理解范围，从而最大化裁判的公正性。

　　（f）立法机构新近决策优先于之前立法或过去的司法判决；但是

　　（g）考虑到采用规则之治理念的理由，尤其是自由优势以及道德形态优势，并对不同规则尤其是合作性规则（co-operative）与控制性规则之间的区别保持敏感，仅在规则可能被特定情形改变的程度范围内，才遵守（f）；并且

　　（h）当规则适用的结果出乎预料，并明显与毫无争议的共识价值发生冲突

时，接受作出例外裁判的义务。

这些目标和准则必须以解释技术、确切的程序规则以及自然正义等形式予以强化和推进，然而，无论设计如何优良，那些与之利益相关并享有事实上的权力者总是能够进行操纵。因此，最终在很大程度上，法治的实现要取决于司法机关对实证主义的忠诚，以及对社会偏见和强大自私自利的持续、负面影响的警醒。

58　　在司法伦理的这种形象中，核心之处为公正和偏见这两个概念。① 二者都可以借助有利于准确选择规则和适用规则的工具性价值来进行解释。在其柔性形态中，公正是一个形式问题，要求任何人不能是自己案件的法官，或更宽泛的说，任何人不能成为结果和他们自己的实质利益具有直接关联案件的法官。与这一原则有关的边际问题关涉这样一种情况，那就是，当法官是某一可能因一项确定先例的裁决而在不同程度上受益的社会群体成员之时。在其刚性形态中，公正是一个对同等因素给予同等重视，而无须考虑相关者个人或阶层的问题，除非这些在规则中予以特别规定。当这些因素本身在规则中明确限定时，这就不言自明，但总会有很多因素需要进行理解或默许，因而也就有了一定范围的任意。这里可用的技术包括综合运用假定的背景规则和心理工具，背景规则用以解决偏袒问题，心理工具和想象及同情相关，有助于确定所有当事者，甚至是那些与法官在社会上、经济上远离者的利益。

另一方面，偏见则更多地和从一种更偏向于一方的社会文化视角看待具体情形和意义的倾向有关。这可能被视为一种并不那么明显、明确的强烈偏袒之源。既然所有的认知和解读都受到文化观念的影响，那么，偏见就似乎是不可消除的，然而，偏见的影响却可以予以降低，方式是对所涉各方的文化地位予以关注，以使所涉当事人对相关社会情境的认知凸显出来。

59　　这样，继续性司法教育的观念就并不是现实主义观念的必然产物，根据这种观念，法官是实际的立法者，也就是说，法官的具体裁判实际上决定了所有特定情形的法律后果。按照法律现实主义的原则，好的法官必须就他们判决对当事者的利益和价值，以及更宽泛层面的对社会所造成影响的所有方面接受教育。他们还必须是经济学家、心理学家和社会学家，更不要说是道德和政治"专家"了。当现行法没有提供充分引导，但裁决又不能或不应等待政治决定时，如果人们认为法官通常必须作出裁决，那么，这些要求中的某些就可能需

---

　　① 关于公正和偏见，有益的分析可参见 Leader, "Impartiality, bias and the judiciary", in A Hunt, *Reading Dworkin Critically*, New York：Berg, 1992, 241—68。

要在 LEP 中予以保留。在这些情形中，法官必须如最好的立法者那样能干·知识广博，但是，即便是当现行立法完备之时，也不能认为，司法技术就简单地如同了解相关规则、知道规则之间关系的法律专业技巧。疑难案件中，解释的过程涉及规则创立和继续适用中大量的社会和政治语境的知识。甚至是在相对简单的案件中，法官也要对道德和政治偏见的社会源头，以及它们可能影响规则解读和理解的方式保持足够的清醒，从而避免受到他们自身所属特定社会经济群体的价值和前见影响之危险。

司法伦理的核心为不可强制执行的自律理念，这和以迎合法官个人偏见的方式，通过事实权力的适用来影响结果相关。这里的诱惑很难遭到抵抗，原因很多，其中包括这样的事实，即许多裁判理论实际上鼓励在法律推理过程中适用道德判断。确实，整个普通法推理的传统如此松散，以至于在事实情形之间的相似与不同之处会引发道德反思，而这据说是普通法的类比发展之成因。

与这些问题特别相关的还有另外两个争论。第一个是我们已经略微谈到的观点，即每个人，包括律师和法官对他们行为所负的终极道德义务。第二个是法官所面临的难题，和承认规则有关。这两个争论都可以通过哈特在区分两种内在态度时所遭遇的困难予以阐明，第一种内在态度是用以理解一项规则的，第二种内在态度则涉及认可规则。哈特似乎认为，法律体系要存在，法官和其他官员必须要认可它的实质。[1] 事实上，他的所有要求是主张，系统内部的官员足以理解相关规则。然而，其他人则对这一命题进行了补充，他们称，作为一个道德主体，法官必须批准他正在进行之事，而这就包括批准的裁决的实质，进而这又包括对他正在适用的现行法律之正确性作出道德判断。

一个道德主体必须将所有重大实践选择变成道德选择，他将因之而受到褒扬或谴责。作为一种分析性真理，这当然是正确的。然而，这并不能推出每种选择的恰当标准必须是道德的，而只能说相关行为必须受到道德审查。这样，作为一个道德主体，我必须在道德上证成我每周可能在工作时去打高尔夫的行为，但这并不意味着，我选择俱乐部是一个道德选择。在实证主义看来，同样的推理也适用于裁判，它需要的是法律推理，而非道德推理。当然，进行道德推理需要道德术语的理由，而受聘为法官或律师者，尤其需要道德理由。然而，这并不意味着，裁判活动或展示案件中的判断本身是道德判断。[2]

不知何故，人们认为法律必须不同。法官必定不在道德上认可他们作出的　60

---

[1]　HLA Hart. *The Concept of Law*, OUP, 1961（2nd edn, 1994），56.

[2]　D Beyleveld and R Brownsword, *Law as a Moral Judgment*, London: Sweet & Maxwell, 1986.

判决吗？法律并不仅仅是一个技术问题，因为其结果对人民的利益具有影响。这忽略了这样一种可能性，即法官的义务不是适用他们所认为正确者，而是去适用法律。如果法官认为这是一种道德活动，那么，他们就应该辞职。在这一点上，原则上，和那些生活在民主国家、接受遵守民主程序结果的道德义务的公民相比，法官并没有任何不同之处。

也许，承认规则有一个特殊问题。对于他们所使用的承认规则，法官可能受到质疑，对于这一事实，波斯特玛（Postema）注意到了哈特是如何作出回应的。[①] 哈特称，关于可能法律渊源的接受和拒绝，他们只是注意到了当前司法的实践，对此，波斯特玛并不满意。法官当然必须证成他们所使用的规则或承认，无论是以个体，还是以集体方式。假定或许是这样的，则法官是以他们不能自由采用其他规则的方式来选择承认规则。但是，情况显然不是这样，因为，这种规则是政治决定的结果，而政治决定则是有权制定法律者作出的。谁拥有这样的权力是一个需要道德证成的问题，却不是特别要由法官来提供。

波斯特玛的进路在于提出，通过指向惯习规则，法官正在给出一种和其他所有惯习基于同样理由的规范理性形态："从根本上说，他（哈特）的主张是，效力标准的权威最终并不取决于正义、正确性，或是作为一种批判道德标准的真理性，而是取决于惯习。"[②] 他的观点是，惯习立基于实践社会收益，体现一些被广泛认同的，确保互利合作的方式：

继而，最好将承认规则理解为包括一种惯习，即一种适用法律的官员和身处需要确定有效法律标准情形的公民之行为的常规性，即多数官员遵守这种常规性的部分理由在于，多数官员、公民都遵守这种常规性以及多数官员、公民期望其他官员、公民也遵守的共同知识。[③]

换言之，我们所指出的适用于整体规则的合作收益对于承认规则尤为恰当。这是可以理解的，因为如果没有一种相互认同的承认规则，整个法律体系就不能以一种可预测的方式运行。在整体给出合作和秩序利益时，这显然是核心之处。

61 结论似乎是，作为法官，他应该在一般使用意义上采用承认规则，但是，这却只是在宪法基础缺乏更高层次政治决策时的情形。如果法官要就使用何种规则作出自己的决定，那么，从实证主义视角来看，惯习理由就是正确的，但

---

① GJ Postema, *op cit* fn 7.
② GJ Postema, *op cit* fn 7, 171.
③ GJ Postema, *op cit* fn 7, 198.

是，这并不意味着，他们有权利作出这样一种选择，否则，我们就得出结论认为，法官是宪法的缔造者；而实际上，在任何一种民主意识形态中，有效法律的来源都是一个政治决定的问题。然而，很难控制法官篡夺这一权力，这个事实也是需要有力司法伦理一个主要理由。

日常的法律现实是，决定什么是或不是可接受的法律理由者是司法机构，理解这一事实必须要用的理由和这里的一般理由类似。[①] 什么可以作为一种可接受的理由取决于，对于"一个特定群体，法律的受众"而言，什么是可接受的。[②] 如果这一点是正确的，那么，出于波斯特玛关于承认规则所给出的那类原因，对维持他们系统合法化的方式，这一群体就负有重大义务。如卢埃林等现实主义者看到了司法传统的重要性，就什么是理想的方法提出了他们自己的建议。[③] 大多数现实主义者更偏好整体的灵活风格，依据认知目的和社会效用，因为他们看到的是法官通过启蒙性裁决解决社会问题的机会。而显然，实证主义者给出的是一种更为依据规则的方式。考虑到这样的裁判过程不可能完全严密地通过推理作出，所以，个人和组织总有能力偏向权力。这里，LEP 中的两类人之间存在着一定的张力，一类人支持对裁判法进行理性重构，以提高融贯性和一致性；另一类人则将此看作一个途径，以弱化或阻却当前的政治决策，这些政策本应该被给予超越之前政策过程的结果的权威性或超越与之的兼容性。

回溯有关解释的探讨，有些人认为，法律推理是一个更为宽泛的实践推理问题，和一般的道德推理交融；而有些人则希望保持二者之间的区别，但同时也认同，在有些情况下，如法律不明确或是对于手头情形规定的不够充分时，必须诉诸次好的推理方式。但长远来看，这两种观点存在着交融。而这些次优方法和其他人理想情形下所偏好的方法则可能相似。

传统上，普通法法律推理的中心方法集中于先例和类比。[④] 先例将已决案　62

---

① See J Bell, "The acceptability of legal arguments", in DN MacCormick and P Birks (eds), *The Legal Mind*, Oxford: Clarendon Press, 1986, 45—65.

② 将法律论证视为一种社会活动，是生活方式的一部分，具有特定的规则和实践以及重要的习惯和理解。可参见 J Bell, *ibid*, 46；也可参见 A Aarnio, "The foundations of legal reasoning", *Rechtstheorie*, Vol 12, 1981, 131；也要注意 AWB Simpson, "The common law and legal theory", in RS Summers, *Oxford Essays in Jurisprudence*, 2nd series, Oxford, OUP, 1973. 作者认为法律是一系列律师职业阶层所遵守的社会实践和所接受的理念。

③ 主要参见 KN Llewellyn, *The Common Law Tradition*, Chicago: University of Chicago Press, 1960。

④ See J Harris, *Legal Philosophies*, London: Butterworths, 1980, Chapter 13; and AWB Simpson, *op cit* fn 37.

例作为一个灵活的依据，推理出一个规则或原则适用于当前的案件，推理方式是审查报告判决中重要事实所占一个案件的比例公式。^① 当需要将已决案件和其他一系列事实进行比较，以决定情形是否相类似时，就会出现类比。^② 这一方式具有一种融合特征，分别是关于现行法律规则是否涵括一系列特定事实的推理（赖以推导出一个法律规则的情形事实比例是否和问题案件足够相似），以及发端于普通法推理的关于法律规则内容的推理（促成法律规则形成的已决案件之间有哪些相关的相似性），并且涉及采用现有法律规则变体的情形，即那些到目前为止并不被承认相对相似，但却被认为这样的情形。换句话说，普通法先例和类比融合了规则适用、规则形成和规则变化。在许多案件中，需要确定比例和规则的范围和一般性，这是作出一系列判决背后的规则或原则如何宽泛的问题，在这些案件中，这一点尤为明确。

同时，如果将其视为建立一系列融贯规则和原则之更一般过程的一部分，那么，就能将这种推理置于一个更为宽阔的情境中。因而，当面对一个新颖的事实情形时，就能找出一系列的先例和类比，限制在于，推理过程应当努力使得它们对新情形的适用与维持和发展现有不同法律碎片之间的相容性。当然，融贯目标既可以用以引导待决案件的裁决，也可以影响对已决案件或制定法规则的解释，以使它和已决案件更为一致。

传统方法将规则创造和规则适用任务一并解决，对于这一方式，实证主义存有问题，它寻求区分两种类比：适用规则过程中涉及的类比（就规则而言相关的相似之处是什么）和改变规则过程中涉及的类比（例如将规则扩展涵括当前形态规则最初所并不涵括的事实情形）。对此所可能引起的混乱，LEP 至少有三种担忧：一是司法机关可以轻易地改变制定法规则；二是这样一种倾向，即在寻求与现行法融贯的过程中抹平它们的新颖性，从而迟滞法律变化；三是作为一种采用现行法来处理诸如法律漏洞这样问题的方法，本身是不恰当的限制。当牵涉规则创制或重大的规则改变时，对可能增进法律融贯性的相似性进行一定程度的宽松类比可能有帮助，但实际上，重要的是，如果根据诸如社会政策、政治道德和经济后果等大量更宽泛因素来考虑，如果需要，就应该采取立法决定。正是出于这样的原因，LEP 试图对司法活动的立法和裁判模式进行严格区分：司法活动是法院的首要目的，而立法模式在性质上则更多是一种令人遗憾的次优程序，用以处理现行实在法形式与范围所存在的缺陷。

---

① See B Cardozo, *The Nature of the Legal Process*, New Haven, CT: Yale University Press, 1921.
② As in *Donoghue v Stewnson* [1932] AC 562.

这一讨论和裁判伦理的相关性在于，法官一般应当对改变、创造制定法保持克制，当他们实在需要超越适用界限而去创制法律时，他们就应当公开这样做，并将与立法工作有关的全部因素考虑在内。明确作出这种区分不仅改善了源于司法自由裁量所决定的创新方式，还在于明确地向政治程序发出正在发生什么的信号，以使通过先例影响而具有立法力量的司法自由裁量权能够受到审查，并在必要时通过主要的立法程序予以修订。①

如果我们出于此种或彼种原因将补充法律的任务，或许是作为一种代理立法的权力委托给司法机构，那么，实际上，这就给出了一定的开放范围，司法活动的这一维度要完全受到政治、立法推理优先方法的影响。在这种情境中，要求引入罗尔斯的平等主义②，哈贝马斯的商谈理论③，或是功利或经济原则④的经验，都是有道理的，并且具有伦理上的恰当性。一般而言，这些优先于意图限制司法立法的方法，继而优先于通过坚持一种特殊法律维度来限制司法立法范围的方法，这些法律维度比如阿列克西的法律论证理论⑤，或是德沃金的海格力斯式方法，该方法允许我们援引原则而非政策。⑥ 此类方法不仅在立法模式中的司法推理范围方面受到不恰当的限制，并且混淆了法院与主要功能（即适用法律）之间的区别，进而鼓励使每件案子的解决方式都关乎一个立法挑战，尽管它仍然需要符合一种明显并且也许实际上有限的因素范围。尤其是在这种方法被用于关乎权利法案或普通法基本原则的案件之时，它们赋予了法院重新审视每一项立法法案的机会，审视一下它们是否赞同包含的政治判断。⑦

对于一些法律理论家来说，这是一个受欢迎的趋势。法院超越政治家所面临的一些迫切政治压力，并因而更能考虑公民整体利益，更清晰地将其作为一个原则问题和长期政策问题予以主张，通过这一说法，就可以公开主张这一趋势。这样的以法院为中心的立法更有优先性，尤其是在立法机构处理起来存在

---

① See J Waldron, *op cit* fn 5, 147. 对比 R Dworkin, *Law's Empire*, London：Fontana, 1986。

② J Rawls, *A Theory of Justice*, Oxford：Clarendon Press, 1972；and J Rawls, *Political Liberalism*, New York：Columbia University Press，1994.

③ J Habermas, *The Philosophical Discourse of Modernity*, Cambridge：Polity Press, 1987；and J Habermas, "Toward a communication-concept of rational collective will-formation", *Ratio Juris*, Vol 2, 1989, 144—54.

④ 例如，R Posner, *Economic Analysis of Law*, Boston：Little, Brown, 1977。

⑤ R Alexy, *op cit* fn37.

⑥ R Dworkin, *Taking Rights Seriously*, London：Duckworth, 1977.

⑦ See TD Campbell, "Democracy, human rights, and positive law", *Sydney Law Review*, Vol 16, 1994, 195—212.

困难的事项上，例如，绝大多数正受阻碍的重要的立法，以及冷漠多数派正在否定少数派利益的情形。法院，由于它们所具有的免于选举因素在道德方面的相关压力的中立角色，至少是在某些问题上，它们是道德上更优的立法者。①

　　这种方式大大夸大了法院中立性的重要性，与立法替代因素的选择相比，中立更适合于对特定事实情形的裁判。无牵涉的中立性并不能确保裁决在两种竞争的政治价值之间作出，而与现代国家制定政策的可用资源相比，法院制定良好政策的能力也较弱。这里，对于这些主张并不能实质上充分展开。尤其是前者，如果认为罗尔斯②与哈贝马斯③的方法不仅仅是一种关于应当如何引导政治话语的风向标，那么，这需要我们对他们方法的局限性给出一个全面批判。批判的要旨必然是，任何此类方法都不能用以达成共识，因为，这些方法都无法避免对根本价值进行选择和区分优先性，因而所有这些方法都会低估道德选择的固有属性，而为了实现与道德合理目标相关的公正、效率的立法，必须作出道德选择。也许，略微展开法院的政策能力问题更容易一些，因为，与有着现代管理部门行政资源支撑的政府立法机构相比，如果法院成为竞争的立法者，很显然，它们就会在资源与责任方面变得无法与政府执行和立法部门的联合区别开来。关于什么会毁坏法律和政治论断之间的界限，这可以作为一个鲜活的提醒。

立法伦理和公民角色

　　司法职业伦理的理想要求，它的主要模式和专业领域严格限定为裁判性，而这一理想的实现要依赖于提供给它的原材料。这就意味着，立法伦理优先于司法伦理，尤其是在法律的颁行应能以实证主义术语进行解释这一要求方面。④ 其他立法规范（常常错误地被主要当作裁判规范）为与立法有关的一致性（consistency）、全面性（comprehensiveness），与行为相关的可预测性（prospectivity），以及仅要求公民能够遵守的行为可操作性（practicability）。

65　　规则之治这些为人所熟悉的方面可以通过各种方式予以丰富。一个重要的维度是一项规则所应当体现的具体化程度。为了澄清明确的除外力量，规则应

---

① 德沃金明确指出了这一点，参见 R Dworkin，*A Bill of Rights for Britain*，London：Chatto，1990。

② N Daniels，*Reading Rawls*，Oxford：Blackwell，1975.

③ J Raz，*The Authority of Law：Essays On Law And Morality*，Oxford：OUP，1979，212.

④ 这种要求的一个方面在"普通语言"运动中被明确表达出来。

当和它们的目标相一致，尽可能的具体。对于最大化自由优势，以及有效精练实现立法目标的方式，这也是必要的。然而，道德形态优势要求，所涉及的这种概括不包括不公正，不以使一定群体承受不平等负担或享有不公平优势的方式来作出道德无涉的区分。因而，精确和公正的需求之间存在着一定的张力。

一直有这样一种观点，即规则和一般性原则不同，精确乃是其属性。一些理论家将"规则"用作一种专业术语，涵括所有界定被批准和被许可行为的规范。其他一些人则认为，它们具有一种具体作用，这种作用使它们有别于原则和标准。[①] 原则可能只是比规则更一般，或者它们可能是体现一种明显道德或规范理性（例如合理性）的规则（无论是否一般）。这些也可被当作标准。

最初，实证主义者主张，法律是或应当是一个规则体系，可被当作一种关于规则的纯粹一般概念，去涵括所有规则作为规定行为的规范，但是经过对规则功能更为具体的分析后，在确保这些功能方面，一些规范要比其他规范效果更好。在行为控制、活动协调和公平分配方面，尽管一般原则或标准确实指向一定的背景价值，但与这些方式相比，通过清晰、准确、不模糊、在那些规则指向对象可理解能力范围之内的规则方式可能更有效率。

在这里的讨论语境中，一个"良善"（good）规则并不在于它是一个本质良善的规则，而在于它具有使其完成任务的特征。当然，随着具体任务的不同，这些也将发生变化。象征功能常常通过含混、模糊，但好听的规则来实现。权力分配功能可通过一般规则或道德规则来实现，因为这些强化了这些规则的管理者的权力。然而，如果我们将规则的主导社会政治功能视为指引行动、协调行为以及控制权力，那么，良善规则就容易落入清晰具体类别之中。

这一点并非没有争议。对于高度具体的规则，存在这样一个问题，那就是，它接近于特定的命令（command）。为了效用和道德形式，需要一定的一般性，但是，吸收一定个体群的一般性会产生模糊性。如果规则不使用有适用争议的术语，或无须公众确认的术语，并且，如果它们达到了一定的一般性程度，该一般性吸收了易于识别的行为类别，无论该类别属于自然种类，还是社会无争议地予以认同的类别，无论如何，规则仍能够为有用保持足够的一般性，并仍然能够足够清晰。[②] 当然，类型化（categorisation）水平要符合规则

66

---

① 关于规则和原则的讨论，例见 TD Campbell, "Ethical positivism", in S Panou, G Bozonis, D Scorgas and P Trappe（eds），*Theory and System of Legal Philosophy*，Stuttgart：Steiner, 1988，45—55。

② 关于不同情境中的"自然种类"概念，可参见 MS Moore, "The semantics of judging", *Southern California Law Review*，Vol 54，1981，151—294。

目标的属性，这一点也很重要。因而，如果问题是什么是危险的动物，那么，假定我们能够对"危险的"概念给出经验定义，那么这就是最好的"类型化"。简单列出一份危险动物清单存在漏掉一些危险动物的缺陷。但是，一份易于识别的动物清单则更为准确，也更能达成一致。

　　将招致道德判断的术语涵括进来，比如"正当"和"合理"也有问题，这会鼓励大量的司法自由裁量。但是，尽管不可能将这些完全排除在外，却能将它们解释为对当时社会规则中的行为标准所进行的变相参考，从而将当前实践纳入法律之中。如果对于这些实践没什么重大争议，那么，这就可被认为是可以接受的。另外的选择是，可以将此类术语解读为对法官和陪审团发表意见的邀请，该意见随后将被作为实在道德的样本，但是，在多元或不平等的社会中，这是一道存疑的程序。或者，也可以将其视为对当时公共意见，或部分公共意见形态进行调查的邀请。① 然而，总的来说，此类立法在目的上有令人不悦的晦涩含糊，并且不足以充分限制司法立法。它代表了一种可以理解，却令人感到遗憾的立法负担的解脱，那就是，从政府传递到法院。

　　同样，这类考虑因素也适用于规则的颁布与可及性等这类问题，因为，如果规则不为它所指向的对象所知，那么，它就几乎没有可能实现引导行为的作用。根据这类要素，朗·富勒（Lon Fuller）创造了一种程序自然法（procedural version of natural law）理论，从法律是"一种将人类行为纳入规则之治的事业"② 的思想，推导出诸如清晰、可预测与公开等合理性属性。这几点属性的力量遭到了削弱，原因在于，富勒同时坚持，这些属性不仅仅是有效确保规则服务于它们目的的手段，同时，一项制度，如果尊重他指出的八条无法立法的方式，那么，该制度也会对作为道德机构的主体明确表达尊重，在这个意义上，这些属性还具有作为道德标准的某些效力。他匆匆得出结论认为，在这个意义上，法律本质上是一种道德事业。不管怎样，对于解释规则之治作为一种必要却并不充分的道德可接受性条件而言，富勒似乎已经在靠近了。

67　　通过使主体避免破坏这类规则的后果，规则之治为主体保护了一定的自由，富勒偏离了这一正确前提，进而走向了夸大的结论，即在这样一种体系中，规则的内容将既有利于实现正义，也有利于实现效率。对于富勒的这一观

---

　　① 如科林斯提出，"考虑到作为一种纯粹民主控制的制度，立法机构缺乏可信度，那么，承认政府的其他机构，例如法院可平等地主张来源于民主输入的权威就变得能够为人所接受，尽管这种民主输入较弱且不完善"。参见 H Collins, "Democracy and adjudication", in DN MacCormick and P Birks (eds), *The Legal Mind*, Oxford: Clarendon Press, 1986, 71。
　　② L Fuller, *The Morality of Law*, New Haven, CT: Yale University Press, 1969, Chapter 2.

点，哈特果断地进行了批判。很不幸，在富勒的方案中，"良善"规则能极有效率地服务于可怕的目的。① 然而，这一任意主张构成了富勒理论的自然法方面，但对于它的不朽贡献，这一缺陷并不关键，其重要贡献即追寻法律之于人类目的的意义，尤其是就法律之于道德上可接受统治形式的意义而言。当然，这是实证主义方案的一个特征了。

结　论

在一个理想的实证主义世界中，尽管由于具体情形的复杂性，在将一般术语变得更确切时，总会出现一定的立法因素，但不会存在如司法立法之类的事情。但在我们实际身处的非理想世界中，司法立法可能是两恶之轻者。司法伦理的特殊方面也同样适用于需要司法立法的情形。例如，当立法中存在漏洞，而我们除了高度概括的原则，没有其他依据，却需要避免不公或浪费而作出裁决时。在这些次优情形中，大多实证主义者催促法院援引现行社会意见的实在道德。当没有明确的实在道德或惯例时，可能就会期望 LEP 应当给出措施，来阻止法官援引他们自己的道德观念。确实，在一些案件中，甚至是博彩方式都要比道德裁判更优越，因为随机性要优越于制度偏见。② 确实，如果善意理解的话，一些普通法技术就可被视为对相关竞争利益的博彩。

然而，对于实证主义，若认为，假定司法立法受制于立法审查，通常情况下确实如此，那么，重要的就是司法立法按照理想立法方法进行，这是恰当的。这就意味着要超越与现行法的一致性，尽管这肯定具有优点，那就是结果没有争议，并且是终局性的。假定这公开进行，并经过了知情讨论和获得了相关的专家证据，那么，这意味着超越了德沃金意义上的原则主张，将立法道德性的功利方面引入进来。采取这一方式的一个理由在于，司法角色有着与合理道德方法重叠的方面。特别是，如果社会阶级和智识精英主义等事项没有问题的话，司法机构的公正性就可能被认为是一个优势。在这一点上，或许可以通过法院对采取罗尔斯与哈贝马斯的方法坚持到底，发挥优势，理由在于，它们接近于一种与司法中立相匹配的方法。然而，形式与强度的公正性尽管可能消除一定偏见和不公，却无法取代道德选择的作出，它们并不单单由采取一种公

---

① HLA Hart，"The separation of law and morals"，*Harvard Law Review*，Vol 71，1957—58，593—629.

② B Goodwin，*Justice by Lottery*，Hemel Hempstead：Simon & Schuster，1992.

正的观点而得出。另一方面，在并非绝对必要的情况下，这会被视为引出侵蚀司法实践的次优方法因而被避开，这一点也已经得到承认。

68 因而，我们就有了一个框架，可以之推导出一种 LEP 伦理学。据此，制定形式良好的法律就成为立法机构的义务，该法律要能被公民理解和遵守，或只是纯粹运用制定法，并且要使法官将他们自己限制于制定法的解释，在出现与法律相关的行为的争议时，无论是私法律人之间，还是私法律人和国家之间，法官都要以一种裁判的方式进行适用。在这种情境中，我们就能得出，律师伦理大部分源于律师伦理在被恰当地用以裁决争议时在裁判程序中的角色，来源于规则之治的理想情况下，律师对客户的事务所提供的咨询与协助角色。

第四章　法律实证主义和政治权力

本章提出法律实证主义和政治权力的命题，大意为实证主义是一种辩护理论，既指向社会中权力的便利问题，也指向权力的恰当限制问题。更具体地说，它主张，伦理实证主义被当作法律实证主义的一种伦理规范模式①，那它就需要对权力分立的宪政教义给出观点和目的。要阐明这一宽泛的主题，就需要对各种权力展开一定的分析工作，而这就和政治理论的核心领域有了一般关联。这里分析的目标在于，确定法官能够行使的权力类型，并找出我们可能如何区分司法权力的合法和非法适用。本章结论为，在一个充分运行的民主制度中，权力分立教义可接受的理由意味着，法官不应当行使政治权力。

当前正统的批判理论认为，法律实证主义是一种悄悄支持法律自治神话的教义学，并因而认为，它强化了常常隐藏在法官与律师背后的政治力量。② 共识为，法律实证主义是一种法律人的理论，该理论虚伪地将法官角色合法化，使得他们能够行使大量的政治权力，而在表面上看来又不如此。③ 法官以超越政治喧闹的公正姿态，宣告什么是法律。事实上，他们所正在做的，不过是按照他们自己个人或群体的政治判断来对案件进行裁决。这种欺骗将法官们的判决变得超然于法律之外，不可挑战，借此来增强法官的政治权力。由于没有政治批评或选举压力，除了同行默认之外，高等级的司法机构在无须承担任何责

① TD Campbell, *The Legal Theory of Ethical Positivism*, Aldershot: Dartmouth, 1996.

② R Cotterrdll, *The Politics of Jurisprudence*, London and Edinburgh: Butterworths, 1989, 216—35.

③ AC Hutchinson and P Monahan, *The Rule of Law: Ideal or Ideology*, Toronto: Toronto University Press, 1986.

任的情况下行使着大量的政治权力。

70　　　这种情景并不要求我们将阴谋设计或是算计归咎于政治上可能幼稚，并且一般缺乏政治意图的一群人。假定的共识是，法官是一个小范围，并且内部社会化的集体，很大程度上意识不到社会经济观念层面的政治争斗。这充分符合法律现实主义者和批判法律学者所力图呈现的那种制度。同时，批判分析也符合这样一种情形，那就是，政治上无意识却精于算计的司法官员为了他们自己的目的，或根据他们自己对公共利益的理解作出裁判，但审慎地将他们的目的伪装在对先例的援引之后，伪装在法律原则虚假的语词差异之后。

　　　标准情况下，法律实证主义常常被牵涉到这种形象之中，尽管事实上，它明示的功能是为严格区分法律制定和法律适用提供一个依据，法律实证主义者常常使用这种区分来支撑立法权力和司法权力。对此的批判命题是，无论是在哲学理论中，还是在法律实践中，制定和适用法律之间的区分都已经崩塌，但是，司法推理独立性的公共形象却给了司法一个它本不该享有的政治可接受性。这种分析将司法推理作为一种司法权力意识形态，这等于是将所作出裁判的理由立于其他基础之上。为了回击这一批判，本章提出，法律实证主义，至少其规定性形式是一种有利于限制法律和律师政治权力的理论。这里的命题为：法律实证主义可以是一个理论依据，可用以有效控制法院权力，总体提高选举产生的立法机构的权力，增强民主政治，并同时保护作为个人或组织的公民的自由与平等。法律实证主义的这一形态并没有排除批判法律现实主义所披露的历史现实。当被影响者没有认识到政治权力正被运用时，它显然为政治权力的运用提供了一个绝佳依据。确实，法律实证主义常被用以伪饰司法阴谋，维护固有阶级的支配地位。但不管怎样，法律实证主义仍然能够被善意运用，为睿智善良的法官提供一种理论，使之能够最大化民主责任，赋予法治理想以实质内容。

　　　在就司法权力运用的品性进行论辩时，法律实证主义面对的不仅是来自法律现实主义和批判法律研究的经验批判，还包括它的传统对手——自然法理论。当前，自然法之复兴部分是作为对现实主义主张的一个回击，现实主义认为，法官既不受实在法、也不受外部道德的约束，无论法院所作出的是何种判决，都决定着法律的权威。但有一个遗留问题，法律现实主义在很大程度上没有回答，该问题关涉法官究竟应该以何种方式作出判决。这一理论空白可以通过许多不同的政治进路来予以填补。因而，法律的经济分析以其规范形态力主法官根据一定的经济理性模式来裁判案件。① 法律现实主义者自己也提出了一

---

① R Posner, *The Economic Analysis of Law*, Boston: Little, Brawn, 1977.

种经济实用主义。其他理论家根据一定的自然法形态给出了作出司法裁决的分析框架，自然法则是将基本、普适的道德命令作为司法裁决与公民行为的一般指导规则。① 与之相对，伦理实证主义则努力将所需重大道德选择置于它指向的立法结果的政治过程领域。法律程序伦理则限于政治上确定了的法律被解释和适用的方式。

　　作为一种一般的分析和描述理论，法律实证主义已经信誉大失，意识形态力量也因此而丧失。当代许多法官和评论家都理所当然地认为法官造法，而不仅仅是解释、适用法律。他们将这一点作为一个依据，用以证成对现行法进行极为激进的司法修正，以及对宽泛宪法条款日益大胆的政治化运用。创造性法律的创制被当作是对司法权力的明显滥用。司法伦理将法律裁判限定于法律标准的适用，而立法则是新法律唯一最终的合法来源，现在，这种司法伦理隐藏的表象不再为现实所需。法律现实主义者和批判法学家巧妙揭开了政治化司法实践的面纱。如今，宣称司法立法的不可避免性，进而是它（令人失望）的可接受性再也不是可耻的依据。宪政上的后果则是政治权力从立法机构向法院的显著移转。

　　批评者确认，法律实证主义具有意识形态方面的作用，但其效用依赖于它的描述性信誉。如果法官的政治中立性没有被赋予信任，那么，隐藏在那种中立之后而运用政治权力就受到削弱。现在，作为一种司法实践的描述性理论，法律实证主义正处于失去信誉的边缘。此外，由于对声名不佳描述性变体的默认及与之关联，作为一种能够、也应当养成的宪法理想，法律实证主义的地位也遭到低估。骗局正在崩溃，司法忠诚因而从法律实证主义的正统理论走向法律现实主义的实用主义，或是走向自然法的道德主义。然而，无论是何种替代选择，都无法为司法政治权力的运用给出一个持久理由。法律现实主义理论认为，法律不过是法院所作出的判决，因而既缺乏指导意识，又缺乏封堵政治追责要求的方法。自然法理论认为，法官负有一种适用普适道德原则的义务，这和当前道德观念的多元主义严重不相匹配。除此之外，这两种策略中牵涉到对司法角色的明确政治化，这所招致的必然结果是：他人对司法判决提出批评的权利；选举法官的要求；施压给法官，要求其遵守既定的社会政治规范，接受教育，接受质疑，接受嘲弄，并进而降格为纯粹的政治家身份。如果诉诸法律不过是以其他形式进行政治活动，那么，忠于法律但政治中立而受到保护的法官身份就会遭到毁坏。

　　所有这些迄今为止仍在进行。在欧洲和澳大利亚，司法部门正在展示它们

---

① J Finis, *Natural Law and Natural Rights*，Oxford：Clarendon Press，1980.

的宪法力量，正在复兴 19 世纪的普通法形态[1]，或正在为选择性适用而引入全球化权利修辞，通常依据为美国宪法理论的模式。随着大写法律的继续衰落，随着法律哲学与宪法学走向知识交叉的主导学科，这成了一个振奋的时代。新型的宪法解释正在崛起，它们提出了司法机构可如何选择一种解释方法给出建议，通过这种方法，司法者可以将他们现在所接受的政治角色植入其中。只是在极少的情况下，我们才会偶尔碰到为了实现有效民主治理而追求司法去政治化的当代政治哲学。

如果要回击这些趋势，我们第一个任务不是提出一种规范性政治哲学，而是提出一种分析性政治理论，该学科指向对政治，而非对其改革的分析和理解。为了触及政治权力适用和控制的任何规范策略，我们需要对与政治权力对应的司法权力进行一个初步分析。之后，这种分析可能会被用作建构一种规范性哲学，具体关涉司法机构的适当方法和功能。

权　力

当律师谈及司法权力时，他们指的是司法机关根据形容词或"权力授予"（power-conferring）（即促成性）规则所具有的法律能力。具体来说，司法权力就是对案件进行审理和裁判，作出对有关当事人具有约束力裁决的法律能力。因而，澳大利亚高等法院的司法权力是宪法赋予的，法院具有依规定的司法管辖权对提交给它的这种特殊纠纷进行裁判的法律能力，而司法管辖权就是法院对案件有权进行审理和判决的地理范围和案件类型。[2] 作为法定权力，在法律体系中，这些都是合法的，并且根据定义来看也是合法的。而一旦司法权力被视为外在于法律体系，那么就会被当作需要道德合理性的政治权力。

然而，是否可以说宪法赋予了司法机构法律上（de jure）的政治权力则取决于宪法的内容。由此而来的所有事实上（de facto）的政治权力则都取决于司法机关的判决与宪法内容相符合的程度。因而，法律上的裁判"力量"，如果其内容关涉允许或要求法官按照他们的喜好判决案件，那么，它就赋予了法官合法的政治力量，如果这得到了尊重，那么它也就同时赋予了法官政治力量。但另一方面，根据给予司法机关的一致全面且具体的一个特定系列规则，

---

① TRS Allan, *Law, Liberty and Justice: Legal Foundations of British Constitutionalism*, Oxford: Clarendon Press, 1993.

② L Zines, *The High Court and the Constitution*, 3rd edn, Sydney Butterworths, 1992, 151—84.

司法机关来对案件进行判决，即便判决得到了尊重，这也不能赋予法官法律上或事实上的政治权力。

　　要解释这一分析，有必要将律师所谈及的权力政治理论话语中的权力语言联系起来。律师关注的是改变特定他人法律地位的法律能力。政治理论家则关注于以与他人意愿或这些他人利益可能相反的方式，对他人行为进行自主或主动控制。在社会科学中，权力使享有者能够对其他人的生活施加影响，而无论他们是否喜欢[1]，并且这样做是出于自主——实际为了自己的利益——而非仅仅是作为他人的工具。 73

　　自主维度是政治权力，而非法律权力的一个必要特征。然而，如果我们再深入一点，追问到底什么使政治权力区别于经济或宗教权力，而成为政治的权力，那么，政治和法律权力在其他方面就没那么容易区别开了。"权力"和"政治权力"的概念都极富争议。政治权力与贿赂和蛮力形成对照，它很大部分的含义是指通过占有权威而行使的控制，也就是在一个非原始制度中，无论是政治的，还是法律的，被接受为有权命令或允许的能力。争夺政治权力的斗争部分就是对这种对他人权威控制的追求，这种权力的行使为统治者与被统治者对规则权利的互相承认提供了媒介。立法权力是一种强大、重要的政治权力形式，与比如说经济权力有所区别。可以这样说，这种类型的权威是和对社会行为的沟通、劝说能力持续相连的。[2]

　　显然，作为未取得他人同意情形下控制他人的一种手段，行使政治权力也会涉及强制因素。实际上，以这样一种方式适用力量的权力是政治权威的一个特征，并且或许对其具有决定性。[3] 然而，因为政治权力具有一种（或许是强制性地）作出命令的必要权威因素，所以，不能称之为法律上的法律权力和事实上的政治权力。这种对照有些道理：从效力意义上来说，非事实上的政治权力就不再被视为政治权力了，因为它缺少了实际控制他人的属性。然而，只有涉及占有法律上的权力，对（或许不情愿）他人事实上的控制实际上才是政治权力。这一分析同样适用于法律权力。当理论家研究法律效力时，他们处理的是这样的规范，它们使人民，特别是法官，对在那个司法管辖范围内具有权威性的规则进行承认，但是，这必须和有效制度联系起来进行，在这个制度中，

---

　　① R Dahl, "The concept of power", *Behavioural Science*, Vol 1, 1957, 203; and S Lukes, *Power: A Radical View*, London: Macmillan, 1974, 26.

　　② J Habermas, *The Theory of Communicative Action*, Boston: Beacon Press, 1984; and M Foucault, *Power-Knowledge*, New York: Pantheon, 1980.

　　③ M Weber, *The Theory of Social and Economic Organisation*, Glencoe, IL: Free Press, 1947, 132.

司法所确认的规则在实践中得到承认和遵守。用哈特的话说，效力（validity）预设效用（efficacy），也就是说，除非一项法律所归属的那个制度中有一定的人，并且特别是法律官员一般地遵守这一制度，否则不可能有有效力的法律。① 对于政治权力来说，这种联系强度可能达到了概念上的必然程度，但和法律权力的对照则只是一个程度问题。

74 　　因而，就自主来说，政治权力和法律权力之间的重大差别是政治权力，而非法律权力的一个必然特征。政治权力被认同为一种控制渊源，作为它的一个必要特征，相对独立性却并不是法律权力的一个必要特征。一个法律制度中的决策可能受到各种方式的限制，这些限制导致我们认为，相关主体并没有将他们意志强加于他人的自主的、法律上的能力，却仍然在行使法律权力。同时，立法机构没有这种法律上的权力，通常只是一种事实上的权力（除非某一立法机构完全通过外部控制）。如果将判决宽泛地界定为裁判特定案件，那么，对它也可以持这一判断，因为它也可以是一种开放式（open-ended）的法律上的权力，允许存在就特定案件的大量事实上的权力。然而，与政治权力相比，裁判可以被限制达到缺乏任何重大自主的程度，随之而来的后果就是，它就不再是一种政治权力了。实际上可以这么说，权力的限制越多，它就越具有法律特性。

　　这一进路并没有采取旧式的实证主义模式，将权力概念转化为一种商品或物质，可以被储存和适用，甚至可以将其置于一个最高的主权之中。② 政治权力被理解为一系列心理和社会，同时也是物理关系，这些关系产生收益负担的一定分配模式，其中，部分借助于规范上被接受的命令层级。此外，若这样理解，政治权力就不再局限于对这种分配的自觉获取。政治权力可以被归因于与他人竞争中的愿望实现者，甚至他们本无意这样做。

　　然而，愿望实现可以分两个层面来解读：有意的，即权力持有者的行为指向实现他们自己的目标时；无意的，这也是同时的，即不顾及可能会因权力持有人实现他们目标之方式而受到负面影响的他人意愿和利益。在后者的情形下，对他人的负面影响仅仅是一种无意的附带影响，是某种恰好发生了的事情。很多社会权力都具有这种属性，因而，只是在较为狭义的意义上，它们才能和直接故意行使和控制的政治权力区别开来。通常情况下，多数或精英态度的流行并没有以任何方式明确指向否定少数或多数人的态度。我们可以将社会

----

① 　HLA Hart, *The Concept of Law*, Oxford: Clarendon Press, 1961, 100—01.

② 　J Austin, *The Province of Jurisprudence Determined*, London: Weidenfeld & Nicolson, 1955.

权力称为不考虑他人的反对，或没有他人的同意，也不寻求命令他人的权威而取得所欲利益的这种能力。社会权力构成了社会，更加自觉的政治在其中寻求重新定位。对于有益的政治权力来说，这是一部分重要的语境。社会中所出现者大多都没有很强的意识性，因而都可以归因于无选择的社会、经济和物质因素的作用。按照通常理解，政治以争取地位和影响的公开斗争方式运行。它的作用被大大夸大，而实际上，它运行于人类行为因果空隙中一个相对无延展性的社会领域之中。从概念上来说，在这里进行约定，继而将政治当作控制他人的自觉斗争是有益的。当我们提到无意识地损害性影响他人的能力时，我们所说的是"社会权力"。

给法官加诸政治权力属性意味着，他们在法律程序中的角色是这样的：他们的价值观和观点对他认定生活产生强制性影响，即便他们的意图可能只不过是适用之前已经由立法者确定的规则。在这种情形下，我们就有了一个区别于（有意）政治权力的社会权力的实例。一般情况下，人们都认同，在一个包含法治理念的民主社会中，法官不应该参与到公开、有益的政治活动中，并且不应该行使我所界定的政治权力。更深层次的问题在于，法官的价值观和见解对裁判结果具有重大影响，由于这一事实，他们通过法律程序所行使的社会权力是否能够，并且应该受到公开政治程序的控制。

我们从这一点走向何处要取决于所争议的问题。政治权力具有权威和力量要素，它将我们引向与其存在、分配以及控制合理性有关的基本规范问题。即便我们认为，所有的力量都显然是不可欲或错误的，但考虑到显然值得溢美目标的多种相关运用，我们也并不乐于认为，权力的行使必然是一种邪恶现象。作为一种可能被污染的手段，人们可能认为，它最好也就是次于和谐的协议，最差则完全不可接受。① 这些都是赋予我们拒绝权力的理由的问题，或至少也是仅将权力分配给那些我们可以信赖者的理由的问题。我们可以要求，这种分配与它们的后果联系起来予以证立，通过效用对具体政治组织目标取得的效用进行证立。很多政治哲学都和确定合法化运用力量，并进而对其运用施加恰当限制的那些目的之确定任务有关。

如何在一个可接受的范围内使用和控制政治权力，对于这一问题，没有一种政治哲学给出了令人满意的答案。政治学的不幸悖论就是，为了许多合法目的，社会需要有组织的政治权力，但是，由于其天然具有被用于合理化其存在

---

① TD Campbell，"Power and resistance: a legal perspective"，*Societas Ethica Jahresbericht*，1986，29—51.

之外目的的可能性，因而对于社会福利来说，有组织的、集中的权力存在，正是其固有的危险。对政治权力的需要及其弱点的这种联合并不愉快，这使我们可以理解作为一种理论的伦理实证主义的属性：它阐明了我们能怎么样，以及为什么要改善政治权力的不良效果，并同时以一种人性、有效的方式来引导其合法功能，进而引导政治和法律权力之间的张力。

法律权力有时被认为有利于政治权力，这时，法律权力可以被看作是有效行使源于法律制度之外的政治权力创造渠道之部分尝试，或者法律权力本身也可以是对自治政治权力的一种行使。伦理实证主义采取前一种进路，支持对法律权力的这种分析，该分析将法律权力作为他人政治权力的一个渠道，其中包括旨在控制法官社会权力的政治权力，这样一来，司法权力就不再是权威性强制的一种独立来源了。然而，与此同时，政治权力通过一般且具体的规则媒介行使的要求则被视为对政治权力一种可能的重要审查。正是在这种法律和政治之间模糊的相互关联的语境中，本章提出了一种政治权力的分析，通过与行使有约束力权威有效主张的关联，达致一定程度的自主，而前者恰是其定义的一个特征。这样，我们就为讨论作为一种可能理想的与政治无涉的法律程序扫清了障碍。

伦理实证主义

伦理实证主义法律理论（LEP）提出了作为政治权力执行媒介的准确、清晰规则的重要性。[1] 在两个领域中，LEP 仍有着法律实证主义的传统：它将有效法确认为经验可确认行为的后果；无须对具体行为或情境作出价值判断就可能知道实际行为是否符合这类规则，在这个意义上，它坚持认为法律规则是经验上可适用的。LEP 的另一个伦理维度在于，正统实证主义者的法律形象并不是用以试着描述实际法律体系，而是用来试着描述实际体系所可能接近的理想图景的。作为一种模式，它要求为构成实证主义法律体系的实践之证成给出伦理理由。除此之外，根据这一理论，由于另一个理由，实证主义法律模式是伦理的：除非法律机构在没有法律义务这样做的情况下，仍充分致力于坚持程序和方法论的要求，否则这种理想图景就不能实现。

当前对法律实证主义的解读常常认为，实证主义伴随着这样一种自由假定，即可以有一系列政治上中性的实体法律规则。然而，这既不是传统实证主

① TD Campbell, *op cit* fn 1.

义的观点，也不是 LEP 的信条。相反，法律被认为是一种特定政治意志的表达，其合理性并不取决于不同社会群体之间的固有中立性，而在于其来源（通常是民主）的可信性。然而，考虑到理解与适用符合实证主义标准的法律经验基础，形式上良善的法律可以被人所知，并可由理解却并不接受其实质的官员执行，作为一个实证主义者的目标，这确实包含一定程度的程序中立性。这样一种程序中立性并不能扩展至法律的实质。

尽管传统法律实证主义有着自己（通常是功利主义）的具体价值取向，但通常，这一理论本身给出的是一种混合形态：对法律概念的抽象分析和对实际法律制度运作的经验主张。与之相对，LEP 强调的是实证主义模式中理想高于现实的重要意义。通过经验上可适用规则的治理，通过给出政治权力有效、公正、有限且可预测的适用可能性，从而获得合理性。① 同时，它也主张，实证主义模式有利于有意义的民主决策。这是一种对一种政治制度的愿望理想，关注于可经验适用规则的选择和执行，它构成了我们得以确定特定类型偏见与压迫的背景。

LEP 中的核心概念是一般规则的观念。② 规则指定必须或可以做或不做什么。它们是规定性的、强制性的，为它们所适用的个人或组织排除了或开放了某些选择。③ 规则带有天然的规定性观念，也就是说，除了考虑那些规则中或公的基本规则中的规定外，无须对这样做的后果进行任何计算，它们就可以要求必须或可以做什么。规则，至少是作为法律实证主义特征的规则，是硬性的（hard-and-fast）要求或许可，而不仅仅是指导方针或经验总结。LEP 界定并维护政治体制中这类规则的道德和实践优先性。

规则之治最常见的自由主义辩护为，规则可以使个人能够保护他们的自由，或行动自由。但从个人依据他们喜好行为的意义上来说，适用之前颁布的，可经验适用的实体规则却可能限制自由。这样得出的结论就是，整体而言，自由主义支持法律的最小化。但是，对自由同样重要的是这一事实，那就是，当规则提前为人所知时，规定性规则可以使个人避免违反规则，从而避免承受因违反这些规则随之而来的制裁。我们可以将此称为规则之治的自由优势。④ 同样受到自由主义看重的一个相关因素是，清晰的、可经验适用规则的

77

---

① TD Campbell, *op cit* fn 1, 49—58.

② F Schauer, *Playing by the Rules: A Philosophical Examination of Rule-Based Decision-Making*, Oxford: Clarendon Press, 1991.

③ J Raz, *Practical Reason and Norms*, London: Hutchinson, 1975, 35—45.

④ TD Campbell, *op cit* fn 1, 52.

先行颁布，使得责备个人破坏这些规则而造成损害性后果就有了合理性。

法律实证主义并不赞同这种道德规则的强制执行，但同样，它也并不追求被认为不道德的行为。尽管特定规则在道德上可能好，也可能坏，但它们都是规则的事实——也就是说，在行为类型方面，它们形式上是一般的——使得它们需要道德的批准。它们适合于实现这样的理想，即规则应当要求道德上可接受的行为。规则的这种道德形式优势并不能为任何特定规则给出道德合理性，但是，它确实意味着通过这类规则行使的权力在形式上使其要面对道德评判。道德和特定情形下作为行为种类的行为属性有关。法律是以相似的一般术语建构的，并因而能够轻易地通过道德术语进行评断。

此外，当治理是通过采用和执行规则进行时，效率就会提高：作出各个选择时所面临的同样问题不需要再重新解决，并且，约束群体的决策互动可以根据其目标进行预见和评估。规则之治的有效选择优势（*efficacious choice advantage*）将我们的注意力引向政治权力的收益而非危险，并成为法治的一个实用主义正当理由。[①]

有效选择中的官僚要素是运用规则规定公职人员的法律权力。这既能够限制，也能够赋予权力，因为，根据含义，官员仅可以在他们的权力范围内行为。当政府是民主形式时，就会出现来自规则之治的额外优势，因为多数人享有更多权力，他们能够建立一般持续性的规则，而不是追求作出一系列的临时决定。另外，很显然，与通过选举官员相比，多数人通过颁布一般规则能够行使更广泛的权力。

这里，对采取一般性规则治理制度的一些所谓优势进行了简要介绍，它阐明了与 LEP 合理性有关的那类观点。在这些因素中，一些与政治权力的便利有关，另外一些则与政治权力的限制有关。但全部都要求将法律制定和法律执行分离开来，这是因为，以上所列的那些优势要发挥作用，规则就必须具有相对稳定的存在和效用。根据这个理由，我们想要赋予法官的权力是用以执行规则的权力，而不是决定这些规则内容的权力，也不是按照他们自己理解的和经济或道德目标背景相关的美德判决案件权力。总而言之，功能（法律制定和法律适用）的分割并不仅仅是一个专业技术问题：它是所宣传收益依赖规则治理的一个必要特征。通过规则的治理具有既定的结构框架，这可以阻止立法者以违背原则的方式作出特别的政治决策，并且，会限制司法者在个案中运用他们的社会权力。

---

① TD Campbell, *op cit* fn 1, 60.

法律权力的限制

对于一般法律，伦理实证主义法律理论行之有效。但如果只是因为，作为法律制定者，立法者在法律上的能力独立于宪法规则，而这些宪法规则本身却并不源于立法者的创制，那么，对于宪法问题，则更难处理。若不对宪政衰落造成威胁，或如它所通常所宣称的这般，那么，立法者就不能在宪法意义上自治，例如 *R v Kirby ex p The Boilermakers' Society of Australia*[①] 一案。据此，宪法法院必须对决定法律制定的机构的合宪性承担终局责任。规则之治的基本原则排除了任何机构对它自己行为属性的相关宪法规则问题进行的评断。

对于这一命题，不幸之处在于，同样的原则似乎也会阻止法院评断其自身行为的合宪性。这就将我们引向一个宪法形态的可悲政治学悖论。对于一个政治制度来说，一个终局的裁判权威是必需的，但是，任何个人或机构都不应当成为它自己问题的法官。难题在于如何赋予法院这样一种终局的宪法性司法权力，但与之同时，却不给予它们无据可依的事实上的政治权力。最小化司法职位滥用以及为之提供救济的制度本身就问题重重，因为这类制度本身也缺乏责任制度。

什么才构成司法权力的滥用？在确定这一点上，甚至是一个理论支点，也很难取得。尽管司法职位滥用的观念在宪法上不容忽视，但是，如何确定什么构成、什么不构成这种滥用，却没有中立的立场。在法律中，司法权力滥用的观念不可能不循环论证而得到体现，这是因为，争议者是法律的渊源。最终，司法合法性必定是一个政治问题、哲学问题，或是司法伦理问题。另外，与解释方法或空白自由裁量权力等此类问题相关的司法伦理内容也是争议重重。一个理论家所主张的滥用观念却是另一个理论家所信奉的理想状态，而在此类问题上，我们都只是理论家。理性人可能合理地不赞同一个政治体中司法权力的角色和方法论，并因而不赞同可能行使司法权力的不同方式之属性。这些问题乃是一个理论问题，没有一种宪法上的终局方式来对其作出评断。

寻求这些问题中可以取得的这种目标，我们可以采取的一种途径是，列出LEP 所解释与证成的权力分立理论的意义。概念主义从诸如代议政府观念，或商谈民主概念，或从司法权力本身推演出解释方法，对此，LEP 并不拥护。

[①] *R v Kirby ex p The Boilermakers' Society of Australia* (1956) 1—5 CLR 254，268.

从性质上来说，为宪法解释选择一种方法与选择一种管理制度一样。谁适于作出该选择，作为一个法律和政治程序，这简直难以解决，但是，建构一种适用于负责管理无政府制度任务者的伦理，则是可能的，而无论所采取的是何种管理制度。因而，尽管在任何联邦制度中，法院可能都必须要对在社会中富有权威性的宪法条款之解释具有终局话语权，但是，它们却并不会因此而对它们的解释方法获得一个伦理无涉的支配力。解决监督监管者（guarding the guardians）的经典难题是不可能的，这就可能会使法官既拥有事实上，也拥有法律上的权力，从而按照他们认为可行的任何方式去对这类问题作出决定，但是，若说他们拥有通过宽泛的解释方法来重建宪法的道德权利，那么，我们也无须认同。在这方面，司法行为不能通过法律，甚或也不能通过政治而被推翻，此外，从理论上来讲，它也不能被放到高一级别的法院进行裁决。然而，这却并不能推导出，司法对宪法解释的法律上的权力不能被描述为被滥用。对于宪法问题具有最终决定权的宪法法院确实享有真实的机会，去行使宪法上并无依据的政治权力。但无论如何，由于其宪法终局性，对其活动唯一的合法审查就是自己执行的伦理审查。

在政治学悖论的这种表现形式中，在没有承受司法不当长期存在的不利条件下，我们就被剥夺了一项法律制度的收益。在对法律上解释权力的司法滥用没有必要法律救济的情形下，宪法法院必然享有相当大事实上的政治权力，而这只是它们伦理责任严重性程度的问题。那就是说，当法院迈出它们的司法功能之外时，根据其属性，很明确的是，法院原则上不能受到政府其他部门的控制。因而，澳大利亚宪法限制高等法院和其他联邦法院的联邦司法权力。这就意味着，议会不能像法院那样，不能告诉法院在某一具体案件中它应该怎么做，这一点是毫无争议的："若联邦立法提议指导一个法院在某一特定案件审判中应以何种方式行使联邦司法管辖权，就会被作为对联邦司法权的干涉而无效。"[1] 可以肯定的是，立法者不能攫取司法权力，但是，法院是否能够攫取立法权力呢？排他性司法权力的宪法依据的另一个方面可能是，这种权力仅限于司法问题，即在 Boilermakers 一案中所实际确认的问题。[2]

但什么才构成一个司法问题呢？在这一判决中，这一问题仍然没有得到解

---

[1]　C Winterton, "The separation of judicial power as an implied bill of rights", in G Lindell (ed), *Future Directions in Australian Constitutional Law*, Sydney: Federation Press, 1994, 198.

[2]　*Attorney-General (Cth) v The Queen ex p The Boilermakers' Society of Australia* (1957) 95 CLR 529.

决。"立法者立法，执行者执行，而司法者解释法律"① 的原则常常被用以阻止立法者去解释法律。② 同样，这也很容易用来将司法者排除在立法之外。确实，人们一直认为，"（宪法）第一部分在将立法权力赋予联邦议会的同时也否定了将这一权力赋予其他任何机构"③。

此外，传统观点认为，法官必定根据现行法对提交给他们的案件进行判决，对于这一观点，赋予其实证主义者本质是可能的。因而，迪恩（Deane）、道森（Dawson）、高伦（Gaudron）和麦克休（McHugh JJ）④ 才宣称："将一项司法判决区别于其他判决的另一个重要因素在于，司法判决决定现有的权利和义务，并且是根据法律决定。也就是说，它这样做时与之相关的是已经存在的标准，而非通过形成一项政策，或通过行使行政裁量权。"循着这种进路，LEP 要求，通过司法发展法律受到严格限制。有些法律使用极为一般的标准，比如"压迫"和"不公正"，这些标准使用起来需要政治判断，对这样的法律，我们不应该感到满意。因而，温德尔（Windeyer）⑤ 提出，"公共利益是一个会引发无限政治因素的概念，它更适合于立法，而非根据现行法进行的司法裁判……是对政府立法或行政功能，而非司法权力的运用"。 81

关于立法和司法权力的分立，正统的立场是，尽管《澳大利亚宪法》为法院明确保留了排他性的联邦司法权力，但这并没有将法院排除在行使立法或"法律制定"权力之外。在一个普通法司法管辖权内，虽然这并不令人感到惊讶，但也仍然有对这一立场的强烈反对观点，指出这已经超出了附属于立法行为的现行法律空白的填补。首先，立法权力是明确赋予议会的，并且作为一个宪法解释问题，这可以被认为是一项排他性的权利。即便在成文宪法中没有明确规定，它也是一个源于英国的宪法惯例，即议会是立法主权者，而这可以被认为涵括所有的法律制定。从历史上来说，这一观点可以通过指出以下情形进行回击，那就是，普通法虽然一直处于从属地位，却是新法律司法上的发展渊源，然而，即便这种传统没有在民主社会中被视为过时模式而遭到拒绝，它显然也不能适用于宪法领域。这里，我们可以引用布伦南（Brennan CJ）所提出的区分⑥：制定普通法的权力和制定宪法的权力。前者尽管可能被推翻，却是

---

① *Wayman v Southard*，23 US，10 Wheaton I at 46，1825，1.
② *New South Wales v The Commonwealth*（Wheat Case）(1915) 20 CLR 54.
③ *Attorney-Gentral*（Cth）*v The Queer ex p The Boilermakers' Society of Australia*（1957) 95 CIR 529.
④ *Brandy v Human Rights and Equal Opportunity Commission*（1995) 127 ALR 1，16.
⑤ *R v Trade Practices Tribunal ex p Tasmanian Breweries Ply Ltd*（1970) 123 CLR 361.
⑥ *Theophanous v The Herald Weekly Times Ltd*（1994) 68 ALJR 104，124—26.

对司法权力的有效运用，后者则不是。

在一个援引含义较为常见的领域，对法院制定法律权力的默示否定并不是一个空想的宪法理论，特别是关涉宪法问题时。澳大利亚不断发展的案例目录表明，司法权力必须根据恰当的司法程序来行使，如自然正义或正当程序规则中所描述的那样。从这一点，我们可以推断并得出这样的结论：与这一程序有关的实体法律规则乃是预先就存在的，源于立法者的权威性规则。可以进一步认为，法院制定它们遵循的实体规则是对正当程序的滥用。诚如布伦南、迪恩和道森都坚持的①，如若联邦司法权力必须"依据司法程序"行使，那么，据此推断，则它必须根据已经存在的实体规则行使。

当前，围绕司法权力中是否默许了与实体正当程序相关的法律观点争执不休。*Leeth v The Commonwealth*②一案轻率作出期望，也就是，只要被质疑的法律不包括法院所认为的相关区分，那么，法院可以将实质不平等作为判决法律无效的一个依据，对此，高伦·J已经阐明。同样，迪恩和图希（Toohey JJ）也认为，"向面对它的当事人提供同等正义是法院的责任，也就是说，要在法律面前公正、无私地对待他们，避免由于不相关或不理性理由的歧视"。这似乎近似于道森所主张的实质正当程序。这一权威论断（dicta）为司法意见——无论是关于立法中实质平等的，还是关于所包含的区别相关性的——可被用作对颁行立法进行司法审查的依据打开了相当前景。

然而，这些意见本身同样也可能被认为是违宪的，理由在于，它们和权力分立不能相容，因为，这里涉及议会制定法律的排他性或更高的权力。倘若如此，我们就可以从默示正当程序中得出一个和道森、迪恩及图希所阐述的不同的结论，即法院必须适用现行法。这就意味着，伦理实证主义可能存在一种默示的宪法权利。

和这一结论相对的是首席法官梅森（Mason CJ）的判决立场。③ 在此，首席法官梅森认为，反对具有溯及力立法的假定"并不要求规则或标准应当在运用司法权力作出判决之前就准确地确定下来"。然而，为了防止溯及既往的不良影响，法律制定中需要一定的准确度，否则，不具体的法律就会被用以创制无法预见的法律义务。同样可以指出，相当的准确度是合意的，尤其是对于刑事问题来说，这是因为，它承载着正当化规则之治理想的自由优势与其他价

---

① *Chu Kheng Lim v Minister for Immigration，Local Government and Ethnic Affairs* (1992) 176 CLR 1.
② *Leeth v The Commonwealth* (1992) 174 CLR 455，493.
③ *Polynkvich v The Queen* (1991) 172 CLR 501，532.

值。法官运用解释方法免于遵守相关规则，从而使他们在现行法与他们当时的社会价值观发生冲突时能够重塑现行法，同样的理由也可用来防止出现这种情况。

这些考虑可能会被看作退出政治理论的讨论，进入对一个特定司法管辖中宪法的分析，并由此避开为建立一种令人满意的司法权力观点而寻找恰当的哲学理由。这里，一个哲学问题必须关注，那就是，法律制定和法律解释之间摇摇欲坠的区别。要运用司法实践有关的滥用语言，以及要理解伦理实证主义默示宪法权利的主张，在现行法解释和不同或新规则创制之间，我们需要达成一个一致的有效区分。LEP 认为，第一种活动，也就是规则解释及其进行的方式，是司法性法律权力的一部分；而第二种活动，也就是变更规则，则是一个立法权力问题，并因而必然是政治性的。

要勾勒出实证主义者在这个问题上的立场，我们可能要区分三种可能的"解释"种类：作为理解的解释（interpretation as comprehension）、作为有限选择的解释（interpretation as bounded selection），以及创造性解释（creative interpretation）。① 作为理解的解释是多意义语言使用能力的一部分②，但是，这并不等于抓住其他意义上的解释。③ 实际上，作为理解的解释理念的是一种放大且误导的解释观念：它混淆并扩展了标准话语，所以，它毫无助益地展示了所有立基于语言的理解。与之相对，作为有限选择的解释则是一个限定在一个文本的不同含义之间选择熟悉实践的概念，而在相关语言社区内，两个或所有的含义都是可能含义。或许，在这里的语境里，根据规定，这可能会被看作真正的解释。④ 最后，创造性解释是一个表示文本更宽泛发展的概念，例如填补文本的漏洞、改变上下文明确含义以达成更可欲的结果，以及以其他方式超越文本理解和澄清，以超越理解和解决含糊性问题的某些更长远目的来发展文本。⑤ 尽管在艺术表演和文学批判等领域，创造性解释是恰当的，但是在法律领域中，却可以将它看作是司法方法的一种不必要且混乱的扩张。

按照这种解释类型的方案，我们可以阐明一个立场：法院可以超越作为理解的解释（其实根本就不是真正的解释），使用这种需要有限解释（它们不可

---

① J Wrublewski，*The Judicial Application of Law*，Dordrecht：Kluwer，1992.

② D Davidson，*Inquiries into Truth and Interpretation*，Oxford：Clarendon Press，1984，141.

③ MAE Dummett，"A nice derangement of epitaphs：some comments on Davidson and Hacking"，in E Le Pore（ed），*Truth and Interpretation*，Oxford：Blackwell，1986，484.

④ C Perelman，*Justice，Law and Argument*，Dordrecht：Kluwer，1980，143—44.

⑤ HLA Hart，*op cit* fn 11，138—44；and RM Dworkin，*Law's Empire*，London：Fontana，1986，52.

或缺的作用），但在缺少情境变迁显然、明显的进一步目的时（这可能会被归类为司法权力的明显滥用），解决问题所准予使用的方法。然而，即使我们能够理解这种司法实践理想，也并不足以表明它是更优越的理论。对于这些问题，我们都可以有自己的观点，但却少有共识。在所谓自由主义和目的类型之间，或在形式主义和目的论之间，或在权力导向和功利标准之间，选择都富有争议，然而，只要有关这些问题的理论主导影响法院实践，那么，一个社会中的大量政治权力分配就会依赖于争取理论霸权斗争的结果。决定法院解释类型的法律上的权力，在法律理论上可能受到限制，但对于政治批判，整体上却是开放的，它不能受到机构的限制，在实践中，可能被赋予重大的政治权力。

法律现实主义者强调人尽皆知的真理，也就是，对当事人重要的是法院适用的规则，因而，法院对规则的理解才真正重要。谁对规则的理解被法院采用，那么，谁就是决定案件大部分结果的人，并因而决定大部分争议资源的分配。更宽泛的说，决定法院适用何种解释方法的能力影响着争议资源的分配模式。因而，法院对成文宪法中语境清晰含义的严格遵守可能使一定的政治权力确保属于立法机构，而对宪法语义具有开放性的部分，目的性解释则会赋予司法机构宽泛的权力，使其能够就正受危及的是何种目的，如何最好地实现这些目的提出他们自己的理念。

法律解释的无规则依据理论，在法律上或政治上都是不可接受的，探讨立法者在解释他们自己法律时的角色问题很有意思。宪法专家可能认为，议会必须能够一般地决定法律如何解释。澳大利亚议会在《1901 年法律解释法》（Acts Interpretation Act 1901）中规定了解释的若干原则，包括规定允许或命令法院在出现解释问题时注意法案中所表明的一项目的。这一法案实际上表明，如果这样做将会推进某一法案的目的，那么，法官应当偏离一项规则的明确含义（s 15AA）。

遵循目的而非规则的特殊训诫当然和 LEP 不相容，因为这使法院通过将规则降格成纯粹的指导原则，从而得以改变法律。我们已经看到，一个真正的规则，之所以区别于经验规则，其部分理念在于，它不能因为后果是规则所不允许的而遭到偏离，否则，我们所拥有的就不是一项规则，而不过是进行最能实现某一特定目的活动的命令。由此推定，任何可能确定解释方法的议会权力都不能被允许破坏合法管理所依据规则的本质。除此之外，我们可能认可立法者拥有决定自己制定的规则如何被解释的权力，而无须赞同这一权力可以被扩展到如下要求，也就是，如果在特定案件中不能实现所欲的结果，那么就可以忽略它自己的规则。

在实践中，澳大利亚法院一般会避免对《1901 年法律解释法》的这一规定给予明确的注意。这可能是因为，他们认为，在这方面，议会干涉司法法定权力的运用到这种程度是一种宪法上的不当。也可能是因为，目的要求被认为和 LEP 所设计的司法程序相冲突，但是，如果高等法院可以采用它所喜欢的任何解释方式，那么，无论它可能是如何"自由"或是有"政策导向"的，宪法对权力分立的立场也已经被一种宪法中所没有规定的方式而有效修正了。

那么，应该由谁来决定什么才是法院的权威性解释方法呢？答案并非不言自明。如果法院必须决定合宪性，那么，法院似乎就必须要选择它们的宪法解释方法。同时，议会享有制定规则的权力，如果因为一些无法预见（unforeseen）或不可预测的（unpredictable）"解释"方式，规则没有按照议会的意图被适用，那么，议会就必然有权根据法院可能会如何利用规则来改变它们，从而更可能获取议会所欲的结果。这样的话，立法者所制定的规则将如何被理解、如何被解释，立法者就应当能够将此确定为它们立法权力的必要部分。立法是一种就必须或可以做什么或不做什么进行交流的手段，而交流者的目的则可以在法律应当如何被理解的问题上主张优先性。

关于立法者在其能力范围之内的解释主权，也许仅在宪法的情况下，我们才能进行认真的质疑，因为宪法使议会合理化，但通常并不是议会的创造者。除其他功能之外，宪法的一个功能就是使议会符合宪法所建立的政府模式，但是，这种宪法解释权力却可以被用以一般地破坏议会的立法权力，方式是通过将它变成一个宪法问题，即关涉司法者采取任何其所欲解释方法的问题。伦理实证主义强调，政府必须使用具体的一般规则，与此同时，它也承认，将决定宪法解释方法的权力赋予立法者也存在问题。在这一方面，赋予法院不受限的能力就许可了法院一种无界限、不受限制的以立法者为代价的权力获取。

LEP 解决这一僵局的方法是，赋予法院对于解释理论的选择权，却寻求为这种选择权的行使确定政治指导方针，遵守这一指导方针是一个司法伦理问题。伦理体系可能源自政治哲学，包括关于民主、权力分立以及法治的具体观点。关于司法权力在解释方法方面的伦理，LEP 的实质建议是这样的：解释应当受与解释上下文含义无利害关系的寻求指引，对一个文本不同语境的含义，通过明确手段来增进可预测含义的选择，从而解决模糊性和含糊性问题。因此推出，一般情况下的法律变迁，特殊情况下的宪法修正，都应该通过宪法中所确定的方式来寻求。宪法必须适应不断变迁的环境，并且这种变迁可由法官解读进现有文本，这种论断似乎可行，但是，它却破坏了宪法的规范控制，其方式一如宽泛的目的解释对一般立法目的的破坏。

85

回到真实的世界，我们当然知道，法院被提供了良好的实在法：清晰、明确、全面和融贯。法律实证主义者也总是承认，我们需要法官进行一定的授权立法（delegated legislation），以填补这些空白，解决这些不融贯，甚或是在立法者没有时间，没有冒险倾向或政治意愿的领域作出需要的发展。

诉诸授权立法的观念是保持民主完整性的巧妙方法，但是，在政治术语中，它是可疑的。法院掌握的授权立法权力损害了支持权力分立的理由，原因在于这些理由有赖于他们所理解的，以及实际上的独立地位。此外，随之而来还有这种授权权力被滥用的危险，因为，当清晰、融贯的法律由于法院意见的原因而被忽略，那么，它实质上就是无效的，或是不公正的。此外，授权立法给出了一个新的法律现实，其改变需要运用任何时候可能都没有的政治权力和努力。授权立法的权力包含了重大的社会权力，因为通常情况下，撤销立法都要比最初不制定法律更加困难。无论对法律进行何种改变，都可能不受欢迎，这与改变惰性的压力一起，赋予了司法创新以政治优势。授权立法改变政治图景。它并不只是设置了一个新的日程：它占据了已制定法律的制高点，当公众意见反对对最新司法发展的法律进行重大立法修正时，这一点尤其有力。

无论如何，无论是在宪法，还是在普通法律中，在一个社会中，创制法律与同时控制最终决策权之间总存在着悖论，但没有解决它的明确机制。如果情况的确如此，那么，除了明确承认强有力的司法伦理，包括自制和解释完整性之必要性之外，我们就没有什么其他选择。实践中，当司法职位被滥用以及LEP规范被违反时，除了公开批判，没有什么可以合法做的事情。也许，只能绝望地依赖他人的伦理，然而，民主规则之治是一项令人绝望的事业，因而在他们所采取的司法权力模式方式问题上，除了信任司法机构，我们别无选择。

开始，伦理实证主义的法律理论既限制政治家，也限制法官的权力，并开始将这种受限制的政治权力置于政治家的掌控之中，但是，除非它们被包括司法人员在内的政治参与者接受为范本和导向，否则，该理论没有任何影响力。司法者事实上的政治权力依赖于法律上不受限制的，并因而在这种意义上在法律上合法的机会，即法官需要在他们的角色中，并对他们的角色采取创造性解释。然而，LEP接受这样的政治观点：所采取的解释方法应当最小化政治权力因素，一般情况下，随着事件的发展，行使司法权力者的这种权力会不断扩大。

第五章　立法意图和民主决策

在法官和公民对法律的解释中，目的概念很关键。在一个民主制度中，对于立法理论，以及对一般法律之权威和功能的理解，目的概念也同样至为根本。本章中，将这些因素联系在一起，我主张，法律意图首先应该和民主政治制度的理念联系起来进行分析；其次，也是推论意义上的，再与制定法、宪法的建构性解释问题联系起来分析。我所申辩的实质命题限于一种立法意图的制度观念，该观念提出，颁布形式良好的法律是民主立法机构的义务，所制定的法律是清晰的、不含糊的、易于适用的，并且在能不困难地被理解和遵守的意义上，是没有问题的。这意味着，公民有权期待，制定法的含义就是它们所说的，而立法机构有义务颁布能够根据语句上下文明确意义进行理解、遵守和适用的法律义务，并且，法院负有的首要的义务，如可废止的话，就是适用如此理解法律的责任。① 换言之，在一个民主情境中，应该认为，立法者意图其颁布的法律具有其语境明确的意义。这就是我称之为"民主实证主义"的部分内容。②

这一命题把立法意图当作一种规范性概念，和立法者的义务关联起来，除了其他责任外，立法者还是一个能够对它们正式颁布的法律在政治上负责的机构。它并不需要解释者和主体去发现一个立法会议中大多数个体所共有的实际

---

① 这一观点部分阐明于 TD Campbell, *The Legal Theory of Ethical Positivism*, Aldershot: Dartmouth, 1996, Chapter 6。

② See TD Campbell, "Democratic aspects of ethical positivism", in TD Campbell and J Goldsworthy (eds), *Judicial Power*, *Democracy and Legal Positivism*, Aldershot: Dartmouth, 2000, 3.

或主观意图或目的。然而，它维系着法律合法性和原初政治意图之间的关联，此处，原初政治意图是人民的意志，对于法律实证主义的民主形式，乃至对于任何包含实在法规则（即无须猜测、争议、评价和政治算计即可被理解、遵守和适用的法律）之治的民主形式而言，这都至关重要。①

88   在一个民主制度中，所提议的立法意图观念是，立法会议必须被认为意图使它所颁布的语句为法律，并且意图使这些语句按照它们被制定当时那个社会中的语言习惯和立法习惯所认同的公开意义进行理解，除非立法者通过文本本身作出明确说明，情况并非如此。但倘若这和良好实证主义法律的制定相一致，那么，就可以通过规定约定定义（stipulative definitions），或通过让他人理解立法者所意图颁布的法律是什么的其他方式来实现。因而，尽管立法者的目的是法律权威的来源和基础，但是，决定颁行法规中所使用语句含义的却并不是立法机构成员的实际意图。这种立法意图规范理论的合理性源于立法者制定法律的权力，法律是一系列为了控制和便利人际行为的公开可用的规则。由于法律的公开属性是其运行所必要的，因而，选择法律的词语，而不是直接指令它们的含义，乃是立法者的权力。我们将会看到，这最终的经验合理性会由道德形式及与政治责任相关的其他因素得以强化。

89   民主立法者应当被认为追求他所颁布的法律具有语境普通的含义，这种观点在文献中并不被称为"意图主义"（intentionalist）理论。意图主义者将文本仅仅看作是主观意图的证据，而主观意图才是法律真正的源头和权威。② 我认为，立法者对它们所颁布法规的含义负有公共而非私人责任。我的观点可被称为"文本主义"（textualist），尽管我们将会看到，它是文本主义的一种语境形式，并且受制于解读立法文本的适当习惯。此外，这种文本主义还将它的权威追溯到作为一种政治建构的立法意图那里，而该政治建构是我所称的民主实证主义制度化运作的必要。因而，它可能被贴上"文本意图主义"（textual intentionalism）的标签。就从法律颁布当时的公开意义对待文本而言，我的立场是"原旨主义"（originalist）。然而，给它贴上这样一个标签可能会让人感到迷惑，因为在文献中，"原旨主义"通常和原初目的捆在一起，而原初目的则是在超越文本中找到的和当代对它的理解意义上，以及在引出最初在立法者

① See TD Campbell, "Legal positivism and deliberative democracy", in M Freeman (ed), *Current Legal Problems*, Vol 15, 1998, 65.

② L Alexander, "All or nothing at all? The intentions of authorities and the authority of intentions", in A Marmor (ed), *Law and Interpretation*, Oxford: OUP, 1995, 357, 361.

脑海中出现的指示意义上而言的。[①] 这和传统的原旨主义有所不同，传统的原旨主义认为，立法的意义是在其文本中揭示出来，我们所认知到的立法者的信念和假定。传统原旨主义认为，相关意图指的是，立法者在语词中努力但却可能未能充分表达出的一种意义，因而允许我们使用立法者实际意思是什么的证据，并借此将文本的情境普通的含义排除在外。有一种理论认同制定法的意义是它"最初意图的意义"[②]，但对于立法者意图实际是什么的证据，它却将其限定于那些"对他们意图的对象而言已经存在"的证据。[③] 杰弗里·戈兹沃西（Jeffrey Goldsworthy）给这一理论贴上了"温和意图主义者"（moderate intentionalist）标签，但如上所言，我甚至连这都算不上。戈兹沃西将立法者意图的证据限定于他们面对的对象能够"合理期待知道"的那些意图，因而，我认为，不考虑立法者未能通过文本传播的实际意义，公民享有一种根据法律颁布当时情境普遍的含义来解读文本的权利和义务。[④]

　　命题是，政治意图通过特定情境中对语言的自觉、明确选择予以表达，该选择根据以上假定作出。这样一来，我们就能将立法权威和成年选民代表的政治权威联系起来，成年选民选举代表来制定法律，组成政府通过实在法进行统治。这并不要求我们寻求特定立法个体或群体的主观意图，通常来说这都徒劳无功。立法目的和私人意义没有关系，或是说和文本中未表述或明确默示的任何公共或私人目的没有关系，而是和特定管辖范围内公民与法院有权在颁布的文本中探寻的意图有关，它们了解制定和传播与法律程序相关的语言习惯和意义。这一命题并不源于对"意图"的一种抽象分析，也不是源于一种与政治无涉的解释理论，而是源于一种糅合了法治与民主命题的理念，该民主命题认为，决定特定法律内容的权力源于作为整体的人民之决策。简而言之，民主政府被选举出来通过法律进行治理，并因而需要对其制定的法律负责。考虑到法律的功能，根据我所采取的实证主义分析，除非其对所颁布的法律的情境普通的含义负责，否则，这就不是一个可行的体系。

---

①　P Brest，"The misconceived quest for original understanding"，*Boston University Law Review*，Vol 60，1980，204.

②　J Goldsworthy，"Originalism in constitutional interpretation"，*Federal Law Review*，Vol 25，1997，1，12.

③　*Ibid*，20.

④　关于意图主义、文本主义和原意主义等术语，参见 Marmor，*op cit* fn 4；G Bassham，*Original Intent and the Constitution*：*A Philosophical Study*，Lanham，MD：Rowman and Littlefield，1992；and S Levinson and S Mailloux（eds），*Interpreting Law and Literature*：*A Hermeneutic Reader*，Evanston，IL Northwestern University Press，1988.

概而言之，这一立法意图观念糅合了以下义务：

（a）立法的民主渊源；

（b）通过实在法治理的理念；

（c）法院裁判权，而非自由裁量或法律制定角色的优先性。

90　　　这一命题的目的在于，提高法律在以个体或群体争议为标志的社会中的效用和公正，支持民主程序解决争议的合法性：它通过对法律权利和义务实现有效妥协的方式，它通过提供法院能够赖以履行功能的框架，而法院功能则属于这一框架的一部分，并且通常要服从它。此处的政治假定是，法律是通过在社会中可用的道德和工具性规则中进行选择和确定，对强制性行为之权威决定的创制。①

有些理论家会怀疑将三者杂糅在一起的合理性，三者表面区别明显：一种政治学理论（合法性来源）、一种法律理论（尤其是一种法律权威理论）以及一种裁判理论。对此，我持相反的观点。这三个领域的理论化与生俱来地杂糅交错，必须融贯且全面地予以对待。除非我们对法律在一个正当政治制度中的地位形成一个共识，否则，我们无法知道法官应该做什么。当前对法律内容进行自由司法控制得到合法化的意识形态变迁中，暗示着法律哲学的这种话语划分。立法意图的概念是理论要点的一个关键交锋之地。因而，需要一个明确融贯的立法意图观念，来表达出主权、（实在）法治以及法律裁判方法论的明确概念。规则能由独立的司法人员准确且一致地适用，无须诉诸争议重重的道德与政治判断，而我们需要结合这些规则的制定来理解人民主权的理念。通过使我们建立这些关联，立法意图概念具备了将法律取向的政治哲学的核心环节连接起来的可能。

命　题

我已经指出，对实践有指导意义的法律解释理论需要一种规范的法律意图理论，也就是一种规定性观念。这一观念认为，除应当用作法律渊源的那类意图外，它表明哪些公民对立法意图享有一种权利和义务，并且，它还确定出哪种立法意图是法官具有尊重义务的。

91　　　一种规范性理论不能单单从概念分析得出。这意味着，从这类目的概念来

---

①　这一点，我追随拉兹，参见 J Raz, "Authority, law and morality", *The Monist*, Vol 62, 1985, 295; and L Alexander, *op cit* fn 4, 359—60。

演绎有用的立法意图观念，前景并不被看好。确实，"意图"涵括了与行为有关的大量复杂观念。"意图"话语可以被用作确定诸如（a）行为的目标，（b）进一步的目的，（c）未来行为的承诺，（d）两种行为间的决定，（e）这些承诺和决定的动机，（f）做某事的打算，以及（g）主体对他们行为后果的认识。[①] 意图概念并不要求我们在这些各式各样的观念中采用某一种，更不要说，在我们试图确定什么可以算是"立法意图"时赋予它具体内容了。立法意图的澄清要求我们在各种可能的含义范围之间作出一个明确、公开的选择，所受约束仅限于我们正在处理的情境以及我们打算采取的评价立场。

因为我们正在处理的是一种立法意图的规范性理论，所以，立法者和立法机构实际上如何打算本身并不能成为适格的立法意图。规范性立法意图可以被当作一种拟制（fiction），或一种反事实假定（counterfactual assumption）。它并不是指，如果具体立法者考虑到这个问题，他们会如何打算，而是指，公民、法官享有一种假定立法者意图是什么的权利，对于这些含义，即便是他们没有这样的实际意图，他们也能够对此承担责任。[②]

无论如何，每一个规定性立法意图观念都必须能够具体化，否则的话，让某些人或某个组织来对这些词语负责就不合理。此外，也就不需要拟制。实际上，该理论是它不应是拟制。就我所提出的特殊规范性命题来说，语境明确的普通意义既是立法者能够确定，也是他应当确定的意图。语境明确的普通意义是公民和法院负有义务接受，并有权利享有的那种含义，这正如新郎和新娘在作出他们的婚礼承诺时，当他们对其未来的配偶说"我愿意"时，他们对各自所言负有一种对应义务，享有一种关联权利。

命题为，对于被颁布为规则的词语和句子之含义，立法者应当被认为意图表达语境普通的意义。然而，在特定立法文本中，立法者可以（以普通语言）明确表明，就当前人们用以理解、交流的语言规则和惯例而言，他们立法中所使用词句的含义与之偏离，或他们努力赋予这些词语更明确的含义和定义。除此之外，语境普通的意义还要考虑一般立法交流中所预设的惯例，以及在立法所指向社会生活领域中运作主体的共同预设。这涉及一种对普通意义的可撤销承诺，对普通意义的任何偏离都必须通过更多的普通意义来实现。

语境明确的普通意义命题具有三种优势：（a）民主；（b）法治；和

---

① 对于这些选择，有益的研究可参见 G MacCallum，"Legislative intent"，in R Summers（ed），*Essays in Jurisprudence*，1970，237；and G Bassham，*op cit* fn 8。

② 对于反事实意图的探讨，可参见 N Stoijar，"Counterfactuals in interpretation：the cast against intentionalism"（1998）20 ALR 29。

（c）裁判。

（a）表达语境普通的意义的立法意图的一个核心优势在于，普通意义能够作为立法机构所有成员的共同意图。无论是对特定立法的支持者，还是对其反对者，这一点，都同样适用，因为，无论是接受还是反对，他们都使用这些同样的术语。接受或拒绝一个文本之前，对意义要形成一致认识。接受或拒绝一项立法的那些人，就特定法规一致的公共含义而言，能够对他们的行为负责。语境普通的意义提供了共同的背景，选择和责任都可以建立在这一基础上。

92　　这一进路的一个优势在于，对于主观意图而言，无论它是关于个体立法者如何理解特定语词的语言意图（linguistic intentions），还是个体立法者通过某立法所欲实现何种目标的目的意图（purposive intentions），抑或是个体立法者为什么会支持（或反对）特定立法的动机意图（motive intentions），我们都无须通过确定其竞合之处来整合（aggregating）个体意志。无须假定支持颁行法规的多数人具有同样动机或同样理由或同样的远期意图，他们只是都在特定文本"意即所言"（means what it says）① 的预设下，共同具有采用（或是在少数人反对时拒绝）它的意图。

有观点可能认为，如果认为立法是人民代表或多数人自己政治目的的体现，那么，据此，这一立法意图就构成了立法民主权威的基础。② 然而，在一个包含法治的民主中，情况却并不如此。在这样一种制度中，重要的是人民，或是他们的代表去选择法律是什么，而对于这一任务来说，除非诉诸没有争议就能理解和运用的文本，否则无法完成，而恰恰正是存在的这个争议，导致需要一种程序，来解决政治争议。当然，民主程序可能会减少争议，但也可能会增加争议。立法制定的法规并不能清楚解决所有这些存在的争议，但是，它却通过多数的权威文本形式给出了决定，它的成员仍可以继续不赞同其目标和动机。

简而言之，作为语境明确的意义的立法意图，对于"人民"或他们代理人的意志，给出了可以理解、可以实现的概念，并且，为所采取的立法预设的民主合法性提供了一个基础。在这一过程的逻辑中，主导预设为，词语并不表达立法者所认为的意思，或希望它们表达的意思，而是确实在表达该词语在相关社会和政治共同体中的意义。这种意义构成公民遵守法律义务的内容，也构成

---

① J. 沃尔德伦（Waldron）提出了一个类似的，或许更强烈的观点，参见 J Waldron, *Law and Disagreement*, Oxford: OUP, 1999, 142—46。

② See D Lyons, "Constitutional interpretation and original meaning", *Social Philosophy and Policy*, Vol 4, 1986, 75, 81—82.

他们要求代理人承担责任的基础。

（b）在诸如法律权威理念方面，将立法意图视为语境普通的意义，一个核 93
心法律理论优势在于，对特定人群适用作为一种方式的强制性规则，例如为确
定合作框架，就什么构成不可接受行为达成合意，为争端设立程序，以及为确
定一个社会中的利益与负担分配建立一种制度等。在诸多能够给出的理由中，
都必须预设语境普通的意义。在其他地方，我也已经指出①，所有这些功能都
需要对共同的权威规则有一个共同理解。用早期较为粗糙的实证主义术语来
讲，作为语境普通的意义的立法意图能够理解作为主权者命令的法律理念，其
方式在于，它给了我们一个理解我们为什么可能会希望有一个主权者的基础：
那就是，为了使所有主体的生活得到改善，为了使社会关系形成确定性秩序。

所有这些并不意味着，只有特定的文本与语言惯例才和我们的解读有关。
立法发生的语境是我们解读它所不可或缺的一部分。即使是语言习惯，也常常
和语境相关联。然而，法律制定是一种实现相对去语境化（decontextualised）
一般规范的努力。更一般地说，一种语境中必须要使用一种语言的语义学
（semantics）和语法（syntax），并且要考虑到相关话语类型的社会场景，具体
说法类型（有时也被称作话语语用学）的整体情境，以及相关颁行法规的某些
特定情境。在立法的情形中，这些语境不仅包括对于所制定法律进行习惯性理
解的语用论（pragmatics），还包括相关立法提案的出现，以及它将对谁适用
的那些政治社会条件。就立法者自己对所颁布语词含义的信念，以及他们的动
机与隐含目标而言，对立法的这种语境化理解排除了立法者的个人或主观意
图，却包含了对受到调整的社会生活领域，以及引发这一立法创制所认识到问
题的一种共同理解。

语境理解受到制度意图的规范结构限制，关于制度意图，我已经进行过概
括，它要求我们在关注语境时，要有选择地进行。我们并不对诸如立法者的动
机感兴趣，因为，他们的动机也可能只是为了保住他们的工作。关于立法者目
标的宏大叙事，我们也没有兴趣，因为它们和所颁布的文本没什么关系。我们
在寻求理解语境时，目的是确定法律文本的含义，而不是为了某些其他假定或
确定的目标，比如立法者所宣称或假定的目的，而去推翻文本。

在任何解释之前，形式完善的立法就能够表达"语境明确的意义"。这里，94
我用的解释是指我们所需诉诸的一种程序，当我们无法在实际文本中找到这种
普通含义，不得不找到某种方法来解决模糊和含糊问题时，我们就得诉诸它。

① TD Campbell, *op cit* fn 1, Chapter 3.

这种意义上的解释远远脱离了所谓的创造性"解释",创造性解释的出现超越了从普通含义的不同争议中进行选择,进而成为一种几乎没有任何限制的,根据所谓解释者的价值与信念对文本进行再创的过程。立法者可以被假定表达的正是这一语境下明确的意义,该规则也恰因此而被称为法律。它足以赋予理想的立法意图以内容,其方式可以理解议会主权,即制定法律的权力。它为各种理解法律本质的方法提供了基础,而法律的本质使其能够为公民所用,并在一个民主政体中赋予了了司法者能解决的恰当任务。

语境普通的意义与这样一种法治命题相适应,也就是,主权权威必须依据和通过规则中介才能得以运用,理由在于,这使得集中权力的使用具备了可预测性优势:增加了消极自由,使形式上的机会平等成为可能,促成有效管理并能够让它自己呈现出一种接受道德和技术批评的形式。换言之,在一个多元社会中,语境普通的立法意图,将标准和关于法律目标与功能可接受的规范性理论关联起来,在这个意义上,它使我们将立法理解为法律成为可能。

(c)最后,语境普通的意义的进路还有一个关键的裁判性优势,这体现在,语境普通的意义的立法意图让我们得以理解适用立法者所欲颁布法律的可能司法义务。我们可以用它来建构起描述司法角色的框架,这和之前的最初预设相符合,也就是,法官具有被排除在法律制定之外的属性。同时,它也可以成为提出一种有关法院应当如何处理解释问题的理论的基础,解释问题指的是当存在一种需适用的语境普通的意义,但不明确时出现的问题。

这一命题假定,解释不是用以理解清晰的立法,而是为了解决普通意义难以琢磨时出现的不确定性。尽管解释确实是司法程序中的一大特征,但它并不是一个挖掘个体立法者,或选举产生的立法者或起草者主观意图的问题,无论该主观意图是语言的、政治的,抑或是个人的。然而,法院最初的定位必须是,根据法律颁布当时存在的不同选择,在不同的术语之间,真诚地努力进行选择;对立法所属生活领域中有效的假定,真诚地努力理解。这就表明了,裁判问题和立法理念不可分离。更具体地说,如果立法者不颁布具有语境普通的意义的立法,那么,法官就不能履行分配给他们的职能。为了让这种立法意图理论具有说服力,能够为人所接受,我们必须表明,存在这样一种明确的语境普通的意义,它:

(a)符合一种哲学上可辩护的意义理论;

(b)和可接受规定性法治理论所固有的民主合法性理性相匹配;

(c)能够作为一种可接受司法方法与伦理的依据。

我将依次解决这些问题。

语境普通意义

立法意图应当被理解为，意图按照文本中所采用术语的公共意义来颁布法律，这最初只不过是：一种约定。语言哲学的专门术语能够帮助我们清晰阐述这一命题，但它本身却并不能证成这一理论。 95

这样，一般而言，语境普通意义进路所强调的是"句意"（sentence meaning），而非"说话者意义"（speaker's meaning）。句意取决于语义和语法，也常常被称为语义学或字典意义，尽管这并不排除话语通常所发生语境中的共同假定，而这些则更容易被理解为社会的，或是语境的。即便是字典定义，一般也会指向语境。语境普通意义进路意思是，在其起交流作用的社群中，词语和句子具有与该群体语言规则和惯例相对应的意义。[①]这就意味着，理论上，词语或其他符号能够承载意义，即便它们最初发端于无生命的源头，例如自然（即非人类）的过程。无论怎样，无须了解说出这些句子的那些人所处的心理状态和社会环境，我们就能够理解文本。

但是，这是否足够引导我们对法律语境中所适用的足够具体的宣示中的意义形成一种理解？戈兹沃西指出，语义意义是一个相对空洞的意义概念，它略去了我们理解一个实际语境中的句子所需要考虑的诸多内容。在日常交流中，我们所依靠者被称为"话语意义"（utterance meaning），它考虑了那些无法在语义规则中表达的话语语用学。戈兹沃西举的例子是"猫在垫子上"。除非我们知道具体场合中该话语所发生的语境，否则，我们无法知道诸如是哪只猫、哪个垫子。然而，在追问句子意义是什么时，我们并不需要考虑话语者所可能使用的所有私人意义。作为其温和意图主义理论[②]的组成部分，戈兹沃西的话语意义仅包括受众所了解的习惯和事实，他们借此理解具体使用一个句子所指的此类问题。

这可能意味着，在一定程度上，法律的意义取决于具体语境中与法律话语 96
有关的语用学。然而，立法话语并不意图确定特定的猫和特定的垫子，而是要求符合一般规则，比如"猫不应在垫子上"。换言之，立法的功能通常要排除戈兹沃西在日常话语意义标题下所引入的大量内容。[③] 同时，还需要有一种

---

① A Marmor, *op cit* fn 4，esp 16—19.

② J Goldsworthy, *op cit* fn 6，19—21.

③ 参见戈兹沃西的"话语意义"，将语言所使用的语境之语义、语法和语用论综合起来，参见"Implication in Language, Law and the Constitution", in G Lindell（ed），*Future Directions in Australian Constitutional Law：Essays in Honour of Professor Leslie Zines*，Sydney：Federation Press，1994，150，151.

"立法话语"理论，由其给出颁布什么和适用立法的制度语境，该语境内嵌多种假定，例如法定解释习惯。对于立法和日常交流而言，狭义的语义学意义观点显然并不充分。确实，理解立法包含什么，以及某一特定立法意义是什么（也可被命名为"立法话语"），对于我通过语境普通意义所表达的意思而言很重要，也是其中一部分，这是因为它引入的正是那一部分语境，该部分不仅将交流标记为具有全部社会、政治以及与之相伴法律理解的立法，同时还将其标记为指向相对具体情境类型的立法。

在这种语境中，能够拒绝的是将立法意义化约为"话语者意义"，这一概念将我们从语义、语法送回到具体说话行为所涉及的意图。话语者意义强调的是说话人通过说话想要说或是做什么，而不关注说话人实际说了什么，并且它还允许以下情况存在：一个说话者对于特定词句的意义可能具有一种特别理解，或是他无法建构起表达自己观点时令其满意的句子，以及他在表达某些词语时可能具有各种各样的其他目的。立法意义的情况与之不同，立法意义至少要比话语者意义更接近于语义学意义。

值得注意的是，与这一主观意图（intentionality）相比，格莱斯（HP Grice）提出的经典话语者意义理论更多的是一个客观问题。[1] 格莱斯的理论为，意义是或者包含说话者的意图："一个说话者 S 通过向受众 A 宣称话语 x 表达意义 p，成立条件是当且仅当（a）S 预计 A 应当会相信 p；（b）S 预计 A 应该认同 S 带着（a）意图说 x；并且（c）S 预计这种（b）认同应当是 A 相信 p 的一个理由。"（更容易理解的形式为：如果 S 使用词语来表达其预计受众会认为的某一内容，并且预计受众认同这种意图，并且预计他使用这些词语的这一方式会被受众当作意味着某内容的理由。）

如果这就是"话语者意义"的含义，那么，将它纳入到语境普通意义概念之中就没什么困难，只要将话语者当作一个或多个立法者即可。根据我们的目标，我们可能需要格莱斯话语者意义理论的一种形态，它要和命令而非建议相连。同样的分析也许是："一个命令人 C 通过向一个主体受众 A 宣称话语 x 表达去做 s，成立条件是当且仅当（a）C 预计 A 应当会做 s；（b）C 预计 A 应当认为 C 带着（a）意图说 x；并且（c）C 预计这种（b）认同应当是 A 去做 s 的一个理由。"（简单的语言表达为：当命令人意图受众去做某事而使用词语，并且预计受众认为他这样打算，并且他表达出这些词语会被受众当作去那样做的理由时，命令人的含义是去做某事。）

---

① HP Grice，"Meaning"，*Philosophical Review*，Vol 66，1957，377.

只要立法被看作是一种交流行为，这一点就有所助益。① 所有交流都会涉及一些格莱斯所概括的这些意图，也都会涉及使成功交流变得可能的习惯理解，但是，受众如何开始了解具体话语的含义，却对我们没有什么用处。我们所得到的只是，交流需要受众意识到话语是为目的而出现的，例如为了改变他们的信念或行动。受众必须认识到，说话者说话是为了让他们（受众）去相信他们（说话者）说了什么，不过，受众如何知道正被表达的是什么？对于我们理解这一问题，这并没有帮助。换言之，格莱斯对话语者意义的论述预设了语义或句子意义。这就将我们拖回到对通过相关者共同语言和交流习惯来互相理解的描述中。此外，这包括借助交流者共同习惯来理解一个文本，这种理解很容易和这样一个命题结合在一起，即：当且仅当立法者意图他们的话语被当作遵守的规则，并且规则所指向的那些人理解这一点时，一部法案才是一部立法法案。

如此的话，格莱斯的思想观点就有助于将我们的立法意图命题表达得更为准确，但是当然，这并不意味着命题本身是正确的。例如，有人可能指出，立法者立法之时可能正在说各种各样不同的事情。因此，可能会颁布象征性立法来确认价值观，而不是影响行为，并且，大量立法可能更多的是为了获得投票通过，而不是要去改变公民行为。对于格莱斯话语者意义理论的分析，这一点可以成为一个反对理由。除了改变其他人的信念外，话语者可能会有各种各样的意图，例如，话语者可能意图欺骗或掩饰。那么，我们为什么应该采用格莱斯的假定呢？如果我们意在回答"她那时真是那个意思吗"这一问题，那么，他的分析就可能是正确的，但是，这并不有助于解决"她这次是什么意思"这一问题。一种回答为，它可以支持某种其他意图需要依附的基本约定。除非我们经常具有准确传递意见的意图，否则我们就无法具有欺骗的意图，这样的话，传递意见的意图就要比欺骗意图更为根本。这种方法是自然法支持说实话优于欺骗的理由的重现。② 这同样也可以解读进哈贝马斯的真诚对话假设中。③ 与此相似，我们也可以认为，象征性立法预设或依附于一般立法规范，而一般立法目的是命令。

这里，引入言语行为理论的术语有所助益也就是：言内（locution）、言

---

① 对于将立法视为交流的理论，可以提出严肃的质疑。尽管立法必须进行交流，但是，认为立法仅仅是立法者和公民，有时通过法官而进行的交流可能具有误导性，这是因为，立法确定的是所有人（包括立法者）都要遵守的规则，而不是就一些人想让他人做什么，或许可他们做什么而进行的信息传递。参见 H Hurd, "Sovereignty in silence", *Yale Law Journal*, Vol 99, 1990, 945; and J Waldron, "Legislators' intentions and unintentional legislation", in A Marmor, *op cit* fn 4, chapter 9。

② Thomas Aquinas, *Summa Theologica*, TC O'Brien (trans), Vol 41, 1972, q 110, art 1.

③ J Habermas, *The Theory of Communicative Action*, Cambridge: Polity Press, 1984—87.

外（illocution）和言后（perlocution）。[①] 根据奥斯丁的理论，言内是指具有一定意义和指涉的话语；言外是指某人说出一个话语时在做什么（例如发出一项命令或一个警告），包括其实施为做某事（比如结婚或颁布一部法律）的话语，这有时候也被称作言语行为；言后是施行后具有一定效果的话语，比如改变人们的思想或行为，或是从其效果视角来看的话语。我们可以说，立法是一种典型的施行言语行为（performative speech act），将语词变成法律的行为。此外，立法还可能，并且通常的确具有各种各样的效果，很多立法都意图追求诸如改变行为、实现社会正义等目标。可能存在一系列不属于言内的言后，言外颁布行为使语词成为立法，从而它们的意义和指涉对行为具有一定影响。

在这一理论中，我们可能认为，言内是首要的。关于哪些话语同时也会成为言外或言后，也有基本数据。这样的话，属于言内或话语本身的假定就是基本的。那么，接下来，就可以认为，当我们考虑言内时，我们可以看到，对于所有对话来说，他们都是根本性的。如果这一点是正确的，那么，我们就可以说，话语者意义必定预设了言内，言内由此具备了哲学上的优先性。只有言内具有其本身的意义，我们才能使用言内来说谎，方式是将它们变成言后。

但是，我们并不需要诉诸这样的类诡辩之术，由于运用本质主义概念的方式，因而它们显得可疑。相反，我们只要接受话语者意义是规范性的理念。话语者通过他们所言意图做什么，我们有权利期待什么，对此，这是一种规定性模式。它确立的可接受对话条件，促成成功交流。它是话语者意义而非诗人或疯子的意义，不仅如此，它还是一定类型的话语者意义：某一沟通人话语者意义也许是，或可能是一种"善的话语者意义"，这一理念可能将我们引到"善的立法意图"概念上来，这是一种规范或标准，决定在所颁布法规中应然的意图是什么。善的立法意图包括这些选择文本问题，当以标准语言习惯进行解读时，文本具有清晰（clarity）、融贯（consistency）、准确（precision）和概括（generality）等形式特征。这起源于作为合法政治权力工具或限制的法律的功能性质理论。

99　　因此，与制定法律意图相连的立法意义上（我们可以通过奥斯丁言外行为理论来理解）的一种格莱斯变体就具有优势，并且，与纯粹的语义意义或字典意义相比，作为一个更宽泛的观点，话语意义理念也具有优势，但是，我认为，整体而言，它还没有戈兹沃西的对话观念宽泛。这就让我们得以获得一个

---

① See JL Austin, *How to Do Things with Words*, London: OUP, 1962.

语境普通意义的概念，该概念不会陷入主观主义路径，也就是，假定立法者头脑里具有一种意义，当他们想表达他们的意思时，就将其变成词语，进而传递给他们的受众。根据这一观点，我们解读词语是为了了解主观的话语者意义，也就是，话语者头脑里想的究竟是什么。换言之，文本只是作为传递作者先前意义或决定的努力。

我认为，拉里·亚历山大（Larry Alexander）的分析就是秉持这种观点，他写道："它（文本）是作者意图通过符号或声音进行交流的所有东西。"立法者作出决定，然后通过文本寻求交流，所以，"在审视他们的文本时，我们必须要考虑到作者的意图"①。然而，尽管这是一种可能观点，却并不是从要一个文本干什么这一理念得出的，而我们"必须接受"的那个观点。情况可能是，我们想为立法者留出余地，使其能指明他们所使用的意义和字典意义不同，但他们这样做的前提是，该意义能够通过普通意义来理解。此外，我也能够接受，偶然情况下存在这样的可能，即立法者感到他们知道他们的意思是什么，却未能成功传递他们的信念。然而，如果我们掌握主观意图是理解立法的一个条件，那么，即便只是支持特定法案的那些立法者个人的语义学意图，我也认为，大多数立法都没有意义。在亚历山大所提出的"失败立法"的类别中，这种情景似乎被他所承认，它指的是这样的立法，例如，被大多数人通过，但这些成员脑海中对所用的术语却有着极为不同的例证。

当一部法规带来的法律变迁需要诉诸立法者的信念时，尤其是当立法是否会将这种或那种行为定为非法时，这里的问题就变得紧迫起来。我们解读一个一般术语时，比如"猫"，究竟是根据立法者所认可的猫的形象（这可能包括老虎），还是根据普通意义（据此，除非语境明确立法针对的是动物园，否则我们可能会大胆地排除老虎）。换句话说，对于立法者所接受的（或许是反事实）分类术语例证，我们是否应该努力去追求或遵循立法者的具体或特定意图？

亚历山大认为，法律权威假定要求我们认真对待这类具体意图的证据。我认为，我们不应如此。我的进路具有实用主义优势，可以让我们免于对主观意图的无望寻求，也免于对反事实具体意图的甚至更无望的寻求。假如立法者考虑过这个问题，那么，他们会不会将美洲豹也视为猫？与之相对，这也无法排除立法者有权明确表明他们确实包含或排除老虎和美洲豹。

我接受与类别术语有关的定义，但不接受他们的例子，或分类的例证清

---

① L Alexander, *op cit* fn 4, 363.

单，从这个意义上说，我是否就成了巴沙姆（Bassham）所描述的所谓的"温和意图主义者"呢?[①] 我认为不是，原因在于，除非立法者对某术语给出一个规定定义，否则，它就要按照受众依语言的公开意义进行理解。这并不能让我成为一个非温和意图主义者，而是，根本不是一个意图主义者。尤其是，我否认立法者具有这样的权力：无论是赋予一般术语以私人意义上的权威，或是赋予对所选一般术语受众可能在意的任何意义以权威。

在努力进一步澄清我所谓语境普通意义的所指时，有人可能会认为，我从确定立法意图转到了对何为立法意图设置规范性限制上来。对此，我申辩无罪，因为规范性限制一直都是排头兵，正处于确定某一特定立法意图的核心位置。我的立法意图概念是一个责任意图观念。能够要求立法者承担责任的是他们所颁布的法律语词的公共意义，此外，和我刚才讲的联系起来，他们要对赋予其立法可预见的意义承担责任。

然而，这似乎让立法者责任的内容和他们受众的预期与实践关联起来了，而对于立法者只应该对语境普通意义承担责任，受众对此也许并不认同。或许，受众的看法是，他们可以以任何他们喜欢的方式来解读文本，而这则是立法者应该预见的。或许，很多受众这样做了，但他们并不应该这样做。受众也负有义务，而无论是立法者，还是受众，其义务都必须根据法律理论和民主理论进行解读。

民主合法性

我阐述的语境普通意义似乎在一定方面非常偏离现实。[②] 因而，有人可能提出，立法意图的规定性概念没有用处，这是因为，一个规范并不能给出解决有关解释法律的争议的任何方法，而研究立法者的实际意图，至少有了为解释争议的解决提供客观依据的前景。然而，这种反对没有注意到，特定规范试图确定的最终是一个事实问题，也就是根据实际社会习惯和实践理解的语境明确意义、权威是什么的问题。另外，也有人可能提出，这一层面上的意义证据比了解话语者意图更容易获得，这是因为，每个能说一种语言的话语者都有能力决定普通意义。

101   要支撑这一命题，可以认为，立法运作的所有逻辑都指向将一定词语用于一部制定法文本。立法者为什么要争辩词语？他们为什么要对这些词语如何被

---

① G Bassham, *op cit* fn 8, 28—34.

② See DN MacCormick, "Ethical positivism and the practical force of rules", in TD Campell and J Goldsworthy, *op cit* fn 2, 51—53.

理解而费神？他们为什么会担心他们所认为的遵守或使用这些文本的结果？所有这一切只有我们在立法过程中明确一定的逻辑才有意义，这一逻辑预设了词语的选择具有意义，即那些词语的可理解性（intelligibility）很重要，并且将它们选作行为规则的后果将会产生一定后果。

这一逻辑可能并不符合个体立法者心中所思所想的现实。文本是由官僚根据执行者成员的指导来起草的。立法会议的许多成员可能既没有读过大部分立法，也并不理解文本的含义，但是，他们知道，他们有权对一部法案的文本提出修改意见；他们知道，法令中词语的选择具有意义；他们知道，除非能够表明，规则没有按照颁行的文本予以执行，否则，他们会被选民要求对法律文本适用的结果承担责任。这样，支持普通意义就有了一个强有力的民主理由。

在一个运行的民主社会中，这样的立法意图成为现实在经验上不可能（impossibility），甚至不可信（unlikelihood），这是没有道理的，注意到这一点很重要。有人可能合理地提出，传统的主权意图观念是一个荒谬的拟制。对于任何法律体系，它从来也没有多少适用之处。对于当代法律制度来说，由于法律渊源多样，立法（主权拟制的位置所在）是多种因素相互作用的结果，它当然也就没有什么影响。这些因素中，有些是很多人有目的的行为，但是，这些很少能够累加达成一个合意目标意义上的意志或意图。边缘的后现代法律观将法律视为社会关系的弥散性网络，以多种流动的话语为介质，但在共同的目标现实中，没有任何的基本依据，在所有这些观点中，主权意志理念没有重要意义。然而，颁布的文本根据语境普通的意义进行解读，这一点上的合意观念，并不存在相同的适用困难。可以得出结论认为，这一理论可帮助我们理解实际的政治—法律过程，对于任何民主可以接受的法律哲学而言，它都处于核心位置。

然而，有人可能认为，无论这些结果是否是符合立法普通含义的后果，选民都会要政府对这些结果负责。也可以认为，法院具有促成选举政府所欲结果的义务，而非仅仅是根据语境普通的意义适用法律，然而，在一个服从法治的制度中，政府以类法律的方式追求其目标是必要的。在一个包含法治理念的民主制度中，以越过规则之治的方式去实现所欲目标是不合法的。如此，可以确定的是，除了民主适用授权的规则外，法院并没有直接拥护政府目标的义务。对于政府通过非法律手段实现他们政策之行为，公民负有拒绝义务，这一点，也是可以争论的。

这一立场预设了我称为民主实证主义的理论。[1] 在我所使用的刚性规定性

---

[1] See TD Campell. *op cit* fn 3，75.

术语意义上，实在法是无须诉诸争议的道德与政治价值就能够确定与理解的法律。民主实证主义是这样一种理念，在它支持的政府体制中，制度用以落实政治权力平等的理想，权力要尽可能地通过实在法的选择予以限制，这些规则也就是那些无须借助争议的道德和政治价值就能够确定和理解、遵守和适用的命令性规则。这是这样一种体制：其中所有作为公民的成年人平等地享有制定法律的权利，并平等承担他们制定法律所产生的责任和能力。它是这样一种体制：它依赖于落实法律制定过程中，以及作为已制定法律准确反映的法律适用和运用中，对维持平等的制度之维护。因而，民主也就成了一个民主意志形成的问题，形式为将被准确、一贯运作的明确命令性规则。

从这些起点可以推导出，立法意图是理解民主中法律的关键，这是因为，合法的法律制定必须被视为民主（也即人民）意志的表达。相反，民主中的决定性政治意图则必须首要关注法律制定，也就是在一般有效命令的实证主义意义上，法律形式中表达的意志，这些命令一直具有效力，直至主权者撤回或修正它们。

正是这种法律形成中的意志（will-in-the-formation-of-law）赋予了意图在这样一种政治法律制度中的作用。通过将这一点人格化（personifying），我们说，人民意志通过实在法介质进行统治。因此，在一定意义上，实在法必须体现民意（popular will），否则，制度合理性就崩塌了。如果法律不反映民意，那么，它们就缺乏合法性。立法意图之所以是民主实证主义的核心，原因在于，有效的法律必须是人民意志的表达。制定法律必须不仅仅是一种有意或有目的的活动，它还必须体现人民的意志性。如果这一点无法维系，民主也就无法维系。

与之并列，可以这样认为，在法律含义适用过程中出现疑问的情况下，立法意图观念可能有助于给出一个权威的指导渊源。然而，如果是在民主中，由于法律是人民意志的表达，那么，要寻找对含糊法律的解释的指导，还有什么会比议会这个由人民代表组成的机构的意图更好的选择吗？由此而得出的结果是，日益增多的从法律外渊源找寻的实践，比如议会议事录（hansard），或白皮书，或政治宣言，以之作为澄清和扩展所颁布立法文本的依据。①

103　　　这是一个错误，或至少说，很大程度上是错误的。确实，作为法律恰当渊源的人民决策首要强调的方向恰好相反。仅当我们将颁布什么和为什么颁布区

---

① *Pepper v Hart* [1992] 3 WLR 1032. See E Campbell, L Poh-York and J Tooher, *Legal Research*, 4th edn, Sydney: Wm Gaunt & Sons, 1996, Chapter 15.

别开来时，也就是将立法者制定法律时意图是什么和什么驱使他们制定法律区别开来时，我们才能够以一种与可理解的法律合法性相融贯的方式，去理解人民意志的理念。法律的民主意志形态禁止到这些法律背后去寻找立法者的主观意图，从而改变法律。即便我们作出奇怪的假定认为，议会争论本身也是立法文本的组成部分，这些争论也仍然必须按照它们的语境普通意义进行解读，并不能作为立法支持者主观意图的证据。①

要支持这种形式主义，至少要有两个与民主实证主义相关的理由，也就是"人民"有权统治，但只能通过法律制定的方式。

首先，立法过程是一个对权威词语作出决定性选择的问题，这些词语的实证主义目的是达成一个有约束力的决定，其约束力一直持续至决定被合法改变，并由此引出所有熟知的实证主义收益：即让社群享有合作、冲突解决与行为控制利益的确定性、可预测性与权威性。这些收益都和寻找主观意图无关。

其次，立法者最终通过投票程序所赞同的不是理由，不是目的，也不是动机，而是词语：以法律所指向的社群语言所表达的合意形态。人民具有约束力的决定是他们对规则或法律的选择，而不是他们对特殊性的决定或观点，尽管后者也可能构成他们法律制定活动的动机特征。法治需要具有公众可确定意义，公众可以确定的规则，这一点至关重要。毫不掩饰，这里的意图观念是规范性的：它表达的是在一个包含实在法之治的民主政体中，立法意图应当是什么。同时，它还努力纳入一种现实主义心理学，并表现出立法过程几乎必要的一种逻辑。

然而，我们可能会合理追问"为什么我们需要民主服从于法治"，这是一个宏大的问题，在此，我只给出一种说明性答案。通过最小化民主常见的耻辱，即他们忽略少数派利益的倾向，法治将民主决策变得更加民主。② 通过民主议会颁布一般规则，我们让政府对少数群体选择性地适用暴力变得更为困难，此外，一般原则要符合道德可接受性的必要逻辑，符合普适性标准，其讨论和选择都有压力。多数派可能想牺牲少数派的利益而中饱私囊，但是，他们这样做必须要通过一般规则，而一般规则最起码要有助于明确他们的个人偏好，由此，考虑到民主讨论的压力，多数派可能会修正他们的掠夺方式。简而言之，如果多数派成员希望通过不恰当和道德上不可接受的方式来增加他们的

104

---

① See J Waldron, *op cit* fn 12, 146.

② 这种分析很多源于 Jean Jacques Rousseau, *The Social Contract*（first published 1762，1963 edn，London：Dent）。也可参见 CR Sunstein, *The Partial Constitution*，Cambridge，MA：Harvard University Press，1993；以及 J Rawls, *Political Liberalism*，New York：Columbia University Press，1993。

私利，那么，他们只能选择一般而非特殊规则的要求就让实现这一点变得更加困难。如果情势如此，那么这就意味着，我们正在做的是剥去法治这一方面的道德规训影响，难道我们还应该再倒向议会立法者的意图。

因此，参议员 X 敦促他的参议员同伴支持他所在州的蚕豆种植者，因为他想保护他朋友、亲戚或支持者的工作，但是，他必须通过提议一部法律来这样做，而这就会给所有的蚕豆种植者提供利益，这样就确保了他的伙伴和支持者不是仅有的受益者，并会引起以下问题：为什么是蚕豆种植者，而不是豌豆种植者，或蔬菜园主，都应当一般性地受益。如果这部法律得以通过，然后在法庭上成为一个解释争议问题，那么，我们不会想回到参议员 X 为他自己民众谋利的愿望，并将此作为解决这部已颁布法律中模糊或空白的依据；相反，参议员获得多数支持的词语才具有权威。如果它们不清晰或不完善，我们也不应该将促成这部法律的部分利益作为首要的权威性指导。

常常有人指出，当我们通过查阅立法讨论来寻求澄清立法之时，我们所寻求的并不是（当然，常常也不值得）找出个体立法者的动机，而是谈论过程中给出的，也被接受的理由。就特定条款的意义，能够给我们指导的，不是参议员 Y 为了早点回家给一个修正案投票的事实，而是该修正案提议者所正式宣称的解释。然而，立法甚至并非部分地由立法议会成员，或它们的推进者，或对立法投票者支持立法而给出的理由构成。我可以依自己的理由接受立法，同时拒绝其提案人所给出的理由。考虑到个人的支持理由可能不止一个，因而，促成支持一条立法的理由可能如投票的多数派成员那样多。

关于立法意图与任何其他事务相关联的观点，常常被这些显然的立法心理学事实用以反证归谬（*reductio ad absurdum*）：无论出于任何目的，都没有可以诉诸的立法意图。确实，如果我们用立法意图表示立法者支持颁布文本时的理由，那显然，指的就是这种情况。立法的全部要义在于对各种各样的观点作出回应，这些观点事关应该做什么以及为什么应该做，其方式是通过设立程序，借此程序，我们能够对要做什么，而非为什么要做作出决定性决策。

105　　即使我们采用一个更为严格的有关立法意图的理解，将动机排除在外，但纳入理由，或至少是可接受类型的理由，例如立法意图服务的公共目的、打算解决的问题，或它所预计推进的目标，类似问题也同样会出现。当然，这些可能构成立法者支持立法的隐蔽理由，但是，它们仍是一种理由，并且是一种会被认为更可接受的理由，尤其是在特定目标可以被描述为某种公共福利或公共利益观念时。实际上，这正是目的类型的制定法解释中意图表达的那类意义，它引出目的性前言，并且不仅在文本的理解方面，还在扩展文本使其更好地服务于所欲的目标方面，引出目的性法律理由的可接受性问题。

如果涉及的是支持立法的多数人的共同目的，那么，这一"公共理由"进路似乎就具有了民主信用①，并且，这可以通过目的性序言，甚或通过修改承认规则纳入这种现存的法外资料，将部长声明纳入法律之中。然而，这和民主实证主义并不相容，因为这样一种方式破坏了法律的意义，即用以阻止主权者发布诸如"做任何促成目标 X 或目的 Y 的事情"；以及要求主权者用具体的一般性规则来表达命令。

如果不是用以创制或提出或排除法律规则，而是用以对规则达成更好的理解，那么，这种温和的目的性进路就可能会被认为可以接受。作为情境的一部分，主观意图的一个作用是帮助我们确定规则不同于它们目的的意义。这里，进行立法意图的调查关涉的是文本中所包含词语的适用意图。理念并不是要以立法目的来改变规则，而是为了通过探寻立法目的，求得对规则意义的更好把握。完成这一工作，无须从立法者脑海中寻得例证，甚或是从分类标准中进行推断，但需要理解立法所指向的社会情境目的，需要理解立法在那种情境中所可能发挥的作用。

司法方法

法律实证主义和法律意图文本理论的所谓阿喀琉斯之踵实为解释问题。当没有明确的语境普通意义时，语境普通意义理论要如何向我们交代？我们是否会陷入司法自由裁量的漩涡之中，因为那会将所有模糊和含糊的规则，并最终将所有法律深入引向自由意志的汪洋之中。

当传统意义难懂含糊时，就会出现解释问题。立法者意图表达立法指向的受众将会理解的普通意义，在很多情况下，这一假定并不能解决意义究竟是什么的问题，如此就会出现寻求立法者来决定权威意义的民主动力。我们已经说过，这一进路对我们并不可用，这是因为，确定语词背后各种此类权威意图存在困难。确实，没有政治共识时，为了取得多数人对文本的支持，常常会选择模糊的词语。议会是个个人群体，与所涉成员数量相等的一系列意图相比，一般而言，它并没有一个意图与之区别。由此可以认为，即使我们能不考虑其所言就知道这些立法者的意图，诉诸作为支持或反对立法的那些人的心理状态的

106

---

① See J Rawls, *ibid*, 225—27.

立法意图，也不能解决问题。他们可能想一套，而说一套。

的确，如果立法者知道，他们在议会中的所言会被用来解释立法，那么，他们就可能会在议会中为了影响解释而言说，而他们的所言就可能会和议会中他人预计公民和法院接受为其意图者相反。另外，纵观立法历史，我们就会发现，议会成员为什么支持或反对具体立法存在各种理由，他们为什么这样支持或反对存在着更多的意图或隐含动机。通常情况下，他们所认为法律将导致的结果，以及他们为什么认为这些有利或有害，都与此有关。因此，考虑立法意图可能会将立法的含义和颁布法律的理由混淆起来，并因此将我们推到各种各样观点的沼泽，进而破坏法律的社会与道德功能。

法律实证主义者追求民主实用主义的适用，那么，这会将其置于何地？第一，我们应该注意到，这里，怀疑问题不仅仅是一个裁判问题。最初追求形式良善的法律训令指向的是立法机构，而不是法院。第二，我们应该注意到，在实证主义体制中，法院确实具有一种裁判规定，即依据普通含义和规定意义来解读文本，并且，假定立法意图良善且起草技术优良，那么，这一训令的确具有重要意义。第三，我们也可能注意到，这一进路对言后意义持怀疑态度，因为无论如何值得，它都改变了一般和规定的意义。此外，我们也已经看到，它可以允许适用颁布法规之外的资料，比如议会记事录，这样做或是为了帮助理解而非改变规则，或者更为现实地说，是为了在没有清晰习惯意义时赋予意义，这样做又或是通过研究语境，在意义含糊和不确定时作出选择，但不通过赋予个体立法者主观意图优先地位的方式。

这里，我们要回头再看一下话语习惯。它们产生于标准情形中相对受限的话语社群中，并且，也只有在那里才最有意义。

所有的交流都要在语境中理解。我曾通过语境普通意义指出这一点。然而，立法并不是一个标准情形。它的目标既在于概括，也在于准确。它有着广阔的交流野心。它得到独立裁判法院的制度支撑，法院能利用习惯帮助我们抓住它在主要语境中的意义。制度化通过规则的治理，其一般目的部分正在于此。就这一方面而言，立法根本就不被认为是一个交流问题。它更多的是一个创建权威文本的问题。

107　　　这一命题的实际应用为，公民和法院应该意识到立法适用的社会情境，意识到导致立法产生的问题渊源。这并不意味着，如一个原旨意图主义者可能要求的那样，一经追问，就要确定立法者对一般术语所赋予的准确意义。原旨主义进路认为，一般术语的意义来自范例的推断（paradigm exemplar），意思是对指涉的一个概括，这样，我们就能从立法者脑海中的具体例子来推断出一般术语，而不能将其相互分裂开来。这确实有些道理，因为它将解释变成了一种事实调查，但是，立法者是在制定法律，而法律是一般的，需要确定所有范例可能被认为具有的特征。在这一点上，法律确定的是议会打算强制执行的相关标准。立法者无权对细节进行立法：如果他们这样做了，那就不再是立法。关于范例是否的确具有归属于它们的特征，他们可能会弄错。并且，他们必然不能要求我们只考虑他们的例子，或标准实例。约束我们的是文本，是一般术语，而非给出概括意义的那些例子。所以，在这里，接受概括，却拒绝实例，并因此无须了解指涉而理解意义，仍有逻辑空间。

如何处理实证糟糕的立法，这仍然是留给我们的问题。当普通意义用尽时，还有哪些解释问题？如何解决剩下的不准确、空白，以及若是若非情形（penumbral case）？这里，法律实证主义因为诉诸司法自由裁量而遭受强烈批判，但是，他们谈及自由裁量是对的，因为，这将关注点引向这样一个事实：在这些情形中，当法律内容没有决定（结果）时，法官会有不同的选择。此外，法律实证主义者和所有其他人一样，可以自由提出解释规则，而无须主张，决定采用何种规则是法官个人来决定的问题。这种规则之一可能就是个体的司法裁量权。另一个则是当法律不明确时，拒绝任何指控或诉讼。没有任何明确的法律可以被用来意指无救济，或不定罪。此外，用以日常适用的规则是为了向立法机构指涉问题，这并不太实际。更进一步的进路是援引实在道德，如果在那一问题上存在某种共识。其他的论辩方式包括，从所认识的与既定法律最贴近的类比出发，根据基本的法律原则，或是考虑怎样增强法律体系之间内部的融贯性。所有这些都令人遗憾，原因在于，若根本没有它们，情况可能会更好，此外，其中一些比另外一些更为恶劣，原因在于它们所允许不合法价值运作的范围，但是，在次优情形中，它们可能是可接受的临时措施，留待进一步立法时予以澄清。

这类默认习惯所涉及的一个一般问题为，它们可能被误用来推翻普通意义。然而，任何解释方法都可能被误用。法哲学家的任务是表明，用和误用之间存在区别。的确，我们可以希望，一个有效率的制度在这里会拥有一个立法意图，也就是，当立法者制定了形式糟糕的法律后如何做的意图。之后，这些都成为语境化立法假定的组成部分。同样，它们也可能会被误用，只是这里是被立法机构用作逃避政治难题的借口。

概括而言，文本意图主义的意义在于：

·我们无须认为，这一理论要求一种反事实的主张，即立法议会具有一种统一的心智状态。

108

- 语言理论认为，不确定性是基于文本的法律体系的必然特征，我们不应该被吓住。
- 这里的，甚至是大量存在的不确定性所提出的这一问题，我们可以理性地找到解决方法，并大体和民主原则以及法律的优先功能相融合。
- 这些解决方法部分存在于解释习惯之中，我们提议立法者、法院和公民互相采用的正是这些解释习惯。
- 解释问题可以通过采用和坚持确定什么是良善立法意图的共同、认同的标准予以最小化。
- 最小化解释需要，首先是立法机构的任务，其次才是法院的任务。
- 不应期待法院和公民从立法机构成员的主观意图那里寻找立法意义，立法机构的主观意图应该在使所颁布词语变成法律的公共对话过程中进行表达。

结　论

对法律实证主义的忧虑和谴责表现为各种形态，其中一种为，作为一种理论，它掩盖了等级社会中既得利益使用权力排除作为被压迫者的外来群体。[①] 在结论中，我们可能注意到，在所有法律哲学和司法方法的适用中，这毫无疑问都会产生危险，而对此，语境普通意义命题给出了一个回应。

首先，通过政治程序实现民主变革的能力要求官员受到议会所颁布法律的限制。考虑到在一个等级社会中，民主一直和精英权力之间存在着张力，因而民主产品的形成必须通过以下方式，即最小化权势精英忽略或侵蚀民主意志的能力。对于这一点，我认为，不包含争议术语的准确、清晰的法律有所帮助，而不是妨碍。

其次，如果我们假定，行政官员和司法官员具有权势者的偏见或理性，那么，限制他们的自由裁量权，颁布规则明确、排除被认为导向压迫与歧视的法律分配，就是恰当之举。将现有官员替换为更为开明者，除模糊的目的取向指导外，以任何方式赋予他们不受限制的权力，这一替代策略并不现实。由于一般都不能想象他们并不熟悉的实际情形，因而，我认为，从开明裁判者那里，我们所期待的最佳结果是这样发现滥用的可能，方式为忽略普通意义，以及当实际上没有普通意义时装作有，另外是因为人们一般具有对他们就不熟悉的事

[①] See M Davies, "Legal separation and the concept of the person", in TD Campbell and J Goldsworthy, *op cit* fn 2, 115.

实情境进行想象的能力。

最后，必须注意规则抵抗歧视的可能，这会排除依据所厌恶的类别的官方行为，比如依种族、宗教以及社会等级采取的行为，此外，必须注意到要求政治决策必须遵守一般形式的意义，该形式使重要的政治道德选择属性更加透明。

尽管如此，我们仍可能受到适用语境普通意义的表面保守主义的烦扰，有些人认为许多现有社会关系不可接受，对这些人来说，这种保守主义不受欢迎。我会提出，当和伦理实证主义所包含的特定性和具体性关联起来时，语境普通意义绝不保守。我们要依据现有语言习惯构建法律，这一要求赋予了我们建构规则的能力。例如，禁止常见却不可接受的行为的规则。普通意义本身并不限制我们所面对的选择范围，实际上，它对这一范围还有所扩展。只有当普通意义和关于"合理性"、"诚实"、"公平"等模糊术语相结合时，普通意义才会产生保守的结果——由此实现语言准确的目标、官员自由裁量权最小化以及对司法自由裁量权的立法审查的有效性。

在重大社会变迁时，使用普通意义当然会有限制。一个社会中话语的发展是为了表达新的观点，展示新的问题，一般而言，由于多种原因，法律必须跟随话语发展所处的社会和教育进程。从这一方面来说，法律极少能成为社会进步的先锋，但是，这一进程建立在其他且更深层次的基础之上，但是，要制度化和维系这一进程，法律可以成为关键角色。

第六章　司法能动主义——正义还是背叛？

　　司法伦理是一个超越了维持公众对法院信心的问题。它首先是，或应该是一个忠于法律的问题。然而，司法方法中的守法（law-abidingness）却并不是司法伦理规范和手册的标准一面，这些标准倾向于表明，司法官员不应该公开支持政治事业，就像他们不应该经常去酒店、酒吧，或在审判席上睡着一样。这些问题具有一定重要性，但是，这很大程度上却是因为它们和更根本的司法问题有关，尤其是和"依法主持正义"的司法义务有关。① 如果我们要对法律伦理的基础进行更为充分的研究，那么，这才是需要分析和证成的基本司法义务。

　　尽管在司法伦理手册中，警戒句"依法司法"只是获得略多一点的注意，但是，它是所有司法伦理制度的核心。法官在生活中所有不应该做的事情，都必须被视为违反了他们在法庭上应该怎么做的假定。无论你从事什么工作，你都不能在工作时喝醉或睡着。更具体一点，司法之恶，比如表现出偏见、偏倚或偏好，其力量来源于司法任务的规范范式。我们认为，社会中法院的角色在于解决纠纷，或是强制履行法律义务等诸如此类，正是因为这一理念，我们才

---

① 因而，首席大法官杰勒德·布伦南（Gerard Brennan）在其对法官托马斯的介绍中称："审判以两种方式服务于社区：通过在每一个案件中依法主持正义，以及通过在社区中全面保持法治。"参见JB Thomas, *Judicial Ethics in Australia*, 2nd edn, Sydney：LBC，1997。澳大利亚高等法院的司法誓言以宣誓效忠王室开始，接下来是："将依法公正对待各种各样的人，不加畏惧或偏向，不加喜爱或敌意"（1979 年《澳大利亚高等法院法（Cth）》）。澳大利亚司法管理协会最新的《司法行为指南》（2002年1月）中，明确表明，它首要关注的就是维护公众对司法机构的信心，并且仅指在表明如何维护司法机构免于不当攻击的语境中，维护法律的司法义务。

要求法官公正、无偏见，聆听双方意见；此外，法庭确实会因而负有在工作时不能睡着的特别强烈的义务。然而，"依法主持正义"是否也不过是一个宏大的话语，可以像母体（motherhood）声明那样置之一边，因为从中得不出任何具体的东西。

当然，我们可以通过多种不同方式来理解这里的"正义"一词。"正义" 112 可以指（a）权威是法律规则适用的结果（形式正义），（b）依照一定程序样式正义对待当事人（程序正义），（c）根据人们爱好，或他们的需要，或他们的道德权利（或我们定义实质正义所如何关注者）与人交往。[①] 有趣的是，句子"依据法律"几乎可以和词语"正义"具有几乎同样多的方式来理解，"依据法律"可能是指：（a）"依据权威规则"，或（b）"遵守程序规则"，或（c）"根据法律理念中所深嵌的实质根本原则行为"[②]。

由于术语"正义"和"依照法律"能以不同的方式被解释，用以指相同的内容，那么，将"依法主持正义"作为一个我们可赋予任何所想内容的宏大空洞冗词，就很容易拒绝这个句子。对于一个法律伦理体系而言，这很难成为一个有价值的依据。

然而，这种无意义的多元论可以予以拒绝。我们可以合理假定，"依据法律"是一种限制法官可能如何主持正义（无论是什么）的方式，至少可以说，法官必须作出与公认法律原则、规则相符合的决定，并且，他们这样做还必须遵守类似的程序。也就是，"依据法律"至少是指法官的正义是独立于实在法内容的，是正式的、程序的正义，而不是实质正义。法官不应该忽略一个制度中被一般接受具有法律约束力，实证主义意义上的规则与原则之"法律"，理由在于，他们只是在一定没有界定的道德意义上努力做到"正义"。

对此若要深谈，我们就需要一种理论来阐述并证成这一主题。这就要进入富有争议的法哲学理由的探讨。法官应该如何裁决提交给他们的案件？司法权力的属性是什么？继而，这又会陷入法律与政治哲学更为宽泛的学科泥沼之中，这些学科解决的是我们想要什么样的法律体系，以及它是怎样和我们偏好的政治制度相关联的？[③]

---

① 关于这些区别，一般介绍可参见 TD Campbell, *Justice*, 2nd edn, Basingstoke：Macmillan, 2001, chapters 1 and 2.

② "因而，当法律面前的平等被视为一种宪法保障时，这一要求默示的是一个对平等法律保护的要求。"这一立场出现在 TRS, *Constitutional Justice*, Oxford：OUP, 2001, 21.

③ See TD Campbell, "Grounding theories of legal interpretation", in J Goldsworthy and TD Campbell (eds), *Legal Interpretation in Democratic States*, Aldershot：Dartmouth, 2002, 29—45.

113 在过去几十年中，主流的司法推理范式发生了重大变迁。在司法者中间（至少从他们的公开言论看来），他们已经从对遵守规则和程序的相当严格义务的标准拥笃，走向了一种更为开放的解释方法。通过这种方法，司法造法的不可避免性不但没有最小化，反而受到颂扬。宣布理论的法官所谓不创制法律的"童话"与"高尚的谎言"①，遭到法律现实主义以及之后各种后现代主义者的攻击②，该理论为各色各样的观点所取代：从美国通过经济分析的实用主义，到启示道德主义（inspirational moralism），在这些理论中，法官被分配了这一任务——保护弱势少数派免于多数主义民主和多数人财富两大恶行。

  在牛津哲学家哈特研究的式微过程中，他的美国继承人罗纳德·德沃金成为这类变化的典型代表。在《法律的概念》③中，哈特的观点是，法律是一个一般的行为执行和行为便利的规则体系，这些规则根据一个更高级别的所谓承认规则进行确定和适用，该承认规则仍为实际社会规则，它使我们得以确定公民需要遵守、而法官需要适用权威的一阶规则。哈特认为，这些一阶规则的日常适用在绝大多数时间都运行良好，但是，有时，它们也会不清晰（因为语言具有开放结构），有时也会不完善，有时也会缺位，从而为有限的司法自由裁量权留出空间，赋予灵活性常识以一定范围。

  哈特直面并且阻击了法律现实主义者，但是，却不太能够应对罗纳德·德沃金，德沃金提出，这一"规则模型"并不是法律中事务如何运作的方式。④德沃金认为，如所有实务者所知的那样，法律有很多原则，这些原则基本是具有道德内容的。这些原则比如法律面前平等，或任何人不应因他或她自己的恶行受益，可以为了权利进而为了正义推翻规则，在德沃金看来，若不使用道德判断，就无法理解和适用。

  通过这种分析，德沃金主义者已经说服了大量学生，并因而也就说服了现

---

  ① 英国法官公开拥护法律创制的时刻常常被归咎于里德（Reid）勋爵，他注意到，"曾经一度，人们认为法官造法是不恰当的——他们只是宣告法律。这些神话爱好者似乎认为，包罗万象的普通法就藏在某个阿拉丁宝洞里面，而随着一个法官的任职，他就会继承类似魔咒——'芝麻开门'的知识"。（"The judge as lawmaker", *Journal of the Society of Public Teacher of Law*, Vol 12, 1972, 22—29.）在澳大利亚，这种新的方法论明确表达于 Michael McHugh J, "The law-making function of the judicial process", *The Australian Law Journal*, Vol 62, 1988, 15—31 and 116—27。

  ② 例见 G Warnke, *Justice and Interpretation*, Cambridge: Polity Press, 1992。

  ③ HLA Hart, *The Concept of Law*, Oxford: Clarendon Press, 1962.

  ④ 先见于 "The model of rules", in *Taking Rights Seriously*, London: Duckworth, 1977；之后见于 *Law's Empire*, London: Fontana, 1986。

代和未来几代的法官，让法律变得"尽可能好"（the best it can be）是法官的裁判义务，通过"尽可能好"，他最终是指，实践中，法官在法庭上采取能获得他或她同事充分赞同，且和法官个人道德观点最相符合的方式。确实，他主要将这用于宪法案例，并将它展现为解释现有法律资料的一种方式，而不是从头开始创制法律。无论怎样，在根本上，他的理论是，"法律"（而不仅仅是宪法）包含根本的道德原则，这些原则的适用涉及法官一阶道德判断的运用，也就是涉及对本质对错、道德正义与不正义的道德判断。①

实际上，这种将法律视为司法道德的一个推演模型也遇到了一定抵制，理由主要是，德沃金高估了法官辨别道德正确或错误的能力，此外，法官个人可能持有的合理道德观点具有多样性，要生产出一个既展现出原则，又要具有融贯品质的法律体系，这种多样性与之并不相容。在这个特殊的法律制定的"煲汤"过程中，有太多的司法"大厨"插上一手。②

这种抵抗发源于澳大利亚。莫纳什（Monash）法学教授杰弗里·戈兹沃西；在奥塔哥（Otago）教学多年的加拿大人詹姆斯·艾伦（James Allan）；现在纽约哥伦比亚大学的新西兰人杰里米·沃尔德伦（Jeremy Waldron）；以及我，一直被一个并不那么不友善的批评者冠以"极反实证主义者"（The Antipodean Positivist）称号。③ 这个批评者就是大卫·戴泽豪斯（David Dyzenhaus），他是南非人，在加拿大工作，他一直谴责法律实证主义导致延续了他家乡的种族隔离体制④，这一进路大致和古斯塔夫·拉德布鲁赫（Gustav Radbruch）与朗·富勒的论辩相似，即如果魏玛共和国法官拥护自然法哲学而非法律实证主义，那么，纳粹就会遭到更有效的抵抗。

114

---

① 在他早期的研究中，这一立场比较含蓄，但是现在他则公开拥护，参见 *Freedom's Law：The Moral Reading of The American Constitution*，Oxford：OUP，1997. 由于这一进路允许将不符合法官道德观念的先例置于一旁，而赋予与之相符的先例以突出地位，因而，德沃金的立场只是在极为有限的意义上符合"依法主持正义"理念，即（a）司法裁决必须是原则性的，也就是依据理性——在他那儿，主要是建立在个人权利基础上的理性，而非着眼于未来福利的结果主义理性；以及（b）它们致力于使法律融贯（也就是，一种法官有关一阶道德观点的一致性宣告）。他的方法是"原则性的"，依据的是怪异的理由，而德沃金拒绝"司法能动主义"的标签，因为，他将此标签仅限定于具体的裁判。

② See A Hunt（ed），*Reading Dworkin Critically*，New York：Berg，1992. 德沃金自己的比喻是"连环小说"，在这种小说中，每一章都是为了提高作品的文学质量，但同时还能和其他已经写好的章节保持融贯。法律体系要比"连环小说"杂乱得多。

③ D Dyzenhaus，"The justice of the common law：judges，democracy and the limits of the rule of law"，unpublished lecture，Melbourne，8 November 2000，4.

④ D Dyzenhaus，*Hard Cases in Wicked Legal Systems：South African Law in the Perspective of Legal Philosophy*，Oxford：Clarendon Press，1991.

暂且不管这种感情主张的历史依据①，对于极反实证主义而言，需要注意的最关键点在于，它并不是一个旧式的分析理论，并不试图将法律定义为如主权者的命令，相反，它是一个规范性或伦理性理论，表达的是对特定类型法律体系的偏好。在这种法律体系中，至少在我看来，有一系列相当具体的一般规则，这些规则可以不借助正义的道德或其他臆测事项就予以确定和适用；这是这样一种体系：公民可能理解和遵守（当然在复杂领域中通过法律建议），而法官无须诉诸争议的一阶道德判断即可适用。②

115 我把这一理论称为"伦理实证主义"，部分原因在于，相关实证主义是通过一种政治道德，而非纯粹的概念分析予以证成的，但是，同时也是因为，这一理论需要伦理的实践者，尤其是伦理的法官和律师来让它运行起来。沃尔德伦习惯用术语"规范性法律实证主义"（尽管实际上，这一标签常被用作一个相当有差别的观点，即法律是一个规范，而非事实体系的观点）③。有的时候，为了使观点表达得更清晰，也将它称为"民主实证主义"。在这篇文章中，我探讨的是，如何能够使用伦理或民主实证主义提出与证成一个有效的司法能动主义概念，从而使我们得以关注重大不道德司法行为的类型，重视"依法主持正义"理念。

司法能动主义

"司法能动主义"是一个并不那么受法官待见的词语。如果用作贬义的话，它表示德性的（ethical）法官是一个被动的、机械的角色，是对司法工作的一种不奉承的描述；如果用作褒义的话，它似乎意味着，大胆且有创造力的法官与政治激进主义者相似，是一群名声欠佳的人，也是不受欢迎的法官形象。如果所有"司法能动主义"指的都是裁判工作中法律创制一面，那么，今天，它也就没什么大不了的。我们被告知，法官在一定程度上都制定法律，尽管是以一种特殊的增量方式，但基本都在构成它们特殊起源的普通法那些方面的限制之内，并且，在解释制定法的过程中，这也是必要的。如果这些没有一个是"司法能动主义"的所指，那么，我们得到的就是一个彻底不准确、含糊，无

---

① 不过，反对这种自然法立场的论断，可参见 I Muller, *Hitler's Justice：The Courts of The Third Reich*, DL Schnieder (trans), Cambridge, MA：Harvard University Press, 1991。

② TD Campbell, *The Legal Theory of Ethical Positivism*, Aldershot：Dartmouth, 1996.

③ 反之参见 J Waldron, "Normative (or ethical) positivism", in J Coleman (ed), *Hart's Postscript*, Oxford：Hart, 2001, 410—34。

用的，更像是新闻学，而非冷静分析的情感术语。有人指出，"司法能动主义"
是一个需要摒弃的词语。①

对此，我并不那么确定。"司法能动主义"是一个政治批评术语，而所有
政治批评术语都易变，并且富有争议。如果我们会以不确定性为由放弃我们的
政治词汇，那么，现在就不会剩下多少宝贵的政治话语。在这些情形中，我们
需要提炼和阐明话语中所指的含义，从而使得更准确的含义得以阐明和评
估。② 要做到这样，我们就需要一种裁判理论。

我的观点是，我们不能狭义地仅从司法造法的适当范围来研究司法能动主
义，而是要借助与它相对、更为宽泛的观念，即司法守法。根据这一进路，司
法能动主义者在本质上是（a）一个并不适用所有现行、清晰、实在法的法官，
并且只有这才相关；以及（b）作出关于法律的内容是什么的决定时，依据的
是他或她的道德、政治或宗教观念。我提出第二个标准的原因在于，我们既要
将司法能动主义者和司法懒惰区分开来，也要和司法无知区分开来。司法能动
主义者拥有一种朝着可确定方向进行法律改革的公开或操作日程，该方向需要
的是道德和政治，而非法律合法性。如果只是因为关涉，或应该关涉对所欲社
会目标以及实现它们方式的详细理由，那么，这常常被描述为政治决策。

就司法能动主义不能适用现行法律来说，它可以被称为"消极司法能动主
义"，而就它以新规则取代现行明确相关法律（上诉法院有能力做的事情）而
言，它可以被称为"积极司法能动主义"。对此，我们必须加上当实在法既不
清晰也不可用时，超越以最低限主义方式在法律中实现澄清与融贯的必要裁判
类型，我将此称为"机会主义能动主义"。在我的观念里，"最低限主义方式"
是处理手中案件，或处理上诉法院案件时，澄清一个相对有限法律领域所必要
的方式。③

在这一更宽泛的语境中，法官不应该创制法律的首要理由在于，他们应该
适用法律。与司法能动主义之恶相对的是司法守法美德，而非司法消极（judi-

----

① See J Sackville, "Activism", in M Coper, A Blackshield and G Williams (eds), *Oxford Companion to the High Court*, Oxford：OUP, 2001，6—7.

② 这样做的一个有趣尝试可参见下书引言：KM Holland (ed), *Judicial Activism in Comparative Perspective*, London：Macmillan, 1991，1，其中指出："因此，当法院不再将它们限制在法律冲突裁判的范围内，而是冒险去制定社会政策时，较之将它们自己限定在狭隘的纠纷解决范围内，它们由此影响的人将会很多，这时，司法能动主义就出现了。因而，一个法院的能动主义可以根据它对公民、立法和行政所运用的权力程度来进行衡量。"

③ HJ Abraham, *The Judicial Process*, 7th edn, New York：OUP, 1998，385—410. 该书中列出了16种司法克制的含义，这一宽泛的"司法克制"术语是该书的特色，而最小主义有时就是在这个宽泛术语下提及的。

cial inactivity)。我所界定的司法能动主义（我认为，它是一个美国宪法领域外的批评性术语），并不与司法克制（judicial restraint）相对，如果将后者定性为因现行法与政府政策冲突而不能适用它，或是在司法审查的情况下，因立法被质疑越权（*ultra vires*）或违宪，而不能适用。实际上，不能适用清晰的宪法规则是消极司法能动主义的一个经典例子。①

　　作为一个司法伦理问题，我并不认为司法能动主义总是错误的，但是，我确实认为，在相当保守的普通法方法论限制之外，有的时候，它能错误到堪称背叛，原因在于，它违反了司法权的委托属性，构成了对司法权的滥用，而那恰是宪政民主的根基。大多数法官只是努力做到公正，这一事实和为其声辩有关，却不是一个可以接受的抗辩。一些法哲学家和许多宪法以及国际法律师，都完全牵涉到这一背叛之中，包括罗纳德·德沃金在内。接下来，是所有推进和宽恕将含糊道德标准，比如显失公平（unconscionability）、诚信（good faith）以及诸如合理（reasonableness）等开放（open-ended）标准，激进地解释进法律王国的法官、立法者，以及学术评论家。就整体上日益扩张的司法自由裁量权的批判而言，批判司法能动主义的支撑理论提供了一个基础。

117　　平和一些的学者可能赞同我的结论，但尽管如此，却对语言表示遗憾：确实，对于一个最终只是法官应当如何裁决案件的法哲学观问题，一个只是理性人之间的合理争议问题而言，背叛是一个过于激烈的词语。也许是这样，但是，这样一种宽容的态度低估了超越间歇性司法能动主义所能够给法律和民主造成的损害。

　　使用背叛这个词，我并不是将邪恶意图归咎于法官，或是其行为破坏了实在法民主规则的其他人。通常，司法能动主义恰恰与之相反：为做正确事情而误入歧途的尝试，有的时候只是基于一个幼稚的预设，即他们的道德观念是所有理性人共有的。这会让司法能动主义文化变得危险地自信、傲慢，

---

　　① 美国的司法克制概念起源于 JB Thayer，"The origin and scope of the American doctrine of constitutional law"，*Harvard Law Review*，Vol 7，1893，129；and AM Bickel，*The Least Dangerous Branch：The Supreme Court at the Bar of Politics*，2nd edn，New Heaven，CT：Yale University Press，1965。关于司法克制的分析，可以用作与我对司法能动主义进行的分析对照的，可参见 J Daley，"Defining judicial restraint"，in TD Campbell and J Goldsworthy（eds），*Judicial Power，Democracy and Legal Positivism*，Aldershot：Dartmouth，2000，279—314，其中第 308 页称："我已经能够确定克制的两个如下原则：（1）法官应当根据现有法律裁判；以及（2）法官应该避免履行除根据他们自身角色与执行现有规则之外的功能。"

自以为是。[①]

然而，为了避免使背叛这一语言仍显得过于强烈，应该强调一下，我也不认为，应当将司法能动主义视为一种司法不当行为的形式，用以证明纪律和移除合理性。我这里的缄默并不是因为，司法能动主义不是一种滥用职权的行为（它常常恰是如此），而是由于宪政政府的脆弱性。我们必须要绝对确定，法官不能因为作出不受政府或媒体欢迎的裁决而遭到开除。因而，将司法能动主义变成一种可导致开除的违纪行为，是我们所不能承担的后果，因为，对于司法独立而言，这会造成无法接受的负面影响。

这里的问题又回溯到这一不幸事实，也就是，我们既需要政府，又有理由害怕可能会出现的权力集中。政治学的这一悲催悖论是基于这样一个事实：实现一个有序安定社会的前提条件是，我们需要创建一个压迫工具。民主是解决这一悖论的一个尝试，方式是将政府打造成一种可废止的委托，一种仅能根据一个法律体系予以行使的临时性权力授予；尽管如此，仍没有任何一种制度能够正式地解决监督监督者的问题。在这种情形下，可以说，当法律被违反时，这些监督者的工作是在实在法之治范围之内的。

政府是一个规则政府之说，法律制定者和法律适用者之间存在权力分立之说，以及政府受制于大众选举以及法官不受这种制约之说，都位居人类文明最伟大的政治成果之列，但是，他们都无法撇开委托某人作出最终答案的需要，诸如关于政治行为合法性的问题。在这种情形下，允许议会或控制他们的政府因司法能动主义而将法官清除出去，与允许这种能动主义持续下去相比，对于宪政民主，这可能构成更大的危险。

以这种方式保护法官的必要性没有消减，而是加剧了司法能动主义的罪行。假定法官需要豁免于外部控制，那么，由于没有有效方式来制度化地对司法权力滥用予以有效反击，这一事实就会被司法能动主义者所倚重。由于受到司法独立宪法规范的保护，对于他们不当行为的正式后果，他们就享有豁免。对法官而言，司法能动主义就不是一个危险之旅；而代价则由社群支付，形式为对我们治理制度所造成的损害。因而，我坚持用我提出的强烈的伦理术语：司法能动主义是，或可能是，背叛。

118

---

① 相反的隽语见于 TS Eliot 的 *Murder in the Cathedral* 一书："最后的诱惑是最大的背叛：以正确理由做错事。"关于最早的词语顺序，参见 TS Eliot, *Murder in the Cathedral*, London：Faber, 1935, pt 1："最后的诱惑是最大的背叛，以错误理由做对事。"

民主实证主义

为了解释这种立场，并为其声辩，就我们为什么会想将民主实证主义用作一种法律制度应当如何运行的理论，我列出了纲领。为什么我们会乐意采取这样一种理论，该理论似乎不仅劝说公民，也劝说法官放弃他们自己的实质正义理念，并代之以显然非道德规则——我们只是因为它们是法律才予以遵守的？这似乎像是放弃了所有的义务。

支持实在法之治理想的理由分为两类。第一个是，采用法律实证主义有利于获得一个形式良好的法律体系，获得由之而生的所有社会和经济收益，这是两个理由中较弱的一个。第二个理由是，实现民主治理制度，也就是对于人民作为一个整体拥有真正控制他们如何被管理的权力的管理制度而言，法律实证主义是必需的，这是较强的一个理由。将两个因素——秩序和民主——放在一起，我已经指出，作为一个规范性政治理论问题，任何庞大复杂的社会都应该拥有一个如我所应该界定过那样的，形式良好的法律体系。①

就形式良善的法律体系而言，我们这里说的并不是一般法律，甚或程序规则的道德或其他内容，而只是获得一种有序并且公开规则体系的方式，从而产生社会收益，诸如社会协调、便利合作以及对危害行为的系统控制。形式良善的法律体系应该由可理解、可适用的规则框架构成，借此我们得以协调我们的行为，订立有效的协议，并了解我们不能做什么或必须做什么，以避免正式的否定或制裁。据称，只有我们拥有一系列合意的能够被人们理解、遵守和适用的具体规则，而无论他们是否赞同其内容时，这些目标才能够实现。

当然，我们也会想要规则内容不仅符合协调、便利和规制目标，并且实际上能够产生我们认为最有利于社会和政治价值的那些结果。然而，无论这些实质价值可能会是什么，我们都需要形式良好的法律：一般的、清晰的、具体的、可适用的、稳定的规则。这就是那熟悉的主题，即清晰、可预测的法律促进社会秩序和社会稳定。规则让我们得以了解我们所处的位置，并作出相应的计划。

对一种特殊类型的正义而言，形式良善的法律体系概念也具有根本意义：这就是所谓的形式正义，也就是，根据既有标准同等处理类似案件。除非有一个可公正适用的、可操作的一般规则体系，否则，这一正义就无法实现。没有

119

---

① See TD Campbell, *The Legal Theory of Ethical Positivism*, Aldershot: Dartmouth, 1996.

这一体系，作为一个社会，我们甚至都不能宣传，我们正在以一种系统的方式来同等处理类似案件。

当然，一个真正良善的法律体系，也就是，一个整体上良好的法律体系不仅要有一般、具体且清晰的法律，并且实际上还要有我们喜欢的内容，因为它包括正确的概括、正确的分类以及正确的救济。只有在我们能对这些实质良善的法律会是什么赞同之时，我们的政治问题才会最终解决，但是，在杰里米·沃尔德伦所谓的"政治学环境"中，我们根本地不赞同法律的适当内容。① 民主是一个着手处理和解决这些争议的制度，只要这可能并同时仍然能够有一个可用的、可操作的规则，直到当它们通过恰当民主途径被改变的时候。

这将我们引到支持伦理实证主义的第二个理由：在一个庞大复杂的社会中，对于民主治理的实现而言，一个形式良善的实在法体系至关重要。接受这一观点的理由有很多。例如，集体或他们的代表不能就具体细节，而只能就人与形势的类型作出常规决策。此外，规则选择不仅仅是政治讨论和政治选择的一个可操控的焦点，还是运作以消减政治中赤裸裸私利作用的关注点，方法是明确说明需要作出的选择，阐明不同类型的人和行为将如何受制于国家权力，或成为国家权力的受益人。最后，只有民主集中于规则选择，它才能实现赋予人民整体真正政治权力的理想。如果这样创制的规则未被遵守，或是被扩大的司法自由裁量权，以规则之治下的决策为代价，而予以推翻，那么，民主就因此遭到了消减。

在很多方面，采用实在法之治的两个理由都几乎没有争议。显然，所有可容忍公平有效的社会都需要一个公开可知的，并且可以以公开验证方式予以确定的、可遵守的规则体系。② 很少会偏离一般命题，即通过他们选出的代理人，人民应该制定规则，适用它们是法院的义务；如果致力于制定一般规则，而非多数权力的特别（*ad hoc*）运用，民主决策则要更为民主。

即便是法官中的最能动主义者通常也会支持一些此类背景系列的政治假定。然而，接下来就会随之而生一些警戒和限制，威胁会破坏对民主法治的最初承诺。多数人犯错，少数人遭殃（majorities get it wrong, minorities suffer in consequence）。规则需要与时俱进，而议会立法往往迟缓。政府面对的技术进步过快，政客则短视。所有这样以及更多其他的陈词滥调，都被用于证明偏

120

---

① 　J Waldron, *Law and Disagreement*, Oxford：Clarendon Press, 1999.

② 　最明确的论述参见 L Fuller, *The Morality of Law*, New Haven, CT：Yale University Press, 1969. 但也可参见 F Schauer, *Playing by the Rules：A Philosophical Examination of Rule-Based Decision-Making*, Oxford：Clarendon Press, 1991.

离既定规范的合理性。

例如，有人指出，在很多情况下，常常就是没有一个合理的具体类型规则可以适用。在这种情况下，不存在消极能动主义（不适用规则）的逻辑空间，实际上也不存在积极能动主义（改变规则）的逻辑空间，因为没有要改变的规则，因而，"机会主义能动主义"变得必然而普遍。在这种情形下，守法主义不能过于严格，因为它注定不完善。[①] 无论如何，上诉法官总是需要作出并不怎么受制于规则的判决，这就是原因。这一点本身是否并不破坏任何刚性的伦理实证主义形式？如果没有清晰、相关的规则供法官适用，那么，他们应该做什么？

语境主义

就形式上具有瑕疵的法律体系而言，伦理实证主义确实存在问题，此外，由于实在法之治只是一种理想，永远无法完全实现，因而，在任何时候，对于任何法律体系，当该体系不能达到理想状态时，应该做什么的问题，就会在一定程度上产生影响。当现行法律体系存在瑕疵时，问题就是，为司法决策找出最可接受的策略。

第一个要注意的是，当没有清晰、具体且可适用的法律规则时，该体系就存在瑕疵，需要改进。把这一任务交给法官，由他们解决，这样的政策既没有效率，也不可接受。在这里，政府和立法机构，应该承担主要责任。作为一种法律理论，民主实证主义并不是主要指向律师和法院，而是指向整体的民主制度，尤其是指向立法机构，以及为之服务的立法起草者。颁布清晰、全面、可适用的规则，是民主制度的责任。

121　　然而，制度常常慢慢地堕落，而政府则逃避它们的责任。同时，具有民主思维的法官却处于一个不同情境。在刑法中，当指控没有清晰规则可适用时，由于可以驳回诉讼，则没有这么多问题，但是在私人诉讼中，就没有那么容易

---

① 在其就职宣言中，欧文·迪克森爵士称："严格坚持法律推理是保持联邦冲突中所有当事人信心的唯一途径。法院可能被认为过于墨守法律之成规。但我的看法却与之不同，对此，我应表示遗憾。在大的冲突中，与严格且完善的守法主义相比，司法裁判没有其他更安全的指导"，*CLR*, Vol 85, 1952, xi, at xiv. 后来，他认同"将公认的原则适用于新案件，或从更根本的既定法律原则推理得出新结论，或决定一个类型并不对不可预见，但却可能被其所包含在内的情形封闭。对于一个对来源于长期公认法律原则的结果不满的法官来说，以正义之名，或以社会必要或社会便利之名有意地放弃该原则，是一件完全不同的事情"。"Concerning judicial method", *ALJ*, Vol 29, 1956, 468 at 472.

了；当规则可能错误时，就总会在所处位置留下损害，而对即刻的纠纷解决功能而言，也就可能不够充分。但无论怎样，当没有清晰法律时，无处罚则无救济是一个好的起点，而对于在任何法律体系存在的明显漏洞，当通过司法自由裁量权的自由运用，或更高层次一点，通过制定新的法律来进行填补时，对此，我们都需要谨慎。

为了保证清晰和确定，即使是法律实证主义，也需要边际创造性。有一个形式良善的法律体系，支持的理由本身就合法化了一定程度的规则创造。例如，当需要解决急迫的纠纷时，这就是必要的，尽管民主的理由认为，任何重大的法律发展，都应该留待民主选举的机构予以解决。对于法官，即便是最小的创造性，也应该是临时性的，这是因为，它要服从于立法审查，或者，在宪法情形下，服从于宪法修正。如此，我们需要最小主义（minimalism）限制，以及临时性假定（assumption of provisionality）。

较之规则偶然甚或经常的缺位，对于伦理实证主义的可行性，还有更为激烈的反驳。具有特别哲学意义的理由是，我们永远无法获得其意义是限制决策者的规则。我们被告知，规则不过是一串串符号，而符号是人为的文化建构，其意义取决于他们的受众如何理解它们。因而，所有的语言必须被解释，而就解释而言，由于本质上取决于试图理解规则的特定个体的智力活动，因而所有的解释又都是主观的。因此，可以推断出，并不存在所谓的普通或一般意义之类的东西。[①]

这种规则怀疑主义依靠的是社会学与哲学理由，意思是，所有意义都要依赖于对符号的理解，而这又嵌入文化预设和个人历史之中。很明显，独立于共同语言习惯，并独立于这些习惯所适用的共同社会经历的"客观"意义，并不存在。

语言是一种社会现象，有着一定的社会支撑，然而，这一事实本身并不能表明，文化、习惯和社会经历不能产生一种共同的文本理解。"普通意义"当然是一种依赖于文化的现象，实际上，它是一种沟通成就，然而，凡存在共同理解以及真切沟通欲望的地方，这一沟通成就就明确能够成功。

我们常常不能实现普通意义，事实上，我们常常不愿意这样，或者实际上，我们常常更愿意破坏或推翻它（律师常常拿钱这么干），这些都是混乱、

122

---

① 这一点，相关文献范围宽泛，包罗了法律现实主义、批判法学派以及后现代主义者等对法律确定性的批判。参见 J Boyle（ed），*Critical Legal Studies*，Aldershot：Dartmouth，1992；and D Patterson（ed），*Post Modernism and Law*，Aldershot：Dartmouth，1994。

慵懒、对立社会情形的显然事实。但是，这并不是说，有效沟通——通过使用与表达这些理解的语言紧密相关的共同理解——就不会出现，或不能成为一种有效进步所追求的理想，直至谈论普通意义得到理解。实际上，可以理解谈论普通意义的文化能够得到发展，否认这种可能性最终将会自取败局（self-defeating），因为，根据这种观点的预设，它就变成了，无法沟通。

但无论怎样，对于任何形式的伦理实证主义，实现成功沟通都是真正的问题，并且确实提出了挑战。我们如何实现法律清晰？很大程度上，这要取决于所提出的解释方法。为了更深入地探讨司法能动主义，明确司法推理的一种实证主义进路，就有必要了。

对于伦理实证主义，最适宜的法律推理进路是文本主义，不过却是这样将文本置于情境之中的文本主义形式。我将它称为语境文本主义，或简称为语境主义，我很受用于这种文字游戏。语境中的文本，或语境主义，并不是将文本简单看作理解立法者主观意图的方式。诉诸某些通常并不存在的主观整体意志，民主并不能因此得到辩护。相反，若我们拥有一种制度，在此，通过它们选出的代表，人民负有创制官方文本的义务，经由民主投票通过后，这就由他们的意图所构成了，并且因而也就成了他们能够对其负责的东西，至少在文本根据其（或没有）普通意义理解时是这样。语境主义不是意图主义。

如果"字面主义"（literalism）是指理解词语和句子时，超越语境，仅仅通过一部好字典，不管社会和政治语境，那么，语境主义也不能与之等同。实际上，我们称之为自由主义者的大多数人都认同，一条立法的词语仅能借助其他内容理解：立法产生及其预计适用的情境类型，它预计实现的目的，导致它产生的争议，可能采用的其他立场，各关系方所共有的语言习惯，以及这一司法管辖区内理解这些官方文本的习惯。

不过，在有关"目的性"的任何强烈意义上，语境主义都不属于目的解释。语境化（contextualising）并不是要使用文本达致立法的最终目的，或形成这些目的的背景，然后，在这种情形中，或在类似情形中，为了实现这一目的，为所有必要之事。相反，它的意思是，如果你对立法出现的社会现实有了一种理解，那么，你就获得了语境，这种语境可能让你能够理解文本的含义。

123　　语境主义能够导出理由，用以强调原始文本，也仅仅在这一意义上，它是一种原旨主义，尤其是对制定法和宪法而言。较之之后的添加，以及有关文本错误的先例裁判，它合法化了回头寻找文本意义的优先性。就这一程度而言，它对 *Engineers* 一案所谓的字面主义进行了背书，该案抛弃了一些关于政府间豁免权和州保留权力若有若无的宪法含义，并回复到"宪法意义"要"根据它制定时的情境自然"予以解读。[1]

从这一意义上讲,语境主义本质上并不保守。它给出了一个依据,对于那些超越了原始文本的先例,据此可以推翻。另一个例子是 *Cole v. Whitfield*[2]一案的判决方式,该案回到了第 92 条的明确语境意义,该条为"州之间的贸易、商业和交流应当完全自由",这是为了改善州之间的自由贸易,避免保护主义,而不是要合法化自由放任主义(*laissez-faire*)经济政策。*Cole* 一案也可以被解读为对文本的语境主义回归,从而修正了之前决策过程中明显存在的司法能动主义,比如 1948 年的银行国有化案。[3]

先例文本主义和原始文本主义之间,当然存在一种张力,但是,对于 *Engineers* 案和 *Cole* 案,如果我们将这些看作是回归到采用文本的"普通自然意义",那么,澳大利亚宪法的民主立场也确实给出了一个依据。实际上,对最近与交叉管辖权有关的 *Re Wakim ex p McNally* 〔(1999) 73 *ALJP* 839; 63 *ALR* 270〕一案,也同样可以这么说。如果宪法明确不允许联邦总检察长根据州公司立法进行指控,那么,尽管在联邦法院中,州宪法在多大程度上能够排除州赋予的司法管辖权,这一点仍存在争议,但根据这一依据对问题进行裁决,却有了一种语境主义理由。[4] 当然,伦理实证主义的语境主义并不意味着遵守当时的解释方法。从这一意义上讲,它并不保守。我们已经看到,对于先例,如果依据的是对权威文本的非实证主义,或能动主义解释,它允许将其置之一边。

可以推导出,尽管语境主义可能和"司法能动主义"相反,但是,并不能因此将它和司法不作为相混淆。实际上,不能适用现行法——消极司法能动主义——是一种应处罚的不作为形态。在适用法律时,司法守法常常需要清晰、确定的行动。澳大利亚国有财产的悲催历史表明,一个方面就是,法院不能适用正确的现行法,而是认为,土地未被占领,或"争议未决",但实际情况却并非如此,尽管需要考虑到原始社会自然的时代假定,但法院仍很难被认为负有首要的责任。

我们已经看到,司法能动主义无须与司法克制背道而驰。当然,若仅仅是

124

---

① *Amalgamated Society of Engineers v Adelaide Steamship Co Ltd* (1920) 28 CLR 129.

② *Cole v Whitfield* (1988) 165 CLR 360.

③ *Bank of New South Wales v Commonwealth* (1948) 76 CLR 1.

④ See D Rose,"The bizarre destruction of cross-vesting", in A Stone and G Williams (eds),*The High Court at the Crossroads*:*Essays in Constitutional Law*,Sydney:Federation Press,2000,180—215.

因为适用法律会限制政府，或会产生重大的社会经济后果，就不适用实在法，那么，司法守法并不包括这一内容。在这种语境中，司法"克制"是对司法责任的一种放弃。

另一方面，如果对同一些规则，政府和管理机构也有其他合理的解释，那么，就法院自己对这些规则的解释，司法守法并不要求赋予其优先地位。"司法能动主义"术语主要是在宪法领域中提出，用以建构这一命题：当民选政府提出的宪法解释没有明确和宪法文本相悖时，法院应当对这些解释表示尊重。但这并不是说，政府或立法机构能够只是根据它们的选择，来确定宪法的含义，或简单宣称其立法在立法权力范围内，就此而言，它们并没超过法官。这种权力曾出现在 *Communist Party*① 一案的裁决中，但被高等法院恰当地推翻了。

有趣的是，在那个案件中②，相关立法被宣布无效，至少部分原因在于，它将司法权力赋予了执行机构，由其来决定谁是一个"共产主义者"。共产主义者是指属于某人合组织的人，该组织的存在危害联邦的安全和防卫，但这违反了权力分立原则，显然和民主实证主义并不相容。就这个程度而言，*Communist Party* 案的判决和民主实证主义一致。如果司法守法排除法官将他们自己偏好的解释建立在这类条款上，排除他们宣称必要的优先性，那么，使用含糊抽象的宪法条款来支持一种偏好的政治目标，就是一种司法能动主义。这超出了文本的要求。在这种语境中，尊重民选机构是恰当之举。

所以，就存在这样一种司法能动主义，也许是机会主义类型，它采取的形式为，运用一部宪法中必要的宽泛条款来实现目的，在对该宪法的语境理解中，这种目的没有牢固的依据。梅森法院（Mason Court）默许的权利法哲学中，很多都落入这种机会主义司法能动主义范畴之内。这超出了追求一种政治目的时的文本所需。当然，对宪法所确立的代议政府而言，某种言论自由显然是一个前提条件，但是，什么才构成该种言论自由，从而使得代议制政府成为现实？这却是一个具有争议的问题，澳大利亚缔造者明确将它留给议会来决定，该决定要受到宪法文本规定的限制，也受到代议制度自身的制约。

125　　以政治沟通自由之名，*Australian Capital Television*③ 一案废除了一部法律，这部法律当然并不完美，其目的是限制不平等分配财富对选举结果产生的

---

① *Australian Communist Party v Commonwealth*（1951）83 CLR 1.
② The Communist Party Dissolution Act 1950.
③ *Australian Capital Television v The Commonwealth*（1992）177 CLR 106. Cf *Nationwide News v Wills*（1992）177 CLR 1.

影响，方式是在竞选时期禁止政治广告。对于政治广告的处理，高等法院这样做是选择了美国模式，而非英国模式，这种偏好无法通过对其宪法的语境理解来证成。考虑到所采用的推理方法缺乏严格性，以及发现宪法中一种新权利的机会主义方法，至少对于这条默示权利法哲学而言，这看起来确实像是一种自觉尝试的结果，即尝试以不合宪方法改变宪法。这可能被看做一种积极司法能动主义形式，并且是一种显然的司法背叛行为，可以与新西兰上诉法院在 *Baigent's Case*[①] 中的所作所为相提并论。

在 *Leeth*[②] 一案中，Dean 和 Toohey 法官给出了少数判决意见，其中明确阐明了默示权利这一进路的逻辑延伸。那个案中，司法权力的概念被用以框定法律面前平等的默示权利，依据他们的表述，无论是法官认为，立法所包含的区别不合理，还是法官认为，这些区别对任何合法目的来说并不恰当，这些都可以作为依据，法官由此可以决定任何此类立法无效。这正是宽松的默示权利推理所支持的，借此，所有民主决策实质上将受制于该等司法机构的道德、政治观点。这是一个异议意见，在后来的案件中，它并没有被顺利采用。同时，整体而言，澳大利亚高等法院自此从那一特殊的反民主深渊中退了回来。

可以认为，澳大利亚默示权利法哲学是朝着获得固定权利法案的举动，因而，出于司法审查的目的，对法院中心的固定权利法案，明确阐明伦理实证主义的回应，就很重要。显然，支撑伦理实证主义的价值与核心人权相适应。伦理实证主义确定了一种法律分配机制，以此来实现一个政体，在这个政体中，人们具有同等价值和重要性，得到尊重，并且，人们必须部分享有法律权利，这些权利要体现支持人们权利话语的价值。无论怎样，通过固定权利法案机制来追求这些作为人权的道德权利，存在许多人权问题。

对于这些问题，我只提其中一个，那就是，包含司法审查的、以法院为中心的权利法案有效地要求法官成为司法能动主义者。它要求法官采纳宽泛得出的权利表述，将它们变成具体规定，而文本并不要求这些，它们只是代表了法官的道德解读，毫无疑问，通过有选择地诉诸其他司法机构的道德解读，这会得到支持。此外，这样做的方式，让公民没有合法方法去拒绝，除非通过宪法修正案，而在宽松的宪法解释面前，这一形式本身也同样脆弱无力，这是因

126

---

① *Simpson v Attorney-Central* ［Baigent's Case］［1994］3 NZLR 667. 对于违反新西兰法定权利法案的情形，法官创制了一个公法救济途径，而根据议会明确的意图，这是该法案没有提供的。

② *Leeth v The Commonwealth* （1992）174 CLR 455，485—90.

为，修正的宪法本身也能够被创造性地"解释"①。对于基本人权，去除民主权利的这种方式是一个直接挑战，并且明示了对公民的不尊重，如果采用这样的宪政安排，公民的自治、理性和道德就由此受到质疑。在民主实证主义中，人权的追求应当通过一般的政治程序进行，在这种程序中，只有恰当的具体立法颁行后，法院才能发挥作用。②

普通法抗辩

反对民主实证主义的理由很多，其中，最有力的一个是依据这样的事实，即普通法历史可被视为处于该理论之外。它反对称，我所提出的，最多只是适用于制定法解释，甚或是宪法解释，但是，并不适用于普通法。这简直令人惊讶，因为普通法历史基本在民主崛起之前，但是，在探讨普通法传统和当代司法实践的相关性时，这一点常常被置于脑后。此外，民主实证主义并不寻求成为一种解释理论，对于法律体系的运作状况，既不解释历史，也不解释现实。民主实证主义是一种规范理论，它建立起一种理想，据此，这些现象可以得到评定。它不描述，也不打算准确描述所有正在发生的事情。民主实证主义提出了一种理想，我们应当作为方向的理想。我不满的是，没有好的理由，这一理想就被置于一旁，并因而将我们的政治制度推向危险之中。

普通法，尤其是作为议会权威的一种平衡而复兴的那种普通法形态，应该高度怀疑民主实证主义。但是，如果它作为一种制定法解释方法，并被看作是一个追求使制定法更加清晰、更加融贯的问题，在文本的解释过程中，通过语境化理解而适用于特定案件，那么，它的角色就不是一个疑点。实际上，如果它们打算改变现行法律，包括现行普通法，尤其是牵涉长久存在的权利时，伦理实证主义要求，法院要保证制定法清晰且明确。

循着杰里米·边沁的传统，在一个民主制度中，如果普通法对法律渊源采取开放的方法——从全世界范围选择冒险法官所偏好的先例，通过对特定法律发展不提供明确依据的先例推理方法——从而被视为一种重要的新法律渊源，那么，这就会受到民主实证主义者的激烈批判。当然，如果普通法被重新定

① 这点充分阐释于 TD Campbell, KD Ewing and A Tomkins (eds), *Sceptical Essays on Human Rights*, Oxford: OUP, 2001。

② 关于这种观点，最令人信服的表述可参见 J Waldron, "A rights-based critique of constitutional rights", *Oxford Journal of Legal Study*, Vol 13, 1993, 18—51。

位，成为道德原则的基础，超越实际规则，那么，由于它们抽象并且多没有文本形式，其含义也必须永远不能明确，因而，也就仍然会有怀疑的理由。

但无论怎样，只要普通法发展是渐进的，只要它明确服从于立法，那么，普通法就不会受到什么大的损害。实际上，它可以被当作一种途径，实现更高程度的清晰性和融贯性，此外，规则的逐渐发展也可能受益，方式是通过提交法院之前的案例：不可预见的情势和日益变迁的社会现实。对此，有着强力的批判，依据在于，它给我们带来因为缺少政策专家所引发的大量问题，恰如过失法律的渐增式发展破坏了保险制度，该制度本可以使得这些发展成为可能。司法造法会使我们陷入混乱，这是因为，一般而言，要履行好这一工作，法官并不具备能力或资源，即使是他们在政策制定时所持的价值不存在争议。此外，在法律案件中，分离当事人的问题只是一个更为宽泛、更加复杂图景的一部分，而对这一图景，法官并不了解，并且在认知上也无力处理。

立法和行政不能有效解决所有提交法院的问题，根据这一纯粹的事实，如果普通法发展是渐进且获得共识的，那么，就不是什么大不了的问题。即便如此，也仍然需要谨慎，因为，渐进变化达到关键界点，从而等同于重大变化时，所需的同意就很难确定。因而，理想的情况是，在一个繁荣的民主中，普通法应当消失，进入受限制的制定法解释中。当然，民主实证主义强烈抵抗普通法的侵蚀，将其置于制定法修正界限之外。[1] 这是可以用来反对默示宪法权利法哲学发展的观点之一，它可以通过一种提升权威的方式来发展普通法，并使得它更不易受到立法审查。[2] 在英国《1998 人权法案》（UK Human Rights Act 1998）第 6 条的适用中，可以看到类似的效果，它需要公共部门，包括法院在内，在履行它们的职责时，行为与公约权利（Convention Rights）一致。[3]

对于司法能动主义，普通法与人权的这一关联给了我们一个直接的、最有说服力的理由。一般认为，民主并不能充分保护弱势少数群体。因而，就出现了一种情况，需要保留一定程度的司法能动主义，借此，司法机构可以介入，以保护那些在数量上过少的人们，防止其遭受不公正待遇。有的时候，这一主

---

① 参见 *Bonham's Case*（1610），flirted with in *Union Steamship Co of Australia v King*（1988）166 CLR 1, at 10. 法院认为，州立法权可以"通过深深植根于我们民主政治制度和普通法中的权利，而受到限制"。

② 这样，澳大利亚有关诽谤的法律就通过判决激进地宪法化了，这些判决如 *Theophanous v Herald & Weekly Times Ltd*（1994）182 CLR 461。

③ 《政府机构法》第 6 条第 1 款规定，一个不符合权利公约的政府机构的行为方式为违法。

张依据的是一个极为简单的民主观点，该观点认为，所有的选民都只是受到狭隘私利的推动，他们对公益或正义没有兴趣。然而，即便是根据一个更乐观的观点，我们也都赞同，多数人会犯错，而在这里，正如在生活中的每一个其他领域一样，人们的确都会有一定限度的利他主义。恰好的是，这正是坚持实在法之治，以及确保一般法律得到公平适用，尤其是在关涉少数群体时，作为法院首要义务的一个主要理由，恰如它也是制定法规定根据种族、性别、年龄等进行歧视是非法的一个理由。

然而，为了保护弱势少数群体，就超越严格的制定法建构主义（constructivism），并且当法院认为某一社会群体在遭受多数派恶劣对待时，就赋予法院改变法律的自由信念，这会导致一个核心的政治难题，那就是，对何时何地存在这种不公正，或是如果存在，我们应该做什么，我们并没有达成一致。此外，我们也没有任何方式来确保，这种自由裁量权力不会被用做其他不太高尚的目的。

在重大不公中，允许那样的信念，至少是忽略普通法中的错误先例，更正普通法中过去的错误，可能是合理的，对于民主实证主义，这可能并不是大的让步。解读 *Mabo* 一案时，可能部分就是采用这种方式。[1] 赋予法官很大程度上不受支配的权力，由其支配法院中心的权利法案，与此相对照，因少数群体权利而发生的对普通法的修正，要受制于议会所具有的推翻权力，因此，*Mabo* 一案的判决以一种修正、发展了的形式而被议会接受。[2] 如果这有问题，那么，它也不是最有问题的司法能动主义形式，尤其是，当这被限制在重大变迁，或被限于其他变迁时，该变迁的依据为许多年前判决的法律或事实错误。

在 *Mabo* 一案中，并不存在一系列有影响的先例，此外，先例也可以轻易地被解释为对当代法律的错误适用，因为，它们或是作出错误假定，认为现属澳大利亚的土地未被有效定居，并且没有一个和土地使用有关的现行权利制度，或是错误地认为，澳大利亚通过定居而非征服而产生是一个事实问题，而非法律问题。[3] 就无主土地（terra nullius）的运用而言，在先例判决中，那时所作的事实假定明显是错误的。实际发生的是征服，而不是对未决

---

① *Mabo v Queensland*（No 2）（1992）175 CLR 1, at 26：布伦南法官说："据我们今天所知的事实而言，并不符合'法律缺位'或是支撑英国普通法殖民接受的'野蛮'理论。既然如此，在这些时候，就没有理由适用那些作为这一理论产物的英国普通法规则。"

② Native Title Act 1993（Cth），amended in 1998 following *Wik Peoples v Queensland*（1996）187 CLR 1.

③ *Milirrpum v Nabalco*［1971］FLR 141.

土地的占领。

Mabo 案判决当然不是渐进式的，因为，它威胁了澳大利亚财产法律的基础，但是，由于它涉及以一种对历史事实更高的了解，重新看待相关占有法律，因而可以被看作是实证主义的。此外，一个判决，仅仅因为具有政治后果，并不能成为能动主义。实际上，如果因为会产生重大后果，而不作出一个法律上明显正确的判决，那么就成了一种消极能动主义。从民主实证主义的视角来看，毫无疑问，源于 Mabo 一案的法律变化是沿着更为激进的原住民土地权法路线，由政治程序发起的，但是，在伦理实证主义那里，具体的判决方法论并不会受到严重质疑。

考虑到问题在于要维护法治，那么，向一般原则作出这样的一个让步就令人遗憾，也就是说，即便是在可通过民主修正的普通法中，所谓的不公也能使重大改变合法化。一旦我们超越了形式正义，那么，正义——实质正义——就会将我们带向更深远的后果，即改变规则，并直接进入超越法院能力范围的政策问题。修正一个社会的不公是一个复杂的、非渐进式的问题，不能和政策制定区别开来，因此，我们就不能坚持这样的立场，对于修正实质不公，司法造法可以接受，但是对于决定公共政策，则不然。

此外，作为一个一般原则，它还遭受着一个要求缺陷，也就是，要根据解释这一原则的行为人的道德价值来解释它。换句话说，它过于主观了。关于实质正义，存在着巨大的争议。关于社会不公，我们允许司法修正哪些、不允许修正哪些，并没有可用或可选的现成标准。在法官奇怪的、或个人的、或特别的观念，和文明人合理的、共识性的、持久的价值之间，相关文献可以很容易找出字面差异，但通常，这些不过是我们不具有，或我们也具有观点的情感术语。实际上，持久价值概念尤其可疑，因为，它忽略道德发展的重要事实。很多我们的持久价值，都不值得称颂。对于我们应该认为何种价值是许可能动主义的标准，这些价值古老的事实并不适格。价值仍然伴随我们的事实看起来才更有帮助，但是，在我们所重视的价值中，为什么要排除新近揭示的发展呢——例如歧视问题，与种族和性别相关的都比较新近，而残疾和性偏好就更为新近？此外，持久价值也不易与人口中大多数人共同持有的那些价值区分开来，因而，如若少数群体认为他们的价值被多数人观点推翻，那么，就保护这些少数群体而言，就会让这些价值无效，而代表少数群体，恰恰是证明普通法干涉合理的因素。

关于少数群体的不公正待遇，还存在一个问题。为了追求政治权力更为平等化，进而保护少数群体，一种方式即是要求民主通过规则治理实现运行。然而，通过增加法官自由裁量的规则创制权力，这一问题不能被克服。整体而言，对于所知的实质不公，司法能动主义并不是一个令人满意的回应。其他的，更为民主的机制尚有待开发。

结　论

我已经作出努力，支持从偏离法律遵守的角度来分析司法能动主义。当相关法律是良善的实证主义法律时，法院应当给出的正义类型，应该是形式的、程序的正义，而我们应该为它们提供良善实在法，让它们可能这样做。

这给我们提供了一个依据，可以用来强烈批判法律制定中向宽泛自由裁量法律类型的变动，以及直接的司法违法。权利法案可被用来推翻其他条件下有效的法律，或对其进行重大改变，对此，这给出了一个特别有力的反对理由。

有时，似乎真的存在两种恶：一方面，破坏确定性和清晰性；另一方面，忽略民主决策。无论怎样，在非民主社会中，或在民主社会中，法律中缺少清晰性和确定性都是一个缺陷，而制定新的法律可能会增强清晰性和确定性，至少是对未来而言。然而，在一个民主社会中，关于形式良善的法律，还有一个额外理由，那就是，除非民主决策能够制定可实际适用的规则，否则有效的民主决策就不能出现，而这又要求假定法律清晰、全面，且可适用。

这一分析的一个优点在于，它不仅仅适用于令人敬仰的上诉法院，而且对所有执行（或根据案情不执行）法律的法庭都适用。在上诉法院，也许司法能动主义特别危险，因为，它们不仅在当前案件中创制法律，还通过建立后来其他人遵守的新规则和原则来创制法律。也许，在宪法问题上，司法能动主义尤其糟糕，当事情出现后，即便是通过宪法修正案，也很难改变这些。

因而，需要严苛的公共审查和批判，不是针对法官的动机，或是他们的业外活动，而是针对他们工作中的司法行为。必要时，我们需要批判、耻笑不道德司法行为，因为，这是改善伦理的方式。

要做到这一点，一个方法是建议，那些自己不能执行现行法律的法官应当辞职。至少是在直接消极能动主义的情形中——不能适用清晰且相关的权威规则——法官总是拥有一个选择。如果适用某一清晰的法律和他们的道德信念背道而驰，那么，他们可以，并且应当辞职，而不是将该法律置于一旁，代之以新。

用澳大利亚现任首席大法官的话说："在对任何法律的运用过程中，都存在一个界点，自由裁量权不能僭越。在这个点上，如果法官不能以良知来适用法律，那么，他或她就可以辞职。除此之外，没有其他更合适的选择。法官的权威来源于人民的意志，基于对他们将会根据法律主持正义的信任，法官行使着这种权威，他们没有权力因为不赞同某一特定规则而推翻法律。在适用法律和违反法律之间，法官没有选择。"① 显然，首席大法官格里森（Gleeson）是一个极反实证主义者。

① M Gleeson，*The Rule of Law and the Constitution*，Sydney：ABC Books，2000，127.

第七章　权利法定主义

133
　　在字面意义上（也就是，和"道德"权利相对应的实在），权利本质上关涉社会规则的存在与缺席，社会规则乃是一个在社会组织内部，被接受为权威的人们之间交往的规则。并不是每一个社会规则都和权利有关。有些社会义务（比如选举义务），无须通过任何人的相关权利就可以进行分析，此外，还存在许多自由和豁免权，由于它们缺乏和拥有者利益的相关性，因而，我们一般也不认为它们是权利。本章所要解决的问题是，遵守某种规则是否是社会主义生活方式的构成部分。这就需要对社会规则所服务的各种目的进行调查。一旦我们认为，这些目的属于社会主义目的，并且那些规则对于成功追求这些目标是必要的话，那么，我们就能够转向社会主义社会规则和权利概念之间的关系上来。

形式正义

　　在考察需要社会规则的功利主义或工具主义理由之前，首先，我们要应对纯粹法定主义，或以它们最刚性形态出现的权利理念——这一理论可以被轻蔑地命名为"规则膜拜"（rule-worship）或"法定拜物主义"（legal-fetishism），应对对其固守陈法的批判。纯粹的法定主义是这样一种信念，服从社会规则是本能的欲求，本身就是目的，对于规则创制的合理性而言，这就具有充分的重要性，此外，它还赋予了规则—服从一种意义，该意义和其他可欲的社会目标相冲突，甚或可能推翻其他目标。①

　　最主导性的纯粹法定主义形式观点认为，社会生活的所有方面都应该由规则统治，并且，一个行为是好或是坏，是想要或是不想要，都要根据它们是否符合既存的规则来判断。因而，道德就是一个遵守体现共同体标准规则的问题，而法律的目的就是要确保，一个社会中被认为有效的任何规则得到一般的遵守。② 法定主义的首要价值在于，忠于既存的权威社会规则，并公正地适用它们。法定主义反对在遵守和适用规则时运用自由裁量，反对根据结果计算而采取行动，反对在规则不涵盖的情境中调整规则以适应个体的特殊性，也反对创造新的规则来裁判过去行为的属性。③ 这些官僚组织要求严格遵守规则手册，而不是给各级官员分配一个自由裁量领域，义务性道德强调服从一系列共有的社会规范，此外，根据司法推理的形式或演绎理论，法院的目的在于将一般规则固定地适用于特定情形，法定主义就具体体现在这些方面。这样一来，法定主义似乎就成了社会主义观点标志的对立命题，在许多理论家看来，社会主义观点的特征是自由、自发且有目的。法定主义专注于规则，而不是解决问题和推进人类福利，因而，它似乎是不人道的、不恰当的，因此也就有了"法定拜物主义"的指称。④

　　为什么应当认为纯粹法定主义是一个严肃的理论，弄清楚这一点并不容易。对于任何人——自由主义或社会主义——而言，就人类自由，都必然认为，要求人类选择服从于社会规则总还需要更多的理由。纯粹实证主义具有这种可能性，这可能源于这样一种错误认识，也就是，它伴随着一个或其他两个更为根本，也更有吸引力的命题：第一，理性人行为应当一致；第二，道德性要求道德主体将他或她的道德判断一般化。然而，理性人行为必定一致的理念

---

①　关于法定主义和意识形态的探讨，参见 JN Shklar, *Legalism*, Cambridge, MA: Harvard University Press, 1964. 史珂拉（Shklar）教授将法定主义定义为，"将道德行为视为一种规则遵守方式的伦理观，而道德关系则由规则确定的义务及权利构成"（第1页）。她认为，正义法定主义政策是"尽可能多地通过司法途径解决冲突"（第117页）。关于"法定拜物主义"理念，参见 EB Pashukanis and C Arthur (eds), *Law and Marxism*, London: Ink Links, 1978, 117.

②　关于道德性整体上不是一个坚守规则的问题，而是一个有说服力的理由，参见 GJ Warnock, *The Object of Morality*, London: Methuen, 1971, Chapters 4 and 5.

③　对法定主义原则，一个具有同情心的分析可参见 L Fuller, *The Morality of Law*, revised edition, New Haven, CT: Yale University Press, 1969. 根据"将人类行为纳入规则统治"的视野进行推导，富勒认为，规则要概括、公开、可预期、清晰、不互相矛盾、持续、互相一致，并且要求只能在当事方权力范围内履行（96ff）。

④　参见 Shklar, *op cit* fn 1, 13ff: "司法界越关注规则和程序的形式完善，它就越远离法律所服务的社会目的。"

并不是说，在同样的情形下，一个理性人必定总以同样的方式行为，仿佛向海里扔一块石头就意味着理性主体要将所有类似石头的东西扔向海里一样。① 相反，要求理性人的行为一致在于，当一种特殊的行为方式存在一个理由时，那么，这一理由也应该被认为适用于所有相似的情形，它超越了避免自相矛盾的程度。然而，这一要求只是适用于个人的思维和行动，并不默示为所有理性人建立并遵守共同或社会规则的义务。这可能是因为，如果存在所有人都必须遵守的规则，那么，在实践中，他们就会服从于同样的规则，但是，他们这样做，并不是因为这些规则是共同的，而是因为，作为理性人，他们认为这些规则是合理的。

135   与此相似，道德哲学中的一个常理就是，如果某人作出道德判断，"X 是对的"，那么，他有义务认为，所有的 X 都是对的，并且，在时机出现的任何时候，都去做 X，除非有其他优先的道德理由出现。这种一般性（universal-isability）要求所有道德信念都必须被满足。② 一般性也可以通过这样予以表述，即称道德主义必须以道德规则或道德真理来引导他的行为，但是，使他行为正确的，却并不是遵守规则。如果主体遵守一个特定承诺是对的，那么，对他来说，在所有类似情形下，都遵守此类承诺就必须也是对的。这并不是因为，他这样做将会遵守规则，而是因为，如果在第一种情形下，这是正确的，那么，在所有相似的情形下，这样做就都是正确的。规则只不过表达了一般性的要求。没有人认为，一般性要求主体负有这样的义务，即除了自己制定的规则外，他需要遵守任何规则。事实上，只是因为它们是社会规则而去遵守，对于道德主体而言，实际上放弃了他们对道德问题作出自己判断的义务。

136   纯粹法定主义还有两种不太激进的形式，必须予以细致的注意：第一是法治概念，第二是形式正义理念。法治理论起源于亚里士多德，它是说统治应该通过一般的规则，而非个人的任意决策：法律之治，而非人治。③ 这一理论理所当然地认为，每一个社会都会有一个政府，但承认，政府权力常常被滥用。通过将政府权力限制于公布的一般规则，这些滥用将被限制，这些一般规则由独立于立法和行政分支的机构予以适用，以确保政府行政官员的行为在立法权

① 参见 C Perelman, *The Idea of Justice and the Problem of Argument*, London: Routledge and Kegan Paul, 1963, essays 1 and 3；对佩雷尔曼（Perelman）立场的批判，可参见 DD Raphael, *Problems of Political Philosophy*, London: Pall Mall, 1970, 175ff。
② See RM Hare, *Freedom and Reason*, Oxford: OUP, 1993, 7—50.
③ "法律应比公民中任何人进行统治都更恰当"，参见 Aristotle, "Politics", III and XVI, 1257a。

威限定的范围之内。在自由主义理论家那里，一般都认同，法治阻止了一定的滥用，并且确实具有以下优点，即能够将公民视为明智者，能够根据已知规则处理自己的事务。甚至有人认为，法治确保了法律中具有最低限度的道德内容。① 然而，考虑到政治机构对控制权力滥用的重视，假定政治权力存在以及那些有权者出于他们自己的目的而使用权力的倾向确实存在，社会主义者可能感到，法治的保障在一个社会主义社会中并不必要，因为，在社会主义社会中，或是没有政府，或是如果有，这一政府也掌握在真正利他主义和值得信任的那些人手中。对于这些人，给予他们自由裁量的权力，从而使他们能够为了公共利益推翻或忽略偶然存在的某些社会规则，是合理的。② 因而，除非我们已经确定，一个社会主义社会是否需要有约束力的规则和政治权威，否则，社会主义会赋予法治多大的重要性，对此我们无法形成一致认识。

有观点认为，纯粹法定主义是实现形式正义的前提，对这一观点，有可能予以更迅速的关注。关于正义，分析常常区分实体或实质正义和纯粹或形式正义，前者是指社会规则的内容，后者是指不考虑其内容的公平，并因而公正地适用规则。③ 法律实证主义者认为，只有后者才具有真实、客观的意义，因为，对什么才能构成一项规则的准确运用，人们可以达成共识，但对于所谓的"正义"，或是其内容，人们无法达成一致认识，这也是法律实证主义者观点的一个特征。④ 对规则持怀疑立场的一个必要结论就是，法律体系的意义主要是一个形式正义，而非实体正义问题，并且，通过对规则的公平适用来实现形式正义本身就是一个值得赞美的目的。

一般观点认为，（用亚里士多德的话说），同等情况同等对待，不同情况不同对待，是公正的，这一观点对法定主义理念给予了一定支持。⑤ 根据这一观点，只要在一个社会中，存在某种程度适用的规则，那么，如果规则的实际运

---

① See PP Nicholson，"The internal morality of law：Fuller and his critics"，*Ethics*，Vol 84，1973—74，307—26.

② 关于前社会主义社会中法律作用的重要性，一个社会主义的抗辩理由可参见 EP Thompson，*Whigs and Hunters*，London：Allen Lane，1975，尤其是第258—269页："在我看来，在17世纪斗争所传承下来的所有东西中，法律对权力强加的限制是最重要的财富"（第265页）。

③ See Perelman，*op cit* fn 5，essay 1. 关于正义概念和正义观念之间的一个类似区分，可参见 J Rawls，*A Theory of Justice*，Oxford：Clarendon Press，1979，5ff.

④ 参见 A Ross，*On Law and Justice*，London：Stevens & Son，272："在给一个一般规则或秩序定性时，'正义'或'不正义'完全没有任何意义……一个人坚持某一规则或秩序……不正义并不表明那一秩序中存在任何可辨识的品性……而只是对它表达一种情感。"

⑤ See *Politics*，III，12，1282b.

用不能对所有应当承受或享受符合该规则那些后果的人，加以相似负担或带来相似收益，则对于由于这些规则的适用而出现的，那些承受负担或不享受收益的人而言，就是不公平的。因而，不考虑一部税收条例的实体正义，如果该条例适用的一个人被要求缴纳，而该条例适用的另一个人却不被要求这样做，那么，该条例就会被认为不公平。或者，当一个雇员群体周薪或月薪大幅增加，那么，若不考虑这种增加的对错，通常认为，如果另外一个类似群体没有获得同等奖励，那么，他们就遭到了不公平对待。这一理由并不是，如果以某一特定方式对待 A 是对的，那么，以相似方式对待所有其他人（一般性），在逻辑上也必定是对的；相反，这一理由是，因为曾以某一特定方式对待一个群体，那么，就必须以同样的方式对待另一个类似群体。这种类型的可比性就是建立在形式正义意义上的。

137　　实证主义者努力将价值判断从法律分析中剔除，但同时保留这种假定，即正义是法律目的的观念具有一定基础，形式正义意义上的纯粹法定主义代表了这一努力的终点。它的优势在于，能够表现法律，以及整体上社会规则的中立性，介于不同的政策目的之间，作为一种形式或机制，法律可以被用做各种无尽的社会目的。因而，法院就可以被限定于对形式，而非实体正义的追求，接下来的是，法律人"自然正义"的观念，作为程序规则，也必须被遵守，而方式为追求实现法律规则的公平适用，即准确和一致的适用。因此，任何人不应该成为他自己案件的法官，也不应该在一个纠纷中，考虑相关规则与恰当事实证据之外的任何事务，从而表现出对任何一方的偏倚。被告应该被告知全部指控，并获得答辩与交叉询问证人的机会。[1] 有时，这些规则被认为是重要的，因为它们会引致各方对判决的支持，尤其是对被告而言[2]，但是，它们也可以被视为一种方式，试图确保类似案件类似对待，确保人们只是获得他们根据相关规则有权获得的。在刑法中，在对利益与负担的分配中，或是在调查、起诉与处置阶段，类似理由也可以用于反对赋予官员宽泛的自由裁量权。尽管也有很多理由支持在这些领域中运用自由裁量权，比如要求所有官方行动遵守规则要求所涉及的成本，以及这会使政府对侵犯者的管理和处理缺乏灵活性，但是，这不过是自由主义评论者旧话重提的命题，即这种自由裁量权有悖于正义

---

① 关于对这些原则解释与范围的一个描述，可参见 P Jackson, *Natural Justice*, 2nd edn, London: Sweet & Maxwell, 1979。

② 参见 JR Lucas, *On Justice*, Oxford: Clarendon Press, 1950, 97: "这些程序规则并不能确保裁决公正。然而，它们构成了必要，或近乎必要的裁决条件，这些条件使一个人可以期待确定这些程序。"

理想，因而应该被保持在一个最低限度内，他们的正义理想指的是形式正义。①

形式正义本身是否重要，或许只是道德知识的一个细节，但是，一个社会主义者为什么会比自由主义理论家更不赞同这一理想，这里却有一些理由，此外，实证主义法律理论中对形式正义所给予的重视，很多都是为了解释社会主义对一般法律与规则之治的敌意。形式正义本质上是一个保守的观念，因而，对于那些具有激进社会目的的人而言，它能够与广泛的不公平以及实体不公正相容，这一事实似乎没有什么价值。因此，社会主义者容易将形式正义当作不当的优先和非人道社会关系的典型。

当然，形式正义本身是一个保守的理想。② 这是因为，在那些根据第一个规则处理的人和那些根据修改了的规则处理的人之间，法律的改变必然导致形式不公。例如，在死刑废除前因犯罪被处决的谋杀犯会（如果他能够的话）认为，他承受这样的命运，是不公平的，因为在以后日子里犯有同样罪行者，却承受一个较轻的处罚。当规则变得更沉重时，也会出现同样类型的不公，因为那些依新规则对待的人，和那些碰巧在更早时间处于相同情形的人相比，就承受更多。形式正义也能兼容于巨大的实体不公正，这一点也没有什么疑问，例如财富和生活机会方面的巨大不公平。因而，所有人在法律面前平等的自由资本主义理想，由于与用以使所有人能够平等地订立合同，且能随心所欲地使用他们资源的法律相连，因而常常意味着，那些财产更多、能力更强的人，比起那些财富有限、能力更差的人，能够取得高得多的地位。对于社会主义者，如果形式正义有什么意义的话，那么，和他对特定规则公平适用结果的评估相比，这种意义也相对肤浅。如果一个机构的分配规则实质上是不公正的，那么，对社会主义者来说，这些规则没有被一贯适用就不是一个什么重要的问题。

无论怎样，有一定证据表明，马克思拒绝将资本主义社会关系视为不公正，在这一点上，他接近法律实证主义的正义观。③ 有人指出，马克思认为，

①　See K Davis, *Discretionary Justice*, Baton Rouge, LA: Louisiana State University Press, 1969; TD Campbell, "Discretionary 'Rights'", in N Timms and D Watson (eds), *Philosophy in Social Work*, London: Routledge and Kegan Paul, 1978, 50—77; and TD Campbell, "Discretion and rights within the children's hearing system", *Philosophical Journal*, Vol 14, 1977, 1—21.

②　See TD Campbell, "Formal justice and rule-change", *Analysis*, Vol 33, 1973, 113—18.

③　See RC Tucker, *Philosophy and Myth in Karl Marx*, Cambridge: CUP, 1961, 18—20.

正义概念和特定时期里一个社会中运行的生产制度有关。这就意味着，封建正义和资本主义正义，甚或是社会主义正义都是存在的。因而，和实证主义一样，他认为，将资本主义分配本身看作不公正是荒谬的。因而，在《资本论》中，当马克思讨论根据借款支付利息的观念时，认为这是"自然正义不证自明的原则"，他认为，交换"只要和生产方式相符就是公正的……只要和生产方式相悖就是不公正的"①。这段话当然和他对公正理想，尤其是对存在超越历史时期的自然正义原则的怀疑相符。然而，对所谓资本主义正义所作的这些评判，实际上，也可能被认为是荒谬的②，并且，当然可以指出，这些并没有排除，或许在一个社会主义社会中，也会存在分配规则实质不公的可能性，因而，形式正义仍然要发挥重要作用。因此，我们不能说，马克思最终反对作为一种实现实质正义手段的形式正义，但是，这确实和以下观点不同，即形式正义具有一种独立于具体规则内容的重要意义。

139　　有观点认为，形式正义具有根本性的社会政治价值，如果法定主义等同于这一观点，那么，社会主义者就不再是法定主义的唯一指责者了。即便最致力于推崇纯粹或形式正义的道德意义的那些人，也从来不认为最重要的是使所有的规则改变都不可接受，或是认为它不关涉规则内容的任何批判。因而，对于权利法定主义，作为革命性的社会主义批判者，不能将其攻击仅仅指向纯粹形式正义的理想。如果他认为这是正义自由观念的核心，那么，在这一以及在其他问题上，他就被某些法律实证主义者有限的视野误导了。此外，拒绝将形式正义作为一种独立价值，并不意味着，严格遵守就没有工具性或功利性意义。情况可能是，对社会规则的一般遵守具有优势，这种优势要高于赋予个人最终权威，由其来决定在每一种情形下如何行动的重要性。如果认为法定主义包含因这些进一步目的而遵守规则，那么，即使社会主义者否认遵守规则具有任何固有利益，在其能够因为权力和法定主义相关联而拒绝权利之前，他也必须能

---

① AW Wood，"The Marxian critique of justice"，*Philosophy and Public Affairs*，Vol 1，1971—72，244—82；at 257："对于马克思而言，一个行为或制度的正义或不正义并不在于其司法形式的例证，或与一个普通原则的相符程度。正义并不取决于人类行为与利益的普遍相容性，而是取决于某一历史条件下生产方式的具体要求。"为了支持这一命题，伍德（Wood）引用了《资本论》中的以下这段话："这种生产当事人之间进行的交易的正义性基于这一事实：这些交易是从生产关系中作为自然结果产生出来的。这些经济交易作为当事人的意志行为，作为他们的共同意志的表示，作为可以由国家强加给立约双方的契约，表现在法律形式上，这些法律形式作为单纯的形式，是不能决定这个内容本身的。这些形式只是表示这个内容。这个内容是正义的，只是在它与生产方式相符合、相适宜时；这个内容是非正义的，只是在它与生产方式相矛盾时。"

② 参见 ZI Husami，"Marx on distributive justice"，*Philosophy and Public Affairs*，Vol 8，1978. 27—64，especially 30 and 36。

够反击工具性主张。因此，我们就必须转向所谓的利益，据称该利益源于社会
规则的创制和适用。

社会控制

　　形式正义以及由此而来的权利法定主义进路的优势和缺陷，是对社会中规
则功能进行整体评估的组成部分。本章剩余部分中，我只是罗列这些功能中的
一部分，并将它们和社会主义社会的形象联系起来。[①]

　　如果我们认为法律是规定、禁止和许可其所适用的社会中大体与之相符的
某种行为的规则体系，那么，很明显，对特定法律体系评价的主要因素，以及
具有一个法律体系的理念，就必须建立在我们对所规定、禁止或许可的行为类
型进行评价的基础上。例如，如果某种行为类型（比如说自杀）本身就是，并
且在法律出现之前就被认为有害或不道德，那么在这种情况下，表面上，它就
是所有此类行为被禁止的可欲目标——制定一部反自杀法律的重要性在于，对
于这种本质不可欲的行为，它是减少其数量的一种方式。以这种方式看待法律
就是将法律视为一种社会控制手段，用以最大化有益行为的发生概率，以及最
小化有害行为的发生概率，或者是为了鼓励可欲行为，防止不可欲行为，如果
其功利主义形式听起来过于诡辩的话。权利尤其与这种看待法律的方式有关
联，因为，它们可被用以界定规定、禁止或许可什么，方式是借助作为与不作
为可能对他人福利造成正面或负面影响，这是因为，权利语言适合挑选出法律
通过其对行为的控制而打算保护的那些利益。因而，所有与 A 对他物质财产
所有权有关的各种义务，都可以被看作为改善 A 对这些东西的保留与享有，
而确保他人作为或不作为。这样，由于这些义务是为了保护 A 对他财产的使
用，因而，可以认为，A 对他财产的权利产生了这些相关义务。实际上，可以
合理地指出，如果认为法律的目的是阻止损害、提高福利，那么，如果不能保
护或推进人类利益，就不应该有法律；这样的话，就赋予了权利一种逻辑上优
先于义务的地位。[②]

140

　　[①]　关于规则工具性功能的一般处理，可参见 R Summers and C Howard，*Law*，*Its Nature*，*Function and Limits*，2nd edn，Englewood Cliffs，NJ：Prentice-Hall，1972；and J Raz，"On the functions of law"，in AWB Simpson (ed)，*Oxford Essays in Jurisprudence*，2nd Series，Oxford：Clarendon Press，1973，278—304。

　　[②]　See DN Madormick，"Rights in legislation"，in PMS Hacker and J Raz (eds)，*Law*，*Morality and Society*，Oxford：Clarendon Press，1977，189—209。

只要规则实际上确实保护利益，这就可以解释如下事实：依照法定解释，权利可能是个人的宝贵财产，因为它们提供了一种借以推进个人利益的方式。当然，它们有多宝贵则要取决于借此推进的是他的何种利益，而反过来，这又要取决于规则或法律的内容。不过，暂且将法律内容予以搁置，一般认为，规则可以被看做一种工具，用以降低自发损害行为的发生概率，鼓励有益行为的实行，它们履行的这种功能与遵守规则要求的程度成比例。根据这一观点，法定主义或规则遵守本身无须具备什么美德，尽管对于本身就可接受而无须接触进一步目标的行为模式而言，它是最大化此行为模式的必要工具。根据这种观点，法定主义的功用在于，在行为指导规则出现之前，鼓励有益结果、防止有害结果，这正是法定主义的工具性。

对于社会主义，规则之治的这一理由很容易被反驳。它们认为，对这些目的的实现，这种控制形式并不必要，因为，在正确的社会及情境条件下，不需要任何法律或规则来鼓励或阻止相关行为类型。因而，马克思式的社会主义者常常指出，一旦社会革命与社会主义社会的发展消除了人类冲突与敌对的根源，就不再需要法律来指导人的行为，因为人的全部努力都转向通过合作方式来改善他人，这个时候，人们就能够抛弃处理及组织人类行为的不人道、无情的法律途径。[1] 在标准后果并不适合的情况下，这就会避免僵守规则的副作用。

141　马克思主义认为，人伤害人的现象并不是人类固有本性的产物，而是经济以及由之而来的社会环境作用的结果。随着社会主义社会的进步，这些条件将会被消除，在社会主义社会中，不需要规则来限制有害行为，或鼓励有益行为，前者将不会出现，而后者将会自觉完成，因此，也就更加有效。

在对这一论断进行评价时，我们恰好遇到另一个问题，想象将我们自己置于一个完全无知的社会形态中，在这个社会中，不知道经济匮乏，没有听说过故意伤害行为；在这个社会中，没有财产，没有对他人的恐惧，没有强加某人意志的欲望。我们很容易赞同，由于没有"我的"、"你的"，也就不会有偷盗这样的事情，由于没有实施明显有害他人行为的动机，似乎也就没有以规则禁止此类行为的需要。然而，我们也要考虑是否会残留一些潜在的危害行为，需要通过一定的规制方式记录在案，此外，关于创造及维系这种兄弟类型社会所适应的社会机制，我们也不能不问问我们自己。

---

① 关于这种"左翼理想主义"的探讨，参见 J Young, "Left idealism, reformism and beyond: from the new criminology to Marxism", in R Fine *et al* (eds), *Capitalism and the Rule of Law*, London: Hutchinson, 1979。

即使假定我们可以将故意损害行为限定在刑法所涵括的主要领域，那么，假定人类能够天然或本能地了解人类自身，这一复杂且不断变化的生物可能遭受损害与获益的多种方式，也不在合理可能性的限度之内。此外，关于什么可以算作损害，部分要取决于对于何为人生完整或完善所采取的观点，从这点来说，"损害"观念既是评价性的，又是描述性的。即便我们将损害简单地等同于疼痛，至少，社会主义社会也要安排学习与交流能够造成痛苦的方式，从而教会成员如何避免损害他人。如果将"损害"扩展到包括人不能实现人类本质理想的所有方式，比如全面发展、创造性与生产性自我指引者的社会主义规范，那么，我们就能很容易看到，损害应被最小化的原则如何产生一系列复杂的技术性指令，指明为了避免损害他人我们应该如何行为。如果我们再引入利他的方式，这些就会变得更为宽泛，不过，对于一个共同体而言，这看起来也是恰当的，因为只是不去损害他人看起来是一个明显有限的目标。这样，就可能想象如下规则：反对过度喂养儿童，或是为他人做得过多，从而失去或不能获得指导自己生活能力的规则；要求人们满足存在非经教育不能认知心理和智力缺陷的那些人的特殊需要的规则；指示我们能借以表明对他人事务感兴趣，但同时却不打扰他们清静的规则。这样的规则并不是要抑制恶意自私，而是要确保人类之善能通过对普通仁慈个体而言并不明确的方式得到保护。

此外，在社会主义社会中，不能假定不会存在"我的"或"你的"，没有任何形式的财产。只要允许在一定的情形下，某个人或组织可以使用特定物品，即便将此限定于特定场合或特定目的，那么，也就必然存在一些规则，向他人表明，这一使用是恰当的，而他们不应试图阻止，并且，如果适当的话，他们应当为这类使用创造便利。这样的话，如果房子，甚或是床被分配给个人暂时使用，那么，这就要求这些物品在特定时期内"属于"特定个人。广义的财产权包括卖出或任意改变物品占有的权利，但这里可能并不包括这些，不过，它确实在"我的"和"你的"之间建立起一条界限，这条界限必须通过指明使用权利的规则才能画出，否则，他人就没有侵犯这种使用特定物品的权利的方式，无论是故意还是其他方式，并且，人们也不知道什么程度的善意能够阻止侵犯这种权利，即便是我们能够理解这样一种观念。①

当然，这些规则可能不被认为是法定权利，因而是教育性、指导性，而非强制性的，但是，现在讨论的不是规则的强制性，而只是在社会主义社会中，

142

---

① 关于各种财产权的类型，可参见 AM Honour, "Ownership", in AG Guest (ed), *Oxford Essays in Jurisprudence*, 1st Series, Oxford: Clarendon Press, 1961, 107—47。

规则是否有什么意义。我们已经审视一些规则特例，对于规则而言，即便是在慈善社区中，也存在一种对于规则的需求。不过，更概括地说，如果没有一个教育制度来发展孩子潜在的善，将他们培养长大，成为一个对社会生活有用的人，那么，我们就很难明白，实现和谐社会秩序如何能够变成一个现实，也很难想象这样一个完全不需要慈善规则的制度。确实，儿童会被教育，不因自己的原因而遵守规则，但是，我们已经看到，作为一种目的，遵守规则理念本身最多只是拥有规则与遵守它们的一小部分理由，而我们现在正在讨论的是，遵守规则的特定功能（最小化有害行为、最大化有益行为）对任何社会都会具有持续的影响，只要在这些社会中，人们并不被认为天然本能地具有渊博知识，一如他们可能被认为天然自私那样。再次指出，尽管很难想象，较之一个至少部分依据规则的社会化过程的推动，令人满意的动机总是要求更多。

143   人类知识的必然局限，教育青年融入社会主义社会生活方式的要求，以及对确定什么为损害、什么为有益的规范性标准的需求，外加上社会主义者设立的更高互助标准，都会在社会主义社会中产生规则，这些规则的内容可能和现在所用的规则不同；现在的规则用来控制人们行为，以最小化损害、最大化收益，但是，它们的功能却是一样的。这些规则可能不需要严格的遵守，这是因为个人可以被信任根据特定情势来解释它们，但是，仍然会存在需要理由解释不遵守社会规则的情况，并且当这种行为偏差损害社会主义目标的实现时，这些人就会遭到批评。只有"不要无端伤害他人"这样非常概括性的规则才要求普遍遵守。更具体的规则会被当作经验规则，而非绝对要求，但是，只要规则适用中自由裁量的范围受到限制，这种限制为只有规则整体上明确打算服务的目的才能合理化不遵守规则，那么，我们就可以说，在社会主义社会中，类似规则的社会控制功能的东西就会存在。除了为了被影响者最大利益而行为外，只要还有其他行为的可能，那么，就需要规则来引导这些行为。除非是出于教育目的，可能不需要反自杀与反故意伤害的规则，但都需要反对不良卫生习惯传播疾病、不准时，各种会导致伤害疏忽的禁令，以及要求采取积极行动，找出那些遇到困难与在特定情形下需要帮助者的命令——所有这些，以及更多其他规则都可能是由无私但仍是人类所构成的无冲突社会的一部分特征，因为人们仍容易因为舒服、劳累、健忘与不注意而出现失误。由于这些相同的弱点，我们可以认为，遵守这些指引规则不会是完全的，因而，就会出现另一种诉之另一类规则的需要，将其作为一种方式，用以修正与赔偿因偏离而造成的损害或收益损失，并用以为将来产生更多的遵守。即使是在"兄弟姐妹"的社区中，非强制性的互相监督和人与人之间的行为控制也是其组成部分，若没有一系列社会规则，这些就无法实现。

组织规则

将法律分别视为最小化有害行为或最大化有益行为的方式，只是研究法定主义可能收益的一种进路。实际是，这可能并不是最常与法定主义合理性相关的因素类型。例如，法律的收益可以被看作组织的，因为它们为合作社会行为（无论这种合作是私人抑或是公共属性的）提供了机会。确保行为一定程度的一致性，以及由此而来的可预测性，使得个人能够作出理性决策，去追求他自己的利益，不仅如此，由于共有规则体系，新的合作类型也变得可能，方式或是通过确保一些实现个人单独不能实现的目的的一致行动（比如交税支持医疗服务），或是通过给出一个复杂的社会活动中，比如家庭中，或劳动经济部门中与独立角色有关的规则。这里，遵守规则的意义在于，它使得个人能够在一个合作体系中发挥作用，在规则出现之前，这种合作体系不能运行，而且，其收益也不能仅仅通过某些个别有害或有益行为的发生概率来予以描述。

这样一种有关法律功能的观点容易导致强调责任或义务，尤其是积极或肯定性义务，因为，这些表明个人要对合作事业贡献什么。对于它所依赖的个人义务而言，制度收益可能较为间接，因此，它们可能并不明显地与任何人的权利有关。这一功能也可以解释社会与法律权力的重要性，人们借以与他人订立有约束力的安排。赠与、订立合同的能力，或是适用承诺制度都会对促进合作性社会关系产生影响。所有这些过程都涉及权力意义上的权利，因而决定这些能力或权力如何行使的规则，也同样如此。一个复杂社会中的不同角色占有者，其行为只有依据这些规则时，才能以一种目的性方式进行整合，而占据同样角色的个人也才能够互相作出特别，却不是暂时性的安排。

在这种情形下，遵守规则的收益很少是各个遵守规则的个人行为的总和，相反，它们取决于一个多变，但程度却相对较高的规则的遵守，这是因为，在任何复杂的制度中，整个制度组织中所包括的一小部分人不履行，都能损害整个事业，而个人义务的履行，如果和他人的贡献割裂开来，其本身就可能没有任何价值。这种现代工厂生产真理也适用于所有社会合作领域中相对简单的制度，其中，不同个人进行的各种操作都是整体功能运行所必要的。无论是足球队还是军队，是社交俱乐部还是大规模教育及政治机构，都需要引入极为不同的人类行为形式，而如果单位要运作良好，甚至在有些情况下如果要运作，那

144

么，这些行为形式就必须构成一个完整整体的组成部分。这些人类活动可以通过履行行为的那些人所遵守的规则进行界定，这些规则使我们能够评断他们做得好，还是坏，以及因而符合还是不符合所期待他们履行的义务。

社会主义并不否认为自私个人间合作提供规则的必要，但是，社会主义可能认为，在其社会中，合作将不会被强加或管制，而会是自发或自然发生的，因而也就更加牢固和亲密。据称，以爱和情感作为纽带团结起来的一群人将共同工作，无须规定和规则，那只会造成冲突，只能保证最低的合作，因而只是在自然感情关系破裂时才需要。特别需要指出，不需要赋予一些人对他人具有权威的那些权力授予规则。

在小规模组织中，这一论断具有一定的解释力，因为合作目的与方法很容易明确，而每一个人无须预先的组织原则，也很容易转向需要做的下一个工作，并在需要时要求他人帮助。① 然而，即便是在这里，如果采用了一些一般合作原则与规则，那么，这也可能会节省很多用于讨论与作特别安排的时间。例如，如果有这样一个规则，指明最先开始一项工作的人制定完成它的计划，或是有这样一个规则，指明解决下一步应该做什么的技术性争议由那些在场者或负责该工作的人投票决定，那么，可能被证明很有帮助。相反的可能性为，反对他人观点的每个人都对决定要做什么拒不让步。此外，这一主动合作的群体可能发现，通过采用文明社会生活的标准公约，可以推进他们的共同事业，并可以使每个成员的生活轻松；特别是，他们一定会发现，采用某些达成一致的公认方式，或通过合同，或通过承诺，会有所帮助，这不是因为他们不能互相信任，而去做自己认为最适合群体的事，而是因为一份合同或承诺，会让他们能够期待某些行为的履行，而若无一些这样的正式协议，这些行为可能会不被履行——因为对相关个人而言，这些并不必然是有益的。即便在一个由利他主义者组成的社会，也会区分意图表达与作出承诺。② 作出承诺会排除承诺人对是否履行相关行为运用他自己的判断，因而，被承诺人可以期待该行为的履行，而如果该问题留待他人的自由裁量，这种方式就会变得不可能，此外，这种保障可以让他继续实施一系列对群体有利的行为，而如若相关行为未被履行，情况就并不如此了。承诺这种制度的收益并不总是可以化约为各方私利，

---

① 有趣的是，普特南（Putnam）所举的无规制合作的例子是帮助推一辆抛锚的汽车。无政府主义者一般都倾向于反对大规模的官僚组织，而支持小型社会、面对面的组织。参见 A Carter, *The Political Theory of Anarchism*, London: Routledge and Kegan Paul, 1971, Chapter 3.

② 承诺制度化的一般便利明确表达于 D Hume and LA Setby-Bigge (eds), *A Treatise of Human Nature*, Oxford: Clarendon Press, 1888 (1739), III. ii. 5, 516—25.

此外，在小规模及大规模的共同活动中，它们都可以适用。

大规模工业化社会中具有复杂的生产及社会机制，在这里，合作的基础必须包括确定的预期，这种预期不可能仅从个人方法及特性的长期经验中产生，尤其是当一个人的行为要与另一个人的行为和谐、互补的时候，如果我们如大多数社会主义者一样，考虑的是这样的社会，那么，以上这些因素就更具有适用力。在这里，就更没有可能想象不经教育、不经引导的个人能够为社区的人际活动作贡献，而人际活动恰好正是社会主义者所特别重视的活动类型。人类组织的可能形态范围广阔，这使得任何大规模的合作行为，无论是在路上、在工厂，还是在群体休闲或教育活动中，若合作行为不是建立在对共有规则的共同接受基础上，则不可能实现，这里的共有规则的内容存在一定程度的任意性，因而，除非是个别偶然情况，否则不能由个人独立实现，并且在每一种合作情形中，也不需要都重新（de novo）确定。关注某种社会组织的社会主义理想无法避免包括一定的这类规则遵守观念。

在这一点上，社会主义者可能会插话称，这种互相接受的组织规则就不会由外界强加，或不会强加给不情愿的人。通过演奏交响乐的例子，马克思承认，所有和谐的合作都需要一个指导权威。① 然而，这种必要规制不可能从活动本身的性质中得出，并且，由于它不是从外部强加的，因而它不能与资本主义社会的组织相比较。在资本主义社会中，规则并不是过程内在的——如社会主义者一起工作生产生活资料的情况——而是根据生产资料私有制，从外部强加的。有人认为，一些规则是由活动形式从外部强加的，而其他规则则是特定活动的重要组成部分，例如好的作曲规则就是音乐的书写，或是图画的描述，这一观点有趣并且有益，尤其是若其出现形式为只有前一种规则处于社会主义者的疑云之下时。如果社会主义允许一个过程所固有的规则，理由是它们纯粹是为了便利那一过程依据它自己的规范运作，比如好的音乐或高效耕种，并且，如果这些规则出现在合作事业中，因为这里似乎它们必须甚至可能合法化权威授予规则，那么，这一点就会变得很清楚，即明确反对一般规则实际上不是反对此类规则，而是反对无关的、压制的、或强加的规则。如果可以确定，那些在和谐公共事业中所涉及的规则是自觉遵守的，是内在于该事业的规则，

146

---

① 参见 K Marx, *Capital*, Harmondsworth: Penguin, 1976, Vol I, Chapter 13, 445f: "为了确保个人活动之间的和谐合作，为了发挥源自生产有机体整体运作的整体功能，有别于它各自独立器官的运作，所有大规模的直接社会或共同体劳动都需要一种指导权威，程度或大或小。一个单独的小提琴演奏者是他自己的指挥者，一个交响乐团则需要独立的指挥。"这一理念由帕舒卡尼斯（EP Pashukanis）的与法律规制相区别的技术观念而来。参见 EP Pashukanis, *Law and Marxism*, London: Ink Links, 1978, Chapter 2, esp90—92。

那么，这些规则乃是用以支持公共事业，因而为那项事业的参与者所主动遵守，这一事业一点也不能让他们的行为更少受到规则之治，或更少受到偏好规则的指引，如果我们偏好的话。

147　　在谈到用来最大化可接受行为类型、最小化不可接受行为类型时，我承认，在一个社会主义社会中，允许那些遵守者享有一定的自由裁量权，这是因为，特定情势下，较之不遵守，遵守规则可能不太有利于那些受此影响者的福利——这一过程中，不会如由一个自私者组成的社会中那样，不会充满自利矛盾的危险。然而，合作规则并不允许这种宽泛的自由裁量，这是因为，为使他们自己对这一整个过程作贡献，他人能够期待这些规则被遵守乃是不可或缺的。毫无疑问，情势发生改变，且改变的程度使承诺作出时所预计的收益不能实现，并且忽略承诺也不会造成什么损害时，确实可能出现违反承诺的情形，但是，一般情况下，取得一个承诺的全部意义在于确保履行或不履行某些行为，而这不能通过将履行留待作出承诺者自己个人判断来实现。因此，除例外情况外，承诺规则只允许被承诺人来废除承诺人的义务。更一般地说，合作遵守规则的例外只能是通过互相同意的方式实现。因而，就其效力而言，诉诸这些规则是相当严格的，因为个人自由裁量权的使用大体是被排除了的，因而，这些规则可能规定的任何权利（我之后考虑过这类授权规则是否恰当），由于更不能通过负有相关义务者的个人判断进行改变，因而其确定得更为牢固。

我们还应该注意，在合作规则的情形中，一个共同活动中的参与者，或许因为比他应做份额做更多的欲望，所以超越了仅仅履行他自己的义务，通过他自己能动性超过了规则对他的要求，那么，对于共同活动中所涉及者的共同目的来说，这常常是有损害的；这是因为，若该情形需要对他人做什么有一种精确的预知的话，这样就会给一种情形引入一种不可预测性因素，甚至是一种浪费。因而，如果我为公共车间生产了比他人所需更多的钉子，或在开车时拒绝行使我的路权，那么，无论我的动机多么值得赞誉，结果都可能有损于那些我打算服务的对象。这推演于这样的事实，即这些规则本质上并不打算实现反社会人的最小贡献，而是要以最有生产性的方式协调各种不同人的主动贡献。无论如何，就这些规则而言，我们可以考虑使利他主义得以表达自己的机制，而非最小化自私行为损害影响的方式。

分配模式

对于法定主义，以及由之而来的法定权利，第三个且非常特殊的合理理由是，规则是实现实体正义或实质正义的必要前提，或是对利益或负担进行任何模式化分配的必要前提。这正是那些将法律等同于正义者所用的一个理由，从形式意义上讲，它认为，根据规则而非具有特定名称的个人来对待人们是公正的；从实体意义上讲，它认为，重要的是这些规则符合一些实质正义标准，比如美德、贡献或功过。我们已经看到，可以认为，对形式正义的法律追求——不考虑相似的性质而类似对待类似者——本身就是目的，并且也可以通过消极方式证明其合理性：如果其他选择被认为是根据各个特定情形而作出的，没有规范的决策容易成为任意的决策，或容易反映利益负担分配者的个人偏好、偏见。然而，暂不考虑形式正义的这些方面，如果不是莫名其妙的巧合或神力干预，一般规则的公正适用是实质正义所必要的，据此，所有人都获取他们根据一个依据如美德或功过的正确分配，而有权获取的，或是说，它对任何模式化分配都是必要的。规则的这一功能包括福利、就业、居住及公共医疗等社会政策在内的许多核心领域。

　　逻辑上说，这种模式化分配可以自然出现，也就是无须人类干预。但是，即便是最为放任自由的社会理论也包括一些规则，这些规则的强制执行是实现所欲结果所必要的。[①] 我们完全可以得出这样的结论，也就是，一个被容忍的准确模式化分配仅能通过使用规则来实现，这些规则包括一些描述特定模式相关标准的内容，因此，依据道德罪行程度的处罚分配需要适用规则，这里的规则要求根据罪行的种类及程度来施加处罚。在这里，形式正义不是因为自己的原因而重要，而是因为，只有严格遵守这些规则，才能产生所欲的处罚性分配。同样的考虑也适用于根据地位、需要或任何其他据之可以作出利益及负担分配的人类性质或属性而进行的奖励分配。因此，似乎可以认为，如果一个社会试图实现对所欲物品的某种分配，那么，法定主义可以被证明是实现这种分配的合理方式。

　　就其对严格遵守分配规则意义的作用而言，来自实现某种模式化分配欲望的理由本身也并非不容置疑。如果重要的是相关分配，所以，例如，应多得者比应少得者得到更大份额，应少得者比不应得者得到更大份额，如此类推，那

148

---

　　① 因此，哈耶克摒弃使用社会或分配正义的观念，认为它们令人困惑且不诚实，不过，他将他的"交换过程"（catallaxy）理念 ——"一种市场通过其中的人们根据财产、侵权和合同规则行为而提供的特殊自发秩序"——视为产生反映个人知识与技能，同时也反映他们好运的一种分配。参见 FA Hayek, *Law, Legislation and Liberty*, Vol 2, London: Routlede and Kegan Paul, 1976. 关于机会平等的目的在于产生一种与美德相符的分配理念，参见 TD Campbell, "Equality of opportunity", *Proceedings of the Aristotelians Society*, Vol 75, 1974, 51—68.

么，在对现有利益进行分配时，为了得到所希望的等级顺序，就必须在每一种情形中都适用规则，这就是对分配标准属性的正常解读。然而，也可能想到，对某一具有某种特征的人，给予正确比例的特定利益，这可以在个案中实现，无须将其置于一个分别具有这种不同程度特征的特定等级顺序中。在这种不太常见的解释中，为每一次人获取他们有权获取的，作为一种追求整体目标的独立贡献，分配规则的每一次适用都有价值，因而，正如为社会控制目的而使用规则的情况一样，将规则适用于特定情形中，总会具有一定的优势。然而，对于特定类型个人有权获取的任何利益的适当数量而言，在更为一般、更相对的理念上，平等适用规则就变得重要得多，这是因为，一次特殊适用本身不可能对所欲的分配目标产生积极影响。在这种情况下，通过适用规则来实现模式化分配更接近于全有全无作用，这是我们在那些组织规则中所注意到的，在那些规则中，任何具体规则适用的效果都要取决于系统规则的整体适用，如果不是普遍适用的话。

149   那么，遵守规则或法律所服务的第三个目的就在于，实现利益与负担的模式化分配。在一个社会主义社会中，人们可能认为，不再有负担（因而也不需要分配它们），并且所欲的物质如此丰富，以至于不会产生应当如何分配它们的问题。① 然而，这是一种极端的，并且是一种极为不可能的观点，这是因为，重要的物质产品，比如土地和能源，实际上是有限的；此外，某些社会产品，比如较高声望和制定决策的功能，原则上也是有限的。可以承认的是，随着负担与稀缺性的消失，分配规则会变得不那么重要：当每个人都充分拥有时，没人需要关心剩余量的分配；当琐事细微时，没人关心它们的分配。就此而言，富足预言确实能够削弱需要规则的这种理由。那些声称社会主义并不像关心自由与关心生产组织那样多地关心分配者，注意到这一点，在这种情形下，我们会期待，在一个社会主义社会中，合作规则比分配规则更多地构成其特征。

然而，很多社会主义者认为，他们自己也牵涉到一个运动中，该运动是对可得物与不可避免之恶获取更好或更公平的分配。出于这一目的，有的时候，社会主义者反对法定主义，理由在于它干预了这类分配。当然，遵守规则会妨碍而非帮助社会主义所追求的社会与经济平等，因而，规则所保障的个人自由

---

① 以这种方式理解马克思要求我们认识到，他支持"根据各自需求"的分配原则只是适用于真正社会主义出现之前的社会主义过渡时期，之后所有的分配规则都会过时。参见 RC Tucker, *Philosophy and Myth in Karl Marx*, Cambridge：CUP，1961，Introduction and Chapter X。

与财产所有者的权利也能抑制财产的再分配。

在政治谱系的另一端，那些视社会正义事业与个人权利相冲突者，也会得 150
出相同类型的观点。[①] 这里的理由是，试图建立某种分配（根据他的 x 或 y 分
配给每个人，其中 x 或 y 指的是个人特征）时，在正常的社会和经济交往中，
需要经常地干预。这就是说，为了确定某种预想的分配模式，官员对所得物品
合法地进行重新分配，这种干涉会不断废除日常规则之治下的活动，并由此破
坏对人类行为适用规则，并因而破坏对个人权利的保障。这样，如果人们被给
予一定的财产权利，包括买卖、开业、雇用他人并与他们达成薪金协议的权
利，那么，这必定会产生出一种不符合任何模式的物品分配，这是因为，它是
运用参与者规则支配权利的结果。为了实现一种模式化分配，必要的是，从那
些合法获得者处取得一些，并将它给予某些人，而这些人，根据所有自由参与
这一过程的规则，本无权获取。因而，追求模式化分配乃是法定主义之敌，这
是因为，对于根据适用于他们普通活动的规则行动的那些人而言，他们的行为
后果以及由之而来的合法期待会不断被其推翻。

当依据社会规则是实现所欲利益与负担分配所必要时，提出社会规则的合
理性时，就会遭到如下批判，也就是，追求这种分配有悖于规则强加的限制，
这似乎很荒谬。对于这一悖论，圆滑的回应是辩称，这只是具有不同内容的规
则之间，而非有还是没有规则之间的冲突。这样的话，允许个人使用他们的财
产生产商品的规则就可能导致不平等，而如果要求重新分配的规则仅仅是回复
到最初的平等（假定所有人从同等财产开始），那么，这一过程似乎就没有什
么意义。然而，可以辩称，财产规则与分配规则之间可能存在的任何矛盾，都
容易通过一种社会主义方式予以解决，这种方式就是废除财产规则，进而按照
不会导致不平等的方式来重新组织生产与分配过程。

然而，与此相比，这个悖论要深刻得多。它实际展现了两种看待规则方式
之间存在的更普遍的张力：一种方式认为，规则本质是告诉个人在追求个人目
标时可以或不可以做什么，而另一种则是指导他如何为一个特定结果或目的状
态作贡献。在前一种模式中，规则（以及由之而生的权利）理念是为了保障个
人的某些利益，然后任由他自由随意地指导他的行为。在后一种模式中，规则
允许个人对整体福利作出他自己的特殊贡献，就此而言，规则用以引导个人走
向既符合个人利益又符合社会利益的目标。如果社会主义者需要在这些模式之

---

① See FA Hayek, *op cit* fn 27, 85; and R Nozick, *Anarchy, State and Utopia*, New York: Basic Books, 1974, 160—64.

间进行选择，那么，他就会选择后者，并且可能在他的整体福利观念中纳入以后总可接受的分配模式。当它们与一般行为规则的结果发生冲突时，就会涉及赋予目标状态分配规则以优先性，但是，因为多数一般行为规则都将用以实现某种目的状态，以促进体现分配规则的适用，所以，在资本主义制度中，这种矛盾不可能具有持久、难以解决的属性。自由放任自由主义对分配规则不信任，一些社会主义者也持有这一观点，对于一个所希望的利益负担分配顺序将如何出现，无法为我们给出一个令人信服的画面。形而上思维的自由主义者可以诉诸利益的自然和谐概念，或上帝"看不见的手"的作用，或社会进化，但是对于一个社会主义理论家而言，所有这些都不容易诉诸。

结 论

151   在本章中，我并没有涵括社会规则全部的诸多不同功能。例如，我很大程度上省略了权力授予规则，该规则赋予指定个人以权威，从而使其在社会组织中发挥领导作用，特别是在通过立法的规则创制中。同样，我也搁置了规则在解决社会交往过程中所出现争议中的功用。当面对这类争议时，社会生活的首要需求就是这样一种程序规则，规定如何将纠纷带回到它们已被解决之时的状态，从而使交往得以继续。即便所采用的决策程序取决于身体搏斗的结果，或取决于某种抽签形式，也需要规则来确定斗争的形式，或指明随机确定的赢家。只有在极端自然状态中，表面的肢体屈服才能成为解决纠纷的标准方式。当严重分裂社会群体成员的问题的裁决权威被赋予个人或官员时，那么，即便这些个人或官员不需要精致的规则来指导决策，那么，也会需要一定的规则之治的选择模式，也会需要权威决策的重要性。

在一个社会主义制度中，如果认为不存在需要通过外部干涉解决的严重纠纷，社会规则的这一功能很可能被认为会消亡。一旦阶级对立不再侵蚀人类关系，妥协与互相谅解就应足够解决可能出现的所有争议。然而，这就要假定，所有争议都源于自私个人之间交往所产生的冲突纠纷，但是，考虑到前文列出规则的其他功能，不可避免的是，即便是没有严重的意见冲突，或不存在不相容的利益冲突，非要任意选择时，仍然会存在对社会规则创制、解释及适用的不同观点。即便只是出于效率原因，也会存在一种解决这类意见纠纷的标准方式的需要。此外，一个纠纷的严重性无须通过所涉及的私人利益来进行衡量。一个社会主义社会中的公民可被期待认真对待，并关心他们对其合作活动的目的与方法所存在的任何差异。哲理的纠纷可能与非社会主义国家出现的那些不同，但是，解决这些纠纷的重要性仍然足够要求达成解决它们的一致方法。因而，在社会主义中，纠纷解决就可以被加到社会规则种类的清单上，尽管是以一种变形的方式。

　　探讨了形式正义和一些创制、维持社会规则的工具理由后，接着，我就可以确定，在一个没有冲突的社会中，利他主义者需要运用社会规则，从而用以社会控制，用以组织目的，用以长期合作协议，用以产生模式化利益负担分配，并且也很可能用以争议解决，甚至可能用以政治权威的分配与运行，这一点我们也将会看到。至少，在这些目的中（尤其是在社会合作领域中），其中一些需要收回个人在解决是否遵守既定社会规则时的自由裁量权。这就为社会主义社会中的权利分配展开了道路，在此社会中，相关规则有利于那些利益受到危险的个人与群体，因而，可以认为这些人拥有与规则中确定义务相关联起来的权利。

第八章　权利个人主义

153　　如果我们能够确定，支持权利制度并不必然意味着支持这样一种观念，即逻辑上独立于权利的规则须是强制的，或权威的，那么，在社会主义理想中，为权利确保一个地位的努力就已经取得了重大进步。然而，这尚不足以证立这一主张，那就是，社会主义社会中也会存在权利，这是因为，尽管不会存在没有社会规则的权利，却可能存在与权利无关的社会规则。并非所有的行为指示或人类行为的权威要求都真能被解释成包括他人权利。尽管可以认为，每一种权利都和尊重该权利的某种义务有关①，但是，如果每一种义务都和一种权利相关联，就不那么可信了。因而，社会主义者可能提出，关于公民应当如何为促进社会目标而行动，一个社会主义社会中的规则将会给出指导，甚至可能对社会成员设置义务，但却坚持认为，这些义务和个人权利无关。这就会使责任，而非权利成为社会主义社会生活的核心概念。②

154　　强调义务而排除权利的理由根源于社会主义权利批判的第三个方面：权利是作为资本主义核心意识形态的自由个人主义的组成部分，应被拒绝。它认

---

①　可能的例外为纯消极性自由。关于相关性不同类型的探讨，可参见 D Lyons，"The correlativity of rights and duties"，*Nous*，Vol 4，1970，45—55。

②　因而，社会主义理论家就总是强调在宪法条款中既纳入权利，也纳入义务，在 J Halals（ed），*The Socialist Concept of Rights*，Budapest：Akadé mai Kiado，1966，49 中指出：在中产阶级哲学中，"公民的"义务缺乏任何显著意义，启蒙时代的思想家和中产阶级法律哲学家完全不知道该如何对待它们。也可参见赫鲁晓夫（Kruschev）在苏联共产党第二十次大会上的讲话："我们必须发展社会主义道德，依赖于这一基础的有对社会主义的忠诚和对敌人毫不妥协的憎恨、社会义务的自觉性、积极参与劳动、主动遵守人类社会生活的基本规则、同志般的帮助、诚实、真理和对破坏社会主义的容忍。"转引自 E Kamenka，*Ethical Foundations of Marxism*，2nd edn，London：Routledge and Kegan Paul，1972，184。

为，权利仅对那些寻求保护他们私利免受他人掠夺的人才有意义；它们表达的是这样一种社会的基本规则，在这种社会中，独立或微小的个人为争夺财富和支配权，互相之间处于永恒的冲突之中。自私、竞争、获取——这些是资本主义中个人的特征。权利的功能就在于合法化这些个人之间的冲突，并予以调整。①

对权利个人主义的这种攻击得到一种权利语言分析的支持：人民"坚持"（stand on）他们的权利，"强调"（insist）他们的权利，对他人执行他们的权利，所有这些似乎都是利己主义的活动。② 据说，一个人的权利和其他私利之间的紧密关系也同样反映在这样一种道德预设之中，即某人放弃他的权利值得赞誉，而破坏他人权利应受谴责，同时他坚持的权利既不值得赞誉，也不应受谴责。这一点得到了解释，方式是通过指明，尽管自私一般会受到尊重，而过度自私则会受到谴责，但一定程度的自立行为却被认为无可厚非。出于同样的原因，如果某人不行使他的权利，那么，他是轻率却不是不道德的，但如果他侵犯他人权利，那么，他就应受责备。在授权范围内进行的授权竞争语境中，这说得通。权利语言表达这些授权。尤其是，自由权利赋予了权利所有人追求他们自己利益的合理理由，而同时他人的权利主张标记着合法私利的界限。它认为，去除这种语境就是去除权利的含义。③

这就是这种权利视角的直接可信性，但是，将权利与竞争性个人主义联系起来，是将资本主义权利与社会主义权利区分开来的一个附随特征。显然，我们会期待，在一个由自私自利人构成的社会中，对权利的态度会是吝啬且贪婪的，但是，这并不能确定权利制度会预设占有与自私的态度。对他们的权利，利他主义者可能会被期待采取一种非常不同的态度。然而无论如何，只要权利具有属于个人的特征，并且只要所有权利都以某种方式和规则统治的行为的那些方面相关，而这些规则又关注于为具体人谋利，那么，可以很明确的是，权利和个人主义之间确实存在着一种紧密关系。改革主义者需要论证的是，这并不必然将权利卷入那种接受或赞扬自私自足个人之间冲突的个人主义之中。

---

① 霍布斯和洛克对市场关系所作的这种解释，可参见 CB Macpherson, *The Political Theory of Possessive Individualism*, Oxford：Clarendon Press, 1962。类似假定构成了后来功利主义民主理论的基础，参见 J Mill, *Essay on Government*, Cambridge：CUP, 1937（1819）。

② "此类话语的一个显著特征是，该言论以及享有权利的那些人的其他行为常常具有不见掩饰的自我断定和坚持的特征。我们主张、维护、断定、要求和强调我们的权利不仅常见，而且一般被认为毫无例外。"参见 R Flathman, *The Practice of Rights*, Cambridge：CUP, 1976，70。

③ 弗莱斯曼（Flathman）认为，权利语言预先假定，权利所有人有能力自我引导和确定。*Ibid*, 71ff.

155　　　从权利逻辑的观点来看，这里的一个关键问题在于，对另一个人"负有"的一种义务作何解释，这是因为，它是对一个具有相关权利者所负一项义务的观念，这使我们得以区分那些确实与权利有关以及那些与之无关的科以义务（obligation-imposing）的规则。这样，通过分析什么是 B 对 A 负有一种履行义务，我们就可以研究权利和个人利益之间关系的性质。

权利契约和权力理论

　　对他人（权利持有人）负有的那些义务与其他义务的区别是什么，对此，我将谈论三种竞争理论。根据契约理论，只有能被理解为源于承诺或契约的那些义务才能创造权利。与之相对，权力或意志理论认为，与权利相关的义务是义务人意志服从于他人意志或法律权力的那些义务。最后，利益理论认为，当一项义务指向并根源于他人，也就是权利持有人利益得到满足或保护之时，一项权利才存在。在这一部分中，我认为，即便是在自由主义理论假定之下，前两种理论也并不充分，而下一部分则会提出，有一种利益理论，本身也更令人满意，同时又是唯一适合社会主义理想道德与社会假定的理论。

　　权利的一个范例来源于一个承诺，通过扩展承诺观念，建立起权利的契约理论，这一理论解释了什么是对 A 所负的一种义务，方式是称一项权利源于一项协议或契约，据此 B 通过对 A 作出承诺而约束他自己，通常是为了获取互惠承诺；作为被承诺人或受约人，A 就是 B 对其负有义务的人，是有权要 B 做或不做权利客体有关某事的人。B 对 A 负有义务是因为，B 对 A 作出了他的承诺，而其结果就是 A 有权要 B 履行他的承诺，不过，如果可以选择的话，他也可以免除 B 的义务。①

156　　　尽管作承诺观念本身也存在问题，但是，否认理解权利的这种契约进路，尤其是在探讨人们应该拥有什么权利的合理理论时，或低估以上所列粗糙理论在引入默示和假定承诺时的微妙发展，则是愚蠢的。然而，仅仅是作为一种努力，称对 A，也即权利持有人所负的一项义务是什么，这并不充分，除非我们能够容易理解和澄清什么是 A 享有的一项权利，而无须借助作承诺或订契约的概念。饥饿者吃饭的权利，儿童受教育的权利，对其作出任何指控时公民接

------

　　① 如果我们将霍布斯的自然权利限定为非真实权利，因为它们与任何义务都没有关系，那么，霍布斯形态的社会契约就能以它最纯粹的形式例证权利契约理论。更一般地说，它是一种适用于与自然或道德权利相反的习惯或实在权利的理论。

受公正审判的权利——所有这些都没有必要参考那些具有相关关联义务者之前存在的类承诺义务：它们无须以任何方式引入契约观念，就可以被主张、被确定、被坚持，并被一般理解，而同时，它们和任何受约人的权利相等同。契约理论似乎尤其不适用于自由权利理论，尽管常见的情况是，为避免这一困难，它对自由权利理论采取一种自然法立场，而对通过确定相关实在权利而消减自由的义务，则采取一种契约立场。[①]

当然，颁布一项规则或法律，规定 B 对 A 负有义务，会被认为是对 A 的一个承诺或理解，但是，由于启动该规则的权威并不必然是确定义务的关键，那么，这种宣称或默示的承诺如何解释 B 和 A 之间的关系，就并不清楚了。这样，当一个政府颁布一部法律，迫使 B 为 A 做 X 时，如果有承诺的话，那么，该承诺是由国家而非 B 作出的，因而，根据这一理论，A 的权利指向的是国家，而非 B，所以，我们仍然没有解释什么是 B 对 A 负有一项义务。

拒绝将契约理论作为解释什么是拥有一种权利之属性的理论，并不必然接受这一观点，也就是，"习惯"权利确定之前就存在着"自然"权利，这是因为，可能存在授予权利的非契约实在法。事实上，所有权利必须来源于契约的观念可被作为个人主义的一个例证，也就是社会主义理论家所反对的那种个人主义。[②]除了我们同意我们自己承担的义务外，对我们的同伴，我们不负有任何义务，这一理念确实预设了个人是一种独立存在，在社会关系中具有一种抽象存在和自足，这完全和社会主义中人的概念相反，后者将人视为与他人生活密切相连的社会存在，这种融合程度远远高于相对肤浅的承诺与契约制度所具备者。因而，尽管革命社会主义者抓住了契约理论，用以表明权利的非社会主义属性，但它并不是一个获得太多社会主义者信任的理论。

解释什么才是 B 对 A，也即权利持有人所负的义务，这一问题的第二个标准解决方法是"意志"或"权力"理论。根据这一理论，有一个规则使 A 的选择或意志以一定特定方式，在特定情形中，优先于他人的行动或意志。根据这一理论，拥有一项权利就是能够要求他人以一定方式做或不做某种行为，以使 A 处于一种位置，可以通过他的选择来决定 B 应当如何行为，并由此来限制 B 的选择自由。[③]与权利有关的义务乃是那些法律，或准法律权力要求履行

157

---

① 这大体是 R. 诺齐克（R Nozick）所采取的立场，和洛克一样，尽管，诺齐克也承认，个人应如何使用他们的自然权利存在道德边界限制。参见 R Nozick, *Anarchy, State and Utopia*, New York: Basic Books, 1974。

② 参见 S Lukes, *Individualism*, Oxford: Blackwell, 1973, esp. Chapter 11and 12。

③ 将一项权利视作一种"法律尊重的个人选择"的理念，参见 HLA Hart, "Bentham on legal rights", in AWB Simpson (ed), *Oxford Essays in Jurisprudence*, 2nd series, Oxford: Clarendon Press, 1973, 171—201。

该义务的人所负的。因而，仅当存在一个可确定的人 A，可以要求 B 以一定方式行为，并且可以自由决定是否要求 B 行为或不行为时，我们才能谈权利。权利是自由裁量的权力，是一种法律或准法律类型的权力，持有者根据其意志可以使用，也可以不使用。拥有一项权利就是能够要求相关义务，或放弃它，接下来，我们才说 B 对 A 负有一项义务。

权力理论具有一种优势，那就是，具有直接的实证主义内容，这让我们能够通过咨询相关法律或规则来确定谁享有一项权利，而不是通过调查所谓过去的事件，例如契约（尽管这种调查与确定某一特定契约是否存在也有密切关系）。它还有一种优势，也就是，能使我们明确区别分析和证立权利。此外，值得赞誉的是，它还能够解释大量的标准权利语言，尤其是放弃权利的观念，但也包括我们谈论主张权利、强调权利、要求权利、坚持权利、忽略权利、适用权利、维护和使用权利的范围广阔的各种方式，所有这些都符合这一理念，那就是，权利持有人使用对他人的法律类权力时具有自由裁量权。就这一方面来说，它解释了为什么权利被视为宝贵的财富，这是因为，权利可被用以维护我们自己，以及在各种情势中执行我们的意愿，我们是否应该选择这样做；它们都是所得而无所失。[①]

我们也可以将这种权利理念用做对他人行为的自由裁量的权力，通过描述典型用以执行权利的实践，解决相关规则存在和解释争议的程序，以及要求按照权利持有人合法要求履行这种义务的执行主体的使用，从而提出一种权利的实证主义解释。接着，权利持有人就被视为具有法律地位的人，该法律地位使他能够发起一项行动，迫使 B 遵守相关规则，或者在社会权利的情况下，号召舆论压力支持他。这样，我们就可以清楚特定权利如何成为一个更宏大权利制度或实践的一部分，它们具有公认的主张、评定方式，以及如果合适，则要求履行相关义务或取得不履行义务的赔偿的方式，所有这些都由权利持有人的行为发起，指向实现相关权威所确定的权利持有人的主张。

158   然而，对权利性质的这样一种理解过于狭隘，无法包容所有权利。关于这一点，权力理论比契约理论的情况还要明显。存在这样的权利，权利持有人没有主张或是放弃他权利的能力。即便是以过于有争议为由排除动物权利，我们也必须允许儿童权利、智障者权利以及年老者权利。实际上，整体而言，我们不会希望排除无权者权利理念，其中包括法律上无权者，这些人不能自己启动

---

① "除非拥有或做 X 整体上，并且在 A 看来，对 A 有利，否则不会有一项对 X 的权利。"参见 Flathman, *op cit* fn 4，79。

法律或公共程序，或不能要求和放弃义务；他们是不具有符合权力理论那类权利意志的人。①

现在，权利持有人当然可能执行或放弃权利，所以，有人可能指出，作为一种权力的权利理念可以扩展适用于所有权利。说儿童有权利，而不说特定人拥有强迫他人对儿童作为的法律权力，这是为什么呢？然而，这就意味着，儿童对儿童的权利并不是对儿童所负的，因为，根据正在考虑的理论，一个权利的本质在于要求和放弃的权力。如果我们将权利持有者和权利放弃者（我们也可称之为权利管理者）分离，从而意味着拥有一项权利并不必然拥有主张和放弃的权力，那么，权利持有者通常就是那个可能坚持，也可能不坚持他权利的人，这就成为一种权利可能发生的事实。在这种情形下，非常清楚的是，当我们谈论对 A 所负的相关义务时，我们并不仅仅是在表明 A 对 B 拥有这种自由裁量的权力，因为我们仍会称，父母的义务是对他们的子女所负，即便其执行的自由裁量权力是在其他地方，或许是在国家那里。概括这一观点，命题 A 能选择是否运用一项权利，预设了这一权利是某种可以独立于 A 行使该权利的法律能力，而进行描述和分析的东西。此外，称 A 并没有放弃其权利的权力非常有道理，这表明放弃人的权力对于权利本身而言是额外的，或是独立于它的。由于我们通常会以被承诺人或受约人角度来假定一项放弃者的权力，而从权力理论和承诺与契约的关联来看，它似乎仍然处于契约理论的阴影之中。

对于改革主义者而言，从意识形态中立的观点来看，权力理论同样可疑，因为它具有这样的含义，我们应该停止考虑那些没有对他人作出要求能力者的权利，并且限制给那些具有理性意志、能够理解和自己运用准法律程序的人分配贵重商品：聪明、有见识、自主的优秀企业家和律师那类人的财产。最常被用来解释对权利的革命怀疑的，正是权力理论。因而，根据权利的例证的一个主张和反主张领域，赫斯特将权利对社会主义的意义进行了最小化。② 就此而言，他只是追随了凯尔森的这一命题，即一项权利（在某一法律秩序所赋予的，

159

---

① "仍为婴儿的儿子当然对他的父亲没有义务，但是，他确实对他父亲能够给他的照顾和保护享有一种权利，并且，这一权利并不是作为他未来权利的前兆而存在的，而是他作为一个婴儿当时当地就享有的权利。"假定这种权利的一些概念关联缺失——因为主张或宣称它们的权利或原谅侵犯它们的人没有意义——那么，谈论婴儿权利就不过是一种谈话方式（facon de parler），可以用一种更直接或字面的方式表达，即可以通过说他们需要什么，或应当拥有什么，以使他们可以成长为能够在字面意义上享有权利的人。参见 AI Melden，*Rights and Persons*，Oxford：Blackwell，1977，72ff。

② "法律'权利'是确立了一种能力，使一个人能在法庭上提出救济主张，或使其代理人能作为那个人的法律主体，代表其提出主张。"参见 P Hirst，"Law, socialism and rights"，in P Carlen and M Collison（eds），*Radical Issues in Criminology*，Oxford：Martin Robertson，1983，100。

为执行一种惩罚提起诉讼的一种法律权力的技术意义上）是资本主义法律秩序的"特殊技术"，"只要该秩序确保私人财产制度，并尤其关注个人权利"①。

实际上，无论是权利的契约理论，还是权力理论，都可以被视为中产阶级理论，因为它们强调的都是自治个人的法律角色，这些自治个人与其他类似个人之间具有纯粹外部、主动的关系，这些关系的缔结与维护都依靠当事者的主动性。这一模式和资本主义社会中发生的商业交往尤为相关，在资本主义社会中，从经济和法律观点来看，每个人都是独立的财产所有人（包括他所拥有的劳动能力），自由进行他所选择的任何商业交易，该交易可根据与之订立合同者的要求而执行。根据这一观点，契约理论和权力理论都是中产阶级社会的理论表达，在中产阶级社会中，作为财产所有人的每个人，其角色为权利主体。个人权利理念主要是指所有人买卖和出售他们劳动与产品的同等权利，因而，该理念是资本主义社会的一个特征，而不是之前封建主义的，也不是之后社会主义社会的特征。这就是为什么18世纪中产阶级革命会拥护人的权利，为什么同样是这些权利，在后资本主义社会将不再相关。②

160　　　著名的苏联法学家 E. B. 帕舒卡尼斯（EB Pashukanis）（1891—1937）将这种个人权利理论适用于整个"法律形式"，他认为，所有法律（区别于行政）规则都具有商品交换的形式。③ 马克思主义理论认为，法律本质上具有中产阶级的属性，帕舒卡尼斯的理论是对这一理论发展进行的大胆尝试，但并不符合社会主义社会的特征。帕舒卡尼斯并没有将他对法律的证明建立在阶级规则的压迫或强制属性上，而是提出了更为巧妙的理念，即认为法律是一种资本主义所有的社会关系。④ 在我们看来，他的理论中，有意思的是，他将法律视为作

---

① H Kelsen, *General Theory of Law and State*, A Wedberg（trans）, Cambridge, MA: Harvard University Press, 1949, 136.

② "劳动力的买卖是在流通领域或商品交换领域界限以内进行的，这个乐园确实是天赋人权的真正乐园。那里占统治地位的只有自由、平等、所有权和边沁。自由！因为商品例如劳动力的买者和卖者，只取决于他们自己的自由意志。他们是作为自由的、在法律上平等的人缔结契约的。契约是他们意志借以共同得到法律表现的最后结果。平等！因为他们彼此只是作为商品所有者而发生关系，用等价物交换等价物。所有权！因为他们都只支配自己的东西。边沁！因为双方都只顾自己。使他们连在一起并发生关系的唯一力量，是他们的利己心，是他们的特殊利益，是他们的私人利益。正因为人人只顾自己，谁也不管别人，所以大家都是在事物的预定的和谐下，或者说，在全能的神的保佑下，完成着互惠互利、共同有益、全体有利的事业。"参见 K Marx, *Capital*, Book I, Part II, Chapter 6, Harmondsworth: Penguin, 1976, 280.

③ 尤其可参见 *Law and Marxism*, *A General Theory*, B Einhorn（trans）, London: Ink Links, 1978. 该版本译于1929年的德语版本，之前有两个俄语版本。关于帕舒卡尼斯的研究，可参见 CJ Arthur, "Towards a materialist theory of Law", *Critique*, Vol 7, 1976—77, 31—46; and R Kinsey, "Marxism and the law", *British Journal of Law and Society*, Vol 5, 1978, 202—27.

④ See Pashukanis, *op cit* fn 15, Chapter 2.

为权利承受者的平等法律主体之间的关系：

　　法律制度区别于所有其他形式的社会制度，区别正在于它处理的是私人、独立的主体。因为法律规范预先假定一个人被赋予权利，据此他可以积极提出主张。正因如此，法律规则获取了它的独特特征，从而使之区别于大量的一般伦理、艺术、功利以及其他此类调整规则。①

　　按照马克思的进路，帕舒卡尼斯将法律关系确定为一种经济关系。（因此，他拒绝将法律视为一个规则或规范体系的理念。）那些出售他们劳动的人（无产阶级）和那些为组织机械化生产而购买劳动的人（资产阶级）之间，产品生产者（即生产在公开市场上销售的产品）和市场参与者之间的关系，就是资本主义社会中的基本经济关系。法律为这类交换，尤其是为商品交换的纠纷解决提供了一个框架。② 这就是法律为什么是裁判性，而非行政性的原因。通过这种方式，它将每个个人都视为一个法律人，有权获得其劳动能力的全部（标准）补偿，有权自由地以他能够获得的任何价格交换他的物品。私法尤其是合同法代表了法律的实质形式，它认为，每个法律人都是一个独特的，或独立的存在，与其他这种存在有着相对立的利益，这些人与其他所有人进行竞争。③合同因而就构成了法律理想的组成部分。这一体系的意义在于，使得对资本主义生产必要的经济交互变得可能，然而，在其他社会关系中，甚至是在家庭中，法律形式也很明显，它们都被视为涉及以市场价格进行的商品交换。④ 根本而言，法律关系是商品所有者之间的关系，因而，帕舒卡尼斯没有将法律视为抽象的人类社会的附属品，而是将法律视为一个历史范畴，回应的是建立在私人利益冲突之上的特定社会环境。⑤

　　尽管帕舒卡尼斯的理论内部存在着一定的重大弱点（比如在区分如占有事实和所有权法律关系时，就存在困难）⑥，但是，他的权利概念限定于资本主义性质的规则统治的交换，这阐明了司法的一定特征。然而，对于国家与公民

161

---

　　①　Pashukanis, *op cit* fn 15, 100ff.
　　②　"法律调整的一个基本前提因而就是私利冲突……在这种调整中，司法因素在开始出现利益差异和对抗时产生。"参见 Pashukanis, *op cit* fn 15, 81。
　　③　See Pashukanis, *op cit* fn 15, 117ff.
　　④　"如果所有经济生活都根据自由意志之间合意原则构建，那么，每一种社会功能都具有一种法律特征，能够反映这一点。"参见 Pashukanis, *op cit* fn 15, 103。
　　⑤　"法律并不是抽象意义上人类社会的附属物，而是回应建立在私利冲突之上特定社会环境的一种历史范畴。"参见 Pashukanis, *op cit* fn 15, 71ff。
　　⑥　"'司法外意义'上的'所有权'是一种自相矛盾的说法。帕舒卡尼斯必然会陷入这一矛盾之中，因为他在描述所有权法律关系时，没有回复到构成这种关系的法律规范上。"参见 H kelsen, *The Communist Theory of Law*, London: Stevens & Sons, 1995, 93。

之间的法律关系，这几乎不能适用，而在理解刑法时，由于将其作为一个犯罪借其"交换"某一同等"价值"处罚的过程，该理论局限也就到了界点。[1]

帕舒卡尼斯的明确目的是为马克思对法律的一种解释进行辩护，这样做时，像许多权利的革命批判家一样，他选择性地吸收了一些理论，这些理论源于一种奇怪的意识形态背景。只是在帕舒卡尼斯所希望的，与社会主义对照的那种社会类型中存在的权利类型那里，这些理论才是其证据。

帕舒卡尼斯拒绝将中产阶级的社会规则体系看作法律，但实际上，没有什么理由支持接受他的这种武断。只有当我们接受权利的契约理论和权利的权力理论，并赋予它们在某种资本主义经济关系中一种非常特殊的地位时，才能得出他的结论。循着恩格斯的进路，他自己也承认，即便是在没有商业利益冲突的地方，也仍然需要进行管理，也就是需要根据一致目标组织共同活动，例如在军队中，在一个宗教秩序中，或在运行一个铁路系统时。[2] 我们已经看到，这些组织活动会产生规则，并且，我们也已注意到，这些规则中，有一些将包括订立合同的规定，以及对他人享有一定法律权力的规定。这些制度并没有被用于中产阶级的商业目的，对于拒绝将它们称为法律，或是拒绝承认它们确定了权利，这一事实是充分的理由，这是因为，对于一种不局限于契约和权力或权利的权力理论，我们仍然需要考虑其前景。

此外，很明显，帕舒卡尼斯认为，中产阶级（以及由此所有）的权利都是预先存在的法律关系，法律只是表达了它们。这就是说，出于他的批判目的，他接受了某种类似自然或道德权利的理论，据此，个人作为平等权利所有人的理念就成了一种支撑法律的形而上学的教义，而非是对法律内容的表达。这个观点和下一篇将会讨论的人权的革命观点有关联，但是，对于我们现在要分析的对象，即实证权利概念而言，它并没有直接的影响。

权利利益理论

162   契约和权力理论不能解释，至少在某些情况下不能解释，声称 B 对 A 负有一项义务意味着什么，这就为主要的竞争者——权利的"利益"理论留下空

---

[1]　See Pashukanis, *op cit* fn 15, Chapter 7.

[2]　因而，"技术规制的前提条件为目的统一性。出于这个原因，调整铁路责任的法律规范建立在私人诉求，私人不同利益的基础上，而同时铁路交通的技术规范则预设了一般目标，如企业效益最大化。"（Pashukanis, *op cit* fn15, 81）

间。根据这一理论，拥有一项权利是指拥有一项受保护或推进的利益，方式是通过制定或不制定规则、法律或理解，它们要求作为或不作为，而作为或不作为会以某种方式对权利持有人的利益产生影响，这里，作为或不作为的方式在于对权利持有人的利益产生影响；根据这些规则，对权利持有人负有义务，原因在于，它们是推进或保护 A 利益的义务，这就是相关权利的本质，而不是一种义务履行的次级后果。①

利益理论的力量在于，它能涵盖所有的权利类型，并且，能够解释契约理论与权力理论有限的可信性。有的时候，权利给予的保护是以赋予 A 对他人意志的形式来承担（权力理论提出的就都是这种情况）；有的时候，则会涉及例如作出承诺或订立契约的实践，B 由此能够以某种特定的方式推进 A 的利益（这就是契约理论如何理解所有权利的），但是，这些机制中，都不是权利的本质。只要可能理解为一种为了 A 利益的实在义务，例如给饥饿者喂食的义务，或让成人独立作出他们自己决定的义务，那么，就可以认为，这样一种义务是对 A 所负，而 A 就可以被认为是权利持有人，他的利益就是义务的目的。根据这种理论，并非只有特殊权利才被视为是推进权利持有者利益的方式，而是整个权利制度被认为具有保护权利持有者利益的功能。

什么是权利作为一种利益的保护，对此，如果要进一步阐明的话，需要我们沿着对法律或非法律权利的这种理解和适用的背景出发，严格区别能够给予这一概念的法律或实在内容。赋予 A 一项权利，由此而来的具体后果随着相关权利的类型而变化，但是，它们可以通过影响相关义务的适用、解释的过程与假定而被说清楚。只要在实在规则中明确提到权利，这就具有表达立法者意图，或表达社会规则目的传统理解的功能，所用的方式要表明，A 的利益会被认为与这些司法问题相关，这些问题包括：（a）谁能在法院就义务履行提出问题（一般情况下是权利持有者，或有权代表他的人，但有时也可能是能够表明 A 的权利遭到 B 行为损害性影响的任何人）；（b）当义务内容存疑时，如何解释（即从规则预计保护的 A 利益角度）；（c）当一项义务未被履行时，被认为的破坏的严重程度（或许与 A 利益所遭受的损害程度相对应）；（d）什么时候涉及赔偿或损害问题，谁应当因此受益；以及（e）为保护之前涉及同等利益的其他义务在不同情形中保护的利益，而通过司法创建新的义务。

在一个特定情境中，确定谁的权利受到危害可能有一些程序和适用问

① 对权利利益理论的有力抗辩，参见 DN MacCormick，"Rights in legislation"，in PMS Hacker and J Raz（eds），*Law，Morality and Society*，Oxford：Clarendon Press，1977，189—209。

题——所有这些都可被视为确保 A 的利益由法律或准法律程序保护的方式——且不说这些中的具体含义，日常话语中所使用的权利术语都带有维护权利所有人合法利益的内涵，这就影响处理这些案件中政治、法律问题的整体进路，在这些案件中，相关者的权利被明确表明存在问题。不仅是可以通过适用、解释规则考虑 A 利益的各种机制进行算度的"权利"法律意义，而且权利是为保护权利所有人利益的假定，都将整个过程指向这一方向，也就是，确保表明与提交法院问题有相关权利那些人的有利地位，并渗透权利语言的背景式政治、道德假定。

在独立于任何出现在司法过程中问题的非法律社会交往中，我们是如何看待授权性规则（right-conferring rules）的？循着这一进路，权利概念引入法律程序中的一般取向构成了支持这一进路假定的组成部分。当规则使用权利观念时，就会被认为意思是，规则的目的和由之而来的正确理解与重要性在于，帮助或保护权利所有人追求他们的利益。它表明，有行动正当理由，或有权获取或拒绝某种收益或负担的是 A，并且要求相关义务的存在理由（raison d'etre）是 A 的利益。这并不是说，赋予 A 权利不能具有隐含目的（ulterior purpose），而是要理解什么是赋予一项权利，我们必须认识到这一隐含目的是通过一种机制而满足的，该机制在特定情形下，以规定方式赋予权利所有人相关利益以优势或有利地位。称 B 的义务是以相关权利内容被表明的方式，以行为或免予行为的方式推进或保护 A 的利益，通过这样，可以最好地理解 B 对 A（权利所有人）负有义务的含义，这样，在适用和解释要求 B 行为或不行为的规则时，要考虑的就是 A 的利益。

这一分析中，对个人利益的强调似乎可能会招致他寻求或担心的权利革命性批判。权利似乎只是一种赋予冲突情形中竞争个人的某些利益压倒性优势地位的制度化方式：一种对有限自私的制度化。[①]

然而，只有"利益"被当作私利或自私的同义词时，并且认为，义务必定是被不情愿地履行时，情况才会这样。在某一社会中，个人主要，甚或专门关心，与他人福利相对的他们自己的福利，并且仅在被强制，或为了获取对价利

164

---

① 这吸收了休谟的正义理念，即认为正义是一种人工美德，或匮乏情境中有限利他主义的人们看来有用的社会创造。参见 *A Treatise of Human Nature*，London，1739，Book III，Part II。伯特尔·奥尔曼（Bertell Ollman）表达了这一观点的社会主义必然性："一个社会中没有人会对他所使用、食用或居住的东西主张权利，不是拒绝分享，而只是他非常快乐地给予他们所想要的，这里——如果你愿意——所有使用主张都同样合法，在这样的社会中，私人财产观念……会发生什么呢？这就是社会主义的情况：竞争利益之间的冲突消失了，随之消失的还有各种权利主张。" B Oilman，"Marx's vision of communism"，in *Social and Sexual Revolution*，Cambridge，MA：South End Press，1979，63.

益时才不情愿地给他人提供帮助，尽管这两点主张在这样的社会中都足够自然，却没有一条要被接受。然而，这些假定并不是权利与利益之间概念关联的必要部分。确实，权利发展的历史中，很多都能容易地被看作反映了一个群体又一个群体的成功尝试，目的是确保他们认为符合其利益的东西，方式是对其他具有利益冲突的群体强加义务：从历史上说，许多权利都可以被看作为调整冲突的私利，以及为将主导群体的利益强加于其他群体利益之上而创设的实践。此外，如果我们认为"利益"（interests）的意思是"私利"（self-interest），而"私利"意味着"自私"（selfishness），那么，和其他任何理论一样，这就解释了典型的权利相关术语——要求、主张、坚持、执行、强加，诸此等等，并且解释了放弃某人权利恰当，但忽略某人权利则不恰当的理念。然而，将"利益"与"自私"区别开来，将"义务"与"负担"区别开来也是可能的，这就为一种社会主义的权利概念留下了空间，而社会主义的权利概念保留了无法与对他人负有义务的理念相区分的个人主义，但是，对于相关利益，它的解读方式并没有将它们等同于自私行为，而对于相关义务，它的解读方式并没有典型地将它们视为负担。

尽管称一个人的利益是他的利益是在同义反复，但是，这并不是说，他的利益指向他自己的福利，此外，"利益"的"自私"解释中假定，一个人的利益是自私的（也就是，指向为他自己谋利），"个人主义"意味着这样一种属性，即每个人都追求他自己的利益，但在这一过程中受到习惯或不损害他人法律的限制，在这样一个社会中，"利益"的"自私"解释就是其特征，但是，在一个社会主义者所想象的社会中，情况就不会这样。考虑到无私"利益"的可能性，一个更为中性，也更可能有帮助的，对待权利概念中相关"利益"的方式是，集中关注一个人对某物感"兴趣"的理念，而不是专注于赤裸裸的提议：在其安宁或福利的意义上，某物是某人的利益。① 这使我们得以提出这样一种权利概念与制度的分析，对于现行制度而言，这已足够，此外，该分析允许权利理论的发展避开这样一种批判，那就是，它们固有地、不可避免地与追求私利或合法个人中心联系起来，而同时又能够保持权利与它们的"所有人"之间的本质联系。

一个人要在对 X 或 Y "感兴趣"意义上拥有利益，那么，必要的是，该人要对某一客体存在某种意向关系，也就是，对他所"感兴趣"的东西具有某种欲望、在意或关心。当客体吸引或引起 A 的注意时，这可能相对被动；而

165

---

① 关于这种区分，可参见 RG Frey, *Interests and Rights*, Oxford：Clarendon Press，1980, Chapter 7。

在 A 希望、害怕、期待、在意或关心，从而采取与他利益客体有关的行为或不行为时，这就相对主动。因而，在这种意义上具有利益，就取决于引起他的注意，同时，常常也需要引起一定的感性或情感态度，这些态度指向其环境或他自己的特征，这些特征足以在恰当情形中启动朝向或远离客体的努力。一个人的利益并不仅仅是抽象意义上被认为重要或有价值的那些东西，而是那些他对之付诸自己具体注意力或能动性的事项，是作为他自己生活方式组成部分而希望与关注的东西。利益是他容易感兴趣的东西，假定他生活在特殊且常常反复出现的情形中，根据该客体性质以及他可以获得的机会，他会向它们明确表示注意、关心和能动性。

对某物感兴趣的理念并不必然具有自私关注的意义，自私关注乃是附随于作为 A 收益的狭隘利益理念，注意到这一点很重要。一个人对什么感兴趣常常可能是，却并不需要是他自己的条件。他可能对知识进步、他人福利、艺术观念、运动、动物、外国等感兴趣，但所有这些都不能被认为与他自私利益意义上的私利连接起来。

对于所有权利，最常见的是，它们与权利所有人感兴趣的东西积极联系在一起，这一理论部分源于对实际权利进行的描述性概括。这样，它就容易受到攻击，证据也容易获得，即特定个人的社会法律权利并不直接影响他们所关心者。例如，一个人可能对一项养老金享有一项法律权利，但是，或许由于他的富裕，他可能对是否获取那笔养老金完全不在意。然而，很容易将该理论进行发展，将这类肤浅的反驳考虑在内。

首先，赋予 A 对 X 的权利，尽管预设了 A 对 X 感兴趣或关心 X，但他这样做的依据是，相关利益和关注是可处置的（dispositional）。对 X 感兴趣并不必然时刻考虑着 X，或总是明确表示希望与想要 X，而只是在适当的时候，容易产生这类想法、希望和欲望。因而，如果我有出售我劳动的一种权利，那么，这并不意味着我总是希望这样做，而只是说，在恰当的情势中，它是我时不时会有的一种希望。

166　　当 A 属于某个阶级，该阶级中所有成员都能够对 X 感兴趣，不管他们实际上是否具有这种情趣时，我们也会说到 A 对 X 的权利。这就意味着，有些时候，我们将一项权利赋予一个人，理由在于，他能够拥有这些利益，在他能够拥有它们的意义上，理由又在于，这些是应该通过权利进行保护与促进的利益类型。当然，如果可以确定，相关人永远不会拥有这些利益，那么，这通常就没有意义了，而权利与利益之间的紧密关系可以从以下事实来看待：在某一阶级中，没有人会对 X 感兴趣，那么，赋予该阶级对 X 的权利就是误解。因而，作为一个人，即使我对言论自由没有兴趣，我也能够拥有一项言论自由的权利，因为，它明显是我能够感兴趣，也是许多人都感兴趣的东西。作为一个对言论自由不感兴趣的人，赋予我这一权利的意义在于确定，当我确实开始拥有这样一种兴趣时，我的言论自由就是应当受到权利保护的。许多权利就是以这种方式赋予给人们的，因为，他们能够拥有这些利益。

我们可以将其视为人类仅在具有恰当利益时而拥有的纯粹假设权利，它维持了权利与实际利益之间的一种紧密关系。这具有给出赋予任何人此种权利理由的优点，尽管它并不是一个公式，但可能帮助起草容易适用的规则。同样值得注意的是，还有另外一种方式，根据这种方式，我所称的"能力权利"与实际利益相互关联，意义在于，人们关心给他人强加义务的规则，这些义务会保护他们认为将来他们会有的利益，这是很常见的；当出现这种情况时，即便 A 现在没有对 X 感兴趣的倾向，但是，如果 X 是那种 A 可以感兴趣的东西，那么，谈论 A 对 X 的权利也不会令人误解。

权利与利益关联的另一种方式不像我方案中所表达的这样直接，这种方式是，一个人对 X 的权利可能不取决于他对其本身的兴趣，而在于与 X 有因果关联的，或可以用 X 取得的东西。因而，一个人对一定货币收入的权利可能就不是根据他对拥有这笔钱的兴趣，而是根据他对拥有这笔钱所能购买的那些东西的兴趣。因而，一个弱智者对接受医疗治疗的权利可能既不知道，也不关心，但该权利可能是依据这样的事实，例如，这一治疗会有助于他的生活更舒适，而这则是他感兴趣的。这样，权利和权利所有人感兴趣者之间的关系，并不总是直接明确，因为，它可能要通过一种设定的因果或工具关系作为媒介。因而，严格来说，我们应该说，赋予对 X 的一项权利预设了，权利所有人要么对 X 感兴趣，要么对与 X 具有因果或工具性关系的东西感兴趣。除此之外，也可以说，当 X 只是间接与 A（权利所有人）感兴趣者关联时，那么，A 就不对 X 具有，而是对与 X 具有因果或工具性关联者具有这样一种权利。这样表达的意义在于将注意力引向这一事实：正确赋予此类"工具性权利"取决于 X 与 A 感兴趣者之间存在所认为的那种关系。如果货币不能被用以购买 A 感兴趣拥有的东西，那么，就没有理由称 A 对货币拥有一项权利。因此，工具性权利就可被视为次级权利，对于工具性权利指向保护与促进的那些东西，次级权利之前就预设了其存在，并且逻辑上是更为根本的权利。

尽管权利的"感兴趣"理论有了这些发展，但是，很难说，作为一种对权利话语所有实际使用语言的描述，它是完全成功的。尤其是，法律体系已经将一个法律人概念进化到涵括国家、公司以及其他因为缺乏意识与欲望而从字面 167

上不能关心事物的无生命者。这类适用的理由在于，一般而言，这类权利并不直接，却实际地和众人的关心相关联。例如，在（组成）协会情况下，集体实体的"利益"可以通过其组成成员的利益或关心而被赋予意义，也就是认为，这些成员是个人。然而，如有时被提出的那样，更难的是将权利扩展适用于纯粹的无生命事物，比如沙漠和树。① 许多自然实体，从能够收益与被损害的意义上，它们都能被看作拥有利益，但是，不能说它们对某事物感兴趣。

　　将权利语言的字面适用限定于权利所有人关注的那些情形，理由最终是一个评价性的，依据的是这一样一种主张，也就是，对于规则之治秩序的目的，只有有意识、有感觉的存在才具有服务的道德意义。无生命客体不能具有这一地位，最终会如概念意义那般，具有同样多的道德意义，尽管谈论无感觉实体的利益时存在尴尬，但这种尴尬表明，它是体现在我们实践话语非正式逻辑中的一种评价。

168　　这种利益理论将利益理解为关心，其优势也同样依赖于它系统化至少某些有力直觉的程度，这些直觉与可能权利所有人阶级成员的恰当标准有关。② 如果我们采用了仅表达某物利益意义上的"利益"，那么，我们就可能只是泛泛谈论花朵、建筑和石头的利益，因为，在每个此类情形下，相关实体都可被维护，并且从它们被保护和改善的角度来考虑，这甚至也很有道理。在这种情形下，任何可获益或受损、改善或破坏者，都可以被认为是可能的权利所有者。所需要的只是相关事物好或坏的样本存在，然后，我们就可以谈论使其收益或损害它，并因而做或不做符合或有悖于它利益的事情。这就意味着，如果任何规则保护的利益都构成一项权利，那么，任何无生命的对象都可以拥有权利。不能说，这对法律没有意义，或没有关系，这是因为，将法律人格扩展适用于任何这样认定有利的实体，对于法律制度而言，都没有困难，但是，对完全无生命对象的这种扩展与一般假定之间如此不相匹配，以至于会给将"利益"理解为一种区别可能的权利所有者阶级之标准蒙上疑云。实际上，给予我们一种可信的标准，用以限定可能的权利所有者阶级，这正是权利"感兴趣"理论的一个能力。权利所有人满足意向性意识条件的要求足够宽泛，足以包括几乎所有生物意义上活着的人类，并足以给予我们一定指导，用以适用于边界案件，

---

　　① 例见 CD Stone, *Should Trees have Standing? Toward Legal Rights for Natural Objects*, New York: Avon Books, 1975.

　　② 关于之后的一些观点，更详细的论述可参见 TD Campbell and AJM McKay, "Antenatal injury and the rights of the foetus", *Philosophical Quarterly*, Vol 24, 1974, 17—30.

例如动物（明确被作为权利所有者，包括高等动物在内）、"植物人"（可能被界定为缺乏意识，并因而没有权利的人）以及各发育阶段的人类胎儿（foeti）。这样，根据所提出的标准，我们就有一定的理由称，处于早期发展阶段的胎儿不能享有权利，而之后他们是否可以享有权利将取决于意识出现的经验假定。此外，还会有这一可接受的后果：将所有无生命客体，包括那些如植物或微生物的"活物"排除在外，这些可能被认为能获益，却不能认为它们自己会关心，与此同时承认，将权利所有者的范围扩展到至少涵括至这一有限的权利所有人范围存在一种类似的理由，并且承认，不这样做的理由既是概念的，又是道德的，原因在于，那些可能享有权利和那些可能没有权利的实体之间的界限，最终要由之前的决定来确定，而这个之前的决定乃是关于什么类型的事物才是由于自己原因成为道德关注的适当客体。

很明显，将权利保护与推进的利益视为"感兴趣"的种类足以打破权利与私利之间存在的所谓分析关联，因为，人们可能会像对自己的福利那样，对他人福利感兴趣，并关心多种目标的实现，比如物质产品的生产或知识的增长，而这可能与他们自己的任何条件都没有直接关系。对于作为社会角色扮演者的人民所关心的，这一点尤其适用，比如母亲、教师或工人的情况。

权利的"感兴趣"理论似乎具有这样的结果，那就是，一个人的权利可能与他自己的福利无关。在一个人的权利与使他受益者之间，这可能会被认为引入一个不可接受的裂缝。当然，不可能出现以下这种情况，即仅因为A希望B好，A就享有一项B的福利被推进的权利。相反，我们是否会更自然地说，谁是受益者，谁就享有权利呢？实际上，例如说，一个环保主义者享有一项他所关心濒危物种的未来应得到拯救的权利，或一个足球支持者享有一项他选择的球队赢得比赛的权利，这是否严重发生扭曲了呢？

然而，这并不是主张，只要是对一个人或事有任何兴趣，就能成为取得一项权利的充分理由，而只是说，这类兴趣适于取得授权性规则的保护。在相关利益与所涉及权利所有人的条件无关时的那些情形中，情况仍然是，由于权利的合理理由与这一事实有关，即确定与维持该权利的理由是他对该人或事感兴趣，那么，权利仍然是他的。这与其他权利的存在相容，这些权利与同样所欲的结果有关，而它们确实属于那些权利实现直接牵涉者。关于依据个人对他人的关心的现有权利，要给出例子并不困难，比如父母在照顾他们子女时可能享有的支持权利。关于一个人所享有的以特定方式对待他人的权利，承诺和契约制度产生的权利给出了大量例证。认为标准权利是从一个非自私的利益中产生，这看起来可能很奇怪，这一事实可能更多地来源于这样一个事实：在我们

169

最不熟悉的社会中，以自我为导向的利益是那些最受珍视和保护的利益，但是，为什么应该这样，却没有逻辑理由。称存在一个这样的社会规则：A 对 B 负有使 C 获取一定利益的义务，因而我们可以说，B 对 A 享有一项使 C 受益的权利，这完全说得通。当 A 使 C 受益的义务依据的是 B 对 C 的福利，而非直接依据对 B 的福利感兴趣时，情况就会是这样。要反击一个权利体系必然建立在制度化竞争个人主义基础上，将 B 权利的原因建立在这类兴趣之上的概念属性是第一步。它所确实预设的是，人类关心的，最少是一种主要的道德价值因素。这种个人主义形态与权利不可分割。此外，它还非常符合作为能动的、追求计划的、创造性的社会主义人类理念。

社会主义对个人主义的恰当目的并不是这种权利制度，而是人类无可救药的自私自利本质的先前假定。霍布斯模型把人当作欲望者追求快乐欲望的不变集合，这不过是在一种仅在一定时期、一定社会类型中，所接近的历史条件中的形象，反驳这种模型并不是反驳将满足欲望与关心置于中心位置的那种个人主义。如果我们承认，人们可以提出一种有限的，甚至是极端的利他主义，对于将履行人类利益作为其中心目的的这样组织化社会存在而言，这并不能对其重要性有任何贬低。马克思主义中人的模型将人作为，至少可能作为这样的一种社会存在，也就是，其创造性能力在合作、生产事业中得到最全面的发展，这种模式与其他社会理想一样，对独立个人的关心和追求也给予同样多的关注。实际上，将人类作为一种主体或劳动者，其实现是通过劳动的形象非常符合这样一种观念，也就是，许多社会规则都用以鼓励和守卫人类的关心。权利个人主义所需要的，不过是接受感性人的一些关心和计划的组织重要性。

第九章　民主、人权和实在法

法律实证主义和人权

关心人权的那些人可能本能地欢迎澳大利亚高等法院所迈出的大胆步伐，通过解释宪法内的默示权利，得出一项政治沟通自由的宪法权利。对此，反思可能会驱散欢呼，因为，高等法院权力的这种扩张是否会将这类人权的澄清置于安全或是合法控制之手，却是根本不清楚的。实际上，这一判决不允许政治传播法规进行变化，部分理由在于其新颖性，实质上却表现出了对现有传播能力不平等的一种漠视，而这则表明，在阐明根本权利时，判决采取的是一种有限的、消极的、财产取向的，并且毫无想象力的方法。①

此外，赋予法院对人权解释享有否决权，对此，民主原则之所以质疑其妥当性，有着重要的原因。法院没有能力，也不应具有权威去推翻议会恰当颁布的立法，只要这是在其宪法权力范围之内。对于这种约束，关于人权立法的事实进行了强化，而非削弱。个人自治权利是诸多权利传统上所赖以依存的，它必

---

① 参见 *Australian Capital Television Pty Ltd v The Commonwealth* （1992）66 ALJR 695（下文引作 Australian Capital Television），at 695：由于公民之前享有的自由，Pt IIID 整体无效（强调为作者所加）。或许，更极端的是 *Leeth v The Commonwealth* （1992）174 CLR 455, at 498，尤其是高伦（Gaudron）法官，他认为，一种默示平等教义要求，"在宪法语境中，歧视由对并不相对不同的人和事的不同对待构成"。这可能是一个很能被人接受的道德原则，但是，作为一个宪法规则，它让法院得以裁决任何它们认为道德上错误的立法都是无效的。

法律与伦理实证主义

须包括，在决定根本权利时，比如，什么是沟通自由，享有同等份额的权利。①

172 　　对法院界定根本权利，这些熟悉的批判常常遭到哲学反对意见的回击，指向它们所预设的立法与司法的区分。人民代理人可以颁布权利，而法院只是适用它们，这一理念已经被当作法哲学的一种时代错误而予以摒弃，它不能理解当代的理论教义，即每一个判决都是一个解释，只有通过那些裁决特定案件者所赋予它们的意义，规则和原则才能得以适用。② 因而，关于法院并不是一个发展根本宪法权利的恰当场所（forum）的批判，就被当作一种法律实证主义的过时表现形式，因而被置之一旁。③

　　无疑，作为一种智识上被尊重的法律与裁判方法，法律实证主义正在衰落。并且，这种衰落的合理性显然达到了这一程度，也就是，称法律实证主义是一种对实际法律和政治进程的描述理论，该理论在很多方面都是错误的，并且由于该理论帮助掩藏无私字面主义误导性修辞背后的法官政治观点，因而常常具有隐藏的政治性。④ 事实上，法院并不将它们自己限于执行容易确定的主权者的一般命令，它们也并不只是支配以一种中立方式确定的普通规则。在相当大的程度上，描述性实证主义显然是错误的。然而，这并不意味着，我们应该将法律实证主义作为一种不值得追求的理想予以抛弃。实际上，法律实证主义让我们得以确定现行法律体系中存在的重大不足，许多立法起草得很糟糕，并且很多形式良善的法律得到糟糕甚至是不道德的执行。正是由于存在这些不足，因为其具有民主形式，实证主义仍然是一种值得追求的模式，只要可能，政治制度都应当尽可能向其靠近。法院可能并不，却应当将它们自己限于对一般规则的准确适用之中，这些规则应当清晰、准确，并且是人民代理人政治"意志"可经验适用的表达。立法机构应当承担起促进法律进步发展的全部责任，而不应该将这些问题留给偶然的、无法担责的普通法，它们具有并不成熟的正义与公正观念，原因在于，它

① 对于这一命题，近来一个精彩阐释可参见 J Waldron，"A rights-based critique of constitutional rights"，*Oxford Journal of Legal Studies*，Vol 13，1993，18。

② 关于作为解释的司法，参见唐纳德·戴维森（Donald Davidson）的"激进解释"（radical interpretation），见 D Davidson，*Inquiries into Truth and Interpretation*，Oxford：Clarendon Press，1984，141。

③ 在澳大利亚，这常常以对美国法律现实主义胜利迟到的承认形式出现，即法官总是根据他们的喜好来选择，进行裁判，这是丹宁勋爵重新推广的前民主普通法类型的复兴。参见 See Mason CJ，"The role of the judge at the turn of the century"，the 5th Annual AJA Oration in Judicial Administration，Melbourne，5 November 1993.

④ See A Hutchinson，*Dwelling on the Threshold：Critical Essays in Modern Legal Thought*，London：Sweet & Maxwell，1988.

们经过了司法思维的过滤。这并不是沙纳（Shiner）所称的约翰·奥斯丁的"简易实证主义"，也不是哈特、麦考密克和拉兹作品中更为复杂的实证主义。① 相反，它代表了实证主义传统的这样一个角度，对于国家应当如何根据公民创制的法律进行统治，从而服务于人的价值，它采取了一种政治视角。为了有一个显明的标签，我将这种进路称为"伦理实证主义"，该术语既用以表明实证主义理想的道德依据，也用以表明具体展示它所需要的伦理义务。②

更具体地说，在本书中，我支持这一立场：实证主义正统地位的衰落对我们的民主文化具有重大危险。这一衰落从对以下看法的日益接受中可以反映出来，那就是作为一种法律人的法律理论，实证主义已经被赶下它假定的至上地位，其程度达致：当今的法理学问题被认为是为实证主义找到一个可行的替代选择。许多法官甚至都不再假装他们并不是在创制法律，尽管仍在传统法律原则的灵活限度内。批判理论的效果为，法院曾经对客观性和中立性所作的错误主张现在被法院辩护者抓住，他们接受了批判者的观点，即法律和政治不能分离，并借此来合法化现在法院公开的立法活动，从而扭转了政治局面。③

这些针对实证主义模式的批判理由中，一些只是纯粹与解释的复杂性有关④，另外一些则扩展到作为一种共同体价值表达的普通法复兴理念，或许体现了本质上高于曾经主权立法机构发布的法令的原则。⑤ 所提出观点最常见的是，与立法机构相比，要建立一系列根本权利，继而，它们可以用以使其他情

---

① R Shiner, *Norm and Nature*, Oxford: Clarendon Press, 1992; J Austin, *The Province of Jurisprudence Determined*, London: Weidenfeld & Nicolson, 1955, introduction by HLA Hart; HLA Hart, *The Concept of Law*, Oxford: Clarendon Press, 1961; DN MacCormick, *Legal Reasoning and Legal Theory*, Oxford: OUP, 1978; and J Raz, *The Concept of a Legal System*, 2nd edn, Oxford: Clarendon Press, 1980.

② 另一个术语"规范性实证主义"的含义比较含糊，介于法律是一种规范体系的命题和实证主义是规范性义务的一种表达的观点之间。

③ 荒谬的是，这种现实主义趋势得到了最近准自然法法律理论的强化，该理论主张法律概念本质上的道德属性，参见 M Detmold, *The Unity of Law and Morality*, A Refutation of Legal Positivism, London: Routledge, 1984; 以及 D Beyleveld and R Brownsword, *Law as a Moral Judgment*, London: Sweet & Maxwell, 1986. 这种形式的自然法立场离开了分析性真理，即与所有道德主体一样，法官也必然要在道德上赞同他们的行为，包括他们的判决，由此走向这样一种结论：道德的法官必须在道德上支持她或他法律判决的实质内容。这就忽略了这样一种可能性，即被任命适用规则的法官负有一种道德义务，即压制他们自己对于规则内容属性问题的道德观点。

④ See D Kennedy, "Freedom and constraint in adjudication: a critical phenomenology", *Journal of Legal Education*, Vol 36, 1986, 518.

⑤ TRS Allan, *Law, Liberty and Justice*, Oxford: Clarendon Press, 1993. 注意，迪恩和图希将此类平等的高尚理想归咎于普通法伦理的混杂，并且通常具有政治性的党派传统，参见 *Leeth v The Commonwealth* (1992) 66 ALJR 529, at 541—42. 也可参见 Toohey J, "A government of laws, not of men?" Conference on Constitutional Change in the 1990s, 5 October 1992, in *Australian Legal News*, 27/10, 1992, 7—11.

形下的权威立法无效，司法机构处于一个更好的位置。① 整体上看，这些观点等于对法律人之治的公开邀请，等于法律职业整体影响的增长，尤其是通过其司法模式，并且包括这一建议，即以此种或彼种方式，我们已经超越了由为争取民主化长久斗争而得来的政治制度。②

174　　所有这些，一部分是实证主义者自己的错误，他们提出了一种可疑主张，认为他们的理论是对现代法律体系实际如何运作的准确的经验描述。在这一过程中，我们所失去的是一种我们应当实施的值得追求的法律实证主义模型。法律实证主义坚持认为，法律是一回事，道德是另一回事，但这种观点却被误认为是一种非道德，甚或不道德的命题③，并且，这将注意力从法律实证主义的根本道德理由移转，也就是，在以当前社区价值与社会实践可以想象的选择中，阐明具体选择乃是主权人民及其代理人的任务；如要在政治上具有效力，这些选择必须以由独立司法机构适用的规则形式表现出来，这一制度使得一种形式公正的统治制度成为可能，也使得以一种至少具有公正前景的方式实现对社会经济生活进行有效的组织和民主控制成为可能。此外，对于所颁行规则没有涵括的行为，它至少还确保了一种自由要素。

　　要反击这些措辞强硬的政治宪法学观点，远远超越了一篇文章之所及。这需要维护规则能够限制决策制定观点的可理解性与可信性。④ 这需要表明解释和立法之间存在一个界限。⑤ 这需要在政治和法律之间建立有效的区别。⑥ 这里，我将自己限制在提出并阐明根本权利的一些观点，以论证致力于人权既可以脱离它们常常与之相连的狭隘道德价值，也可以脱离一般被认为对其执行必要的由法院执行固有权利的司法机制。我认为，关于固有权利可欲性的争论受到了歪曲，歪曲来源于某些常见却错误的假定，即其核心概念的政治与理论关联。在当前的政治意识形态中，由于"权利"被视为人类幸福与移情价值的对

　　① 这可能是因为，它们被认为更多地超脱于政治派别，或许是由于它们关注于阐明个人权利，而非决定社会政策。参见 R Dworkin, "Political judges and the rule of law", *Proceedings of the British Academy*, Vol 64, 1978, 116。

　　② 参见 R Dworkin, *A Bill of Rights for Britain*, London: Chatto, 1990, 23。在英国语境中，德沃金认为，将《欧洲人权公约》纳入英国法律之中将意味着，"法律和法律人在社会中就可能开始发挥一个他们现在甚至不能想象、不同的、更为重要的作用……就可能更多地以原则、更少地以狭隘的先例进行思考"，并因而成为"政府和行业的良心，而不仅仅是仆人"。

　　③ See L Fuller, "Positivism and fidelity to law", *Harvard Law Review*, Vol 71, 19513, 630.

　　④ F Schauer, *Playing by the Rules: A Philosophical Examination of Rule-Based Decision-Making*, Oxford: Clarendon Press, 1991.

　　⑤ See A Marmar, *Interpretation and Legal Theory*, Oxford: Clarendon Press, 1992.

　　⑥ See K Greenawalt, *Law and Objectivity*, New York: OUP, 1992.

立物①，并且，在当前的法律理论中，人权被视为与法律实证主义相冲突，因此，有关权利法案的争议被理解为一种权利对效用（utility）的问题，意味着一种作为可操作自然法形式的固有权利制度，和关涉多数人功利主义的议会主权以及法律实证主义理论形成对照。②

越过这些斗争路线，我提出，无论是根据何种可抗辩的分析，权利都会完全陷入价值观念的泥沼之中，其中就包括功利主义价值论核心的那些观念，以及反对法院执行权利法案，以权利为基础的强有力理由③，其中一些源于一种本质为实证主义的法律模式。这些理由更能适用于默示宪法权利，也更适用于将普通法原则背景作为引入基本权利的方式，这些基本权利被作为法律上甚或优越于含糊、得到民主拥护的立法。

如果我们希望将权利更少地建立在个体自治的自由道德价值以及消极自由之上（尽管这些也可能重要），而是更多地建立在幸福、关心和肯定性自由等更为宽泛的人文价值之上时，情况就更是这样了。理性自治主体前提条件是一种常常不现实的旧式自由模型，人权很大程度上反映在这种模型中，其代价是一种消除痛苦的义务以及实现人类不那么高尚却更为紧迫的欲望类型。④ 对于人权的定义，以法院为基础的进路加剧了这种不平衡。

阐明人权

在这一部分，我以澳大利亚高等法院最近对默示宪法权利的判决为例，论证阐明与维护人权是任何民主进程的核心任务，只要它认为所有人参与政治决策的平等权利是根本性的。表达与保障权利的方法本身就是以一种根本权利的形式表达出来的，这一事实并非偶然，对于我的结论，它是核心理由之一。⑤

我提出的理由可放在四个形容词标题之下：（a）认识论的；（b）民主的；（c）意识形态的；以及（d）实证主义的。这些代表了反对法院以明示或默示的方式阐明根本权利的四种理由。我用来说明的例子是 Australian Capital

---

① See C Sypnowitch, *The Concept of Socialist Law*, Oxford: Clarendon Press, 1990.
② See TD Campbell, *The Left and Rights*, London: Routledge and Kegan Paul, 1983, 18—51.
③ See JAG Griffith, "The political constitution", MLR, Vol 42, 1979, 1.
④ See A Gewirth, *Reason and Morality*, Chicago: Chicago University Press, 1978.
⑤ 沃尔德伦提出了这样一种观点，那就是，市民参与理念是现代权利观念的核心，并且恰当地注解称，即便权利是王牌，也不能决定哪种权利是王牌。参见 Waldron, *op cit* fn 2, 33, 38, 51.

Television Pty Ltd v. The Commonwealth（1992）案。[①] 在本案中，原告质疑《1942 年广播法》（联邦）Pt IIID 部分，该部分由《1991 年政治广播与政治披露法》引入该法案。Pt IIID 禁止选举时期在广播或电视上发布政治广告，却允许有政治取向的广播节目，并允许分配给正当的自由电视时间。高等法院认为：

> Pt IIID 整体无效，因为它严重破坏了之前公民所享有的讨论公共政治事务，以及批判联邦制度的自由——以对公共、政治探讨的自由交流进行默示确保的方式，由宪法隐含意义所体现的自由。[②]

这里，我们正在处理的是一部联邦宪法内所谓的隐含意义，而非对一部公开权利法案的解释，但是，就对这样一个判决之动因正在发生的情况所进行的分析而言，这两种情况的结构特色本质上相似。在这两种情形中，权威宪法词语都是在宣布一种立法权力行使的无效语境中被解释。或许，要在一部宪法内部找到一部权利法案，而起草者从这部宪法起草时就有意识地排除了权利法案，这可能会更有争议，但我们可以暂且置之不理。最近，高等法院一名成员提出了更为激进的意见，大意是，默示人权可能来自普通法上的"自由"，这一理论被认为在宪法被批准时具有规范性优先地位。对于这一更为极端的意见，很多论据有着更大的适用力。[③]

A）认识论论据

人权狂热者批准法院中心的根本权利，其信心建立在一种不合理假设的基础之上，也就是，人权独特的认识论。只有人权内容假定的无争议属性才能让我们认为，法院能够以一种无党派性的方式确定某些根本权利，继而，这些基本权利被叠加在一般的政治决策之上，以使后者能够维持在恰当的界限之内。法院以这一方式介入的合理性在于，它们拥有发现事实所需的技巧，并且习惯于以一种充分无私的方式适用既定规则，这种方式足以赢取我们的尊重。所有这些都建立在权利属性与合理性的不合理理念之上，也就是，人权可以通过相对清晰、简单的规则予以表达。因此，确保人权的任务就不再被视为了解这些权利是什么，而在于考察它们如何得到遵守，以及它们遭到侵犯时救济如何得

[①] *Australian Capital Television Pty Ltd v The Commonwealth*（1992）66 AJLR 695.
[②] *Ibid.*
[③] Toohey J, *op cit* fn 10.

以执行。因而，它认为，我们都知道什么是酷刑，并且我们都同意酷刑永远不合理。然而，剩下的，并且也是艰难的任务就是，找出何时发生酷刑，并提供阻止它的机制。

这种模式将人权作为一系列本能或合意的绝对禁令，我们可以称之为酷刑模式，在诸如大赦国际（Amnesty International）等主体曝光侵犯人权时具有重要用途，在国际关系领域也具有相当的重要性，但是，对比如澳大利亚这样的国家追求人权而言，它就没有什么关系了。一旦我们从对更一般暴行的禁令转向阐明一个基本人道制度中的政策时，那么，我们很快就会发现，即便是最没有争议的人权问题，其内容和形式也都是具有一定困难的问题，并且没有形成合意的方法论。生命权是否意味着排除适用死刑？对穷人是否应该不惜代价给予最好的现有紧急医疗照顾？是否因其未能阻止致命虐童而赋予它一项反对该政府部门的行动权利？事实上，只要我们试着将我们的标准从极端粗糙情形拔高，那么，即便是"酷刑"的概念，一旦与激进的询问方式和恶劣的监狱条件联系起来，也就会变得问题重重。

此外，这些合意权利，要对某些类型的不当行为采取绝对禁止的形式，并没有获得简单的方法。由于其高度不确定的表述，例外总是被允许的，尤其是在与其他权利出现冲突的情形下。绝对主义的表述在政治修辞中是恰当的，但是，它们并不总是适合于政府所接受的任何表述形式。在每一种情形中，实践中都将会出现很多例外。因此，除非确定了具体细节，作出了困难选择，否则，夸夸其谈的人权绝对不是任何特别的保护，另外，除非我们支持一种极端自由主义意识形态，否则也不会存在限定于不干涉和不作为的消极的相关义务，因而，关于任何一种权利形式，都不存在合意。①

实际上，我们对人权的共识，基本没有超过我们对某些我们极为看重、非常重要的人类利益的共同珍视，以及对一定形式的人类平等与一种高度不确定公正观念的义务。除非与不同活动领域联系起来详细阐明，并且无穷的竞争优先权被赋予一定的有效关系形态，否则，这些宽泛的理念几乎没有什么意义。这些价值必定要经社会获取与阐明，而我们也只能在我们的文化语境使我们得以表达的选项范围内进行选择。因此，参与阐明与选择过程应当是人类权利传统中最珍贵的理想之一，不能因为这些关键选择被留给当事人、律师和法院，而演变成了观赏运动。

显然，*Australian Capital Television* 案似乎并不是根据法官的道德直觉作出的政治判断。相反，正在发生的似乎是确定"代议政府"理念的前提，得以推出相关默示根本权利的明确宪法资料。确定这些前提可能被认为是司法活

①　参见 M Menlowe and A McCall Smith，*The Duty to Rescue*，Aldershot：Dartmouth，1993。

动正常范围内的一个事实问题。有问题的立法是否会破坏某些对代议政府存在因果必要性的东西呢？

法官分两个阶段来解决这些问题，他首先指出，存在一种政治沟通的自由权利，接下来则认为 Pt IIID 以一种不可接受的方式破坏了那一权利。在这一论断的第一步，首席法官梅森提出：

问题在于，那些作为议会议员和国务部长（Ministers of State）的代理人并不只是被人民选择，他们还要作为人民的代理人来行使他们的立法和行政权力。并且，在行使这些权力时，这些代表必然要就他们的所作所为对人民负责，并负有考虑他们的所代表人民观点的一项义务。与这种责任和这种义务不可分离的乃是沟通的自由，至少对公共事务和政治谈论而言是这样。[①]

换句话说，沟通自由与代议政府不可分离。

178 这一论断如果只是一种主张，即一定沟通是政治代表的前提，那么，它就没有什么可质疑的，但是，它却并没有确定在这方面一些"不可分割"的具体权利（赋予"沟通自由"）。实际上，它可能会称，沟通越多，制度的代表性就越强，因而，在一个完全代表的制度中，会有最多的沟通，这似乎是可信的。首席法官梅森称：

没有这种沟通自由，代议政府就会无法实现它通过人民选出的代理人进行治理的目的；政府也就不会再对人民的所需所求负责，就此而言，也就不再是真正的代理人。[②]

然而，他说的并不是实际或最大的沟通，而是沟通的"自由"，也就是某种影响沟通治理的某种规范秩序的理念。

正是在这一点上，法院"知道"这种规范性沟通自由相当于什么的假定，才被作出。在这一意义上，基本权利是"直觉式的"，或更确切地说，被认为清晰、无争议、无疑问。当法院简单将金钱在选举过程中的腐化作用折抵时，这种"直觉式的"道德判断就会出现，这种腐败确实会影响理念间的平等竞争，这些理念可以被当作沟通自由究竟意味着什么。法院多数"知道"Pt IIID 中包含的内容是对沟通自由的一种限制，而非对它的一种改善。问题被教条式地认定为是沟通自由对抗竞争性公共利益，比如政治腐败。[③] 法院有能力知道言论自由包括什么，对于这一点，同样的信心是通过它迅速抛弃以下情形的可能性

---

① *Australian Capital Television Pty Ltd v The Commonwealth*（1992）66 AJLR 695，703.

② *Ibid*，696，703（强调为作者所加）。

③ *Ibid*，705. 对于《1991 年政治广播和政治披露法》（1993）第 4.6.5 案，相反的观点由伊恩·沃德博士和伊恩·库克博士提交参议员特别委员会。

而展示的：让代理人特殊且免费接近媒体的机会会增加，而非减少"沟通自由"。

沟通自由这一根本权利中包括什么，假定法院对此的判断中具有这种本能信心，也就是某种类似现有沟通相关规则的东西，那么，支持 Pt IIID 无效的第二步就相对容易了。如果一部法律，无论以何种方式进一步限制了沟通，就构成对政治沟通自由权利的侵犯，那么，结论就是，即便是在一个限定的时期内，违法政治广告也构成对沟通自由的侵犯。接着，唯一的问题就成了，是否会有足够充分的理由支持这样一种侵犯。继而，多数派观点集中于，对于继续沿着被明确当作侵犯政治沟通权利的路线而言，政治过程中的腐败或不当影响是否是充分的理由。

如果我们将它理解为一场关于什么构成沟通自由的争论，那么，论证就会变得非常不同。在法庭上，多数派避开了关于沟通自由是否可能通过该立法得以改善的争论，然而，腐败仍然可能是一个沟通过程中所内在的问题。如果腐化的是沟通，因为它仅能为那些具有大量金钱的人所用，那么，这就不再是一个沟通自由对腐败的问题，而是一个阐明一系列可接受的自由沟通权利的问题。然而，在一个昂贵且有限的媒体渠道时代中，该立法可能会对接近媒体，继而对民主政治问题产生影响，即使承认这一点后，首席法官梅森也仍温和地表明，在几乎所有其他可比较的民主制度中，调整政治广告的一般实践"都不拒绝认为 Pt IIID 损害了探讨政治和公共事务的自由，损害了以之前提到的方式批评联邦制度的自由"①。这表现了一种盲目乐观的信心，即法院"知道"沟通自由包括什么，并且，特别是，这不是一个提供接近媒体机会的问题。如果所给出的论据是 Pt IIID 会降低政党对大额捐赠者的依赖，这就可被认为，等于是说它会增加沟通自由，因为可为选举人所用者将更少地被财富所控制。财富和财产主宰现代沟通，这一事实可能被认为是政治过程中的一种腐败，原因恰恰在于它减少了那类"真正"代议政府所需要的沟通自由。

电视广告贬损政治辩论②，其论据是关于沟通自由权利恰当内容的一个理由，在对政治语境中沟通自由的理性进行审查之后，这是一项需要确定的东西，而对此，其他多数意见也没有表现出任何意识——当支持存在一种默示沟通自由权利时，他们常常乐于诉诸这种理性，而当扩展到什么构成那一权利时，这些理性就会被忽略。③

① *Australian Capital Television Pty Ltd v The Commonwealth* (1992) 66 AJLR 695，700.
② *Ibid*，703.
③ *Ibid*，696.

180　　　所以，假定法院知道沟通自由是什么，这一假定的核心作用可以通过以下方式予以理解，也就是，它注意到，这会以某种方式使它得以避开以下问题，即 PT ⅢD 规定是否改善或消减了民主制度。我在这里的观点是，答案并不是明确的。如果这一问题已被直接解决，那么，问题背后所隐含的投机与政治属性就会变得十分明显，足以说明法院并不适合对这一问题给出一个权威意见。事实上，首席法官可以认为由参议院常设委员会（Senate Standing Committee）考虑该问题的政治与评断理由，但是，梅森却拒绝认为它们与此有关。假定法院自己进行过一项这样的研究，那么，可以明确的是，较之国家立法部门，它更适合参与政治过程。当然，同样可以明确的是，从任何无争议的自由沟通权利的制定中，无法得出答案。问题最终归结为立法是否会使澳大利亚制度具有更多或更少的代表性。这必然是一个高度投机的政治科学与政治哲学问题，因而极其依赖于代议政府与有效沟通的经济现实等特别观念。尽管异议判断本身并没有直接提出自由沟通的观念，但是，对质疑该立法所提出问题的政治属性，他们确实表现出了更清醒的意识。①

　　　高等法院自己认为，澳大利亚宪法的合法性可被证明源于英国议会，并援引英国法院的判决来支持存在表达自由权利②，因而，一种和英国所用大体相似的制度如此明显地有悖于沟通自由，以至于可授权废止一部由冗长细致民主程序制定而来的立法，提出如此大胆的主张，让高等法院自己显得相当愚蠢。③ 高等法院认为关于沟通自由包括什么的特别论述必定是宪法所默示的，这一主张当然无法获得普遍认可。因而，这一案件巧妙地揭示了在阐明根本权利的内容和形式时，为了填补有关人权话语的空白，法院自己所认可无争议的假定的方式。

B）民主论据

　　　也许，确定立基于法院基本权利的最有力论据是，民主本身既不能自我证成，也不能自我修正。作为一种治理制度，若无循环，民主本身不能通过民主手段来证成。由此可以推出，民主无权选择放弃民主制度。此外，即便民主过

---

①　Brennan J, *ibid*, 724; and Dawson J, *ibid*. 703.

②　引用的案例为 *Attorney General v Times Newspapers Ltd* ［1974］AC 273，315.

③　因而就有了 1989 年 6 月的选举问题常设委员会、《1991 年政治广播和政治披露法》，以及 1991 年 11 月政治广播和政治披露参议院特别委员会。

程被认为是政治合法性的唯一依据，那么，这一合法性也要依赖实际上确实民主的制度。有用的多数乃是恰当构造民主制度中的多数。因而，显然有理由寻找一定的制度程序，为选举规则与选举程序提供外部监督，甚至对恰当构建的民主能力进行限制，以免其退出民主规范。①

此外，在试图对平等政治权力正当理念赋予制度形式时，实际民主就得根据某种近乎一致的决策程序来进行，而该程序不可避免地要置少数派利益于危险之中。因而，可以认为，限制多数派可以就那些不属于多数派成员的个体利益做什么，（从其推进平等权利的目标来看）乃是实际民主，继而属于实际民主的乃是根本权利的理念，作为一种机制，它保护那些甚至是多数派也会阻碍的利益。此外，作为民主期望的一部分，指望法院来阻止多数派侵犯这类权利，似乎也自然。然而，尽管这些因素确实有力地提出了根本权利对无原则多数派进行道德限制具有重要作用的理念，但是，这绝不是明确地说，它合法化了法院的这样一个角色：实际上发展这种以权利为中心的规则，而非仅仅适用它们，而适用则被认为适于保护相关弱势的利益。

实际上，显然，将这种权力赋予一小部分非选举、非代表性，来源于一个并不总是那么受人尊敬的职业成员，对于这些权利而言，这一解决方式所产生的结果可能会比我们开始所面对的实际问题更为不利。考虑到自私或愚蠢的多数派，无论是法院，还是议会，都似乎不是有吸引力的机制。如果我们确定，我们都知道权利要被执行，那么，由法院决定这些权利何时受侵犯就显然比较恰当，然而，既不赋予法院，也不赋予议会决定这些权利内容的权力，也有着有力的论据。法院根本就不是可民主负责的，而议会则只是不完美。无论将决定超越多数派决定权利内容的权力赋予哪个国家机构，都会引出一个永恒的政治困境：谁控制管理者？

在这些情形中，全民公决决定根本权利具有一定的优势，尽管这本身既不能解决谁为全民公决设定选举规则的问题，也不能解决少数派权利的问题。此外，这种全民公决一般会涉及反对或支持简要、不具体权利的决定，这些权利实际上将大量无法追责的权力交给解释者，这些解释者承担着将这些不确定权利适用于具体情形的任务。② 因而，更恰当的做法是，将具体化根本权利的任务交给选举产生的人民代表，由此，至少他们也能对确定优先权利的任务保持

---

① 对"民主"这种定义限制的探讨参见 I Chapman and R Wertheimer（eds），*Majorities and Minorities*，New York：New York University Press，1990。德沃金指出："民主并不等同于多数决规则。"参见 See R Dworkin，*op cit* fn 12，13。

② 关于全民公决，参见 G de Walker，*Initiative and Referendum：The Peoples' Law*，Sydney：Centre for Independent Studies，1987。

一定的控制。这就解除了法院拒绝立法的权力，使其不能拒绝被视为例证根本权利内容的任何立法，因而将决定根本权利内容的权力，作为政治权力的一部分予以维持，使其不能与民主之下的公民权相分离。所有可行的民主证立理论都集中于平等运用政治权力的理念。什么可作为那些优先予以考量的利益，以推翻与超越所有其他因素的优先顺序，在政治权力中，几乎没有什么方面比这种决定权力更加重要。将这一角色交给一个非代表机构，等于是交出了政治权威中一个如此重大的方面，以至于最初用来证立这一举动的理由都会遭到破坏。对多数人承认少数人权利能力的绝望，等于是对民主本身绝望。实际上，如果人民并没有保留一种根本权利的理念和承诺，那么，法院就绝不适合维持这种民主本质要素所需的活力与效力。民主不是通过司法能动主义取得的，也不可能由它来维持。如果人民及其代理人并没有一个鲜活的人权意识，对他们所代表的价值也没有一种强力的责任感，那么，根本宪法权利，无论是默示的，还是以其他形式存在，就都将是无效的。因此，如果实际情况是，民主决策预设了民主过程与多数派对少数派权利的理解，那么，指望在多数主义选举过程之外来维持民主文化与民主程序就是错误的。

在 *Australian Capital Television* 一案中，关于选举时期适当的沟通秩序是什么，由非选举产生的法官作出了决定。他们这样做的方式是，将他们的沟通自由观念及其对代议政府的特殊意义的认识予以适用。他们这样做是在承担保护民主的角色，对抗的是来自选举产生的代理人颁行法规所可能产生的破坏。在判决中，对政治家的司法怀疑清清楚楚。首席法官梅森认为：

法院应该机敏，不认同立法机构和执法者的表面主张，即沟通自由，除非进行限制，否则将会造成政治过程的腐败和扭曲。[1]

更具体而言，根据之前选举分配的电视时间制度被认为偏好政治现状，并因而有利于颁布了相关立法的政治家。所有这些都符合约翰·哈特·伊利（John Hart Ely）的"代议强化"（representation reinforcing）命题，根据这一命题理解权利法案，认为赋予了美国最高法院维持公平选举前提条件的任务。[2] 当然，高等法院将此作为审查立法机关颁行法律的一个典范领域，"对影响政治职位选举行为中自由沟通的限制，法院必须仔细审查，因为，正是这个领域确保它首要目的的实现。"[3]

---

① *Australian Capital Television Pty Ltd v The Commonwealth* （1992）66 AJLR 695，696.
② See J Ely, *Democracy and Distrust*, Cambridge, MA: Harvard University Press, 1980.
③ *Australian Capital Television Pty Ltd v The Commonwealth* （1992）66 AJLR 695，705.

当然，现在高等法院的怀疑可能得到证立，原因在于，建议的改革会有利于在任代理人（却并不因此总是有利于一个特定的政党）。然而，考虑到电视时间是一种非常稀缺的商品，同时考虑到代议权威和分配这一稀缺资源之间的相关性，更不要说考虑到现在对实际准入的高度限制了，那么，不明确的是，何种替代分配制度才合适。如道森法官（持异议意见）所指出的，"在选举期间，所有人都希望免费通过电波提出一种观点是不切实际的，并且，如果有免费时间，那么，就必须有一定的方法，将其予以分配"①。的确，只有通过对财富的不当影响进行折算，才有可能去考虑，通过制定法所实施的改革没有朝着一个"更公平的赛场"迈出恰当一步。倘若如此，这就表明，在如何阐明沟通自由问题上，法院正在采用的是一种极为特别，且极富争议的进路。此外，也没有理由相信，它们这样做是在遵守选民的公正政治程序观点，而与其代理人的相反。

将这类问题拿出政治场域交由法官解决，乃是对政治过程的破坏，无论怎样，这都是我的一部分观点。法官道森指出，宪法制定者明确拒绝美国模式（这一点，首席法官梅森也进行了强调），并且，这一"选择是审慎的，其依据的是这一信念：民主过程会保护澳大利亚公民所享有的自由免受不当侵害"②。表达自由对于澳大利亚这样一个自由社会，如对美国一样根本，这一点，法官道森并没有否定，但是，他的立场落脚于保护权利的其他方式的宪法承诺："然而，事实仍然在于，在这个国家，根本自由的保障并不取决于任何宪法命令，而在于一个民主社会自身保护它共同价值的能力。"③ 这似乎不仅是对宪法默示了什么的准确阐释，更代表了一种政治方向，与其他选择相比，这一方向民主性更为彻底。道森法官又说：

墨菲·J（Murphy J）表达的观点认为，对于任何自由社会而言，迁徙自由和沟通自由都是不可或缺的，这里说这么多，丝毫也不是对其观点的反对。而只是说，对建国者信任的保护那些自由的制度有不同认识。④

因为制定成年人普选制的是国会，而不是高等法院，因而，由于媒体现在对公众意见具有超凡的力量，那么，对于民主所面对的商业主导媒体的严重影响问题，要解决它，我们应该指望的就是议会。相当遗憾的是，解决这一问题的最初（无疑不完美）尝试遭到假借保护民主权利之名的此种否定性回应。

---

① *Ibid*，725—26.
② *Ibid*，722.
③ *Ibid*.
④ *Ibid*，723—24.

C) 意识形态论据

  Australian Capital Television 一案表明了一种方式，通过这种方式，法院可以主张对根本权利的公正。法官不会像政治家可能的那样，从选举过程的变化中受益或受损。更一般地说，法院可能被认为超脱于政治冲突，这使得它能够对多数派与少数派之间的冲突采取一种至少相对无私的观点。① 然而，尽管这种公正是委托法院将具体规则适用于特定事实情形的一个理由，但是，对于委托给它们的实际立法权力而言，这却不是一个充分的依据，尤其是在这种司法立法免于立法机构审查的情况下。

184 对于这一问题，常见的论据来源于这一事实：任何个人或个人组织都有他们自己的价值观，这就意味着，当处理一个特别的政治性的任务比如立法时，他们不能保持政治中立。声称法院如其他个人集合一样，在规则选择而非适用问题上不能公正，并不是一种存在不当偏见的指责，即便是在解释和适用最清晰、最具体规则时，也无须为了质疑非选举产生的立法权力而援引任何极端的现实主义的论证，即任何中立都具有不可能性。法律实证主义并不要求支持法律中立于社会价值的神话。②

  尽管反对默示宪法权利的这一论据并不取决于确定司法机关行使立法权力时会涉及某种特定的价值偏好，但是，法院成员的阶层、性别及年龄特征有助于预测和理解他们对这些问题的判决是可证明的。当然，有理由相信，对根本权利，基于法院的阐明将会既保守，又偏向于一种消极性的人权理念，而政治过程则对更积极，也更肯定的进路更为开放。③

  Australian Capital Television 一案中，假定现行法律与实践代表了一系列言论自由的权利，在这一领域中，这些权利是被证明合理的手段，这一假定表明了这种保守倾向。法律改变澳大利亚公民现有权利的事实使其受到怀疑，使其构成对沟通自由权利表面上的破坏。这只是一个现状论证："Pt IIID 整体无效，因为它严重损害了公民探讨公共政治事务以及批评联邦机构既有权利。"④ 此外，只有当沟通自由等同于不对任何形式的沟通进行法律限制，沟

---

① See R Dworkin, *op cit* fn 12，13.

② See W Sadurskl, *Moral Pluralism and Legal Neutrality*，Dordrecht：Kluwer，1990.

③ See JAG Griffith, *The Politics of the Judiciary*，4th edn，Glasgow：Collins，1991.

④ *Australian Capital Television Pty Ltd v The Commonwealth*（1992）66 AJLR 695，695.

通权利和政府不禁止任何形式的言论自由的义务相关联时，这才确有道理。然而，政府（或其他政府机构）有采取积极措施推进沟通的义务，比如提供使用电视的免费时间，从其与这种义务关联的意义上而言，根本权利就可以被视为积极权利。这种积极权利并不是那些法院日常处理的权利，它们反映了一种创造性的、社区取向的意识形态，在法律职业中，该意识形态并不占据主流地位。实际上，原告辩称提供免费时间构成对他们财产权的侵犯，尽管这一点并未被法院明确指出，但是，法院的构成使其可以接受这些观点，实际上，大体而言，美国有关言论自由的法律也同样受到媒体所有人控制他们自己财产权利的类似影响。

当然，在将沟通自由的定义与社区中沟通能力的数量、质量及分配规则进行剥离时，法院并没有展现出意识形态方面的偏见。在法院对结果论证的漠不关心中，其不受限制的中心地位显而易见：

议会，或政府的人真的认为，在政治过程中，某些人或组织可能会比他人更多、更有效地使用政治沟通自由，如果只是因为这样，那么，对于代议政府宪法教义所默示的政治沟通自由而言，限制就不构成对立，也不与之矛盾。①

换句话说，当根本权利受到威胁时，重要的是正式的、消极性自由。

D) 实证主义价值的论据

如果我们将法律实证主义更多地看做一种规定性，而非描述性的理论，那么，它可能会具有如下的特征：通过一个明晰、准确、全面，无须诉诸司法者道德和政治观点就可以适用的规则体系，我们会得到更好的治理。那些据称来自这种法治形式的为人所熟悉的利益乃是偶然所得：个人和组织拥有根据已知法律后果规划他们行为的自由；不同对待方式要依据一定的规则而非官员任意的形式平等，其前景在于，如果规则是良善的，那么，也就会有实质平等；以及治理效力，因为有了清晰、具体的约束力规则，就有了越来越多按照预计方向改变行为的前景。

较少被人注意到的是，靠近实证主义理想的民主收益。实证主义认为，在这种民主形式中，人民或其选出的代理人是唯一的，或至少是更高的法律渊源。对于足够细致、可以产生实际效果的裁判，通过给予其关注，具体、可公

---

① *Ibid*，719.

平适用规则的实证主义理想就推进了民主。换言之，选择规则赋予人民或其代理人的是真实、有效的规则。选举官员，赋予他们对个人问题广泛的自由裁量权，只要再次选举对那些官员来说是一个结果问题，那么，这就会涉及一定的责任，但是，通过要求这些官员按照规则进行治理，因为这些规则乃是民主过程的结果，就会获得远为严格的民主控制。当然，对于非民选官员，这种控制甚至更加重要，比如说对于那些不受选举纪律约束的政府官僚和法官。

Australian Capital Television 一案中的最后一点很关键，主要与非司法官员的行为相关，因为缺乏分配 10% 自由电视时间的明确标准被当作是拒绝该立法的一个原因。法院并不赞同地注意到，10% 自由时间的分配取决于"法庭自由裁量权的运用"①。这就意味着，不可能预见到这种自由裁量权将会如何使用。

186 然而，允许法院享有一种解释的自由裁量权，使它们得以通过一种非常松散的程序，以及一种必然政治性的推理作出裁决，以此推翻清晰、准确的立法，对此，也可以作出类似的批判。根据实证主义模式，当高等法院反对美国所谓的"违宪含糊性"时，它有着有力的依据，然而，当反对法院创造的默示宪法权利构成的法院中心权利法案时，同样的考虑因素也会奏效。②

从现有社会实践中，可以挑选出具体、可中立适用的规则，这些规则足以反映追求人权所隐含的价值。人权可以被实在化。确实，假定关键决定是对这些价值输入什么的决定，那么，如果它们要生效，如果它们自己不去破坏这些价值，尤其是不去破坏那些自由、平等以及回应根本人类需求的价值，它们就必须被实在化。如果要将我们限定于此类修辞对话，那么，我们可能会认为，通过民主选择的，接近实证主义明确、具体、融贯理想的规则进行治理，是一种人权。这里有一些根本的人类价值，并且，其中一些需要具有具体内容的法律的保护。

然而，这并不是说，要像政治辩论中发生的那样，要颁布其表达方式成为法律解释对象的权利法案。它的确意味着，要确定具有一定核心价值的利益，这些需要通过适用于特定社会、经济环境的，课以义务的规则予以保护和推进。因而，《1991 年政治广播和政治披露法》（联邦）可以被看作通过民主化的选举过程，使得特定社会情形中政治平等以更为可取的方式来例证人权的一

---

① *Ibid*, 707.
② 关于解释含糊权利中所涉及的道德性，可参见 M Perry, *The Constitution*, *the Courts and Human Rights*, New Haven, CT: Yale University Press, 1982。

种努力。高等法院假定了一种可论证的自由裁量权，从而不允许这种立法，这是对实证主义理想的公然侮辱，也是对法制的背离。

当然，尽管并不系统，但法院也能够实在化抽象权利，方式是通过标准的判例法发展程序，正如那些具有固有权利的司法管辖区中所发生的那样。然而，这种情况发生的越多，法官就越多地承担立法者的角色，并且，随着这些权利范围以一种扩张方式进行解释，几乎没有什么政治决定可能不需要经由一种表现为法律框架的形式重新辩论。此外，通过赋予法院一种更为公开的政治角色，而将他们的能力削减，限于履行它们的首要职责，即执行以公正非政治方式为它们选定的规则，我们仍将会长路漫漫。

结论：忧虑和可能的出路

对于将权利法案和默示宪法权利作为政治选择的核心这种趋势，本章对其重要的令人不安的方面予以集中关注。然而，需要强调的是，这并不是要贬低人权理想的重要性，也不是要贬损它们所代表的重要价值承诺。事实上，支持以法院为中心的根本权利的一个更令人信服的理由在于，这可能是确定这些价值重要性的一种方式。毫无疑问，尊重根本权利在一定程度上和这样一个事实联系在一起，那就是，它们被认为是从日常政治的腐朽与权衡中分离开来的。因此，可以认为，鼓励澳大利亚高等法院提出一种默示权利法案可能会具有重大的符号意义，并且有助于复兴我们社会中的自然感与人权的重要性。①

与此同时，这样一种制度安排所释放的信息本质上是非民主的，这并不是因为多数决无可厚非，而是因为，对于多数人能够以人权术语思考及选择，承认所有公民具有平等价值，同样珍惜保护个人幸福与自治重要性的能力，它放弃了希望。比起建立起一个对抗性政治机构以监督人权的符号性优势而言，将人权阐明与选举产生人民代理人分立的符号性影响的破坏性可能更强。

此外，如果我们对政治绝望，那么，法院也就不会拯救我们。固有权利法案的一个危险在于，一般政治受制于讲求实际的多数主义与纯粹的功利主义。某些利益需要某种保护，从而使得我们以实在权利对它们予以铭记，这些利益是通过对他人课以具体强行性义务来保护的，并且通过让这些利益在特定情势中不会遭受功利计算（或对该问题的其他计算）的损害的方式进行推进，对于

---

① 德沃金提出了符号性观点，参见 Dworkin, *op cit* fn 12, 56f.

这一论据，民主过程的所有方面都会接受，而这一点必然是任何可接受政治文化的组成部分。只有法官才能被信任来阐明与确定权利的理念，这是一种简单且危险的主张。①

188   这一谈论的结果在于，找到一种强调、便利人权民主表达的制度化方式的重要性，该方式要不牵涉重大的司法介入，这一制度化要保留根本权利理念，但同时向民主回归。现有的选择有一些，但这些不能在这里探讨。非固有权利法案会有助于集中精力关注人权，因为，可以期待立法机构重新考虑它们所颁布的法律，如果这些法律在法院看来与现行法案或宪章冲突的话。② 然而，这种方式仍然会赋予司法机构令人遗憾的任务：将它们所能者解释为高度不具体的权利。如果要避免这一点，权利法案就要变得非常细致，那样的话，它们整体上就无法与一般立法区别开来。

一个不太戏剧性的选择是使用批准的权利表述，由一个议会委员会以人权视角对所有的立法进行审查，此外，许多人权公约，若这些国家为签字国，对于与由其而来的国际条约义务有关的立法草案，这一点与这儿的审查配合默契。③ 对此，假定它要受到立法审查，那么，对这样一种权利表述可以进一步补充功能，尤其是当将它们用作对制定法解释和普通法发展的一种指导时。

我不对这些可能性的支持和反对理由予以深究，我只是指出，无须让法院成为对人权进行实质性阐明的首要角色，就可能找到人权制度化的方式。对人权价值的考虑，甚至是对支撑很多人权观念自治理想的承诺，最终指向的都是这种需要：将界定根本权利内容的权力保持在民主政治的主流之中。如果只是因为，根据美国模式，它会阻止在没有权利法案的国家中进入可能被当作人权的空白，那么，完成这一点很重要，这里的空白更多的是一种国际比较，而不是对人权的实际忽视。实际上，对当前澳大利亚发展的一个主要忧虑可能就在于，真正民主引领的人权发展可能会被高等法院以它们自己不合法的意识形态推翻。这只能让人权理想声名扫地，最终破坏它们应当服务的人文价值及人类利益。

---

① "怀疑包容性理性化探讨是强化我们权利传统手段的人，也必定既怀疑人类理性的能力，又怀疑存在证立权利的有力理由。" 参见 S Chambers, "Talking about rights: discourse ethics and the protection of rights", *Journal of Political Philosophy*, Vol 229, 1993, 247。

② 如《1990年新西兰权利法案》那样。

③ 一个建议可参见 D Kinley, *The European Convention on Human Rights: Compliance without Incorporation*, Aldershot: Dartmouth, 1993; 也可参见 A Lester, *Democracy and Individual Rights*, London: Fabian Society, 1968。

第十章　人权：一种争议文化

支持宪法确定权利法案的许多论据都遭到打击，这种打击来自人权的内
容、形式及其价值所与生俱来的争议属性。即便是在公民与政治权利的情形中，裁决特定案件所需要的，实现确定性程度的权利具体化，在政治上与道德上，也必定是存有争议的。对于人权法理所固有的价值选择，并不存在公认的道德或法律方法，可以被用以给出所需的客观性。因而，人权的合法阐明需要持续的民主对话和决策。尽管英国《1998 年人权法案》被认为是一种权宜之计，但它确实能够便利法院与议会的持续参与，从而将人权更为牢固地置于政治议程之中，在法院与议会的介入之间确定一种适当的平衡，同时承认，实在化人权的发展必须主要依赖于政治选举。

英国《1998 年人权法案》可能会成为英国宪法的一次次要或重大的变革，但是，无论是哪种情况，它都应被视为趋向人权理念法律制度化这一全球趋势的一部分；但是，只有在它将人类根本利益的确定和保护置于公共议程中心附近的位置时，这一趋势才能受到欢迎。然而，以法院为基础，由其决定赋予基本权利概念以内容和形式，这一经确定，由于它会导向政治的司法化，会导致人权优先分级和具体化渐行渐远于代议政治领域，从这一意义上而言，它是一种潜在的危险发展。如果认为人权无须考虑民主责任范围，而是对基本权利强加的争议性解释，那么，人权就会变得更加脆弱。

由于英国是欧盟成员国，因而，在《欧洲人权公约（European Convention on Human Rights）》（以下简称为 ECHR）方面，它所面临的其他选择非常有限。尽管英国公民可能根据 ECHR 质疑法院的判决，但英国法院仍不能

189

190

x

对 ECHR 形成重要认同，由此产生的不正常局面依然需要通过一定的宪法改变来予以清除。《1998 年人权法案》似乎是替代选择范围中最谨慎的，但是，它只不过是一个完善国内权利法案的中转站，在这种情况下，对于将会采用何种具体权利以及何种确定模式，都将会存在艰难的争论。实际上，随着起草法案所遇到的问题变得愈加明显，一个所谓自产的权利法案似乎越来越成为一种不可能的结果。如果一个临时性人权法案变成英国宪法更为恒久的特征，那么，ECHR 就仍可能继续对英国法院仅产生细微的影响，但是，它的重要意义将很大程度上取决于英国司法机构回应机遇的方式，这些机遇是指它创造更为积极司法角色的机遇。有这样一种可能，那就是，该法案鼓励司法创造性的方式，既可以通过制定法解释，也可以按照欧洲人权法理的路线发展普通法。

无论当前宪法发展的结果是什么，对一个具有深厚议会民主传统的国家而言，在适应一种现行区域性人权制度时，对其可用的机制选择进行反思，都是及时的。这包括对人权属性与功能争论的流向进行审查，还包括通过质疑人权知识论，重新探讨一些伴随人权运动的常见哲学问题。这一反思得出的主要观点是，忽视基本权利的内容、形式与价值存在着激进、合理争议的任何制度机制都不能被证立。一个相关建议是，《1998 年人权法案》的有些方面可能有助于推进实现法院和议会之间的政治对话，前者是人权的主要监督者，而后者则是人权的主要立法者，它们之间的伙伴关系允许人权法发展出比 ECHR 现在所包括的更为全面的利益范围。如果新式司法权的使用是适度的，并且对更广泛的民主语境保持敏感，那么，对于当前法案，要将其作为法律与政治对人权法阐明介入的一种有效妥协，从而予以接受，就会出现有力的理由。

人权争议

尽管有关人权属性和意义的争论历时漫长，所涉领域也多如牛毛，但是，关于理解与制度化人权的最佳进路的争议，结论却仍然远未明确。对于这一不断变化的活动领域，我们可以以宪法、哲学审查以及意识形态妥协的维度来进行解读。[①]

在宪法争论中，有人简单认为，要支持人权运动，就必须支持具有固定权利法案以及立法法案司法否决权的美国宪法模式，对于这一认识阶段，我们已

191

---

① 本章的很多背景理论取自以下著作第 6 章，参见 TD Campbell, *The Left and Rights*: *A Conceptual Analysis of the Idea of Socialist Rights*, London: Routledge and Kegan Paul, 1983。

经超越了。在人权领域中，对于确定、阐明和执行人权的最佳方法的争论，至少已经开始，尤其是在那些特别重视政治自决权的人群中。① 最近，尽管人们广泛认为，在人权方面，法院比立法机构更倾向于作出进步的判决，但实际情况却并非完全如此，并且将来也远远没有保障。② 通常也为人所承认的是，改变法院角色会对司法任命的性质，并对那些被任命来"解释"表面上具有吸引力，但令人忧虑的含糊原则表述者之行为产生深远、可预测的影响。历史雄辩地表明，法院既能促进，也能阻碍进步的社会、政治和经济变革。确实，从对政治家的幻灭中转向法官的那些人可能会发现，当我们在推进和保护公民政治、文化和经济方面的根本权利，对代议政治减少预期时，对于更加可能出现的倒退政治运动，法院所能提供的保护微乎其微。

无论怎样，在人权改革的支持者中，这种关于权利的最高的维护途径是法院行使权利法案，尽管不再是不言自明之理，但是，通过颁布宪法修正，将描绘个人权利进步，主要作为法院的责任，无论是在国家界限内，还是界限外，一般都被认为是将非常重大的政治权力移转给了法院，担忧这种行为的远期宪法后果的那些人，仍然承担着不合理的主要举证责任。这种影响深远的宪法发展可能会很有吸引力，尤其是在政治和政治家的形象如此低劣之时，但是，它们对公民如何解决政治分歧的最终影响，却必定会损害选举政治，并因而损害政府的合法性。此外，还需要知道的是，关于确定司法权力的变革，推翻要比执行更为困难。因而，在选择阐明、保护与推进基本人类利益的其他方式时，我们有理由极为仔细地审查。

在所面临的哲学争议中，人权自动与自然法相连，并被认为和坚持实证主义相矛盾，对于这一认识阶段，我们也已经超越。③ 现在，人权支持者并不一般地支持一种自然主义道德认识论，依据这样的认识论，人权内容从人类属性或其中一些宗教观点的本质之中可完成解读。很多法律实证主义都欢迎使用人权修辞来确定核心社会目标，并且，无论是对于将具体权利义务在语词上优先于任何冲突的立法予以制度化，还是在一个民主治理制度中给予此类权利义务

192

---

① C Nino, *the Constitution of Deliberative Democracy*, New Haven, CT: Yale University Press, 1993; and J Waldron, "A rights-based critique of constitutional rights", *Oxford Journal of Legal Studies*, Vol 13, 1993, 18.

② 例见 D Tucker, "Natural law or common Law: human rights in Australia", in B Galligan and C Sampford (eds), *Rethinking Human Rights*, Sydney: Federation Press, 1997, 120—43。

③ 进一步分析，可参见 TD Campbell, *The Legal Theory of Ethical Positivism*, Aldershot: Dartmouth, 1996, 161—87。

一种特殊地位，实证主义者都没有问题。实际上，可以看到，人权逐渐通过人权法院得以制度化，人权法院的法律教义和案例法成为了纯粹道德权利的实在化，借此，无形概括的价值被赋予了具体内容。因而，具体化的人权规则就从新确定的社会法律来源中取得权威。"来源命题"常被用来界定法律实证主义理论，在为有关人权的法律确定社会来源时，这些发展可被视为与"来源命题"相融。① 同时，人权规范的内容常常含糊，这就提出了这样的问题，那就是，这样一种高度不确定的规范出现在了一种实证主义法治理想之中，这种理想就是公平适用清晰、准确且确定的规则体系。概言之，人权实证主义进路具有的优势在于，它鼓励创制能够引导国家行为的规则，并为侵犯人权提供可预测的救济，而无须主张这些可以从显然或无争议的前提中推论得出。

然而，对于通过将其变得更加具体、更可司法，从而具体化或实在化人权规范，尽管法律实证主义可能欢迎这一举动②，但是，相同程序同样也可以被视为弱化法院能力的一种方式，降低了法院根据恒久或呼之欲出的道德理想来发展人权的能力。③ 案例法的发展将人权陷入先例与法律权威所构成的纵横交错的网络之中，并因而以一种已被平等进步实在化历史例证了的方式被削弱其道德力量。于是，就得出了一系列有力的意见，支持人权规范仅以含糊规定的形式表达，这就需要道德上深思熟虑，要求人权法院开放的自由裁量决策，而无须事先对现行案例法作重要事先参考。从这一观点来看，这一自由裁量模式中蕴涵大规模的司法创制权力，抵制它就会被当作拒绝人权本身，而不会被当作是以区分制定规则权力与适用它们的义务的方式，来支持法治的一种尝试。

然而，法院可以获得客观普适价值的知识，只有在这个层面上，这种道德监督制度才能得以辩护。人们广泛相信，这样的知识确实存在，这一点可以被看作是人权运动的一大成就。然而，诚如所见，对于人类理性可以认识人权，对于法官对这类权利内容和优先性作出客观评估的能力，新自然法哲学的高度信心远远超越了任何现有的认识论基础，而证立将这类问题拿出政治争论领域的，正是这些认识论基础。

193 在意识形态争议中，人权曾主要和一种极端自由主义相关联，在这种理论

---

① J Raz, *The Authority of Law: Essays on Law and Morality*, Oxford: OUP, 1979, 47ff.

② 例见 TD Campbell *et al* (eds), *Human Rights: From Rhetoric to Reality*, London: Blackwell, 1986。

③ 如 R Wasserstrom, "Rights, human rights and racial discrimination", *Journal of Philosophy*, Vol 61, 1964, 630。也可参见 J Feinberg, "The nature and value of rights", *Journal of Value Enquiry*, Vol 4, 1970, 243。

中，人权的本质目的在于将政府行为限制在极其有限的领域中，从而使个人，无论是以独自还是自由联合的方式，都可以自由地以他们自己的方式追求他们自己的利益。可以说，我们已经超越了这一认识阶段。尽管法院阐明人权的一些要求的确来源于最小政府的理想，但是，人民大众所支持的平等主义福利政策也被认为会危及根本权利和自由。现在，广获承认的是，通常也需要国家活动来实现很多所有人的优先利益，并且，这些利益与自由主义国家中的那些消极自由一样，具有被作为根本权利那样同样多的权利。①

的确，公民和政治权利作为一方面，社会和文化权利作为另一方面，它们之间的区分仍然保持着政治上的显著性。在国际层面，这种区分标记为《公民权利和政治权利国际公约》与《经济、社会和文化权利国际公约》的不同地位，而在欧洲层面，这种区分标记为 ECHR 与《欧洲社会宪章》之间的区别，这代表了延续不断的趋势，即认为公民自由本质上比物质需要更为基本，以及认为人权运动的首要作用是限制政府的作恶，而不是鼓励政府更多地成为人类根本利益的前提条件。不论怎样，我们都可能注意到，联合国对两种类型的权利作了同等重要性的正式承诺②，并反复努力去表明，在无成本的公民和政治权利以及昂贵的经济和社会权利之间，并不存在严格的区分，这可以用来证立前者的强行性地位以及后者纯粹的愿望性地位。③

此外，当前的人权制度正在开始展示出一副陈旧面孔，原因在于，它们仍然强调政府的罪恶，而不是资本主义的罪恶，如果我们仍然能用资本主义这一术语来确定当前私有经济权力形式的话。在人权概念中，没有什么要求我们将国家确定为这些权利的主要破坏者，这一点和历史上有所区别，并且，一种意识形态如果意图确定和保护基本人类利益，但同时却不能解决日益增长的全球化私有经济权力所造成的苦难，那么，它就是严重不完整的。这并不是说，与人权和政府不相容相比，人权和资本主义更不相容。相反，这是在宣布，经济权力和政治权力一样，也对人类的利害具有相同的制度悖论。

有这样一种趋势，认为苏联式社会主义的消亡代表了一种人权演进模式的胜利，即在冷战胜利者司法管辖区内演进的模式。自由主义（liberalism）全

194

---

①　因而，法布尔称："如果一个人支持宪法性公民和政治权利，也支持社会权利，那么，这个人必定支持宪法性社会权利。"参见 C Fabre, "Constitutionalising social rights", *Journal of Political Philosophy*, Vol 6, 1998, 263, 283。

②　"Vienna Declaration and Program of Action", *Human Rights Law Journal*, Vol 14. 1993. 352.

③　H Steiner and P Alston (eds), *International Human Rights in Context*, Oxford: OUP, 1996, 256—328.

球化常被描述为自由意志论（libertarianism）的全球化。然而，冷战的终结有助于，而非阻碍将人权从自由意志论或消极自由主义中解放出来，这增加了塑造新意识形态形象的前景。在对人权的细节进行描绘时不再需要注意它们在资本主义和社会主义意识形态战争中的作用。

在这一争论中，权利话语的意识形态意义遭到一些人的歪曲，这些人认为，权利与一个人道社区中的生活并不相符，在这种社区中，人们行为具有一定程度的利他主义和对他人善意的特征。这一批判来自马克思，他对作为中产阶级意识形态的不可分割的权利进行了严厉谴责，而今，这常见于社会主义和女权主义研究作品中。^① 这些权利怀疑观点具有很多历史合理性，却忽略了一点，这一点对于评断权利能力至关重要，那就是，由权利确定和保护的利益无须通过狭隘的私利来理解，但是却能够涵括关爱者在协助、支持他人时拥有的利益，这些强烈要求成为人类社会的根本利益。^②

此外，公民拥有权利，但该事实并不要求他们仅为他们自己的利益行使这些权利。事实上，当然也不要求他们去行使他们的权利，因为，在绝大多数情况下，拥有一项权利包含放弃该权利的权利。^③ 权利文化的批判性探讨很容易认为，权利文化是一种个人中心主义文化，它鼓励与促进人们在和他人产生利益冲突时，主张他们自己的利益。将一种权利体系理解为一个规则框架，在没有一种公民仅追求他们自己个人的改善的文化的情况下，通过这一框架，可以推进人类根本利益，这种情况也是可能的。权利可以作为一系列目的的工具，包括在一个文化中赋予他人利益，这一文化中包括道德良善的人对如何、何时行使他们权利所作自治判断的作用。一种权利文化并不必然是一种抱怨文化。

还有另外一个引人注目的巧合，那就是，在现今政治意识中，对美国模式为样本的民主制度形式政治全球化的接受，与确定忽略文化多样性的重要意义联系在了一起，而这似乎是不相容的。形式上通过肯定文化多样性的普适意义，实质上通过要求一个民主制度不应该允许根据某些不可接受理由的规则或实践，诸如种族、民族、国家来源和性别，从而实现画圆为方。但是，如何对待那些文化差异，却仍未解决，而这些差异代表了对一些问题的不相容立场，这些问题如基本刑法、宗教权威的作用或不同政府形式的政治合法性。同时，

195

---

① 关于后者的争论，一个公允的观点可参见 E Kingdom，*What's Wrong with Rights*，Edinburgh：Edinburgh University Press，1991。

② TD Campbell，*op cit* fn1，83.

③ MJ Meyer，"When not to claim your rights：the abuse and the virtuous use of rights"，*Journal of Political Philosophy*，Vol 5，1997，14.

对不同的对待方式，什么是而什么不是可接受的理由，关于这些相互冲突的观点，它也不能使我们能够妥善加以处理。此外，仍未获解决的还有两种不同理念之间的紧张关系：一种是保护一个文化群体的个体成员在更广阔社会中免受不可接受的歧视，另一种是通过鼓励他们自己群体内部这种确切的歧视来推进文化的独特性。

　　总而言之，事实仍然是，人们常常认为，反对将定义人权的权力分配给法院，就等于是敌视人权本身，而不考虑支撑所有民主理论的基本权利，也就是自决的重要性和意义。人们还认为，人权主要是，并且必须仍然保持为道德或自然权利，因为，法院必须适用其道德判断，或自然法知识，来决定何种立法法规不被许可。随之而来的是另一种认识，那就是，人权可以建立在一些主观主义道德之上，根据这种认识，可以信任一个社会，或社会中的一部分，通过宗教权威、道德制度或自然科学，通过采用恰当的道德认识论，能够得出对诸如"生命权"或"食品权"等此类问题的"正确"解读及其重要性。在这种语境下，仍然有人将相对主义和主观主义等同起来，相对主义命题认为，对一个群体好和正确的事物对另一个群体未必好和正确，而主观主义命题认为，道德判断认识论优先于个人偏好，这就破坏了人权建立的基础，即道德普适主义。最后，人们也常常认为，致力于人权是对某种自由意志论的一种承诺，根据这一认识，无责任个人的利益是政治制度中的首要利益。

　　所有这些认识都可以被质疑，并且，如果我们要明确思考人权未来如何得到最好保障，如果我们希望推进我们认为我们应当拥有的，我们所偏好的权利的内容、形式和效力，那么，我们需要采取何种宪法和文化方向，这些都需要争论。在面对这些质疑和推进这些争论时，我们必须注意，几乎所有的人权方面都具有可争议性，我们必须找到制度化人权的路径，该路径要将人权置于代议政治之内，并且，以一种承认这些权利具体化固有争议本性的方式来进行，从而为进一步融合社会和经济权利，也为在人权领域内保持一定程度的文化多元性留下空间。

人权认识论

　　人权哲学问题集中在缺乏一种明确方法，用以确定这些权利的内容以及相关意识形态涵摄的现象，从而以一种评判性、非党派的方式，将人权的所有重要细节写出。不同权利形式以及它们相关联的义务，如果有的话，关于它们的 196

性质（例如，消极的或积极的），或是它们的地位（例如，道德的或法律的），由于这些问题具有重要的政治后果，由于对其存在不同观念而导致的混淆，因而也同样存在问题。

如果不对人权存在论采取一个立场，那么，就很难把握这些认识论问题，这些问题也就是，权利是否作为也许是某种在社会中预先存在的自然法的一部分，具有某种独立、客观的存在，还是说，它们是否完全是人类创造性的产物，没有先于它们并支撑它们的形而上学存在的限制，而由人类设计塑造和发展呢？与这两个不确定性领域重叠的是所谓人权普适性所牵涉的一个难题，因为与此同时，个体或群体的多样性也是一个珍贵的价值。

这些认识论问题是以一种抽象、理论的方式表达出来的，但它们并不能因此而被忽略。关于人权话语在当代政治制度中的作用，存在一种一般共识，但因此而将这些问题置之一旁就忽略了一些实践问题，这些问题来自于对人权内容与形式的真实争议。有些人简单地认为，我们可以提前知道人权是什么，我们只是要去决定怎么去最好地执行和推进它们，很多可疑的宪法论据都是由这些人提出的。我们常常对法院和议会作为人权守护者的相对优势作出声明，依据是我们可以监督两种方式所产生的结果，观察哪种方式更好地确保了预想的目标。① 然而，这些目标究竟是什么，如果对此没有一种在先共识，这种论断就没有什么说服力，而达成共识就要求对具体性程度形成一致认识，使其足以引导行为。在缺少这一共识的情形下，所有的宪法建议，都必须在以下前提下作出：那就是，在执行层面上，人权的内容与形式具有与生俱来的争议属性。对建议用以阐明与实现人权的任何特定机制来说，概括标准与抽象确定的共识都是一种并不充分的基础。

人权认识论与存在论方面的不足不仅会破坏支持制度化权利的这种或那种方法，并且，在人权领域的司法裁决日益强烈的争议中，它也是明显的。在诸如人类繁衍、刑法和刑事程序、积极性歧视、安乐死、种族诋毁和色情读物等领域中的根本权利，法院与政府努力达成一个显然正确且广为接受的解释时所遭遇到的实际困难，能够对其作出解释的，正是这些认识论问题。

197　　　　对于这些认识论问题，存在实际的解决方法。这些包括给予可确定的人以权威，尤其是由其来决定分配用以适用的人权的含义。接下来，具体法院、全

---

① 一个例证，可参见 S Freeman, "Constitutional democracy and the legitimacy of judicial review", *Law and Philosophy*, Vol 9, 1990, 327。恰当的批判也可参见 J Waldron, "Freeman's defense of judicial review", *Law and Philosophy*, Vol 13, 1994, 27。

民公投或议会说它是什么，人权就是什么。争议由宪法授权的决策机制予以克服。就其适用于实际社会情境的具体意义而言，人权所指，正是生效的权威所决定的内容。抽象人权的这样一种实在化大大帮助了它们的执行，但是，正是这种具体化权利的行为，损害了它们的道德权威，并弱化了它们给出一个理由，用以对法律和政治制度的运作进行外部评估的能力。

对于一些理论问题，人权制度化持续、指数式增长揭示出了这些实用主义的解决方法。可能并不存在可接受的人权认识论，但是，一旦我们拥有了承载权威人权标签的实在规则和原则，那么，我们就能够运用熟悉的法律推理方法，得出有关人权内容的决定。接下来，我们就能如在整体上赋予实在法那般，赋予人权这种存在论地位。通过这种方法，作为一种政治法律过程的人权发展，就似乎越过了哲学焦虑。然而，当我们制度化人权时，它们只是变成另外一系列规则与原则以及另外一系列人权组织，体现另外一系列当代主导价值之间谈判与强迫的妥协。对于一般法律和法律制度，实在化人权损害了这一概念给出一个道德上专横批判渊源的力量。

关于人权，相互冲突分析的活力使得一点变得清楚，那就是，我们希望确定为"人的"，或"根本的"这些权利，无论是其内容，还是形式，都是有争议的。另外，比起解决其他任何权利义务争议的尝试而言，对于这些争议的解决，也没有任何方法论可以给出一个更为客观或更令人信服的方式。在公约、法典或法案中得以实在化的人权，具有被用作支持或反对特定、极为不同理想的潜力，这些不同的理想为一些人所珍视，这些人打算致力于人类自由、平等和福利等一系列高度概括的义务。所有一切都确切地取决于抽象与特定情势关联时如何被具体化，并且，这一切如何完成不能从人权概念本身推演出来。

人权理念的哲学批判依据并不敌视平等、自由和法治理想，它也没有被牵涉到拒绝分析及政治目标之中，也就是，赋予这些修辞概念越来越高的清晰性与具体性。相反，基本批判为，以它们对真实生活情境具有一定适用性的一种方式，对人权进行的确定和阐明，是一种天然困难且具有争议的问题，在这个问题上，理性的个人，即便是在同一文化中，也会争议激烈。我们需要何种权利，以及其形式、内容和适用，都需要作出重大选择。这些批判的目标指向一种幼稚的普适主义，它混淆了以下两点：一是对原则含糊语言的合意，这会唤起对抽象语言表达形式的积极情感反映；二是关于我们在实践中应当如何互相对待以及何种政治和经济行为是可接受的共识。这种基本批判可以采取多种不同的形式出现。

因而，个人权利可以通过以下方式进行分析，该方式表明，对相同表达形 198

式的合意掩盖了关于该表达形式意义的争议。一些人认为，生命权是指在一定情形中不被杀死的权利，因而排除了死刑和强制服兵役的情形，而在另外一些人看来，它有着很多限制条件和例外情形，这些情形可以合法化使用致命力量。对于一些人而言，生命权适用于人类生命的所有阶段和形式，贯穿于从受精到活体脑死亡的过程。另外一些人则偏好一种定性定义，即我们对其拥有一种权利的人类生命，包括一定程度的意识和/或思考选择能力。有人把生命权解释为不被杀的权利，也有人将它看作是命令提供生活必需品，包括充足的食物和医疗。那些赞同者肯定"那"生命权人之间存在着这些观点上的差异，这可以追溯到差异化的哲学政治观点，但所有这些都没有排除将人权作为人性待遇与政治合法性的依据，并且，所有这些都不会侵犯"人类尊严"或"同等关系与尊重"的标准警句。

幼稚普适主义批判的认识论进路集中于表明困难，即确定乙方选择权利内容与形式的理论和实践困难。要考察这一领域，就需要考察整个道德哲学，这可以被看作一个循环的失败历史，尝试去为道德判断建立一种客观依据，除了诉诸一个确定文化的规范外，该道德判断要有一个超越的基础。支持道德客观性的最有力论据，从来都是对选定道德"直觉"感受到的确定性。诉诸主观确定性不可克服的反对意见总是这些确定性所坚持的多元内容。①

近来，在为一些道德经验，比如基本权利的特定方面确定一种合意依据，以及在承认其他道德话题，比如美好生活内容的不可逆转多元性的努力中，为道德规范寻找一种普适依据就自己表明了自己。目标是为正义或人权，即一个不证自明的，可以和政治分立，并免于主观主义批判的根本权利核心，确定有限的范围。如果成功，这一进路就具有深刻的政治深意，因为它表明，基本权利的决定可以通过恰当的公正精英获取，这就将美好生活的细节留待更为宽泛的民主过程予以解决。

199   毫无疑问，独特权利认识论的最有力形式，乃是一个具有漫长固有权利法案司法辖区的产物。在这方面，最大胆的努力为罗尔斯的相当短暂的主张，其声称复兴古典启蒙方法论，以给出一种方式，就正义，包括基本权利的内容，达成一种合理的合意。② 有趣的是，正是在这个罗尔斯引导的回复实体政治哲

---

① 关于这一争论，最好的简述可参见 JL Mackie, *Ethics: Inventing Right and Wrong*, Harmondsworth: Penguin, 1977。

② 参见 J Rawls, *A Theory of Justice*, Oxford: Clarendon Press, 1971。本书标志着作为取得基本权利客观共识的一种方式的康德哲学式方法信心的复苏，在诸多为立法行为进行司法审查的辩护中，都具有重要的证成作用。

学的时代，对普适人权的学术辩护，在经过了语言哲学家们的严厉批判后，再度复苏，为那些努力提议就人权达成一种非意识形态共识，能够并且应当从实际政治的混乱中抽取出来的人提供合法性。

在当代道德与政治哲学中，给出一个可靠的权利认识论的主张并不多见。罗尔斯已经退回到将他的理论重新描述成为特定自由国家内的一种实用主义的政治技术。[①] 然而，在法律共同体中，仍然大有人坚持罗纳德·德沃金对正当与善的区分形式，据此，有些根本原则问题本质上是个人权利问题，其表明的是同等关心和尊重原则，并且在逻辑上和关注公共政策所欲结果的评估相区分。[②] 根据德沃金的分析，关于美好生活，对于留待政治家和公民可能合理提出的竞争性观点，原则和权利具有认识论上的，并且因而具有宪法上的优先性。德沃金的进路避免了罗尔斯假定原初立场难以想象的抽象，通过该理论，我们历史地和实际司法辖区内部法律的渐次清晰绑定起来，我们意图据此来理解基本权利的内容。他的基本权利观是从一种特定法律传统的理解中建构起来的。然而，根据这种人权观点，其对权利的道德独立性进行了妥协，因为，它们和一个特定文化的偶然性捆绑了起来。即便是一个特定法律历史选择的支流重合，对于作为那个司法辖区内的权利选择依据，也不会产生多少哲学影响，更不用说和跨文化客观性相关了。

在客观主义道德认识论中，最有前景的理论是关注信息、选择和公正的那些。最初，罗尔斯所提出的"作为公平的正义"具有引人注目的吸引力，这来源于它与所偏好道德规范关联的方式，这些道德规范能更容易被了解，更自由地被选择，并能更公正地实现。然而，尽管立基于实际错误的道德判断可以被驳斥，但信息本身就是道德判断的对象，而非其来源，因为这种判断乃是对某种事务可接受性，或某种相反状态的断言。与之相似，选择本身不能作为一种道德正当性的标准，这是因为，特定选择本身就是道德评断的对象。只有某些选择的形式属性，比如它的公正性，才能在那一选择内容方面赋予选择道德地位。因而，在默认的情况下，对于为道德判断给出客观依据的尝试而言，公正就是核心范畴，并且，对于道德判断的可接受性而言，公正无疑是一个有力的理念。实际上，我们很有理由将公正作为道德的定义特征，因为，这可能将一个个人自己的偏好分类为非道德，或不道德的，除非对所有个人允许同等的个

---

① J Rawls, *Political Liberalism*, New York：Columbia University Press，1993.

② 在德沃金颇有影响的文章中，他的法理学的基本宪法意义得到了阐明，参见 R Dworkin, *A Bill of Rights for Britain*, London：Chatto and Windus，1990；也可参见 R Dworkin, *Freedom's Law：The Moral Reading of the American Constitution*, Cambridge, MA：Harvard University Press，1996.

人偏好，这样也就有了康德普适性原则的持续性效力。

然而，对康德立场悠长的批判历史，以及对罗尔斯理论虽然短暂却激烈的审查都充分表明，道德意蕴远不止于公正。对一个人或一个人群的偏爱可能会排除一些推定的道德立场，比如简单的自私，但是，这种公正符合一种无限的不同评断义务。公正可能最多将我们引导到权利的平等上，但是，它却无法达致核心之处，也就是，何种权利依据平等进行分配。在推进道德信念制度的过程中，信息、选择与公正都可能是根本的元素，但是，它们本身却都不能解决任何重大的价值争议。

无须持续的哲学认同，人权就已繁荣起来，这一事实可以被用来证明对前者的长期诉求，以及与后者一般无关联。然而，无论怎样，对所谓超政治人权的幼稚狂热主义哲学上的怀疑论都不会被它们的政治流行性所损害。批判哲学家所确定的理论问题本身就展示了它们在实际生活中的争议，这些争议威胁着人权体制的效用和稳定性。

意识形态与人权

第二次世界大战后，如果不看对其标准的国际遵守，就意识形态的接受方面而言，人权运动的国际发展一直是显著的，尽管这种发展的产生一直伴随着对核心概念哲学基础的持续批判——普适、不可剥夺的个人权利理念，这些具有不证自明的认识论特征，因为它们的内容和形式在理性人之中与生俱来没有争议。

201　　人权意识形态的道德力量源于这一共识：在人类历史进程中，人们互相之间所做的有些事是残忍的，因而不应当重现。可被称为酷刑范式者，将人权和完全不能接受的有关恶行的共识联系起来，这些恶行永远都是不合理的，并且会损害任何政治制度的政治合法性主张。[①] 人权运动的宪法视角认为，这些暴行何时发生的决定权不能留给政府本身，因为政府就是主要的作恶者。在人权酷刑范式看来，建立一个高等法院来裁决政府犯下的恶行，作为一种通过可接受的事实发现的责任机制，似乎是正当的。

然而，有力的理由认为，人权的范围已经超越了一定带有政府权力特征的、明显无争议的恶行，现在涵括了一个广阔的社会、公民、政治和经济利益

---

① 这并不是说，从人权视角来看，关于什么构成酷刑的问题没有争论。参见 C MacKinnon, "On torture: a feminist perspective on human rights", in K Mahoney and P Mahoney (eds), *Human Rights in the Twenty-First Century: A Global Challenge*, Dordrecht: Martinus Nijhoff, 1992, 21.

范围，影响着现代社会生活的方方面面。此外，这些权利也被分析包括相关联的义务，这些义务要求采取积极行动来确保确定的利益。① 因而，健康的人权并不仅仅是优先考虑健康利益，它还要求政府负担义务，确保所有人根据需要享有基本医疗，而不考虑支付能力，并且肯定，基于此类权利的主张与其他人类所立基的利益具有同等价值。这可以被称为人权的健康范式，它不仅朝着福利方向发展了人权的内容，并且，从消极转向积极权利方面，改变了人权的形式，同时，从运用稀缺资源的相对重要性方面，改变了人权的价值。②

　　酷刑范式和健康范式之间的差异，不仅在于所保护权利的内容和形式，更在于它们和人权事业发展动力之间的关系。在酷刑范式中，所强调的是实现遵守合意的最低行为标准，比如消除酷刑。健康范式更多的是一种发展模式，它将人权制度的角色在国内视为一种法律的进步发展，以及对人类平等和实现根本人类利益的社会态度，但无论怎样，它都坚持实现基本最低限度社会可用资源的命令效力。如果仅因为和所欲的某种社会生活理想相关，那么，健康范式就会被错误表述为愿望性的，但是，它代表了确定最初的公民及政治权利同等重要性最低限度可接受性的真实努力。

　　所有权利都值得保护，对于这一理念，健康范式的转向赋予了其规范性，并且给公民和政治权利的解释与执行带来了新的强调，例如强调法律援助可以像无罪推定那样重要，其也被认为是公正审判的前提条件。人权理论的酷刑和健康模式的这种融合不仅有助于确定优先性，还有助于确定民主政府所需要的目标。整体而言，酷刑和健康模式的结合要求，例如一个没有歧视、致力于所有人平等发展的社会只有经过公开讨论之后才作出决策，举行公平、公开的选举，并提供高质量的教育、文化和卫生保健。这样，人权就变得高度包容，几乎没有略过可以被确定为根本人类利益的任何东西。此外，除了所认识到相关权利的重要性外，在人权概念中，没有什么能够终结从酷刑到健康范式人权领域范围的扩展。因而，在国际领域中，我们已经超越了社会、经济和文化权利，到达了所谓的第三层人权，包括对诸如发展和环境改善所享有的集体权利。③

202

---

① M Menlowe and A McCall Smith (eds), *The Duty to Rescue*, Aldershot: Dartmouth, 1993.

② 关于这些命题的探讨，可参见 VA Leay, "Implications of a right to health", in K Mahoney and P Mahoney, *op cit* fn 19。

③ 目前，这些"第三代"权利并不是进入可司法人权法的有力竞争者，但是，例如非国民的人道主义援助权利，或某些环境权利，为什么不应当成为司法化人权，以及为什么不被赋予与公民和政治权利（"第一代人权"）以及大多数经济和社会权利（"第二代人权"）同等的重要性，却没有理由。相关术语可参见 K Vasak, "Les differentes categories des Droits de l'Homme", in A Lapeyre et al (eds), *Les Dimensiones Universelles des Droit de l'Homme*, Vol 2, 1990, 297。

尽管朝着平等化酷刑和健康范式重要性的进步运动使人们有理由相信，权利话语具有形式上的中立性，但是，这确实恶化了决定这些权利内容、形式和价值之恰当方式的认识论问题。此外，权利和它们在何种程度上可以根据经济和政治情势被废止之间存在着必然的冲突，在解决这些冲突时，它也确实造成了棘手的问题。这类争议达到了一种持续不一致的程度，结果就是对将权利进路当作解决社会中价值纠纷的一种制度化解决方案的失望。当然，监督和适用权利的任务为决定它们的内容、形式和价值的需要所取代。在这些情境中，在司法机构那里，如何处置这些抽象权利的阐明和发展，就必须有更高的关注，司法机构的公正性可以增强它们独立发现事实和适用现行法律的能力，但无论如何，也不能赋予它们代表社会作出价值判断的资格。

制定人权

203　　人权出众的神秘感在于，它们被认为属于它们自己那一类，对于其他规范选择的可争论性，它们是某种例外。如果情况并非如此，那么，对将人权豁免于民主审查的正常程序，我们就很有理由保持审慎。因为社会群体希望给予某些法律较之可能与之相冲突的其他规范的优先性，所以确定某些法律比其他法律更为根本的地位。尽管这可能是一种推进平等、自由和福利的卓越战略，然而，我们也已经注意到，我们不能认为存在着某种特殊的人权认识论方式，可以使废除在一个固定法律程序中阐明它们变得安全。确定和保护根本人类利益，以及确保这些利益没有在日常政治的妥协中被忽略很重要，对于这一观点，能赋予其制度化表达的，可能还有其他更加令人怀疑，但最终却更为有效的方法。

宪法问题尤其集中于，在一个司法辖区内，谁应该行使何种权利，对于集中关注权力分立，尤其是立法和司法之间的分立，它具有法律利益。我们已经看到，是否存在一个容易划定的人权领域可以被安全地认定为不具有充分的争议性，从而可以从具有民主取向的民主追责政治制度中抹去？执行公民不证自明权利的机构并不适合于以下角色，也就是，决定这些权利的内容和价值是什么。然而，裁判者主要做的并不是决定侵犯人权的事实问题，相反，人权法院已经变成了事实上的立法者，能够决定什么可以以及什么不能视为侵犯人权。我们不能将守护民主的职责委托给那些现在占据选举岗位者，因为，对于推翻民主程序，从而维系并强化他们现有的权力，他们有着显然的利益。尽管似乎直觉就是正确的，然而，同样明确的是，就抽象权利的实际重要性而言，什么是以及什么不是民主，为什么应当允许精英的法律意见来决定（抽象权利的内容），同样也没有理由。此外，考虑到人权前所未有的扩展范围，当涉及如此多政治争议领域中的政治优先次序的司法解决时，整体而言，立基于法院的强化人权更不恰当。

这并不是说，这些问题有更容易的解决方法。监督监督者的问题和政治哲学本身同样古老。正如霍布斯所生动描绘的那样，人类社会承受着容易遭到其赖以生存的政治、经济组织打击的悲惨命运。因而，我们必须知道，在制度化人权的选择核心之处，存在着难解的悖论。无论是将底线权力置于任何位置，还是置于任意位置的结合点，总可能找到有力的反对理由。保护少数派似乎需要危及多数派以及其他少数派的合法利益。在保护极不受欢迎的少数派时，需要大量大多数的强化形式往往没有效力，无法容忍常常会被一种主导性共识所强化。我们可以不信任政治家，因为他们在否定民主权利中，具有短期目标和既得利益，但是，对于法律人之治，我们也可能会面临更多问题，因为法律人是一个颇有些声名狼藉的职业群体，这一群体已经被证实拥有行业私利。尽管司法者常常豁免于这种鄙视，但是，若他们被赋予主要的政治权力，那么，他们的决定就要经受公共审查，并且，将他们（法律方面）的特殊技术作为排他性的任命标准就要受到质疑。在合理的法律条件下，当法官以实证方式行为时，他们的行为被认为对社会有益，反之则不然。[①] 接下来，如果我们通过全民公决的方式走向民众，那么，我们就到了保护少数派的对立面。对于社会问题的细节，民粹主义的观点很少符合人权积极主义者的目标，但其同意，某种形式必定是所有政治合法性的终极基础。

在人权的制度化中，所有这些问题都会被揭示出来。如果我们只是保留（成本）相对低廉的消极性权利，那么，我们就对社会和经济利益强调不够。如果我们强调基本的社会和经济利益是同样重要的人权，那么，我们就把法官带进了他们并不适于处理的领域，并赋予了他们无须负责的资源权力。如果我们试图实在化人权，方式要符合一种法治形式，偏好适用和确保人权的可预测性、一致性和公正性，那么，更高的法就变成了普通的法律，存在过高及过低包容、法定主义和不灵活等所有弱点。如果我们将人权当作留待当前法律权威运用道德判断的开放邀请，那么，这就有损于法律制度在提供一种问题预期及救济框架时所拥有的效用。如果我们强调权利的符号性，强调它们对教育的重

204

---

① 参见第 3 章和第 4 章。

要性，以及它们能对政治情感产生的政治影响，那么，我们就需要基础更广泛的包容性权利表述，这对于产生可司法的政治合法性标准没有什么用处。

最终，对于一种民主文化的发展而言，宪政体制的形式可能只是次要的。在这种民主文化中，在一定程度上致力于公开对话和妥协，并且认识到，尽管接受多数人意见可能是解决政治争议的最佳机制，但是，如果多数派严重忽略支撑人权法发展的那类主张，那么，这就缺乏了合法性。确实，选择宪政机制的首要意义可能就在于它们对民主文化的影响，这样一种民主文化是反对独裁和滥用唯一持久的对抗。根据这种观点，制度化人权之所以重要，主要原因可能在于，它符号化了纯粹多数主义的不足，将关注点放在根据所有公民基本利益的公共意见的形成上，并给出了解决个人不满的机制。对于这些目标，无须根据选举政治程序形成一种反多数主义的否决权，就可能实现。问题在于，对于损害健康代议政治司法权威的全球化网络，是否无须对其产生太多影响，就可以实现这一点。

英国《1998 年人权法案》

将 ECHR 以所能想象的温和方式融入英国《1998 年人权法案》之中，对于这一相对谨慎的步骤，这些反思范围远远超越。1998 年法案主要关注的是国内法的解释，而不是替代。

205　　　　然而，将法案的影响限定于微小的解释问题，可能并不容易。解释本身就是一个难以捉摸的术语，现在，它的使用范围要宽泛得多，不仅涵盖在含糊表述的不同解读之间进行选择，并且，它还常常与非常灵活的法律推理形式相提并论。[1] 为了赋予这些表述可司法的含义，解释可能包括对这些含糊表述创造性的具体化，这一过程远远超越了解决模糊性。[2] 就权利更具体的表述而言，

---

① See A Marmor (ed), *Interpretation and Legal Theory*, Oxford: Clarendon Press, 1992; and B Bix (ed), *Law, Language and Legal Determinacy*, Oxford: Clarendon Press, 1993.

② 在一个重要的文章中，Butler 对这一问题以及相关问题进行了考察，对《1998 年人权法案》很大程度上所依赖模式的效用和清晰性提出了质疑，参见 AS Butler, "The bill of rights debate: why the New Zealand Bill of Rights Act 1990 is a bad model for Britain", *Oxford Journal of Legal Studies*, Vol 17, 1997, 323. 也可参见 G Huscroft and P Rishworth (eds), *Rights and Freedoms: The New Zealand Bill of Rights Act* 1990 *and the Human Rights Act* 1993, Wellington: Brooker's, 1995; and J Elkind, "New Zealand's experience with a non-entrenched bill of rights", in P Alston (ed), *Towards an Australian Bill of Rights*, Canberra and Sydney: Centre for International and Public Law, 1994, 235.《新西兰权利法案》第 6 条为："与权利法案一致的解释优先——只要一部法律可以被赋予一种与权利法案中包含的权利和自由一致的意义，那么，这一意义就应当优先于其他意义。"

"解释"被用来包容我们如何解读法律文本，从而决定是否存在需要解决的模糊性以及解决这一模糊性的程序。将 ECHR 从制定或废止英国法律那里剔除出来，并将它的适用仅限于阐明晦涩的尝试与这一命题相背离，也就是，晦涩并不是源于一种表述的字面形态，而是来自试图赋予词句形式意义的那些人之前就有的心理状态。

尽管这些观点可能有所夸张，因为它们忽略了特定文化中存在词句形式相对稳定的理解，但是，毫无疑问的是，ECHR 的存在确实首先影响了我们如何解读国内法。ECHR 影响着什么清晰与什么不清晰，也影响着偏好的是哪种澄清。因而，尽管在一个话语存在充分准确与持续性的法律文化中，可能在理解和解释之间维持着一种公平有效的区分，但是，这一过程却遭到引入不具体原则的损害，对于预先确定存在的含糊性和晦涩性，这些原则被当作解释的所谓一种指导。

此外，ECHR 第 6 条的要求，即公共机构必须服从 ECHR，意指什么也并不明确。这可能被解读（或解释）为，允许甚或要求法院，这些在法案中明确确定为公共机构者，去发展普通法，从而逐渐适应公约的要求。这可能并不是法案支持者的意图，但是，在一个涉及法院角色变化的宪政情势中，司法机构修正它们关于如何解释制定法，包括《1998 年人权法案》的有效假定，乃是可能的。当然，特别是在人权领域中，也有一些解释理论，对法官理解立法者颁布法规的能力几乎没有施加限制，根据的是允许目的的常识，而非那些立法者脑海中目的的概括规范。

将这两种观点放在一起，如果英国司法者选择根据欧洲人权法院和委员会裁决确定的先例来发展普通法，并且，如果他们以一种使之符合 ECHR 的方式系统地"解释"任何议会所制定的普通法修正案，那么，他们的行为中，就没有什么会被表明在法律上是错误的。这样，我们就可以获取一种情势，这种情势中有发展普通法的渐增动力，不会因为议会没有批准重大变化而出现不合法感觉。在这种情势中，议会通过颁布可以最终推翻普通法发展的法律，从而运用其理论主权的能力，无论是从法律上，还是从政治上，这种可能性都日益降低。

有人认为，这将不会出现。为了支持这一观点，他指出，欧洲法院的当前判决并没有以这种方式产生威胁，并且，对于承担这种更宽泛的权力，英国司法机构方面也没有意愿。短期而言，情况确实如此，但是，相对细微的宪法变化必须要在更为宽泛的变迁过程中加以审视，因而，我们不能从当前的判决和态度中推出，10 年、20 年或 50 年后，情况会是什么样子。如果像议会主权教

206

义的情况中，宪法变化很容易被推翻，这就没有关系。然而，可能出现一种固定过程的情况，在这种情况下，可逆性是不被允许的，或会变得更加困难。目前，议会主权已经不再是英国宪法的一个固定观点。因而，根据不同法律文化、不同司法机构和不同政治情势来审视可能的长期后果，注意到这些差异中，其中一些本身就是增强政治问题司法化的结果，其方式是赋予法官越来越多的制定法律的角色，就变得迫切起来。如此看来，该法案鼓励自由主义解释方法，该方法可能会损害传统的裁判伦理，后者要求法官履行一个基本义务，也就是，尊重立法者在立法文本中所表达的意图。

207　　要解决这些可能的影响，法案需要一种新的权力分立模式，该模式要能够给出司法者与立法者能在其中合作的界限，何种方式能确保人权更多地处于公民可以参与的政治议论的中心之处。这一模式要求政府的立法、行政和司法机构之间的紧张和合作元素。在这种模式中，呼之欲出的一个特征就是，强化了的议会委员会角色。可以证明，法案第 4 条所列的不相容宣言，是这样一种因素：它有助于形成行政政治议程，吸引议会和媒体关注，且其方式有助于提高政治话语的质量，鼓励以人权为中心的宪法参与。通过这些方式，《1998 年人权法案》就可能成为一种持久的有益宪法发展，在通过社会选举来确定何为人权的确定和发展过程中，该发展有助于形成法官、议会和民众之间一种相对稳定、明智的模式。

结　论

　　在人权制度化的可能性语境中，本章对《1998 年人权法案》进行了概览。我认为，该法案可能有助于产生一种框架，该框架符合仍在继续的，议会作为核心民主制度中的中心地位。人们认为，任何令人满意的当代宪政安排都取决于对作为政治合法性中心之人权理念的广泛接受性，然而，这必须包括这一意识，那就是，人权的内容、形式和价值具有天然的争议性，因而，任何令人满意的人权体制都必然是持续争论的结果，争论着眼于有关人权法律的确切形式，对此，公民及其代理人是主要的决定者。

　　的确，要有效强调确定和保护人类根本利益的重要性，就需要对权利文化进行一种整体理解。然而，我们已经看到，这并不意味着接受一种狭隘的私利观，这种私利观排除了一种公益义务，而这恰是大多数人类根本利益所依赖的。合法私利包含一定程度的互惠互利，甚至包括一定程度的利他主义。我们也已经看到，对于解决价值争议和竞争性利益的方案，较之代议政治，权利文化也无须主要依赖法院解决。事实上，如果救济乃是根据其他地方阐明的现有实在权利被证明的侵犯作出的，那么，它可能要求，将法院看作本质上的权利保护者，而非定义者。人权文化无须是一种诉讼文化，恰如它也无须是一种依赖文化，后者是在寻找我们问题的解决方案时指望他人而非自己的问题，理由在于，保护我们的利益主要是一种他人的义务，而非是一种自我的实现。就性质而言，权利文化可能是政治性的，而非法律性的，它偏好争论而非诉讼，偏好在代议会议中投票而非在法庭中投票，尤其是当根本利益遭到危害时。

在这样一个争议文化中，无论是议会、法院，还是人民，都不被信任，并且，政治的核心取向必须是就何种权利最好地保护和提高了所有公民的平等利益达成一系列法律上可执行，却是临时性的合意。若将人权视为文化的重要组成部分，就能使我们将《1998 年人权法案》视为一种有用的发展，对于民主类型的人权体制，该发展给予了进一步的制度认同。在这种体制中，议会和选民都受到鼓励，去以一种投入、负责任的方式解决人权问题。

第十一章　通过解释的融入

　　如没有明确语言或必然的相反意义，法院就因而可以认为，即便是最概括的词语，也打算服从个人的基本权利。通过这种方式，英国的法院，尽管知道议会主权，但其适用的合宪性原则却和那些在宪法文本中明确对立法机构权力进行限制的国家之间没有什么区别。[1]

——霍夫曼勋爵语

引　言

　　《1998年人权法案》（HRA）被广泛地认为是标志性的英国妥协：情况是在英国政体中给予人权更多重视和保持下议院在宪法中的至上地位。[2] 因而，赋予了高等法院宣布议会法案不符合《欧洲人权公约》的权力，但却不能使其无效。[3] 只有议会可以改变它自己的立法，这是一项不受限制的宪法权力，至

---

[1]　*R v Secretary of State for the Home Department ex p Simms* [2000] 2 AC 115, at 131.

[2]　"在赫什·劳特派特（Hersch Lauterpacht）1945年出版的，关于需要一部'国际人权法案'的具有卓越原创性且颇有预见性的研究中，对这种类型解释性权利法案所表现的政治妥协进行了预言。" 参见 Lord Lester of Herne Hill, "The art of the possible interpretation of statutes under the Human Rights Act", *European Human Rights Law Review*, Vol 3, 1998, 665—75, at 668. 也可参见 Lord Irvine of Lairg, "The development of human rights in Britain under an incorporated convention of human rights", *Public Law*, 1998, 221; Sir W Wade, "Human rights and the judiciary", *European Human Rights Law Review*, Vol 3, 1998, 520; and D Feldman, "The Human Act 1998 and constitutional principles", *Legal Studies*, Vol 19, 1999, 165—206, at 168—69.

[3]　英国《1998年人权法案》第4条（2）规定：如果法院认为规定和一项公约权利不相符，那么，它就可以作出一项不相符宣告。第4条（6）规定：根据本条的宣告（"不相符宣告"）：（a）不影响规定所作出的效力、继续运行或执行；并且（b）对它所作出的程序中各方没有拘束力。

少在理论上，它仍然保持完整。与之类似，法院和"公共机构"一样，负有遵守 ECHR 的义务，而这一规定可能推进普通法更为冒进的发展。尽管如此，法院却不能通过推翻制定法来实现这一目的。① 此外，尽管它们必须考虑欧洲人权法院这样做所隐含的法哲学，但是，它们却并不必然要遵守这一法哲学。②

在解释议会法案时，法院被要求牢记 ECHR，从这一点看，妥协也很明显。"只要可能这样做"，那么，解读这些法案时就必须这样做，以一种使法案符合 ECHR 的方式进行。③ 我将这称为"解释要求"，这一要求鼓励法院根据以下假定来解读立法，即议会打算制定符合 ECHR 的法令，但是，对法院认为明显不符合公约的法案，实际上它们却不能无视，或宣告其无效。在这种情况下，它们能做的最多就是，签署一项"不相符宣告"，以使政府能够通过一种快速的议会程序，在它愿意的情况下，对违背 ECHR 要求的制定法进行修改。 210

尽管有这种复杂的权力平衡，尽管有渗透在 HRA 文本与政治学之中温和、妥协的整体形象，但是，本章中，我仍会指出，HRA 的影响将会严重消解英国人民选举代理人的有效权威。这种情况为以下事实所掩盖，那就是，法院被要求解释，而非推翻议会的法案。然而，当在伴随着人权司法化的解释理论中审视时，这一解释要求事实上具有产生完全纳入 ECHR 的能力，直至法院在实际上能够将其认为违反它们对 ECHR 的解读的法案推翻。

严格而言，常见的 HRA 包容 ECHR 的主张具有误导性，这是因为，所涉及的融入很大程度上仅限于解释问题。然而，现在而言，司法机构可用的解释潜力有可能将 ECHR 全部包容进来。在至今仍然完全在议会责任领域中的一系列广泛的政治问题上，HRA 所许可的解释技术的范围和权力将使法院成为决定机构。通过与之相伴而来的解释规范，HRA 实际上将 ECHR 融入英国法律之中。因而，上议院大法官的以下观点是错误的，他们认为，因为 HRA 对根本权利采用了一种解释方法，所以符合议会主权的传统。④

一些 HRA 怀疑论者认为，实际上，只是在很小范围的问题上，HRA 才会产生极为有限的影响，例如强化了对刑事程序过程中被告人的程序性保护。 211

---

① 英国《1998 年人权法案》第 6 条（1）规定：一个公共机构以不符合公约权利的方式行为是不合法的。

② 《1998 年人权法案》第 2 条。

③ 《1998 年人权法案》第 3 条规定：只要可能这样做，主要立法和次要立法都必须以符合公约权利的方式进行解释和赋予效力。

④ "促进权利保护和尊重议会主权共存的，正是这种根本权利的解释进路。"参见 Lord Irvine of Lairg, "Activism and restraint: human rights and the interpretive process", *King's College Law Journal*, Vol 10, 1999, 177—97, at 178, n 3。

这种观点认为，英国司法机构的保守主义和对选举政府的传统服从足以确保，HRA所能做的不过是，减少欧洲人权法院针对英国政府根据《欧洲人权法案》而得到尴尬发现的发生概率。尽管通过为法律论证增加更多的依据，在英国法律制度中，将会出现更多新型司法能动性，从而变得更为负责、成本更高，但是，就人权的保护和推进而言，不会发生太多的变化。但是，我的观点与HRA的怀疑论相当不同。我认为，它认可了开放数量的司法能动主义，这就有可能将很大范围的问题的控制权转移出一般的、非法律政治学的领域。实际上会改变什么，关键将取决于司法机构对HRA关键规定的运用，但是，在英国政治制度中，这一宪法场景已经由法官对政治的权力大大提高的运用确立起来，现在，这在法律上合法，但在民主上仍有问题。因而，尽管司空见惯的说法是，议会的绝对法律主权实际上仅受政治因素的限制，但是，现在HRA赋予法院的新型解释权力却仅服从政治因素，例如对法院判决的敌对公共反应。

解释要求的范围

HRA的各个核心规定看起来都相当无力，即便是整体而言，它们可能同样相对薄弱，甚至是无关痛痒——不过是对ECHR一种准或极为有限的融入。议会维持着它的主权，法院继续服从于民选政府，而ECHR也并不直接成为英国法律的一部分。然而，政府很难忽略法院所作出的不相符宣告，或推翻普通法的立法修改，明确的理由是让普通法符合ECHR的要求。在公众和媒体看来，当通过司法执行的"人权"比政党选举政治过程具有更高政治合法性时，政府可能并不希望它们自己遭受具有政治危害的侮辱，这来自它们忽略了一种不相符宣告，或来自于它们的立法否定了普通法的一种发展，而该发展被认为是使现行法符合ECHR所必要的。考虑到上诉到欧洲人权法院的可能性，有人认为，放心地将执行道德上有争议法律的义务交付法院，对于普通法的改变，或据说源于ECHR规定的议会法案解释的改变，政府不可能质疑。

212　　无论怎样，这些预测都可能不当地困扰着具有民主思维的公民，因为，这些作用建立在这样一种假定前提之上，那就是，政府将努力避免不受欢迎决策的选举后果，而这则充分符合大众责任的基本民主规范。的确，这意味着，对于设置议程，HRA将对法院施加更多的政治影响，但是，最终的决定是议会作出的，而这又是媒体关注的焦点，其本身又能够被视为一种民主的进步。如果法院作出不相符宣告，或发起不受欢迎的普通法发展，那么，通过忽略或推翻它们，政府将不会遭受选举方面的不利。这就会使得 ECHR 的反多数主义目标变得更加难以实现，不过，对于多数主义民主主义者来说，这却并不一定是一个严重的问题。

然而，对于 HRA 所包含的看起来平衡的妥协规定，还有着更为深刻的忧虑。这些忧虑中，有些源于这样一种担忧，那就是，这一解释要求要比它看起来有力得多。表面看来，"以一种符合公约所规定的权利的方式"解读立法的指令，对于援引一系列外部渊源来帮助解释形式上存在缺陷的法律，也就是不清晰、含糊的法律，或是若要适用需要进行补充的法律，只是合法化了这种标准实践。① 根据这一观点，当关涉 ECHR，出现解释疑问时，ECHR 就会成为优先的"第三裁判人"，但是，当没有可适用的明确的普通含义时，允许使用外部资料和因素，对于现在运行的传统制定法解释的标准实践来说，这并没有将其打乱。

解释要求这一术语所表明的远比这有力得多。② 当然，议会争论表明了法官的一个积极角色，该角色取代了以下假定，那就是，解释只是司法的一个边缘方面，仅出现在（规则）含糊的案件中。③ 似乎很清楚的是，根据 HRA，立法至少必须从 ECHR 的角度来进行解读，其方式有些类似于，英国法院将制定法主要视为对普通法的补充，并且只是在一定时候进行修改，因为预设为，一部制定法不能改变普通法，除非它明确、清晰地以字面意义表明了这一点。实践中，这就意味着，需要作出努力，看一下制定法文本是否有一种可能的含义，该含义不会推翻普通法，并且，如果有这样一种含义，那么，就要将它采用作为"正确的"解释。更宽泛的讲，这是一种可以为所有新法律所用的方法，理由在于，这保护了一个法律体系的融贯与完整。除此之外，以一种更为刚性的形式，同类预设也适用于根据新立法替代既定的普通法原则。这里的理由就超越了保护法律体系的完整性，而是被视为对根本权利提供一定的

---

① See Sir A Hooper, "The impact of the human rights act on judicial decision-making", *European Human Rights Law Review*, Vol 3, 1998, 676—86, at 686. 尽管霍普（Hooper）教授指出，制定法以一定方式遭到 HRA 的严重改变，但是，他认为，"高等法院已经非常熟悉公约，因而已经作出达到后融入阶段的判决"。

② 当然，HRA 第 3 条的用词要比南非的同类法的措辞强硬，后者要求，"比任何不符合国际法的其他解释，更符合国际法的合理解释"（《1996 年南非共和国宪法》第 233 条），并且甚至比新西兰的同类法的措辞强硬，"当一部法令可以被赋予一种符合《权利法案》所包含权利和自由的含义时，那么，这一含义应当优先于其他含义"（《1990 年权利法案》第 6 条）。也可以注意斯泰恩勋爵（Lord Steyn）在 in *R v DP ex p Kebeline* [1999] 3 *WIR* 972 中所称："第 3 条（1）颁布了一项严格的解释义务。"

③ 因而，内务大臣（the Secretary of State for the Home Department）杰克·斯特劳（Jack Straw）先生指出："我们希望，只要是立法的普通语言允许，法院努力找出一种符合公约所确立的权利的立法解释，并且只在最后时刻才会作出立法符合它们的结论……"（HC Deb, 3 June 1998, cols 421—22）。

保护。

213　　在 ECHR 情形中，对应的假定可能是，除非文本清楚地表明相反的意思，否则就会有这样一个有力的假定，那就是制定法意图根据 ECHR 进行解读，有的时候，ECHR 被称为是一种源于传统普通法原则的根本权利声明。接下来，解释要求将基本按照当前制定法解释的原则方式运行，根据这种原则，制定法一般被理解为不改变根本的普通法原则或权利，除非制定法文本中明确且无争议地具有这种作用的意图。① 尽管议会可以改变普通法的任何部分，但是，除非它以明确且清晰的方式，否则，默示颠覆基本的普通法原则是不被允许的。如果对 ECHR 采用这种方式，那么，为了以一种符合 ECHR 的方式来解读制定法，法院将付出艰苦的努力，但是，当出现不符合 ECHR 的明确、清晰制定法文本时，那么，接下来，尽管存在这种不符合，该文本也将会作为法律予以适用，当然，一项不相符宣告也可能随之而来。似乎毫无疑问的是，这种类型的有力预设符合一种解释要求的最小主义解读。② 当然，有观点认为，议会将被认为意图不制定违反 ECHR 的法律，这一观点得到 HRA 如下规定的支撑，即在引入立法时，政府就正好被要求就这一问题作出一项"相符声明"③。

214　　除非在一部制定法文本中明确表明议会具有相反的意图，否则，保持普通法传统原则的理由与给予 ECHR 一种类似地位的理由也相似，原因在于，它们都宣告是根本原则的安身之所。然而，在普通法情形中，有这样一种认识，即存在一种相对融贯的规则与原则体系，其融贯性和完整性要得到维持，新法律就要以一种不破坏现行法律主体的方式融入这一框架。对于现行的 ECHR 法哲学，就不能合理地作出同样的认识，尽管可以预期，在 HRA 中允许偏离 ECHR 案例法体系的余地中，将会出现普通法和英国 ECHR 法哲学的逐渐融合，从而产生一系列法官创制的法律，这能够比现行普通法更有力地对抗立法修改。这一情景符合普通的司法主张，即大体而言，英国普通法完全符合 ECHR 的要求。④ 正是由于这一原因，ECHR 开始被认为因解释目的越来越紧密而与普通法关联了起来。

---

① See *Derbyshire County Council v Times Newspapers Ltd* [1992] QB 770.

② 事实上，在 HRA 颁布前，这是作为英国法院采用 ECHR 的一种恰当方式而被提出的。参见 Lord Browne-Wilkinson, "The infiltration of a bill of rights", *Public Law*, 1992, 397—410。

③ HRA, s19 (1).

④ "现在，在这个国家中，所有法院都认为，除了制定法的规定，私人的个体自由没有 ECHR 所保护的基本人权那么广泛，这是难以理解的。"参见 Lord Browne-Wilkinson, *op cit* fn 12, 465。也可参见 *Attorney General v Guardian Newspapers Ltd* (No 2) [1995] AC 109, at 283。对于这种认识，一个令人担心的含义在于，修正当前普通法的立法很快就会被怀疑违反了 ECHR。

再次重申，对于这种发展，如果这些解释方法被善意采用，民主主义者就不必过分担忧，因为在立法起草和颁布过程中，它们将会成为增强清晰性、指导性及开放性的动力。这就会使政府对立法结果承担责任变得更加容易，因而可能整体从形式上改进立法的质量，因为在立法过程中，关键问题常常作为政治妥协与糟糕立法草案的后果予以回避。议会有义务颁布清晰、不含糊法律，选民可以对它们作出判断，它们也以此对选民负责。明确、清晰法律改革的可欲性和法治理念毫不冲突，即便这种理想常常因如下需要而遭受挫折，那就是，需要以谨慎建构的含糊来取得支持立法的政治共识。

HRA 解释要求引入的这样一种乐观预测来自这样一种信念，那就是，在很大程度上，英国法院的基本解释方法不会因 HRA 的引入而发生改变。然而，不能认为，传统的解释原则会得到遵守，而法院将会继续根据制定法明确的文本含义来适用它们。当前，正统方法实质上仍未变动，因而，只有当出现含糊或晦涩的时候，法院才会从外部渊源寻找指导，这些外部渊源如英国议会记事录或 ECHR，然而，并不能理所当然地认为，英国法院可以出于解释目的承认 ECHR，而无须为它引入解释方法，该解释方法与拥有和运用权利的现行理由相随相伴。这些方法给予文本明确意义的重视要少得多，对于相关立法表明或假定的目标，法院更多的是服从于假定的立法者目的性意图。如果这些目的现在被认为包括遵守 ECHR，那么，由此可以推出，符合 ECHR 的相关立法从一开始就是以一种使之符合 ECHR 的方式进行解读的。换言之，对于继续和提出一项立法与 ECHR 相符性问题，并不存在固定的文本依据，可以作为清晰、确定的含义。立法已经被"解读完毕"，甚至是在相符性问题被提出之前，源于服从 ECHR 意图的含义也就已经被"解读进入"文本之中。①

因而可以断定，HRA 赋予了 ECHR 一种高于现行普通法的地位。实际上，该法案背后的期待，整体上似乎会是，ECHR 应该开始渗透到整个法律制定和法律适用过程之中，直至它不再仅仅是因其他目的而颁布法律的一系列边缘性限制，而成为所有立法与司法优先考量的终极目的。这样，对于任何颁行的法规，可以预期其成为一种例证 ECHR 的尝试，而执行这一目的则是法院的义务，方式是根据 ECHR 的宽泛目的，或狭义或宽泛地解释立法。这就会意味着，以一种相当不依赖实际词语的方式来"解释"立法，通过遵守相关立法的普通一般意义，特定目的或传统限制被认为得到确定。动态的图景并不

215

① See RA Edwards, "Reading down legislation under the Human Rights Act", *Legal Studies*, Vol 20, 2000, 353—71.

是，作为现行法律的 ECHR 时不时被明确的立法所修正，这是一个堪比对普通法进行明确立法修改的合法程序。相反，在指导、限制与增加立法方面，ECHR 所采用的方式会被认为比现行普通法积极得多，但没人会认为，违反、推翻与替代 ECHR 规定的立法是常态的、故意的。[①]

有些人沉浸在立法与司法相互区别，而法院与立法机构根据这一区别进行权力分立的理念之中，对于他们，这可能显得相当奇怪。然而，这就会忽略以下稳定的发展趋势，那就是，英国法院日益更多地使用开放性的解释方法。[②]同样，通过将 ECHR 更为牢固地置于普通法院的管辖范围之内，从而给这一趋势添加动力，对此，它也并不在意。ECHR 的新解释角色并不是一个引入更多的法律材料，对现行的解释方法进行影响的问题，而是涉及采用一种独特的解释方法，该方法的发展乃是用来解决具体问题的，这些具体问题产生于将有关抽象权利的表述适用于具体情形的过程中。这并不仅仅是，解释可用材料的数量和范围扩大了。相反，英国法理学储备的剧烈发展更多的和解释规范的进一步发展有关。对于根据法院对 ECHR 的解读来确定一项默示立法"意图"来说，制定法文本不过是被看做一种易错的、可废止的指导。

有些人认为，采用更为目的性的解释方法不会给司法裁判带来明显的危害，这些人可能会发现，这种说法未必是危言耸听。人们已经普遍认为，在考虑明确含义的同时，解释也必须考虑根本目的。确实，人们一般认为，如果我们不了解一部法规的背景目的，包括它被引入的原因、它的支持者心中的目标以及就它的用语所产生的争论，那么，立法文本的意义就往往并不明确。字面意义总是在一定程度上与创制维系立法的目的语境相关联。

216 这种目的性解释的宗旨在于，根据文本产生的情境来理解它的意义，如果正被解释的文本是一个由民选议会所颁布的法规，那么，它就并非天然是民主主义者的烦扰。实际上，关注目的语境可以帮助限制可能的意义范围，而这些意义可以是通过尊重民主程序的方式赋予一项立法规定的。当然，在以援引（或怀疑是）立法者其他目的或动机的方式诉诸立法"目的"的情形中，也会出现合法关注。进一步说，在决定究竟什么才是某一部立法的"特定"目的

---

① 在适用公约的行政复议实质标准方面，这已经很明显，参见 *R v Minister of Defence ex p Smith* [1998] QB 517, at 554（关于何为"韦德内斯伯里不合理"）；也可参见 *R v Chief Constable of North Wales Police and Others* [1997] 4 All ER 691。

② 一旦法律官员公开承认司法的造法角色变得可以接受，这一趋势就会加速。参见 Lord Reid, "The judge as law maker", *Journal of the Society of Public Teachers of law*, Vol 12, 1972, 22；以及 A Lester, "English judges as lawmakers", *Public Law*, 1993, 269。

时，可能会出现难以逾越的问题。然而，一般而言，目的性进路并没有对解释实践造成太大的影响，因而，一直以来明确的是，对立法产生语境的关注，是为了改善，而非推翻"普通含义"。了解要解决的问题，抓住一项立法的目标常常能在一部法律适用时澄清文本的含义，使它变得更加清楚。

当相关目的不是那些正被解释的法案的，而是来源于被认为是 HRA 所昭示的宽泛目的时，情形就非常不同了。因而，我们已经看到，即便是在普通法的司法辖区内，人们也认为，抽象权利的解释必须以一种开放、慷慨的方式进行，从而有效地保护容易受到国家行为侵害的那些人的权利。这部分正是因为这些权利声明的抽象，但是也受到法院观点的影响，也就是，法院认为，其作用是为被侵犯的人权提供有效救济。[①] 人权语境中的解释是一种扩张性、创造性的过程，受制于所谓的权利法案的功能，比如保护认识到的弱势少数派与群体利益，使其免受多数派主张的损害，或支持某些平等、公正的基本原则，在这种语境中，其采用的方式就将法律推理变成了一种法律上合法的道德话语。此外，有观点认为，宪法权利必须被认为引领道德及政治标准的发展，这种观点忽略了这种情境下的先例[②]，因而也就有了这样的 HRA 禁令，即对于如欧洲人权法院机构所作出的先例，法院应该"考虑"，而不是实际遵守。[③] 由于这些原因，尽管 HRA 似乎限制将 ECHR 用于解释功能，但是，当涉及解读与适用一系列根本权利以及它们的相关法哲学时，它却不能控制关于何为解释的一种扩展式观点。

一旦对人权采用了这种文本宽松、带有道德目的性的进路，那么，就不容易被限定于那些权利自身的解释，因而，将会出现对整个法律解释的一个重大影响。在实践中，确定某一含糊性、空白或其他形式缺陷，和使用外部材料与解决这些问题之间，并没有明确的界限。HRA 将会通过 ECHR 对以下过程产生影响，即在制定法文本中发现、确定某种类似含糊性的东西。因而，ECHR 的存在就不仅将影响国内法形式缺陷的解决，还会影响这些所认识到的缺陷的创造。只要有通过 ECHR 的解释，我们就会发现，这种开放的解释就会以一

217

---

① 这一点得到了符合《公民权利和政治权利国际公约》的香港发展的证明：《1991 年香港人权法案条例》。参见 *Ng Ka Ling v Director of Immigration* [1999] 1 HKLR 315，339—40。本案拒绝了一种"字面的、技术的、僵化的、狭义的方法"，支持一种"宪法保障……的概括解释"。

② 这里的经典引证为 B Carduzo, *The Nature of the Judicial Process*, New Haven, CT：Yale University Press，1921，98—141。关于这一方法对 ECHR 解释的适用，可参见 *Tyrer v United Kingdom* (1978) 2 EHRR 1。

③ HRA, s 2.

种相当帝国主义的方式，渗透到法律程序之中。的确，以下观点并不现实，那就是，认为 ECHR 的首要长期影响将会较少地源于它的内容，而非由它取代普通、字面或一般含义的中心地位，其内容支持的是，为执行一个民主社会中具有恰当目标的特定司法观点，而在文本上不受限制的程序。

与议会对相符性宣告的预计相比，对于立基于选举的民主的保护与发展而言，展开作为 HRA 组成部分的解释方法就因而成了一种更为严重的长期威胁。决定英国法律的议会似乎更适合确立，而非维持当前的解释方法论，尽管前者受制于后者。极端而言，议会可以制定任何以最普通术语表达的立法，而法院则可以通过一种反映它对 ECHR 司法解读的"可能"方式，使之无效。如若像预设的那样，法院不愿意作出不相符宣告，那么，这些都是很可能出现的事情。①

此外，在政治上，法官解释法律的权力与议会制定法律的权力一样，是确定的。解释几乎普遍地被认为是法院的天赋职权，因为它本就是司法的一部分，因而被当作是它们排他功能的一部分。如此，议会拒绝一个法院的特定解释，甚至是质疑一个法院的解释方法，就不仅在政治上是困难的，而且在宪法上也是有疑问的。因而，建立在解释权力之上的司法权力就不再受制于民主的压力，尽管随着公众开始意识到人权解释的性质，这一点也会发生变化。

218 如果以这些方式，HRA 所许可的渐增的司法权力侵入立法权威，这就让 HRA 变成包容选举政府的更乐观工具，但是，这也导致了对其民主信用更深的忧虑。从这一观点来看，HRA 可能更不是向法院投降的一种妥协。因而，对在一种解释作用的帮助下合并 ECHR 的可行性，怀疑主义来自于如下扩展性解释理论，该理论伴随着法律化和宪法化道德权利的全球趋势而来。对于之前保留下来由民主加以决策的问题，比如，这些道德权利应该如何具体化和执行，这些解释理论让法院得以自己处理。本章阐述和揭示这一命题，并提出一些，在它们取得可接受的司法和宪法实践合法性之前，阻止这些发展的途径。

民主怀疑主义

要以我们处理 HRA 的方式，来理解这些身处险境的宪法问题，就必须意识到对司法阐明一般权利法案的主要民主和法治忧虑。

---

① 如近期一些判决所预示的，例如 *R v Secretary of State for the Home Department ex p Simms* [2000] 2 AC 115。

在反对权利法案的主要理由中，最核心的是人权或根本权利本身的那种不确定的存在论和认识论地位。有理念认为，某些类型的实在权利和义务被赋予一种地位，法院可以使用它们推翻其他的权利和义务，甚至有理念认为，存在我们希望赋予和确保的所有人的权利，但是，这些困难与这些理念无关。同样，它们也不牵涉质疑人权理念中所体现的价值观，比如平等的人类价值以及免除苦难与支配。相反，就这些较高位阶的权利究竟应该是什么，如何理解与人权关联的价值，以及如何对制度安排、特定决策产生影响等问题，当我们试图达成一致时，才出现了这些困难。无论在抽象表述层面可以达成何种协议，当涉及赋予特定人权以具体可适用的意义时，它们的内容、价值和范围就不可避免地会出现争议。①

这似乎是一种带有偏见的表达问题的方式，因为，它排除了这一视角，那 219
就是，首要任务是找出这些权利实际上是什么，而不是决定它们应该是什么。例如，从一种传统自然法的视角来看，中心任务是找出我们的自然权利是什么以及一直是什么，而不管它们是否在任何特定时期、在任何特定社会中得到认同或遵守。② 根据这种观点，对于在现行宪法安排中实际上被赋予优先或受保护地位的那些权利，我可以接受一种实证主义分析，但同时却保留"人权"术语，为那原先就存在，且在历史上非偶然的，被称为自然权利或人权的那些实体而保留，它们乃是我们拥有或应该拥有根本权利的依据或正当理由。这些人权乃是独立于人类行动或信念而存在的道德实体，并且，对于宇宙的结构，它们与物理科学所预设、研究的那些实体一样，是同样重要的组成部分。然而，据说，要熟悉与认识人权，我们也无须科学或其他具体的训练，因为，它们就是人类对道德知识普遍能力的对象（或者是前提条件），这些明确于我们对道德真理的基本看法或直觉中。这就意味着，我们能够证立以下依据对根本权利进行的分配，也就是，不仅存在一定字面意义上的人权，并且，在分配时，方式要能让它们进入我们的认知能力。

无论这种存在论哲学的吸引力可能是什么，获取对人权具体内容认识的一致方法本身却仍未确定。除非我们接受，存在我们都应该服从的权威机构，这些机构具有有关这些权利的特定知识，否则在认识论上和政治上相信人权存在的信念都是不充分的。尽管不可能反驳这些道德实体的存在，但以下主张可能

---

① See TD Campbell，"Human rights: a culture of controversy"，*Journal of Law and Society*，Vol 26，1999，6.
② 根源于托马斯·阿奎那的经典自然法理论，但经过启蒙时代而发展成更世俗的形式，我脑海中的哲学家包括霍布斯、洛克和卢梭。

有些道理：如果我们采取某种神学哲学观，就存在这些东西，因为这允许我们理解永恒的上帝或其他神，它们授权或创造了这些事实/规范，除了进行日常道德反思、争论的标准、不确定方法外，要"发现"这些实体是什么，并不存在一般认可的方法或进路。我们只是根据宗教或其他形式的权威而相信存在着这种人权，那些拥有所需权威的人"了解"它们，但是，这就拒绝了为这种信念取得一种哲学或理性基础的可能性。

当然，也可以使用其他不那么形而上学的理论，为理解非历史人权以及优先的道德合法性理念提供依据①，但是，这些也存在同样的认识论缺陷，这就使有关人权内容、形式和价值的争议仍未获解决，并且缺少为我们作出这种决定的可依靠的宗教或道德权威立场。再次重申，从为道德和政治立场给出客观合理性的现代训诫中退出，转而对人权理念和合法性采用一种纯实用主义的姿态，也是可能的。② 这种后现代主义抛弃了现代主义对理性和普适合理性的追求，转而寻求维持人权这类核心启蒙概念的形式和修辞，对于解决当代人权话语争议中重重的多元主义而言，它处于一种极其劣势的地位。

220   实践中，认识论层面的争议意味着，关于作为道德上优先的实体或视角的人权，对其存在和合法性，我们必须暂予搁置，而将我们自己的注意力引向更为具体的问题，比如，我们应该将哪些权利用作所有人类的根本实在权利，以及我们应该如何作出这些决定。这就会引出深层次，也更普遍的争议，但是，它的确让我们关注我们自己最能够合理争论与解决的那类问题。因而，就回到了这样的问题：实在化的根本权利究竟应该是什么？对此，我们如何去决定？

这仍然会被看做一种处理该问题的方式，因为它认为，对于根本人权，我们应该寻求具体化，但是，这明智吗？人权话语的目的难道不是表达我们都能够赞同，可作为合法政府基础的宽泛的社会与政治价值？人权难道不代表一种对平等、自由、公正、容忍、所有权、正义以及生命本身的宽泛道德共识？它可能指出，将这些抽象概念变成某种更为确切的东西，进而导致对人权整体地位的争议、分裂甚至怀疑主义，这是毫无助益的。对于明确反映我们对作为民主政治共识性基础的生命、自由及平等最深层次道德义务的一般权利表述，我们是否应该满足。

---

① 近来这种尝试概括于 J Rawls, *A Theory of Justice*, Oxford: OUP, 1971; 以及 R Nozick, *Anarchy, State and Utopia*, Oxford: Blackwell, 1974。

② See, eg, R Rorty, "Postmodern bourgeois liberalism", in R Hollinger (ed), *Hermeneutics and Praxis*, Notre Dame, IN: University of Notre Dame Press, 1985.

当然，高度抽象的权利表述能够发挥重要的社会政治功能，这类似于宏大的教义表述，可以被确定为宽泛教会成员的资格条件，尽管，即便是这些中，也常常包含历史上重要的细节，并且也会引发持续的争议和血腥的战争。确实，人权话语的一个首要作用，也是一个可能在实在化人权举动中流失的作用，乃是表达宽泛的价值义务，这为通过辩论、妥协以及有效协议而确定更为具体的政治目标形成一个基础与愿望。比如，一旦人权通过一系列案例法进行确定，就会出现其道德效力与功效消减的危险。对平等、自由、社区、法治诸此等等进行抽象确定可以成为有力的修辞工具，有利于教化，否则就变成强制性、压迫性的政治制度，也能够产生培养合法性感觉的信任与合作。

然而，这并不是 HRA 支持者所想象人权话语的作用，这些人认为，对立法进行司法审查是实现人权的关键部分。这种司法化策略要求法院对适用于具体情境的立法意义，继而对其效力表态，这就涉及赋予抽象权利表述以足够具体的意义，从而决定特定法律当事人之间高度具体的冲突。具体要求是走向司法化的结果，这将人权从道德原则变为具有约束力的规则，而不再是理想。具体化的雄心壮志值得赞誉，因为，除非人们生活中的特定苦难能够被权威地确定为不可接受，并提供救济，否则，人权理想就不会对人们生活产生什么影响。如果作为愿望的人权不鼓励救济具体恶行，那么，它们就失去了大部分的意义。

然而，ECHR 并不符合透明司法适用所要求的具体标准。诸如 ECHR 的人权表述本身远不够具体，因而，将它们的内容充分地具体化，直到了解如何将它们的适用于具体情势的程度，这一过程既必要，但同时又极其困难。我们只是并不拥有充分清晰、具体、可理解的，用以指导、限制法律审判的个体人权观念，任何可被归类为一种区别于一般政治道德争论的法律"解释"推理过程，都无法实现这一目标。人权的抽象表述并不能导致制定"善"法，因为，它们也深受晦涩与不确切等主要形式缺陷之苦。

同样，这似乎也可能存在争议。有一些受人尊敬的理论家推崇采用少数、简单且抽象法律的优点，司法机关可以根据所涉及的特定情境，以一种灵活的方式，作出人道、公正且效率的判决。① 对于给出具体规则，根据所涉及的技术性"法定主义"来涵括所有的情形，由于其妨碍了常识性正义，因而，也存在着相当多的反对意见。根据这样一种观点，重要的是，因为坚持那些只见树

221

------

① 例见 J Shklar, *Legalism*, Cambridge, MA：Harvard University Press，1986；更实用主义的视角，可参见 RA Epstein, *Simple Rules for a Complex Society*, Cambridge, MA：Harvard University Press，1995。

木（规则）不见森林（正义）的多元、复杂、具体的法律制度，所导致的妨碍与限制的不偏私、公正、智慧和经验等品质。

支持一种更加实证化的具体法律之治的相反理由则更为宽泛，也更广为人所知，据此，重要的法律功能，比如限制官方权力以及建立一个清晰的人际规则体系，无须借助于对无尽的个体情势作出司法决定，就可以执行并为人所知。① 这里，需要注意的是，就这些因素而言，融入 ECHR 计划非常有问题。按照具体实证术语理解，法治的重要性一直都是某些自由理念（公民确保能够根据对其行为可能引起何种惩罚的理解采取行动的共和主义理想）和民主理念（政府必须在现行法律限制范围内行为）的中心。所有这些权利本身都是人权整体的组成部分。

当然，有人会说，通过英国人权法哲学的发展，这些问题都将得到处理和解决。据此，ECHR 将会通过渐进性案例法而被赋予一种可司法的形态。通过"考虑"欧洲法院、欧洲人权委员会的人权法理学，以及全世界范围内具有相似固有权利的司法辖区典型性案例法的说服力，这一过程将会有一个良好的开始。我们可以期待的是一种英国倾向，即倾向于从既往法律的判决中得出一种良好、确定，且合理确切的法律规则体系。实际上，如果这无法实现，那么，历史就会打击 HRA 的一个主要支持理由：国内化 ECHR 将减少在欧洲人权法院中针对英国政府的负面发现。

222　　　说明这一立场只是为了表明，人权的案例法模式被多远地排除在作为道德实体的抽象人权理念之外。通过一系列历史上偶然的司法判决来确定人权，可能符合，也可能不符合关于这些权利可能是什么的各种深思熟虑的观点，这样做是通过损害将人权用作对现行法的外部道德批判，来获取实在化收益。人权的道德效力能够挺过司法化过程吗？这些问题将我们的注意力重新引向"解释"程序问题，通过这一程序，抽象权利表述被塑造成一种可司法的形态，进而产生一系列可用的司法裁决。

"解释"，人权类型

对立法根据权利法案进行司法审查的支持者已经提出这一理念，那就是，关于什么可以作为法律解释，可以从颇有影响力的英国权利法案支持者，也就

---

① See, eg, F Schauer, *Play by the Rules. A Philosophical Examination of Rule-Based Decision-Making*, Oxford: Clarendon Press, 1991.

是德沃金的作品中寻找。① ECHR"只"是一种解释方案，受这一观念安慰的任何民主主义者，在了解到这些司法阐明与执行权利法案的狂热支持者认为什么是在法律解释的合法范围之内后，可能都会感到严重困扰。

关于德沃金的立场，主要的吸引力在于②，他似乎同时对现行法采纳了一定程度的包容，因为法院所作的每一项判决都应该"符合"现行的权威法定宪法、法规和判决整体，与此同时，他也支持对这些材料采用这样一种解释方法，从而从相关法律和政治制度的基本原则的角度来看，使得"它们能够最好"（the best that they can be）。"相符"要求用于将法律推理与其他类型的实践理由区分开来，后者并不受这种方式的限制。与此同时，"最好"要求给出了法院可以赖以作出决定的理由，从而决定在诸多判决中，哪一个能够合理地用来符合现行法，并决定应该在这一特定案件中采取的政治渊源，这里不存在如下假定：存在一种能够仅通过适用相符标准而得出的正确结果，即便是当我们对大量法律原材料适用融贯或一致标准的时候。

应该注意，命题并不是法院应该决定何种判决整体上最好。作为法律推理，这就过于开放了，也不会具有什么先例价值。相反，判决要从与案件相关的现有法律材料中的最佳解释中推导得出。据称，解释立基于现有法律材料，正是这一点使得"解释的"方法必须出自文本。

与此同时，这些文本解释采取繁重的智力道德分析形式，如果我们要赋予一个文本以任何在法律上有用、政治上合法的意义，那么就需要这种形式。从智力上来说，任务是将所有相关规则、原则、制定法、案例法、立法讨论等收集到一起。从道德上讲，任务是将这些塑造成融贯的形式，可以通过为那些历史材料提供最好理由的基本道德原则来证立。接下来，那些材料的合理性就被适用于对相关文本给出一种解释，该解释要最大限度地推进那一合理性所认定的目标。这并不是一个消减和提炼的过程，而是一个复杂的道德反思过程，在这一过程中，为了给出一个德沃金所称为"完整"道德上融贯的后果，各种不同且相互竞争的道德/法律原则要互相磨合权衡。③ 即便是在决定某一特定文本的解释和累积法律资料之间的相符阶段，法官也是在寻求一种道德融贯，这

223

---

① R Dworkin, *A Bill of Rights for Britain*, London: Chatto & Windus, 1990.

② 在他涉猎广泛的文集中，找不到一种德沃金式的立场。这里给出的简单回顾只是为了反映对德沃金立场所作的常见和有影响的理解，持这种理解的人认为，德沃金的理论为人权司法模式提供了依据。这主要依赖他的作品：R Dworkin, *Law's Empire*, London: Fontana, 1986。

③ "它（完整性）认为，来自过去判决等等的权利义务之所以被作为合法的，不仅在于，它们在这些判决中是明确的，还在于它们来自个人和公共道德原则，而这些则是明确的判决通过司法所预设的。" *Ibid*, 96.

就要求找出符合原则的一种解释，要最能用以证明那些材料。一旦将所有这些相关事实与法律政治制度的基本原则考虑在内，法官越是将要对何种文本解读最好得出一个最终决定时，这一道德目的也就变得越显著。哲理的相关因素包括政治制度的完整性，程序公正以及它所服务的社区信仰。最终，法官对法律文本的"解释"乃是实现一种在道德上融贯的判决的努力，对他们在其中运作的那种文化价值，该判决要最好地与他们的解释相符。

结果可能会推翻最相关的法治①，或是对法律文本给出一种意想不到的解读，以使它在更一般意义上例证法律中有效的合理原则。在德沃金的例子中，法律推理的大多数工作都在于决定何种解释是最好的，在于牢记解释并不是一个更进一步的文本审查或发现与尊重立法者意图的问题。这涉及运用文本的原则，例如平等和尊重人，这些被认为给现有法律体系提供了最好的合理性。这里，"合理性"主要关涉的是与政治相关的道德标准，而不是任何独特的法律标准，尽管提出一种道德上融贯的权威规范体系是德沃金自己对法律是什么的解释。

224 重要的是，这里没有如下假定，即作为解释原材料的法律材料体系充分符合任何严格的融贯标准，因而，比起其他宪法规定、制定法和案例法的整体部分，任何合理性所涉及的都不仅是，更重视某些法律数据，而是实际上抛弃了相关传统中的不服从方面。"相符"并不是指与业内所有继承下来的材料，而只是与适用于它的那一部分，这一部分符合从本轮法律体系中推导出的基本原则。很显然，这里有挑选与选择的因素，因为一些先例要被舍弃，而对过去的法令和判决给出多大程度的重视，则要作出数不清的决定。这毫无疑问地会涉及对当时法官个人偏好的依赖，由此来决定，在他们的法律和政治文化中，哪些可用原则在他们看来，会对相关法律给出最可接受的理由，尽管对法官任何不具代表性的信念，他或她会有意压制。因而，尽管用于解释某一特定法律的原则被认为来自相关法律体系，但是，它们同时也有利于决定什么构成了那一法律可接受的组成部分，这是一个循环的过程，该过程存在大量争议出现的空间，并对德沃金式的信念产生重大怀疑，该信念认为，这种解释实践总会有一个"正确答案"。

出于目的的考虑，我们要注意，当开始适用法律时，该法律应按照符合迈

① 德沃金最常引的这种例子为 *Riggs v Palmer* 115 NY 506，22 NE 188（1889）。参见 R Dworkin，*Taking Rights Seriously*，London：Duckworth，1977，23。德沃金用这个例子来例证司法中原则的作用。现在需要在更为宽泛、作为整体的法律理论语境中来看（原则的作用）。

过这一解释过程的法律数据的最好理由予以理解，如果手头案件最相关法律不符合相关法官所偏好的解释，那么，法院对该法律进行修改就是它义不容辞的义务。这意味着，这样解释的话，制定法可以被支撑普通法的原则所推翻，而如果根据相关解释中理解的宪法规定，那么，情况就更加如此了。结果就是，所有的法律案件都可能是"疑难"案件，因为，任何法律判决都可以通过引入一种道德原则而进行质疑，该道德原则是在决定现行法如何能够被最好地展现出来的过程中提出的。

尽管德沃金的解释并非排他性地指向宪法，但是，它却主要被看作是一种解释与适用宪法的模式。这里，德沃金至少明确的是，无论法官如何作出相反主张，法律推理都是一种道德推理。[①] 因而，他将美国《权利法案》视为对道德判断的引入。这样做的优势在于，关于晦涩且不一致法律材料的一种"最好"解释理念，可以得到理解。这还得到他对以下法律理念整体批判的支持，那就是，法律完全由无须涉及任何道德评断因素就可以理解与适用的法律规则组成。这是因为，在表达法律原则，因而实际就是表达法律概念本身时所涉及的术语，在他所认为的技术意义上，都是"解释性的"，对此，不存在决定它们是否被正确适用的一致的经验标准。因而可以推出，至少在这最根本的法律领域中，道德判断是决定性的要素，而正是因为这一法律是根本性或最高的，故而，所有的法律判断都具有一种决定性的道德维度。

在那些法院行使权利法案的支持者提出的人权方法论中，什么才是法律解释，对德沃金法律解释理论的这一简单叙述，会被当作一个重要的、富有影响的例子。这些理论很容易遭到批判，因为它们超越"解释"的概念如此深远，以致它们破坏了理解与解释之间的区别，而这种区别则是实证法传统的立基之处。有人也会指出，通过更重视颁布得到民主支持的相对清晰且不含糊规则的潜力，从而限制司法解释的作用，是其他理由更充分的方法。不过，应该注意的是，德沃金提出，我们无法获得这样的体系。[②]

225

从这里的争论中可能推导不出，但是我们却能注意到，存在有力的理由可以证明，德沃金认为最好在法院解决的那类道德争议，是更适合政治争议与决定解决的问题。一个法律体系，至少在它禁止与允许什么方面一致，在道德目标方面融贯，要接受它，并不要求我们也认可，实现这种融贯是一种司法义

---

① See R Dworkin, *Freedom's Law: The Moral Reading of the American Constitution*, Cambridge, MA: Harvard University Press, 1996.

② R Dworkin, *op cit* fn 29, Chapters 4 and 9.

务，该义务要求法院将它们的道德观点替换为立法机构的。德沃金赋予法官这种角色的主要理由在于，作为一种强制性制度，对其主体而言，法律必须是正当的，而这只能通过不对政治上多数派做最后承诺的"原则共同体"实现。[1] 当然这抛弃了以立法民主渊源而作的其他合法性叙述[2]，为了证成 HRA 的解释机制，这种叙述必须被置之一旁。与之相反，在支持将 ECHR 融入英国法律中的诸多理由中，德沃金的理论一直作为依据。因而，HRA 就为在英国法院中采用德沃金式的司法推理增加了合法性，尤其是在关涉 ECHR 时。[3] 对于大多数支持对立法进行司法审查的人来说，将抽象人权适用于具体情势之中，最终是一个适用一般道德原则的问题。在这一点上，德沃金自己极为开放，随之越来越多的则是他的信徒。[4]

解释的可能性

226
  在"可能时"，什么是按照符合 ECHR 的方式解释一部议会法案，我们对它的理解将会被引向哪里？[5] 简而言之，我的理由是，只有根据某一制定法解释方法，假定才能有效运作，而事实上，这一方法已经被寻求司法化而非民主化人权的那些人所拒绝。只有在我们有了一种独立的方法，来决定一个法律文本含义是什么时，我们才能去解决它是不是符合另一个文本的问题，因而，如果另一个文本（这里是 ECHR）在决定原初的制定法文本的实际含义是什么时复杂多变，那么，这就会有损比较两个文本的基础。在解释一个制定法时，什么可能或不可能的理念本身就受到法院被要求与制定法进行比较的公约影响。换言之，在极端的情形中，只要认为符合 ECHR，那么，任何事情都是"可能的"。

---

 ① R Dworkin, *op cit* fn 20, 190—216.

 ② See, eg. J Waldron, *Law and Disagreement*, Oxford: Clarendon Press, 1999.

 ③ 例见 F Bennion, "What interpretation is 'possible' under section 3（1）of the Human Rights Act 1998?", *Public Law*, 2000, 77。

 ④ 德沃金对"完整性"的阐述可能揭示了相当晦涩的"法定原则"，近来，该原则被引入用以证成能动主义的解释方法。参见 *R v Secretary of State for the Home Department ex p Simms*［2000］AC 115, 斯泰恩勋爵阐述："在这些情形中，即便不存在晦涩之处，作为一种宪法原则而一般适用也会发挥作用……这就被称作'法定'原则。" 也可参见 *R v Secretary of State for the Home Department ex p Pierson*［1998］AC 539, at 573G—575D and 587C—590A。

 ⑤ 关于 HRA 这一部分，一个深刻严厉的分析可参见 G Marshall, "Interpreting interpretation in the Human Rights Bill", *Public Law*, 1998, 167; 以及 "Two kinds of compatibility: more about section 3 of the Human Rights Act 1998", *Public Law*, 1999, 377—83。

"可能/不可能"是一个多层次的概念，其含义可以变换，从来自自相矛盾观念的严密逻辑含义，到与既定理论或主导经验证据是否相符的相关科学含义，到更为日常的"不可能但可行/不可行"，或只是"一系列可能或不可能后果之一"。因而，在日常话语中，"如果可能"则做某事的命令，其含义可以从"如果你有能力与机会这么做就做"，到"做如果不受干扰就已经做的这件事"。就与人权有关的运作而言，在解释中，大多数事情都是符合现有、受尊重的司法裁判理论意义上的"可能"。在另一头，在更为解释性的语境中，"可能"就可被用以要求，当以其普通或自然含义解读时，相关法律的表述在逻辑上不应该互相矛盾。

那么，对于一个根据 ECHR 来解释一项立法命令的法院，"可能时"对其施加的是什么限制？在这种语境中，"可能"最狭义的含义，也就是从对制定法在英国如何解释影响最小意义上理解的含义，也就是根据其普通、自然或一般含义解读一部制定法，该含义不与 ECHR 规定直接冲突，我们可以根据有关 ECHR 的案例法来理解它的这些规定。在等式这一头，"解释"被赋予了一种实证主义形象，它赋予了制定法自然含义表面上的优先性。在等式的另一头，它并不试图赋予一种抽象权利表述以可司法的含义，而是对作为有拘束力的欧洲人权法院的先例给予全面的重视。在最简单的案件中，作出符合解读的法令就等于，审视一下制定法的普通含义是否符合现行的 ECHR 案例法。根据这种观点，如果一部制定法的自然含义与 ECHR 的一个先例冲突，那么，就不可能符合 ECHR 地解读这部制定法。只是在法院抛弃对自然含义，或对现行语言实践的尊重之可行意义上，这才会"可能"，但是，这不会被认为"可能"，因为，这样做是不合法的。除非存在不清晰、含糊，或明显的荒谬，否则，在确定相符性的等式两边，自然含义都是基本的立足点。

然而，在政法制定 HRA 时，这种严格清晰的"可能"含义显然不是其意图所在。[①] 法院被期待运用它们的新型解释权力，去实现有效保护公约权利的立法解读。然而，有一系列方式，可以使这种语境中的"可能性"理念变得更具有弹性，扩大可能性的界限，从而服务于法案的目的。问题在于，所采用的弹性程度及形式，是否会让司法权力的明显限制失去作用，并将我们带入事实上的全面融入之路。

---

① "法案规定立法——既包括议会法令，也包括次级立法——在解释时应尽可能地符合公约。这就远远超越了当前的规则，当前规则使法院在解决立法规定含糊性时能够考虑公约的要求。法院会被要求为支持公约而解释立法，除非立法本身如此明确地不符合公约，以至于不可能这样做。"参见 *Rights Brought Home: The Human Rights Bill* (Cm 3782，1997)，para 27。

这样，在等式的 ECHR 这边，可以对英国法院的许可给予更多强调，许可其考虑但不能超越 ECHR 法哲学，根据应当如何解读 ECHR，并将其适用于英国语境，而发展出一种国产的案例法体系。根据相关法官的道德理解以及他们对在一个民主社会中对公约权利施加合理限制的理解，对 ECHR 中的抽象权利表述有着宽泛的重思和发展空间。因而，关于立法被要求符合什么，就有了一个很宽泛的想象维度。但无论怎样，对于这些案例法发展的实际适用，立法的普通含义进路可以给出很多明确的限制。在等式另一边，如果将人权类型的解释与制定法解释的普通含义进路融合起来，那么，在按照传统解释的立法，与通过英国司法道德棱镜审视的 ECHR 的开放性内容之间，就可能会出现难以预料，且频繁出现的不相符宣告。

228　　然而，另一个，也是更可能的后果是缺乏根据以下要求的宣告，该要求就是，法官要根据他们认为的 ECHR 的任何要求来解释制定法，以使两者相符。[①] 经过根本权利阴影下制定法解释的德沃金式方法的武装，依据议会打算按照 ECHR 立法的假定，在文本中默示内容就将不困难。上议院大法官承认，明显"矫饰"的含义是可接受的，因为，它们不仅是可能的，而且还是 HRA 目标所希望的。尽管，他没有考虑 HRA 会许可"想象"或"不当"的解释，但是，明确的是，对于源于一种被寻求使一部制定法"能够最好"的认可解释方法的解释，他不会对其适用这些条件。事实上，这种创造性可能被描述为对反常和司法美德高度的颠覆，会被归类为"富有想象力的、创造性与同情的"，而非空想的。[②] 如果在上议院大法官的祝福下，不相符宣告被当作一种"最后手段"，那么，对可能被他人视为带有立法者所意图的那类普通含义的美好主张的文本，采取高度建构性的"解释"，就不会超越英国司法者的智慧。所有这些都会被认为符合 HRA 的"精神"，它所带来的不仅仅是一个文本，而是一种改变制定法解释根本点的开始。

　　此外，有这样一种方向，在这个方向中，有一种使含义取得"相符性"的

---

① 因而，库克勋爵指出："传统上，寻找的一直都是真实含义，而现在则是一种可能含义，该含义会阻止作出不相符宣告"（HL Deb 3 Nov 1997, col 1272）。他在 *R v DPP ex p Kebeline* [2000] 2 AC 326 中将此付诸实践，在本案的判决中，他指出，一个杰出评论员的作品被作为充分的证据，证明必定被当作一种"矫饰"解释是"明显可能的"，参见 Hooper, *op cit* fn8 at 9. 关于通过《1998 年苏格兰法案》适用 ECHR 语境的早期例子，也可参见 *Brown v Stott* [2000] JC 328, at 354："首席检察官承认，因为本条没有明确表明官方可以在起诉中使用这些信息，因而，就可能严格解读这条规定，认为它只是允许警官要求门卫提交信息，而不是允许官方使用这些信息，以在随后的审判中控告门卫有罪。"

② HL Deb Vol 583, cols 535, 840, 306, 280. See A Lester, *op cit* fn17, 271.

压力，注意到这一点颇为重要。没有人提出，所需要的是一种妥协：一方为制定法的可能解释，另一方为 ECHR。情况并不是说，如果 ECHR 的解读更符合制定法，那么，该解读就更优先；同样，如果制定法的解读更接近于赋予 HRA 的解释，那么，该解读就更优先。相反，理念是，应该屈尊适用相符性目标的是立法，而非 ECHR。

由此可以得出逻辑结论，即我们可以看到，在等式各边，都不存在稳定的依据，可以被制定法用来与 ECHR 比较，以通过赋予相关立法一种适当的"可能"含义，来审查是否可能让两者相符。司法能让立法的含义成为它们所认为应该具有的好含义，对此，如果对立法没有采取一种或多或少实证主义的进路，那么，就没有理由主张，立法文本会对这种司法能力给出任何类型的限制。实际上，在一个对某些普通或语境明确含义并不太重视的司法文化中，解释要求实际上并没有什么意义。某种形式的解释性法律实证主义，在很大程度上不符合支持人权司法化那些人的哲学理论，对"任何可能时"都按照符合 ECHR 的方式解读立法的律令，它必然预设了可运作的内容。

在实践中，立法文本会被操作，从而使其符合 ECHR 的司法解释，这采取的是一种甚至更干预主义的方式，以屈从立法，这是可能发生的。最常见的技巧是，沿着"除非规则的适用和法院解释的 ECHR 冲突"路线，以例外于清晰法律规则的方式解读。议会只能通过明确表明该规定"尽管有 ECHR"但仍适用的方式有效对抗这一策略。①

HRA 的更民主解释

为了维持英国公民决定社会赖以治理的基本原则的民主权利，也为了维持这些原则在有拘束力的规则中得到体现的平等话语权，有必要对制定法解释坚持一种普通含义的进路，并明确承认，解释 ECHR 是一个道德推理问题，在这个问题上，法院没有特殊技能，并且，他们作出与此相关的决定也没有政治合法性。

根据这种观点，如果不相符宣告被视若寻常，没有问题，那么就最好。如果关于 ECHR 规定所应被认为的含义的道德争议也被认为是常见的，这是因

---

① 这可以和《加拿大权利和自由宪章》第 33 条（1）相比，其规定："议会或者省立法机关可以根据情况，在议会或者省立法机关所制定的法律中明文宣告，尽管在本宪章第 2 条或者第 7 条至第 15 条有某项规定，议会或者省立法机关制定的法律或者该法律的一项规定，仍应予实施。"

为需要作出这类解释来决定的问题固有的争议属性，那么，法院就应当被视为有权仅仅就 ECHR 中所主张的人权要求我们做什么作出临时决定。这些决定可以完全正当地被质疑，并由选举产生的政府经过公共讨论后推翻。

这种进路维护了公民决定他们根本权利、义务是什么的终极人权，可以被概念化为赋予他们或是解释 ECHR 的权利，或是根据他们对人权是什么，以及在他们的社会中谁的人权受到尊重的理解，从而去推翻公约的权利。将 ECHR 等同于它之后出现的法哲学的那些人偏好第一种进路。有些人将 ECHR 视为一种试图对我们必须不断靠近的道德人权予以表达的演进式公约，他们会偏好第二种进路。结果在很大程度上相同，因为这两种进路都将民主政治程序作为阐明根本权利内容的中心。

英国法官不应当将 HRA 所许可的解释机会视为一个将他们视为道德权威的机会，并且，解释要求与不相符宣告之间的互动功能，被认为赋予了将每个人纳入根本权利的决定活动以合法空间，这具有重要的民主意义。这就要求议会和人民能够让法官坚守立法者所颁布法律的公共含义，并且，不仅在政治上，也在法律上认同，议会对以下问题行使最终权威是合法的，这一问题就是，在暴力常被用来执行一些人压制其他人观点及利益的残酷世界中，含糊表达却至关重要的根本价值的含义是什么？

这可能遭到如下反驳：这种进路会破坏 HRA 的全部意义，HRA 是要限制政府滥用弱势群体人权的能力。当然，即便是选举代理人，我们也不愿意允许他们忽略或侵犯人权。尽管具有一定的修辞力量，但这一论据却简单地忽略了什么作为人权与什么作为侵犯它们的问题。无法逃避的问题是，当涉及作为法律来执行的决定时，谁的"人权"解释应该胜出？当然，对这一问题，由于我们和他人的意见可能出现争议，因而，我们很有理由不把决定这一问题的权威赋予任何人，这一理由，对于授以任何人政治权力都适用。实际上，人权引入政治制度的原因恰恰在于选举政府的不可信和腐败，但是，将最终审查权力赋予另一政府机构的问题在于，它也同样可能会犯错，会忽略人权滥用，会反过来施加不公。法官看起来可能相对温和开明，这或许是因为没有选举压力，但是，或许是局限的道德观点，或许是实际上作为精英法律人群体的实践经验，导致他们的判决广泛地被认为不可接受时，他们不承担责任，也不会遭到替换和他们同行范围之外的修正。

这些讨论带领我们超越了对 HRA 的分析，而指向拥有固定权利法案收益和缺陷的整个问题。这正是我的论据所指向的，这充分表明了本章的意义：所有基本宪法问题实际上都和 HRA 相关，HRA 尽管有着温和妥协的表象，但实质上却将 ECHR 融入英国法律之中。因而，在评断 HRA 时，我们必须就最终政治权力的归属进行更宏大层次上的宪法探讨。如果我们希望，将 HRA 限制为一种解释角色，不推翻立法权威，并且确保英国人权的发展可以表达英国人民发展的道德信念，那么，我们就需要直接关注议会和人民的权利，由此就司法角色在履行过程中，尤其是关涉 ECHR 时，对什么作为"可能的"法律"解释"，得出一种有拘束力的观点。

第十二章　全球市场世界中的民主

233　　通常，对选举民主的不满立基于一种更好制度的乐观信念，比如"混合"治理制度（融入司法监督、管理主义、国际或跨国组织代理）。当前，对民主的关注越来越多地与以下悲观主义信念联系在一起，那就是，由于全球市场的力量，主权国家，尤其是自由主义民主，能够自决，几乎没有什么意义了。[①]对于一个依赖于一定程度公民参与，甚至是热情参与的治理制度而言，这些信念的结合是危险的。

　　同样危险的还有，全球市场意识形态对民主运作模式的毁坏作用。言外之意在于，这些日益融入的市场类比，比如将选举人描述为消费者，将政治家描述为商家，从而宽容了政治领域中对实际市场力量的接受，由此，金融力量对政治的控制越来越没有障碍。

234　　通过反击对其他制度的错误乐观主义，对国家软弱无力的不必要悲观主义，以及全球市场的意识形态霸权，本章重新确认了，民主是为自我保护目的而制度化集体力量的可欲且可能有效的途径。此外，对法律（而非司法）取向的民主理论进行了特别关注，根据该理论，公民是立法者和陪审员，而不仅仅是政治消费者，并因而沦为经济附庸。

传统战线

　　经典民主理论可以分为两大类：一类是自决或自治模式，另一类是自卫或

[①]　S Sassen，*Losing Control? Sovereignty in an Age of Globalisation*，New York：Columbia University Press，1996.

功利主义模式。前者强调人民决定他们自己命运的独立意义，而无论他们的治理是否有效率；后者强调拥有一种个人或群体的，人民可以借以实际上保护与推进他们利益的机制。对于自决主义者而言，民主是一个人民为他们自己作出选择的问题，决定他们自己的生活，并犯下他们自己的错误；而对于自卫主义者来说，它是公民拥有的有效途径，能从政治上和经济上保护自己以及使自己获益。

用元道德学的术语来说，自决主义带有道义论（deontology）的味道，特别是与自治、自由相关的权利，而自卫主义则带有结果主义的味道，特别是损害的最小化。自决主义与不可分割的权利关联在一起，而自卫主义则更多地和诸多公益及共同利益相联系。这种对比可以进行详细探讨。因而，自决主义的支持者将选举视为表明自治的一种表达行为，并将政府视为他们意志的一种体现，而自卫主义者却将选举看做一种权力或工具，将政府视为一种外部力量，或许是一种必要的恶，需要加以监督与控制。

当前冲突

对于很多当代评论家而言，自治和自卫模式之间的冲突，已经是拿着过时无效的武器，在已经没有战略意义的领地进行的昨日之战。据说，今天，很少有人会将其或作为一种自我确定的方式，或作为一种自卫的重要方式，来自愿进行投票。作为一种行业，民主政治已经到了名声扫地的地步。为了理解他们存在的不安全感，为了辨明他们的未来，人们在恐惧或希望中寻求一种更为广阔的、一般为经济的因素。

此外，在民主理论家当中，较为学术一点的，指向一种冲突的虚假方面，在这个冲突中，相互竞争的意识形态错误地强调它们所谓的差别，而实际上，它们代表着介入杂乱、混乱，并且可能不必要的民主冲突中十分类似的力量。毕竟，如果要产生什么意义，真正的自决就必须包括成功运用权利来实现选定的目标。政治并不象征着自我表现，而是象征着针对其他人或/和其他人一起实现社会、经济目标。

再进一步，如果存在真正的道义权利，那么，自卫权利就必须属于更为根本的权利之中，而选举权利的成功行使就可能被看作是最低自卫的原型。① 在

---

① 一个杰里米·沃尔德伦不断明确的观点，参见 J Waldron, *Democracy and Disagreement*, Oxford: OUP, 1999, Part Ⅲ。

很大程度上，这就将两种模式之间的对比，约化为拙劣自决主义者和有效自卫主义者之间的一种对比。尽管自决主义理想和更具现实主义的自卫主义目标之间的对比有些道理，但这种分析简单地将自卫主义变成了一种自卫形态，因而不能令人满意。

235　　　无论怎样，崭露头角的共识是，给予当代选民的选择是最低的，无论它们的规范性政治理性可能是什么。有可能赢得选举政党的政策只是在边角方面有所差异，因而，政府执行他们政策的力量被大大夸张了。据称，主权国家的自由正在消减，在强势全球经济力量的迫使下，服从跨国市场现实，以此作为维持可接受经济生产力和消费水平的代价，由此，国家经济管理的首要角色就被攫取了。各国为了争夺全球经济组织的青睐而相互争夺，而竞争的条件则是由那些经济上占据主导地位的国家所制定，而这些国家的政府反过来也要依赖于私人企业集团。①

　　　然而，无论是对于过去被视为后现代主义民主的新型武器，还是修订的目标，当代分析家都不赞同。确实，在一个全球化被认为是一种均质力量的时代，相互竞争的政治哲学之间仍然存在着分歧，注意到这一点让人振奋。排在第一位的就是人权进路。尽管人权哲学和代议民主制度有着同时代的当代起源，但是现在，它们可被视为提出一种替代路径，该路径被视为"多数主义"，并进而被视为一种压迫性的治理制度。人权运动建立在对赢者通吃的政治制度的有力批判的基础之上，并得到可确定少数群体困境的广泛证据支撑，该运动试图查明这些具有根本道德地位的个人利益，并对它们的保护与推进予以制度化，采用的方式是反对选举独裁和制度性歧视，因而对固有个人权利的热情就到了司法守护者制度之手，这些守护者被认为超越于政治争夺之外。② 这一策略符合全球发展趋势，即将普适人权理念和司法，而非立法或政治权威关联起来。

　　　在努力反对国家恐怖主义和不人道的语境中，不可能反对人权，然而，对于人权哲学的充分性，仍然有着很多困扰。尤其是，就其内容，对于需要适用于具体情形时的确切程度，存在着令人尴尬的持续争议，实际上是呈指数增加的争议。人权的具体化揭示出，抽象口号并不能给出可以运作的权利和义务，

---

① 关于这些趋势的平衡探讨，可参见 D Held, *Political Theory and the Modern Slate*, Cambridge: Polity Press, 1989, Chapter 8; and D Goldblatt, D HeId, AG McGrew and J Perraton, *Global Flows and Global Transformations: Concept, Arguments and Evidence*, Cambridge: Polity Press, 1998.

② RM Dworkin, *Freedom's Law—The Moral Reading of the American Constitution*, Cambridge, MA: Harvard University Press, 1996.

因而，具体化抽象权利的过程揭示出，这实在明显是一个具有政治争议的道德判断问题。[1] 例如，所有人都会同意，存在或应该存在一种生命权，但是，围绕着死刑、主动安乐死以及国家提供健康生存条件的义务，却仍存在或应当存在争议。

在这一点上，我们遭遇了双重并且是补充性的策略。一个是明确撤退到纯粹程序性的人权，接下来，这就既被看作是限制，也被看作是民主化治理程序的方式。或是通过确定与强化言论、结社和参与的政治平等，或是通过法治和权力分立甚或是权力分割，将人权限定于维护民主程序的功能，实质问题从而得到避免，而被留给适当组成的选举制度程序。[2] 这一举动的代价是，将人权和那些普适的并且保护最重要人类利益的权利标准分离开来了，并因而排除了一些传统上最宝贵的人权。如果程序性人权最终也和实质权利一样，在细节上存在争议，那么，这一代价就不值得付出。

另一种策略是智识化民主程序，方式是将民主政府对选举的工具力量的关注转移，转向旨在阐明一种基本权利合意内容的公开讨论，并为公益共识的达成建立合法的对话机制。审议焦点伴随着经典共和主义式公民参与理想的整体复苏，公民将积极参与到政治生活之中。这第二种策略尤其与全球化世界的后现代反讽相关联，即规范性多元主义现象，也就是，承认不相容群体中心世界观之间的分歧，在自由主义容忍的传统中，这些观点要被给予同等尊重。[3]

话语承诺

话语民主给出了许多鼓励，超越了如下二分法，也就是，权利及其后果作为一方面，自决和自卫作为另一方面。首先，审议民主展开了根据有效协议，而非意识形态联合互相适应的前景，这是一种与未完全理论化协议[4]及重叠共识观念相关联的事业。[5] 对话可能导向政治对手之间的暂时妥协（modus vivendi），这就对多元社会中广泛存在的分歧意见之间的一种有效协议产生暂时

----

① TD Campbell，"Human rights: a culture of controversy"，*Journal of Law and Society*，Vol 26，1999，6—26.

② 近来，对美国宪法的这种解读模式源自 JH Ely，*Democracy and Distrust. A Theory of Judicial Review*，Cambridge，MA: Harvard University Press，1981.

③ 因而，J Habermas，*Between Facts and Norms*，Cambridge: Polity Press，1996。

④ C Sunstein，*Legal Reasoning and Political Conflict*，New York: New York University Press，1996.

⑤ J Rawls，*Political Liberalism*，New York: Columbia University Press，1993.

的认同。

无疑，这一有效协议遭到了一定讨价还价的污染，在这一过程中，优势的
237 权衡不仅是根据一种平等基础，也承认存在经济及其他社会不平等的不可避免
的现实。无论如何，现实的政治适应产生暂时的妥协，如果这对各方不是一种
公正的结果，它也会是一种边际意义的改善。部分是为了回应对不平等当事方
所达成协议局限性的道德不安，一些话语民主主义者为根本程序权利提出了一
种次级且更为认识论的理由，也就是话语推进真理与正义事业的功能。① 论据
为人所熟悉，并且有些令人振奋。言论自由，尤其是当受到一项决策影响的每
个人实际都作出平等贡献时，就会产生信息和理性，依据经验的知识批判主
张，这样，受到决策影响的所有人之间进行公开、平等的讨论，结果就可能至
少增加采用建立在可靠信息之上的决策的概率。②

进一步说，在哈贝马斯理想言论情境中的话语进路中，就应当达成的集体
决策，如果有的话，每个人相互之间都要证成他或她的观点。这一程序起源于
根据一个人的平等尊重，一个需要我们互相给出理由的基本平等包括什么的内
容。据称，这具有排除显然片面的观点及纯粹自私的要求的作用。③ 没有什么科
学观点是因为某个特定人认为或相信而正确，同理，没有什么政治观点仅因为是
某个特定人的观点而正确。在对话中，科学或政治理由必须要给出能够被任何人
接受的理由，并因而能够展现出具有正义和真理特征的公正性甚至客观性。④

这里也存在实践与认识论方面的困难。实践难题与当代市场社会中无法实
现理想言论情境的属性有关。在当代市场社会中，进行这种谈论的能力存在着
大量不平等，并且一般而言，也没有充分的时间和机会。当然，这可以通过激
进平等主义变革和取得公民文化予以修正，在公民文化中，对话是所有公民的
日常实践，是一种增加经济政治平等快乐要求的项目。尽管一些技术发展可能
有助于这类沟通性平等主义，但明确的是，当前市场确实是朝向商品化沟通方
式的，这是一种极为不平等主义的发展。另外，如果理想言论情境的经济前提

---

① C Nino, *The Constitution of Deliberative Democracy*, New Haven, CT: Yale University Press, 1994.

② 这一命题的经典表述为 JS Mill, 1859, "On liberty", in JS Mill, *Utilitarianism*, *Liberty*, *Representative Government*, London: Dent, 1910。

③ 乔恩·厄尔斯特赞为 "伪善的文明力量" 的一种作用："Strategic uses of argument", in K Arrow, R Mnookin, L Ross, A Tversky and R Wilson (eds), *Barriers to the Negotiated Resolution of Conflict*, New York: Norton, 1995, 236—57。

④ A Gutmann and DE Thompson, *Democracy and Disagreement*, Cambridge. MA: Harvard University Press, 1996.

要被载入根本权利，那么，这就涉及将人权范围扩展性地超越程序形式，从而进入社会、经济领域的困难，并因而将政治争议强加于我们，而这些争议恰恰是我们通过退回到传统公民和政治权利而试图摆脱的。

　　审议民主的认识论难题集中在这一事实：除了无法确定的信息及自我指涉的偏见外，道德及政治争议还涉及更多的东西。这更多者是什么，有多重要，以及能够对它做什么，都是沉睡且没有答案的问题，这些问题会对民主对话的道德充分性提出质疑。有些争议可以通过采用一种观点予以克服，这种观点要公正，因为它要努力平等地考虑每个人的利益。由于存在明显的偏见，有些道德观点可以被明确予以摒弃。有些道德争议可以得到解决，因为它们建立在可以修正的事实争议的基础之上，至少在一定程度上，可以得到解决问题事项的证据（例如，缓解臭氧消耗的紧迫性）。结果主义道德信念尤其容易根据经验信念的改变而修正。通过表明受表扬或谴责行为的本质并不是持这些信念者所认为的那样，那么，即便是义务主张也可以遭到打击。所有的道德判断都具有某种附随性元素，这是因为，它们都是对一些经验上可描述现象的评判。改变你对自治行动、自由贸易、死刑或同性恋中包括什么的理解，你就很可能会改变你对这些现象的义务性评估。或者，还是那句话，道德判断可能不回应因经验信息而作的有关事实问题的分类，这样，即便是当从一种非个人化视角来看，它也可能不必要化，甚或不总是有助于道德一致。

　　许多哲学家已经指出，事实一致确实产生道德共识，但是，这种立场依赖于对人类具有同样属性的过时信念，认为人性由基本的情感反应组成，在没有可确定的歪曲环境中，对可确定的行为、动机甚至信念形式，都能够产生一般的认同或拒绝反应。[①] 这类观点并不仅仅是前后现代的（pre-postmodern），它们还是前近现代的（pre-latemodern）、前马克思的，以及前社会科学的。问题并不在于对相似事实情境人们反应的多样性是建立在个体基因差异、群体培养或不道德理由的不同运用能力上，还是植根于认识论能力方面的复杂差异，然而，结果是相同的：道德判断远比公正加上信息还要复杂，这一点非常合法。

作为集体自卫的民主

　　所有这些并不能完全摧毁审议民主的主张。即便是去消除一些引发道德错

---

　　① 这种努力可以追溯到例如 A Smith, *The Theory of Moral Sentiments*, Oxford: Clarendon Press, (6th edn 1790), 1979; and J Rawls, *A Theory of Justice*, Oxford: OUP, 1974。

误的依据，这也必定被看作是危险的。此外，还有一种可以通过经验加以验证的主张，那就是，共识的增长来源于对政治问题的正确解决与共识中的正确审议类型，无论如何产生，它一般都被视为一种道德增量。无论那种共识是不是一种客观真理与正义的标志，它至少是一种避免不利干涉或默认不正当状态的方式。

239   然而，在认识论合理性方面，审议的不充分性确实将注意力转回到政治学中的权力运用那儿，也就是对不服从少数派强加一种有拘束力的要求。分析这种情形，涉及多数派对少数派利益的强加情形，这是自然的，然而，在全体共识之外，我们没有办法去确定，少数派利益是否是正当的，或代表一种不同却同等有效的道德立场，或是在守护既得利益以及不正当的自我偏好。在这种语境中，"少数派"确实在分析层面上并不指代弱势与被剥夺群体，尽管他们中有许多（属于弱势群体），而只是指代那些偶然处于整体共识之外者的集合体。实际上，在任何社会中，这种集合体通常都包括大多数特权和富裕的人。

     在这一点上，有理由再次重申民主的自卫模式，或许是扩展式的，这样做不仅是为了考虑针对当前经济政治权力持有人偏见或忽略的保护，还为了考虑针对通过国家、教会、媒体、法律及授权教育中介传递的他人道德价值。[①] 选举民主的这种多数保护具有根本意义，申明这一点，是很重要的事情，这不仅是因为对话模式不适应其自由、平等、知情对话的前提，还在于，即便它确实是理想言论情境的乌托邦式的前提，它也不能传播一种建立在客观证立的道德协议基础之上的共识。即便如此，多数决规则也仍然能够被作为一种最大化人民利益保护的途径而被证立，包括保护人民在道德上珍视的东西：人民的正义观念涵括在内。

     这一分析的重要性范围广泛且根本。政治争论应当以这样一种方式进行，该方式要承认并非所有争议都基于不合法的自我偏好与错误信息。因而，政治学的开展不应依据这一理由，即争论能够通过多数派决策制定的过程，来代替决定权力的运用。进一步说，没有公正知情对话的方法，没有常规反思平衡的形式，没有将法律尽可能好地解释的形式，而且也没有公正的决策程序，可以用来证立解除或消减多数派保护他们自己的力量，使其免于政府、法院和雇主之恶和不作为之苦。这就使控制多数派权力，以使他们对受压迫少数派造成更少损害的努力显得问题重重：这些相同的措施削减了多数派保护他们自己的能力，使其免于那些既不贫穷、受压迫，也不善良的少数派之害。

240   这既不是要否认，有一些重要的方法，据此，在最大化自我保护的程度与效用方面，一个社会文化与一系列政治制度可以被判断是更好还是更坏，这也

---

① 例如，在 2000 年 2 月伊朗议会的选举中，改良主义者取得了对原旨主义者的大胜。

不是要削减对保护弱势少数派所要给予的关注。毕竟，民主理想是对所有人的自我保护，而不仅仅是多数派的自我保护。在这一方面，多数主义派总是次优的制度，但是，道德认识论层面的问题确实意味着，我们必须将民主制度主要看作是代表大多数人民权力的产生及运行机制。这就意味着，我们的努力应当指向最大化一项投票的因果效用，以及提供选举能够用以有效保护选举人利益的方法，因而，信息的绝对中心，主要不是达成一个理性共识，而在于给予公民一个依据，使他们能够据以评断政府行为对他们生活的影响。

据称，发展这样一种政治文化是明确强制性的，在这种文化中，承认所有人的利益同等重要，承认每个人的价值不会因为他是一个少数派而被削减。这包括接受这样的平凡真理，如并不是所有的自卫都在道德上可以得到辩护，并且所有人在道德上合理的自卫同样重要。这是正义感的内容。多数主义自卫理论的一个优点在于，如果选举不是依据一种正义观，而是依据一种纯粹最大化选举人非道德利益的观点，那么，结果就可能仍然会比少数派非道德偏好胜利的方式更好。然而，如果多数派保护主义在这样一种文化中运行，那么，它就更能得到辩护，在这种文化中，选举是在调整到道德合理性适度程度的自利基础上进行的，也就是，依据的是这样一种观点，该观点能对所有影响他人利益的后果进行公正评估，通过给予他们利益同等的重视而予以公正考虑。此外，这一模式可以进行扩展，以纳入不仅是对不同利益，还对不同价值的一种考虑，或是在很多方面等于同一事情，即作为他人的利益，而非我们如何理解这些利益。

在分析的这一点上，作为一种道德上受尊敬的选举民主的形式要素，我们可以接受对话模式的全部力量。这种对话鼓励选举人将他们的私利置于一种可以使他们判断其比较价值的情境中，并根据这种判断来行使他们的选举权力。① 结果就可能是无须削减对少数派利益及价值的保护，就可以更少地歧视弱势少数派。

在这种语境中，我们必须强调民主选择的问题，或选举实际是干什么的问题的意义。寻求确保多数派考虑少数派利益的一个传统方式是，要求他们选择一般规则，而非对可确定个体会发生什么产生直接影响的特别决定。这是复杂法治理想的一部分，履行着许多不同的功能。这些功能中，其中之一为，规则

241

---

① 这一进路既拒绝了选举者自我偏好的公共选择公理（JM Buchanan and G Tullock, *The Calculus of Consent*, Ann Arbor, MI: University of Michigan Press, 1962），也拒绝了德沃金主义者对"外部"或其他导向偏好的贬低（RM Dworkin, *A Matter of Principle*, Cambridge, MA: Harvard University Press, 1985, 234—36）。

的政治选择比个人政治决定更令人满意，因为它们更不可能带有歧视性。在这一方面，最有效的是对所有公民同等适用的普适性一般规则，尤其是在卢梭所提出的共和国社会中，公民实际上处于相似的环境中。①

有人可能指出，当前，选举人只选举成为立法议会和占据高等行政职位的代表，进而将公民留待那些被选出者通过行政与立法行为支配，他们享有一种概括的，并且是定期的机会来修改规则，并因而只是间接规则，这对民主权力是一个障碍。新沟通技术对伟大民主机会的质疑在于，如卢梭所想象的，选举人可能被赋予更多直接进入立法讨论和选择的途径。②

全球胜利

然而，有人可能会说，所有这些都离题了，或至少是偏离了全球化留给任何政治程序选择空洞性所提出的问题。我们生活中的必需品是在跨国公司的董事会中，在世界贸易组织"协议"的权力政治中，以及在全球市场中供需规律的迫切需要中决定的。

这一批判值得给予多重回应。第一，需要说明的是，从成功追求它们首要目标的实际能力上看，很少有国家曾经具有这种政治主权。对政治成就的限制现在可能更为全球化，而非地方化，但是，这并不必然更大。民主论据的确依赖于对于在政治上可以实现什么存在开放的可能性。另外还有一种忽略国际合作的趋势，原因在于，为保护他们的相互利益免受一种偏爱现有经济权力的国际竞争制度的支配。

第二，全球资本主义对当前自由贸易模式观念的不可避免性可能会被当作一种合法化理念，并列于马克思《共产主义宣言》中确定的"铁律"（iron tendencies），它导致资本主义不可避免的崩塌以及同样决定了共产主义的兴起。马克思历史决定论中所适用的论据，同样可以被用于导出自由资本主义的历史决定论。二者都是有效的宣传，但谁也不是确定的假说。

第三，与之相关，"没有真正选择"的宣传建立在循环论证上，那就是，人民的偏好总是，并且不可避免是增长的生产力和增长的消费品，而不是更好的生活和更幸福的社会。当然，这可能遭到以下讽刺，如国家自由地贫穷，但是，这再次假定了我们都同意什么构成贫困，以及多少消费品能帮助人类

---

① TD Campbell，*The Legal Theory of Ethical Positivism*，Aldershot：Dartmouth，1996，58—61.

② J Fishkin，*Democracy and Deliberation*，New Haven，CT：Yale University Press，1991.

幸福。

　　然而，我们必须认识到一个事实，那就是，即便是在法律意义上，国
家也不再是至高无上的，它们无法自由地脱离国际法的约束，尤其是国际
贸易法，该法律几乎完全脱离任何形式的民主控制，并紧随着"人权"全
球化而来。

　　整体上，这种情境下的最终前进道路可能与非民主政体中的前进道路没有
什么原则性的差异，原因在于，弱势者必定一起积聚他们的力量，通过制度发
展赋予所有受影响各方同等的话语权，而不考虑财富、种族、性别或年龄，从
而来对抗个体强势者。这里，尽管我们的目光是重绘相关政体之间的界限，以
考虑日益增长的经济上的互相依赖，但是，我们还要发现民主中的实质集体主
义元素。世界主义理论指向的正是这种全球化民主路径。①

　　显然，全球民主的发展面临着大量问题。一个值得关注的问题就是公共选
择理论现有的问题被放大。有人肯定会说，持民主个人主义取向的理论家，尤
其是功利性自卫主义理论家一直遭到选举与个人利益之间关系的欺骗。据称，
选举是一种非理性行为，原因在于，一个人的投票几乎不会影响结果，因而在
选举与所保护利益之间不存在因果关系。②

　　我们应当注意，类似形式的理由可以用来反对许多其他显然非理性个人行
为的例子，比如参军打一场正义之战，或当你不缴税本可能逃避查处时缴税。
这一模式的标准合理性是承认在理性领域中存在一种道德公正的因素，然而，
我们并不需要走那么远。集体行动的逻辑可以依据一种个人政治进路的无效
率，而不是不道德性。民主理论中，多数绝不仅仅被看作是整体偏好的最大总
和，而是更为超越地被看作是一种集体行动形式，"人民"通过这种形式共同
将他们自己从不正当统治者或规则中摆脱出来。

　　由于独立政体完全不同的规模以及个人与国家之间存在论的差异，理性选
择模式不能简单地转换进入国际领域。然而，民主的国际视野可以是一种制度
性的，借此，在考虑众多集体的各异规模前提下，其利益可以影响那些强势的
少数派，这些少数派利益在一个全球化的世界中被给予了不恰当的重视，这是
从经济力量越来越不受控，而经济不平等荒谬地依赖于偶然的出生地意义上而
言的。因而，即便国家互相关联意义上的全球化很大程度上不可避免，当然，

---

　　①　D Held，*Democracy and Global Order：From the Modern State to Cosmopolitan Governance*，Stanford，CA：Stanford University Press，N95.

　　②　R Wollheim，"A paradox in the theory of democracy"，in P Laslett and G Runciman（eds），*Philosophy，Politics and Society*，Oxford：Blackwell，1969.

这无疑是大大被夸张了的，但是，为什么全球民主化不应该成为解决全球化不利后果方案的一部分，却仍然没有什么先验的理由。同时，总是会有国家间合作的可能，在支持资本主义制度中工业工人大联合的贫穷国家之间，总是会有一种团结形式。

然而，如果民主没能在民族国家重塑声誉，那么，这样一种高瞻远瞩的希望就几乎没有什么成功的前景。这就将我们带回了我最初的观点之一：整体上，市场模式在全球对民主政治所产生的恶劣影响。我之所以说"整体上"，是因为，将公民视为政治消费者既肯定了公民偏好的重要性，又将投票展现为一种其拥有者可以运用的力量，就此而言，这无疑有好处。确实，初看起来，并且在其历史发展中，自卫模式可以被看做一种市场模式。边沁主义者认为，通过使统治者受制于公民的重新选举，将言论自由作为知情选举的前提条件，从而完成对公民与统治者利益的人为协调，这是自卫模式的核心。现代发展强调，在多元社会中，赢得一种宪法上充分的多数需要政府尽可能地迎合不同的利益，这种发展强化了民主统治理论的市场味道。

民主市场理论在所有可接受的具体适用中，都存在这样一种事实瑕疵，那就是，在一种选举结果中，只有一次购买，一个民选政府，因而，并不是每一个人都，或能够获取他们投票可能被认为的充分对价，这一点与选举中被选出政府所提供的商品有关。选举是集体购买。实际上，它们根本就不能被恰当地视为购买，原因在于，由此产生的政治体制是一种公共产品，无论是否对该产品支付了对价，他们都要享受它，或遭受它的损害。政府不被所有，至少不被投票者所有。

此外，由于市场模式将选举合法化为一种自我偏好形式，这实际上是要求它成为结果的一个必要条件，这样，由于审议反抗理论在民主公民中培育公正与其他道德态度，因而，它们就具有了规范吸引力，从这一点看，它可以被看作是破坏性的。审议民主远离将选举看作是一种取得个人利益手段的理念，而趋向将选举看作是一种对整体利益的意见表达——作为一种临时决策过程，该过程暂时干涉受到相关决策影响各方之间的自由平等讨论——借此，审议民主占据了道德制高点。

另外，市场模式鼓励默认这样一种认识，即在政治领域中争夺、赢取的产品都是经济产品，无论方式是通过重新分配，还是通过便利富裕者借助经济活动取得。民主政治是通过其他方式对经济利益的争取。它鼓励这样的观点：投票对公民的价值在于，他们能够通过经济优势的方式用它购买到什么。这就意味着，无论是在推理上，还是在字面上，"买"、"卖"投票实际上都是可以接受的。

这一观点延伸到了民主政治的基本装备。政治职位不仅是被选举代理人的有利职业，还是一种经济偏好的支付手段。选举人需要信息以作出有益的最佳选择，信息因而就成了一种创造出来用以获取、买卖、租借的珍贵商品。作为一种实质经济过程中的说服工具，言论必须能为所有公民所用，但是，它的可及性可以根据一个价格来定，因为，言论与选举本身一样，商品化的程度同样高。因而，我们就进入了高回报意见领袖、签约说客、公共关系专家的世界，他们通过成果、政党筹款、广告费用、媒体所有人而获得报酬，而为追问议会问题付款则成为民主政治的一种自然模式。在这些活动中，一些合法，一些不合法，都取决于你所处何时，所处何地。其中一些不过是非经济政治活动的一种必要经济基础。然而，整体而言，它们等于商品化了可用并且有效的政治话语，该话语承载着一次投票是对其逻辑结论的一次购买的理念。

如果这就是正在全球化的民主，那么，代议民主就真的有麻烦了，因为市场理论本身要求，经济和政治货币不能互相兑换。民主是一种政治平等的制度，而在相关平等权利的使用可被买卖的地方，政治平等是无法取得的，因而也就有了对竞选财政、政治广告、依经济不公正划分选区以及媒体所有权的可以理解的担心。

理论上，我们这里可以寻求程序性人权的帮助，但是，就在全球范围内优先的人权而言，自由的价值已经超越了平等的价值。尤其是，市场自由使任何控制政治广告和没有所有权的实质措施都变得不可能实现。随之而来的结果就是，审议民主无法维系它作为平等进入和参与相关谈论的前提立场。因而，尽管有许多吸引力，但市场模式注定以必然压低民主期待的方式，和政治商品化关联起来。

然而，还有一些有待开拓的实证思路，其中一些将我们引向法律与民主之间的一些关键关系。因而，在自决、自卫与审议理论之间就存在一定的和解空间。要做到这一点，我们首先必须控制这样一种表象，即审议民主是唯一一种这样的理论，它不带有所列的偏好，而是寻求一种将私人转换为集体的决策机制，却包括一种发展式观点的互动，朝着新型结果进步。例如，在功利主义理论看来，长期以来，表达自由都被赋予能使个人偏好及信念更理性、更合作的作用。发展出这种开放性，从而将什么才构成各参与方之间的公正协议纳入进来，原则上没有问题。被表达或被保护的自我可以是既关心他人，也关心自我，并且能够对他人利益给予同等的考虑。这种私利能够包括对他人不同价值的容忍，却不能被期待支持这些价值。同样，诚如我们已经看到的那样，也不能期待善意与充分知情的谈论能够解决仍然存在的这些价值争议，因而也就需要将选举维持为一种

244

245

法律与伦理实证主义

平等权利的适用，从而最小化以下事实所引起的不可避免的损害，也就是，每个人不能在一个政治制度中为所欲为。但无论怎样，就其自己的目标而言，尽管不能解决基本的价值争议，但是，知情且公正的对话能够有助于改善自卫主义。当我们将审议民主的元素引入自卫阵营之中后，接下来，我们就面临着在一个全球化市场世界中，追求接近理想言论情境的乌托邦主义。

由于一系列原因，法治对于民主具有根本性。一个原因在于，当法律是民主审议与选择的首要对象时，自我偏好就很有可能只是通过相关问题范畴和类型，而非个体和细节来展示的事实，从而上升为一种公正措施。就其最人为的形式而言，对在所有方面都具有相似情境的问题，对所有公民平等适用普适法律，就此而言，即便是自私的私利意志，也会选择符合整体利益的法律，正如卢梭所指出的那样。就其最愿望的形式而言，由于有概括化的决定以及明确的选择范畴，这使得公民需要——最好是公开——面对选择相关标准时的道德选择。

第二个实证化建议与民主法律的内容有关，这是回应将审议民主视为乌托邦主义的指控。它反对全球化市场因素的趋势，关注将政治从用以影响偏向某一政党或政策结果的财政投入中分离出来。特别是，所有的政治选择都必须根据其经济后果作出。这并不意味着经济权力应当被允许影响那些选择。这样一种政策要求，对政党政治财政、政治捐赠、有价广告可及性以及媒体渠道的所有权控制，包括编辑内容在内，都进行严格的限制。如果没有这样的措施，甚至连审议民主的有限潜力也无法实现，而选举的自卫功能也就因为缺乏可信信息与充分讨论而遭到损害。[1]

246　　总的来看，法律而非法律制定者的选择，以及财政廉洁的信息与意见，似乎是一种无法实现的秩序。然而，全球化市场中有一方面可能有助于此，也就是不断增长的经济与有效沟通工具的可得性。市场经济力量的"特洛伊木马"可能是它所产生的信息技术。由于每个家庭都有多媒体沟通系统，由于随机选出的代表之间可能进行多重视角的讨论，以及电子投票，如果意志不是转向更直接市政民主形式，那么也会存在途径。这反过来可能增加了民主化国际秩序的概率，以改变全球市场的方向，服务于那些不分享产品创造与消费的广大群众的福利——虽然那些产品可以并且本该为他们享有，而不是服务于跨国公司，也不是服务于它们的政府收益率。

[1]　C Sunstein, *Democracy and the Problem of Free Speech*, New York: Free Press, 1993.

11

236

第十三章　法律实证主义和审议民主

当庆祝发端于杰里米·边沁作品的智识传统的同时，恰当的做法是要提醒我们自己，法律哲学通常是从它们在更广泛的政治理论中的地位，赢取其意义和重要性的。孕育出边沁法律哲学理论以及使他最终致力于民主的，正是他的功利主义哲学。在当代法哲学中，我们所谓的法律政治哲学的重要性日益增长，这种情况伴随着对法律概念纯粹分析进路、非批判经验主义法律研究以及封闭系统理论研究的尊重的衰落而来。在千禧年终结之际，法律理论中的前沿问题不再如"我们想要何种法律以及为什么"那般多的涉及"法律是什么"。

在这种语境下，由于法律实证主义被确定为通过空洞的形式主义、概念的理论化、道德无涉的语言分析，以及草率的可算度观察科学而进行的这样一种法律进路，因而，关注它似乎有些奇怪。然而，根本上说，法律实证主义可以被视为一种立基于道德的法律进路，该进路设定了一种法律体系的理想类型。根据这种理解，法律实证主义是一种可以与当代政治条件关联起来，重新阐述的活生生的政治哲学。尤其是，作为民主的审议或话语理论之特征，参与式政治模式重新出现，法律实证主义相关的见解，还有一些令人振奋的工作有待完成。[1]

法律实证主义一般被视为一种不充分的分析性、经验性理论，其独特特征在于回避了道德义务。然而，在规范性治理政治理论的语境中，边沁式实证主

---

[1]　精彩论文集，可参见 J Bohman and W Rehg（eds），*Deliberative Democracy*，Cambridge MA：MIT Press，1997；也可参见 C Nino，*The Constitution of Deliberative Democracy*，New Haven，CT：Yale University Press，1996。

义提出了一种革命性法律模式，但这在实证主义中却并非个例。在它的描述中，法律是一种规制权利的制度，除了其他功能外，该制度还用以增强对政府的民主控制。可以将这种法律实证主义模式称为"伦理实证主义"，主要是为了明确，这一理论包括一种对某一类型法律（实在法）的评断性义务，该法律类型以这样一种方式建构：无须诉诸争议性道德与政治判断，就可以确定、遵守或适用。①

248　　"伦理实证主义"术语还有助于表示，这样理解的话，法律是一种制度，在这一制度中，法官、立法者和公民的角色带给他们某些最终虽然不可强制，却不可或缺的道德义务，这种义务通常被称作"伦理的"，原因在于，它们和构成一个社会制度中复杂角色内部的角色履行关联在一起。伦理实证主义角色道德中所包含者为：仅承认与执行实在法的司法义务；颁布至少无须诉诸争议性道德与政治判断即可适用的规则的立法义务；以及参与到公正谈判与公开争论的持续过程中，以决定他们社会中的强制性规则，并忠于这种民主程序结果的公民义务。

　　在实证主义传统中，要确定伦理实证主义的一个重要因素，可以参考杰拉尔德·波斯特玛（Gerald Postema），他正是沿着这些进路对边沁法律理论进行了明确探讨。② 另外，近来杰里米·沃尔德伦对伊曼纽尔·康德后期作品提出了一种分析，该分析令人信服地将康德描述为一个他所称的"规范性实证主义者"，他用该术语指的是这样的一个实证主义者，"他使用'道德判断'支持实证主义的立场，即前一类型（确定某些命题为有效法律规范）的评断不应当是必要的"。沃尔德伦强调：

　　　　这样，提出康德是一个法律实证主义者并不是要忽略康德为道德教化者，或康德是价值和正当理论家。相反，这是为了表明为什么——也就是，根据什么评判依据——康德会维护实证法理念，也就是，无论人们具体的道德观点是什么，都可以确定的法律。③

　　人们可能认为，将康德与边沁置于同一来源之下是为了知识谱系而牺牲准确性，但是，伦理实证主义本身是一个局部并且有限的法律理论，该法律理论有可能发挥一种统一理论的作用，在这个理论中，差异巨大的政治哲学和道德

---

　　① TD Campbell, *The Legal Theory of Ethical Positivism*, Aldershot: Dartmouth, 1996.

　　② GJ Posterma, *Bentham and the Common Law Tradition*, Oxford: Clarendon Press, 1986, 328—36.

　　③ J Waldron, "Kant's legal positivism", *Harvard Law Review*, Vol 109, 1996, 1535—66, at 1541.

认识论可以共存或相互竞争。[①] 现在，在没有获得许可的情况下，我们可以将尼尔·麦考密克、约瑟夫·拉兹、弗雷德里克·绍尔（Frederick Schauer）以及杰里米·沃尔德伦的研究作为伦理实证主义的重要代表性例证。[②]

在此基础上，和两大民主理论类型，也就是市场理论和审议理论，结合起来探讨伦理实证主义，并且，尤其是基于法院在法律发展中的角色，以及通过法院行使权利法案的方式对立法进行实质司法审查之宪法属性之原因，来考虑审议民主，乃是恰当之举。有人提出，被认识到的市场理论描述的准确性，以及它们明显的道德不足，支撑了赞同为民主目标而发展司法权力的许多理由。在这种语境中，对于法院作为公益的公正仲裁者以及使根本权利免受多数人漠视与市场失利之害的保护者的角色，审议民主理论就常被用来为之辩护。

然而，更值得辩护的是审议理论形式，例如尤尔根·哈贝马斯（Jurgen Habermas）所阐述的[③]，民主审议的主要场域为受到政治权力影响的整个社区。这就表明，只要审议理论被认为对实际的政治实践有重大适用性，我们就可以认为，它们减少了因市场理论所谓的描述准确性和道德不足而产生的日益增长的司法权力情况，而支持努力将法院的宪法角色限定为在更大社区中对民主审议与选举提供保护。

通过理解伦理实证主义理论所阐明的实在法在促进民主目标中的作用，这一命题可以得到补充与强化。

伦理实证主义与民主

伦理实证主义法律理论试图重建一种曾遭受污名的法律理论，该法律理论最粗糙且饱受嘲讽的形式被认为在描述及哲学方面具有缺陷。在它的批判者看来，伦理实证主义是这样一个命题：法律是独立于可用以证立它们的道德及政治价值运行的自治规则体系。它指出，这一命题并没有反映法律制度实际运行

[①]　TD Campbell, "Legal change and legal theory: the context for a revised legal positivism", in W Krawietz, DN MacCormick and GH von Wright (eds), *Prescriptive Formality and Normative Rationality in Modern Legal Systems*, Berlin: Dunker and Humbolt, 1994.

[②]　因而, 可例见 DN MacCormick, "The ethics of Legalism", *Ratio Juris*, Vol 2, 1989, 184—93; F Schauer, *Playing by the Rules: A Philosophical Examination of Rule-Based Decision-Making*, Oxford: Clarendon Press, 1991, 197; J Raz, "Authority, law and morality", *Monist*, Vol 68, 1985, 39—40 以及 *The Authority of Law: Essays on Law and Morality*, Oxford: OUP, 1979; 以及 J Waldron, "The rule of law in contemporary liberal theory", *Ratio Juris*, Vol 2, 1989, 79—96。

[③]　See J Habermas, *Between Facts and Norms*, Cambridge, MA: MIT Press, 1997.

的方式。尤其是，法官并不仅仅是司法辖区内对有效规则的机械适用者。此外，它还指出，法律规则具有有待发现的含义的实证主义分析也并不符合当代意义理论。当代意义理论认为，符号意义位于具有共同生活方式的语言共同体成员的互动之中，在这个过程中社会成员结合其他许多因素一起来协商意义。更概括地说，实证主义被认为过度依赖分析性概念与抽象概念主义，这将法律的理论化变成了一个界定其核心术语的问题，把法律的发展变成了一个揭示抽象理念含义的问题。与此同时，法律实证主义还蕴涵着狭隘的经验主义，意图从法律过程的起源到结果中追寻外部因果关系模式。自治主义、化约主义、形式主义、概念主义以及经验主义之恶都被加于法律实证主义这一替罪羊理论名下，最近，一位美国法律实证主义的独孤辩护者将实证主义理论称为"被遗弃"的理论。①

伦理实证主义将实证主义展现为一种关于政治权力应然行使方式的规范性政治哲学，从而寻求将法律实证主义从这些形象中拯救出来：

> 用简短且高度简化的话说，（伦理实证主义法律理论）展现了一种愿望的法律模式。在这种模式中，公民和官员无须诉诸争议性个人或组织政治预设、信念及承诺，就可以确定、适用具体规则，政府的功能通过这些具体规则之媒介得以运作，这是其合法性的一个前提条件。②

换言之，伦理实证主义是在努力走向法治，尤其是作为一系列宪法规范的实在法之治，这一模式要求政治权力受到规则统治，并且，在这一模式中，我们寻求确定，而不是假定一系列普通的、宪法上的强制性规则，这些规则可以以一种价值中性的方式予以确定和适用。

这一理想的政治关联确实预先假定了，我们能够在可操作地区别法律制定和法律适用，分立法律渊源的确定和特定法律的解释，以及同样适用于特定事实情形方面，取得重大进步。它还要求，我们能够打造对于目标受众具有充分事实含义的规则，无论社会成员自身特定的信念与观念是什么，他们都能理解与遵守这些规则。就此而言，该理论是立基于经验的，但是，它并不容易遭到任何特定体系都无法实现这些界点证据的攻击。

对伦理实证主义的充分研究既要列出拥有规则的道德理性——规则之治的合理性，还要列出在这种制度下生活和运作者所要求的道德标准——规则之治

---

① F Schauer, "Positivism as a pariah", in RP George (eds), *The Autonomy of Law: Essays on Legal Positivism*, Oxford: OUP 1996, Chapter 2.

② TD Campbell, *op cit* fn 2, 2.

的伦理。

在处理第一个问题——"为什么要规则"——时，我们会遇到规则中心整体数量惊人的理由。首要的理由强调规则在促进合作、社会控制、冲突避免以及纠纷解决方面的作用，以及规则可以对权力任意使用（也就是，非依据规则）所造成的不公和恐惧提供部分抵抗方式；如果规则在一个凡不禁止即许可的情境中运行，那么，规则之治就允许一定的自治领域，在这个领域中，个人和集体能够按照他们所欲的方式行为，并且能够确定他们能够这样做。[1]

除了这些常见的规则理性外，还有一些规则之治合理性更具体地与区别于法治本身的民主理念相关。尤其是，有一些印象深刻的理由指向规则政治学的方式，也就是关注于规则选择而不仅仅是统治者选择的政治制度，就自治、公共福利以及公正、平等的民主价值而言，这些理由更可能得出一些道德上合理的结果。

规则之治的这些民主优点以一系列方式出现。首先是可以被称为"民主控制优势"的，这与这一事实有关，即通过规则选择，多数派可以比单单通过代理人选择行使更多的权力。通过要求代理人依据规则行为，并且通过立法而非官员的自由裁量加以治理，不仅如戴雪（Dicey）所认为的那样，增强了对代理人的控制[2]，并且，只要有人期望通过颁布执行政治的规则来展现它们，那么，对民选代理人的控制就可能增强，并且会在进一步选举之前，给出在持续公共辩论中评估他们行为的一种明确的依据。[3]

规则之治的第二个民主优势和所谓的"道德形式优势"有关，这是一种适用力超越现象，但对于民主政治制度尤为真实。道德形式优势源于以下事实：所有影响他人的行为，包括权力的合理使用，如果要在道德上被接受，那么，就都必须体现一定可以据以评估其道德地位的原则或原理。作为一个道德问题，行为正确或错误仅在于它们具体例证的可接受或不可接受的行为类型，在这里，类型是通过行为或行为人道德上相关的特征来确定的。道德形式优势摄取了道德哲学以及康德传统中的普适性理念，不仅将它适用于立法实践，还将它适用于法律的内容。

从普适性标准中可以得出，政府对公民要求的行为必须是普适性的，这是因为，它们的支持者必定打算看到在所有相似的情形中，它适用于所有的人。

251

---

① 从这些主题的大量文献中，我们可以选出作为近来对规则角色的最好的阐述，参见 F Schauer, *op cit* fn 8。

② See AV Dicey, *Introduction to the Study of Law and the Constitution*, 10th edn, London：Macmillan，1959.

③ See TD Campbell，*op cit* fn 2，61.

要通过道德审查，政府政策就不能要求公民以至少不符合此类道德合法性的方式行为。就其以人的种类与行为类型来具体规定所要求和允许的行为而言，一般规则很容易就能被列举，或与至少符合普适性的原理联系起来。① 在决定何种规则在它们司法辖区内为强制性时，公民被赋予了政治选择（的自由），这些选择以恰当的道德形式呈现。

252 　　当政治制度得到真正的机会，讨论在那一政体中将执行何种规则时，道德形式优势尤为有力。通过要求要决定的是规则，而非特定者，直接或间接立法会议中的讨论与决定就道德化了，尤其是在一般性达到立法者和公民都为相关规则同等地涵括在内时。当由于规则内容字面意义上是普适的，并且/或者因为，就规则所包含的区别而言，所有公民大体处于同样的情形，因而公民与立法者共同实际同等地受到他们社会规则影响时，那么，规则选择就是一种确保结果平等的方式。正是因为卢梭试图确保民主议会关注公共利益，而非所有个人的利益，并且试图通过要求共和国所有公民处于大体相同的经济与社会条件，来实现这样一种平等主义的结果，所以，这样一种道德形式优势可以被冠以"卢梭技巧"之名。② 在实际民主中，规则制定需要作出不同样影响所有公民的区分，但是，理想却仍然是，所有这类区别都必须被证立，并且，在其他条件相同的情形下，同样的规则应当同样适用于立法者与公民。

　　规则之治可以和民主关联起来的另一种方式在于，它对政府宪法形式的集中关注。有可能提出，民主是一种政府制度，该制度尤其依赖于合宪性，这不仅仅是因为一种选举制度的基本规则必须被控制在界限之内，该界限可被考虑为明确表达政治平等，还因为民主预先假定一系列公民与政治权利，将其作为选举结果合法性的前提条件。③

　　因而，要表明在民主制度中需要实证主义规则，我们就至少有三个理由：民主控制、道德形式以及民主合宪性。这几点具体是如何提出和补充的，以及特别是我们如何处理谁应当享有制定这些规则的权力问题，则要取决于一系列因素，包括所采取的民主概念。

① 　See TD Campbell, *op cit* fn 2, 60.

② 　See J Waldron, "Rights and minorities: rousseau revisited", in J Chapman and R Wertheimer (eds), *Majorities and Minorities*, New York: New York University Press, 1991.

③ 　TD Campbell, *op cit* fn 2, 61: "在所有宪政中，作为民主过程的前提条件，规则都被要求表述得具有一定的准确度。在民主情境中，这包括赋予诸如言论自由、责任政府以及平等选举能力等理想以具体实质内容。对于民主，这种宪法框架是不可或缺的，无论是对于民主的机制，还是为了使平等参与权利不仅仅沦为形式可能性，而是必须得到牢固保障。"

民主理论

民主理论有一系列令人眼花缭乱的术语类型，有着千差万别的定义、合理
性以及制度安排。开始，我们可有效地从两个简单的民主模式考虑，它们主要
适用于理解选举制度，不过也对民主制度中人民和政府的日常交流有所影响。
对于民主选择和民主程序，尤其是在代议制度中，市场理论给出了一种经济式
分析。这一理论是选择和偏好理论。审议理论则是那些当代的参与理论形式，
所强调的是对公益内容的包括性争论的作用，传统上主要是在更直接的民主制
度中出现。这些理论是讨论、共识以及某些时候的知识理论。

话语或审议理论①认为，民主本质上是关于公益的公开审议，此类理论目
的在于为共识性政府给出一种实用主义，或认识论依据。它们具有共产主义和
市民要素，最初，这比起市场替代选择声名狼藉的个人主义和党派主义更具有
吸引力，在后者看来，民主不过是购买和出售候选人或党派或精英，以使尽可
能多的人得到他们想要的。它们也非常符合给予作为一种制度化辩论形式的法
律程序以更多权威的趋势。然而，话语理论与司法能动主义是矛盾的，这里，
我用司法能动主义指的是如下实践：法院或是明确创制新法律，或是利用解释
必要性所提供的便利，将它们自己或其他无关的道德、社会、政治与经济观点
带入司法审判的实质之中。

审议民主也没有对实质司法审查给出一个明确的理由，这里，实质司法审
查指的是，赋予法院推翻立法的权力，依据比如，立法侵犯了根本权利，推翻
的方式或是普通法原则，或是权利法案，除非后面这些被准确地建构出来，并
被投票批准，从而能够根据实证主义制定法的解释方法予以适用。②

除此之外，审议民主，至少就其纯粹形式而言，至少在两个方面存在缺
陷。首先，它的乌托邦主义存在缺陷，这是因为，在政治社会中，真实沟通
行为所需的标准常常无法实现。这就意味着，为了解释和证立实际运行的
民主，可能有必要在一定程度上依赖市场现实主义。其次，只要审议民主会

---

① See J Bohman and W Rehg, *op cit* fn 1; and C Nino, *op cit* fn1. Also, J Habermas, *op cit* fn 7;
J Cohen, "Deliberation and democratic legitimacy", in A Hamlin and P Pettit (eds), *The Good Polity*,
Oxford: Blackwell, 1989; C Sunstein, *The Partial Constitution*, Cambridge, MA: Harvard University
Press, 1993; and A Gutmann and D Thompson, *Democracy and Disagreement*, Cambridge, MA: Har-
vard University Press, 1996.

② 形式司法审查是另外一个问题，它与审查立法以查明它是否处于宪法所批准的权限范围之内有关。

提出认识论主张，那么，它就存在缺陷。无数其他的政治认识论试图将公正与信息最大化作为正义与合理性的关键予以制度化，然而，与这些理论一道，审议理论都没能看到，除了偏见与无知外，还存在其他道德与政治争议理由。[①]

254　　尽管在正确的制度设置中，通过话语争论，可以实现与共同公益认知有关的道德与政治进步，但是，如果我们要建立一种终局的、可接受的民主决策理论，那么，就还需要一些补充，其方式或许是通过最大化多数派确认形式的同意。然而，这并不只是另外一些在政治生活中所需作出的、令人失望的妥协，这是因为，民主市场理论中存在着一些有吸引力的要素：若以适当的框架出现，该理论会赋予自治概念以真实内容。在其他条件相同的情况下，对于人民可以选择且得到他们所想的可欲性，市场理论给予承认。在一个多元社会中，这就使该理论成为解决持续价值争议的一种可行机制，在这种情形中，话语与市场理论的某种融合既可以分析，又可以证立一个民主社会中法律能够且应当被制定的方式。

　　无论何种民主理论在道德上受到偏好，对于在多数主义市场进程中被忽略的那些人，司法能动主义和实质司法审查作为法院借之能成为保护方式的途径，都有助于增强其利益者描述在自由主义民主中实际发生什么的我们所知的民主理论可行性，以及我们所知的纯粹市场理论的道德缺陷，它对弱势少数群体需求毋庸置疑的敏感性和它对政治过程得到真正公正结果可能性的无视。

　　如果我们能综合这两种进路的要素，然后采用一种新理论，我们就可能抵制这种趋势，所采用的理论要以市场为核心，但由话语元素予以调和，这些话语元素要足够有力，足以抵消似乎要求司法能动主义与司法审查救济的市场理论因素。接下来，我们就可能得出一种更为现实，也更有吸引力的理论，结合规则之治的承诺，该理论可被称为"民主实证主义"。这里，我用"实证主义"是指，法律应当是一种可以无须诉诸相关道德、政治观点就可以遵守与适用的规则体系的规范性理论。"民主实证主义"是一种实证主义法律体系，在这种体系中，最高的法律渊源是人民，这儿的人民界定为根据竞争、自由选举而被任命的制定法律的代理人，直接或间接确定执行权威，所有这些都处于一种语境之中，该语境至少具有一定的公开话语与结社自由的要素，对于有些残酷的选举和多数决封闭机制而言，这些要素是根本文化背景的组成部分。

255　　总而言之，借助于话语元素，民主实证主义理论修正了市场民主模式，除

----
① 对于试图单从公正和同意概念中得出普遍道德结论的所有道德认识论，这种广泛的批判都适用。

了某些有限的例外，这些话语元素足以维持一种明确对抗司法能动主义的平衡，这些例外赋予法院以代理权力，解决现行法中的含糊与空白问题。这些问题若等待由立法明确和由发展解决，则不必要或不公正，此外，当司法审查超越权限，偏离程序正义时，这些话语元素也会与之对抗。人们认为，市场理论在描述方面是优越的，但是，它也有一定的道德缺陷，这或许是正确的。作为一种理想，一般而言，话语理论更受尊重，却常常因为不真实，具有重大的认识论不足而不与之相关联。无论如何，民主的审议进路可能有足够的力量，让我们来审视一种改良的政治制度，在这个制度中，法官仍然具有一种政治从属的地位，但是，民主的话语元素能得到更完全的制度化，并为那些受到相关决定主要影响的所有人更全面地运用。

民主的市场理论

当前仍大量存在的民主的市场理论建立于 20 世纪 60 年代，代表性人物为约瑟夫·熊彼特（Joseph Schumpeter），其观点是，民主是对公民投票的一种竞争性斗争，一种精英之间的竞赛，他们在竞争中表面上代表人民进行争论、投票和立法。[①] 整体而言，当时政治理论家的观点认为，民主是由选举制度构成的，这一制度的合法性，如果有的话，主要依赖于给多数人所带来的收益，这些人的投票决定选举的结果，而选举的结果决定谁有权统治。民主被认为是公民与候选人之间一种市场类型的互动，候选人提供政策，公民购买最有吸引力的交易品。这种民主的优势在于，这是实现最大多数人民偏好的最佳方式。它在多大程度以及如何实现这一点，是一个市场理论内部的争议问题，但是，该理论的经典形式认为，在一个通过反映合理审慎、有合理见识的选举者偏好，而最终服务于整体福利的制度中，这是制度化个人选民/消费者自治的一个美妙融合。

熊彼特的进路是一种民主市场理论的怀疑主义版本，重新回到了 19 世纪早期功利主义者那里，例如杰里米·边沁和詹姆斯·密尔等人所提出的理念，这些人将民主视为一种最大化整体幸福的制度工具。[②] 经典功利主义民主模式是一个简单的理论，而正是在这个意义上它才富有吸引力。它的基本原理可信

---

① JA Schumpeter, *Capitalism, Socialism and Democracy*, 2nd edn, New York Harper and Row, 1950.

② 例见 J Mill, "Essay on government", London: Encyclopedia Britannica, 1820; D Held, *Models of Democracy*, 2nd edn, London: Polity Press, 1996; and R Harrison, *Democracy*, London: Routledge, 1993, Chapter 6.

且现代：所有个人都主要对他们自己的幸福或福利感兴趣，并努力通过或多或少的理性选择，通过选择他们认为最可实现他们所欲的方式来予以保障。这些利己主义个人所想要的包括安全、常规以及稳定，这些使得商业与家庭生活成为可能，还包括协议得到遵守的认知。换言之，他们想要政府，他们想要规则，他们想要保护，他们想要组织化合作，但是，这就会涉及赋予他们中的一些人以权威，由其制定与执行所需的有拘束力的规则。

256　　　然而，被赋予那种权威的那些人本身也是利己主义的理性主义者，不能信任他们会为了他人的福利而行为。实际上，可以预料，所有统治者都会牺牲他人而关照他们自己。民主只是一种协调统治者利己行为以及被统治者利己欲望的制度工具。定期选举制度确保了，只有那些最大化他人福利的统治者才会被再次选举出来，而当然，所有统治者都想连任。在这种民主市场理论的规范性版本看来，民主是一系列程序，用以实现统治者与被统治者之间利益的人为的和谐。

　　　　就纯粹经典的民主市场理论对法院角色的意义而言，似乎可以明确的是，这一理论的内在意义反对司法能动主义与实质性司法审查。在市场理论内部，司法角色本质上是为了便利主权人民由他们或他们的代理人作出决策。就纯粹经典的民主市场理论而言，这一点最为明确，但是，如果认为决定由谁统治是选举而非司法任命的话，那么，对于熊彼特所谓精英之间的竞争，它也仍然能适用。当然，在确保政府在法治限度内行为方面，拒绝实质司法审查和法院无争议的角色是相容的，理由在于，立法机构在宪法的要求范围内行为，而执行部门只是根据国家恰当颁布的法律履行其任务，这里只是一个形式审查问题，而远远达不到司法能动主义和实质司法审查的程度。

　　　　然而，尽管市场理论本身既排除司法能动主义，又排除了实质性司法审查，但可以明确的是，在实践中，鼓励在制定法和宪法解释，以及普通法发展中发挥司法能动主义的许多理由，都以此种或彼种方式，预先假定这一民主市场理论的某种版本的准确性，据此，治理权利为选举竞争的结果。荒谬的是，尽管市场理论本身并不支持司法能动主义与实质性司法审查，但是，许多理论家理所当然地将市场理论当作对民主实际如何运作的一种准确描述，这些理论家为法院提出了一种能动主义与实质性法律创制的角色。他们这样做并不是因为他们认为，这一理论在描述方面是错误的，至少熊彼特的理论版本不这样认为，而是因为，他们认为其在道德方面不充分。

　　　　对于这些理论家而言，即便是在自由且有效率的政治市场中出现的缺陷，也可以要求法院修正。特别是，法院可被赋予特定信念：

（a）保护那些在选举过程中失利的少数派（由此产生法院在普通法中或通过权利法案作为根本权利保护者的理念）；

（b）防止所有的个人免受这样一种政府之害，这种政府由利己主义官僚组成，因而适合于尽可能少地为取得必要选举份额而付出（由此产生对行政行为的形式和实质司法审查）；

（c）对抗民主政府追求短期政治优势时的短视与怪异行为（由此产生解释制定法的实践，以使它们更容易融入被认为是一个体系整体的现行法之中）。

整体上，市场民主为人所知的道德缺陷使得依赖法院来保护少数派显得自然而然。除了对对于每个人的幸福与福利至关重要的那些利益提供人权保护外，还能赋予法院何种更好的角色呢？

这看起来肯定是澳大利亚高等法院前任首席大法官杰勒德·布伦南先生所采取的进路，尽管他所做的不过是以其较为激进的含义进行暗示。用黑尔什姆（Hailsham）勋爵的话说，在《法院、民主和法律》[①] 一书中，布伦南将民主描述为选举性独裁，而将法院描述为免除少数派受到行政权力之害的保护者。在一个民主社会中，法院的角色是，为认为政府不代表他们利益、他们自己受到政府压迫的那些人提供可能的保护。[②] 尽管法官根据法院的角色是行使，而不是制定法律，他拒绝接受对立法行为的实质司法审查，但是，他认为，法院对行政权力的控制来自解释技巧的使用，这种技巧依赖于普通法的根本原则。

通过法院控制行政能力这样一种弱势观点，得出法院角色这样一种强势观点，布伦南所采取的路径很有意思。他认为威斯敏斯特负责任、代议制政府是受戴雪的观念的启发，戴雪认为，行政对议会负责，并且代表选民的最高立法机关——议会通过一种有效方式反映他们的意愿，而选民则是政治权力之所在。接着，他承认，这种情形的分析已经不再适用。行政不能准确地反映人民的意愿，也不能被人民代理人所控制。他明确采纳了熊彼特的民主定义，认为民主是"实现政治决策的制度安排，其中，个人通过争夺人民投票的方式取得决定性的权力"，这与戴雪的代议制以及主权理论相反[③]，他呼吁一种"我们时代更为现实主义的民主观点"，并对自由的宪法保障重新予以评估。因为议会并不反映人民的意愿，并且也根本不控制行政，那么，除了法院，谁还能保护受压迫者呢？

---

①　Brennan CJ, "Courts, democracy and the law", *Australian Law Journal*, Vol 65, 1991, 32—42.

②　*Ibid*, 32.

③　JA Schumpeter, *op cit* fn 19, 269.

258   事实上，布伦南并不认为，法院应该不在议会的宪法权力范围内适当适用所颁布的法律，理由在于，这是不公正的；并不存在"干预合法政策：那是政治部分的恰当领域"①。澳大利亚宪法只不过是不允许那种实质司法审查。法院所做的是"将政治政府部门置于法治之下"，但是，这又包括什么呢？看起来，不过是确定议会停留在宪法阐明的权力范围之内，而行政维持在议会颁布的法律范围之内，认为这些是处于宪法分配的权力范围之内。布伦南确实在玩弄优于议会颁布法规的根本普通法权利观念②，并且，他确实坚持普通法所深嵌的价值极为高尚的总体观念，这些价值包括"每个人的尊严和诚实，法律面前的实质平等，不正当歧视的消除，对某人财产的和平占有，自然争议的利益，对溯及既往和不合理法律运作的豁免"③，但是，他将普通法权利的重要性限定为普通法的渐次性发展（piecemeal development），以及制定法解释的程序。④ 这里，他所秉持的是这样的前提假定：反对溯及既往运行，反对创造刑事罪名，反对搜查与抓捕的权力，以及反对没收财产，所有这些都不反对关于这些问题的清楚、明确的立法。从他的如下判断中可以看出，这一点相当温和，那就是他认为，负责任、代议制政府制度已经崩塌，并认为法院是"为保护自由民主社会而适用法律"⑤。

     首席法官布伦南的研究只不过是如下命题的一个例子，即引入深层的普通法权利观念，以及颁布一部权利法案的建议，或发展一种比默示宪法权利更积极的进路，常常都可以来源于这样一种认识，即承认民主市场理论是对代议制政府中实际究竟发生什么的一种相当准确的描述。那么，接下来，所建议的这些改革与学说发展就可以被展现为既/或确保真实政治市场，又/或填补全面实现政治市场为人所知缺陷的方式，尤其是在关涉竞争过程中漏掉的那些人时。⑥

民主的审议理论

259   当然，尽管存在着常见的相反假定，市场理论，尤其是其经典形式，可能在描述方面并不充分。市场理论不断遭受着以描述以及评判为名的持续批判。

① Brennan CJ, *op cit* fn 21, 36.

② See TRS Allan, *Law, Liberty and Justice: Legal Foundations of British Constitutionalism*, Oxford: Clarendon Press, 1993.

③ Brennan CJ, *op cit* fn 21, 40.

④ "The values of the common law inform the rules of statutory interpretation": Brennan CJ, *op cit* fn 21, 37.

⑤ Brennan CJ, *op cit* fn 21, 41.

⑥ 一个类似的命题，参见 The Hon Sir John Laws, "The Constitution: morals and rights", *Public Law*, 1996, 622.

无论是从他们审慎的理性（我们真那么聪明吗），或是从他们的动机与世界观（我们真那么自私吗）来看，并没有太多的证据表明，选民是作为他们自身功利理性最大化者而行为的，此外，有一定证据表明，选民对社会正义与他人福利会有一定的关心。[①] 事实上，常常有人指出，如果我们都是理性最大化者，对我们而言，选举就是讨厌的；那么，如果选举不是强制性的，我们就绝不会投票，除非我们认为我们的投票会对结果产生一种影响，而当然，这种影响几乎从未出现过。[②]

对于人类行为的经济模式，除了这些怀疑外，在市场和选举之间进行类比，还存在其他困难，因为，在一个市场中，我们一般可以作为个人，对我们要买什么作出我们的选择，所以，一个人可以购买物品 A，也可以购买物品 B，然而，在一个选举中，只有一个或一包物品可以作为个人选择的整体结果进行购买。

因而，即便是其描述性模式，市场理论也并不那么令人满意，而这就是他们为什么会被话语理论取代的一个理由。根据话语理论，民主政府是一个公开、非强制的审议过程，目的在于就公益或公共利益达成一种理性共识，在这一过程中，在理想情况下，审议过程应当一直持续到达成一致协议，而选举和多数人选举不过是一种次优机制，目的是实现一定有拘束力的决策。

这种审议模式和市场模式极为不同，表现在如下几个方面：

（a）它无关作出个人要求，或作出互利协议（如缔约或谈判中），而是关涉对立公益观念之间的选择。

（b）它只是在持续审议中运用选举，在审议过程中，偏好并不是事先给定的固定投入，而是随着寻求一致的过程而改变与发展。参与审议就是只根据非个人理由接受命题，这既包括改变你自己的观点，也包括为改变他人而努力的意愿。审议民主并不是一个将固有个人偏好转化为一种会产生特定社会后果的整体偏好的过程，相反，它是一个对话过程，通过这一过程，人民根据呈递给他们的理由与信息来改变他们的偏好。

（c）它反对人民整体上都自私自利、精于算计的观念，而是假定，个人具有参与到这种理性审议过程之中的客观反思和互相承认个人价值的能力。

（d）就其追求真理作为审议结果而言，它是共产主义的（尽管有的时候，260

---

① D Held, *op cit* fn 20, Chapter 5.

② 例如，R Wollbeim, "A paradox in the theory of democracy", in P Laslett and WG Runciman (eds), *Philosophy, Politics and Society*, 2nd series, Oxford: Blackwell, 1962, 71—87。

共识取代真理成为审议目的）。

（e）对于民主过程要求何种平等，它采用了更为激进的假定。不仅必须有个人之间的互相承认，以其作为选择这种或那种公益观念的理由，还必须要有这样一种社会现实，那就是，个人在这里免受压力，该压力可能会阻止他们对更好理由，而非更大压力作出反应，并且，在这里，所有公民都享有参与对话过程的真实机会。①

对于一般用来加强法院在民主过程中的创造性角色的许多理由而言，民主过程的审议解释对其予以了打击。这是因为，在围绕公益的政治制度中，制度化对话回击了少数派和根本价值保护方面所认识到的市场理论问题。从这些观点来看，话语理论使我们可以提出，从认识论上看，更广泛的参与政治的过程是最好的法律渊源。例如，人权的阐明和保护更可能是一种民主政治辩论，而非精英主义法律话语的结果。

在审议民主中，仍然可以要求法院去保障自由、公开辩论的条件，但是，这些条件的性质最好是通过政治对话来决定。仍然可以要求法院去保护根本权利，但是，这些权利的内容却是一个必须寻求共识的存在争议的问题。法院必须在法治之内维持官僚制度，但是，法律却又是审议过程的创制。此外，民主市场模式作为自利政治消费者和零售商之间的一种竞争，这里产生的矛盾，并不会同等程度地出现在如下制度中，在这个制度中，决策是根据指向公益内容的理由作出的，而这里的公益内容是所有受影响者都能预期承认和肯定的。

简言之，如果接受话语理论，那么，就会有较少理由来担心少数派的福利，尽管，对于并不符合民主对话前提的"民主"决策的合法性，仍然会有质疑的理由，并且或许会有"更多"。确实，尽管设立这些标准恰好是民主过程的结果，然而，若一种政治制度堕落到公开辩论的最低界点之下，那么，在一定情形中，在设立和适用这些标准的过程中，司法机构担当起领导角色，就民主方面而言，就是恰当的。

审议民主和司法角色

261　　话语理论和民主理论的审议转向可能相当可疑，它可以被看做类似于一手交钱一手交货的政治学陈腐语境中，以及即使低层次争议也常常是一种尴尬的

---

① 在很大程度上，这种话语民主模式的框架借鉴自 C Nino, *op cit* fn 1。

议会现实语境中，一种并不相干的想象。考虑到实际民主过程非常真实的不足之处，指望法院来补充或改进瑕疵话语仍然具有吸引力，而瑕疵话语正是一般政治过程的特征，此外，如果我们要寻找一种比代理人话语更为精英主义的话语理论，那么，就很容易将法官作为一种可选择的精英。人们可能认为，法官是公共话语的职业实践者，习惯于根据具体情形的品性而给出理由、作出决定，而不是屈从于外部压力。确实，可以认为，司法机构在经济及制度方面的独立性是赋予他们话语高于与反抗政客及选举者话语政治合法性的一个理由。

话语理论家可能指出，在审议民主中，法院应当承当一种增强的角色，理由在于：

（a）理由和辩论是司法方法所固有的，至少是在上诉层面；

（b）司法机构相对于经济、政治压力的独立性使它们处于一种公正条件之下，在这种条件下，对于什么构成公共利益，与其他人相比，他们能够得出一个更好的观点；

（c）自然争议规则确保法官聆听一个案件的所有方面，并且如果他们对案件的结果具有个人利益，则他们自己就不适格。

司法话语模式可以源于一系列哲学渊源。罗尔斯关于我们应当如何进行根本原则的选择，以决定社会中的基本权利与义务的理论，似乎尤为恰当。[①] 例如，如果我们考虑如何制度化罗尔斯所提出的反思均衡方法（reflective equilibrium）以及无知之幕机制，那么，在人们被训练忘记什么被认为是允许的，而什么是不相干的证据规则之下，比起专业人士，谁又能把这做得更好呢？

根据司法独立规范，法官必须不屈从于外部压力，这些规范以及自然正义规则（比如排除对案件结果具有个人利益的规则）加在一起，就足以接近实现公正观察者的资格，这些观察者的判断常常会获取道德尊重，这就使认为法律和道德观点之间至少存在一定的实质重叠变得合理。这种理论的一个常见版本分配给法官一个阐明以及适用根本权利的角色，对于代议立法机构，留作唯一保留领地的任务是，决定不影响根本权利的那些政策问题。这和当冲突时权利优先于政策的命题一起，共同证立赋予法院更多的立法权力。[②]

对于这样的司法权力，市场理论家会感到怀疑，理由在于，法官并不能免于私利，但他却不受到选举责任纪律的制约。对于这一问题，如果相关法院接

262

---

① J Rawls, *A Theory of Justice*, New York: OUP, 1972.

② See R Dworkin, *Taking Rights Seriously*, New York: New York University Press, 197; and *Law's Empire*, London: Fontana, 1986.

近一种不受确切法律权威限制、妨碍的公开话语过程，那么，话语理论家就可能更为乐观，能够加入这种司法争论中的那些人构成了一个封闭圈子，对于话语理论家而言，注定仍是一种担忧。为了成为民主话语令人满意的一部分，法院就必须虚心对待比现在的情况更为广泛的各种意见与证据。然而，如果法官是根据法律作出他们的裁决，而不是直接诉诸理性与公益，当然这必须仍是他们的主要职责，那么，司法话语就不是话语民主支持者所理解的那类开放性辩论。情况可能是，在疑难案件中，当法官必须超越现行法时，那么，对于他们的解释角色，法官应当默示民主话语，甚至是适用相同方法来填补空白，或是抛弃过时的法律，但是，如果这种司法创造性允许直接诉诸争议和公益的公共观念，而这些观念又越过了民主讨论的过程，那么，它就会很容易失去控制，而以专家的法律谈话取代公开的政治话语。

这最初具有吸引力情景的主要问题在于，尽管被认为是司法独立的核心因素（例如任期和有保障的薪水），通过保护法官免受外在压力，对于提高现行法的准确执行具有重大意义，然而，对于决定公益，从而为赋予司法机构在固有的法律创造与发展中这样一种主要作用提供理由而言，这些因素并不能形成充分的优势。许多道德判断认识论理论，包括那些话语民主中所包含的，都对公正作为道德观点合法性的理由进行了重点强调。你可以根据那一原理行动的康德式命题，将作为一种普适法律，它将被用于规则之治的证立，对于人们通常所谓的人类行为公正评断与可靠道德判断之间的那种关系，这只是一个例证。[1]

263　　根据认识论观点，可以认为，尽管从对结果具有一种个人利益而言，偏见（partiality）可被认为不符合作为道德判断的资格，但是，公正如果被理解为个人与特定案件没有任何关联，因而对所有相关者的利益予以同等重视，那么，它本身是否足以产生道德哲理或创造道德权威，却远未明确。同样，公正的个人会普适化什么，关于这个问题，康德的普适性原则从未能阻止争议的出现。然而，无论法官可能如何独立，在竞争性价值或存在矛盾的道德权利之间进行选择时，他们都不比其他任何人更具有优势。司法公正可能否定自私，但是，它无法区别各种价值，无法决定基本权利的确切内容。由此可以推出，或为了将当前的问题排除在法律义务的范围之外，而将它留给个人选择予以解决，或为了服从多数派的观点——一种至少最大化偏好满意度的程序有其正当性。

在这一点上，论证中标准的自由主义举动为，借鉴罗尔斯所复兴与流行的

---

[1]　近期的一个例子，可参见 B Barry, *Justice as Impartiality*, Oxford: OUP, 1994。

正当（right）和善（good）之间的区分，根据这种区分，公民被要求的道德性与正当（rightness）和不正当（wrongness）有关，而留给个人选择的道德性则是好的和坏的，或者，有些时候，用不太道德的形式，是个人想要的或不想要的。① 正当具有义务语言（命令话语）的严格和力量，而善则和结果主义理论相关联，根据这些理论，行为本身没有对错，只是在和其结果的美好与否相联系时才有此区分。

有了这样的一些二分法，那么，就有人提出，公正的法院适合决定正当，而立法机构更适于处理善的最大化，如果将善理解为个人功利最大化的话。法院并不充分了解行为的后果，但是，遇到的时候，它们知道正当与不正当。尤其是，他们是法定正当与不正当的专家，这些由一种权利与义务体系规定出来，需要了解规则和原则，而这正是他们的领地。正当与善区分的政治功能变得清晰。个人通过他们自己或通过他们的代理人来追求他们个人的美好的生活理念；国家提供一个权利义务框架，以确保这样做时，他们不会伤害到他们的邻居。所有这些都为以下主张扫清了障碍：就争议与权利而言，尽管允许价值差异应被留给政治程序解决，但公正方法是充分的，并且实际上是优越的。

这种脆弱的区分被赋予了巨大的政治重视。要明白关于善与恶、值得与不值得、珍贵与不珍贵的判断深深陷入什么行为是正当与不正当的决定中，并因而陷入我们应当制度化何种权利与义务的决定中，我们无须成为功利主义者。确实，有些问题应当留给个人，但是，关于比如实现最好经济结果的最好途径的技术性问题，却是更适合由大量官僚体系支撑的立法机构的问题。同样如此的还有，一旦我们采用了一个权利、义务体系，那么，直到我们决定改变它们为止，这些权利、义务都应该不计后果地被执行，但那些涉及权利、义务本身内容的后果除外。② 然而，这并不是说，通过权利、义务应当保护和保障何种根本价值仅通过公正方法就可以决定，它的意思不过是，我们可以通过一定的康德式或罗尔斯式机制来决定基本的权利和义务，对于这些机制，只要法官努力，或经过一点点的哲学训练，他们就可以变得相当擅长。

结 论

在世纪之交的法律政治哲学中，这里对一些主要的争议领域进行选择性的

① 这是罗尔斯的中心命题，参见 J Rawls, *op cit* fn 33。
② See TD Campbell, *The left and Rights*, London：Routledge, 1983, Chapter 3.

总结，可以通过参考尤尔根·哈贝马斯最近的研究进行简化，哈贝马斯是支持话语伦理及民主审议理论的领军人物。

通过一定的方式，哈贝马斯的研究可以被认为只是从同意与公正概念中推导出实质结论的再次尝试，他是通过对理想言论行为理论的研究而进行的，但是，他的进路独特且振奋人心，这既是因为该理论的哲学根基，又是因为它处于欧陆社会理论之中的位置。其哲学方法是对预设的非强制话语沟通理想的康德式先验性约化，在这个理想情形中，平等的参与者致力于真理、真诚以及规范正当性。社会理论赋予其他情况下作为一种历史无涉的法律分析以内容，并且解释了为什么他会拒绝将这种沟通理想从真实生活话语的现实中分立开来。

哈贝马斯的基本主张为，参与话语驱使我们合作寻找真理与正义，这是因为，"每一种言论行为都涉及引起指向主体间认同的可批判效力主张"①，但是，与他所称对这些问题采取哲学进路的那些人不同，他关注的是，以事实性作为合法性核心的世界中的正义，理由在于，我们正在解决——特别是在法律领域——的是通过既定社会实践对预期的稳定。《事实与规范之间》中的"事实"包括作为法律实证主义根本的例证实在法。然而，作为事实的法律渊源在促进社会融合方面的成功取决于对法律为合法或正当的接受，这里，我们和审议发生关联，因为，在一个多元世界中，可接受的正义规范只能是沟通理性的结果，因而，合法性需要这些受影响者之间的整体审议。

哈贝马斯的论证冗长、递进，并且极为学术化，而我借鉴他只不过是追问一下，根据这种话语理论，什么是他所理解的民主中的司法角色？如果审议民主要求受影响的那些人之间的公开对话，我们就能在哈贝马斯那里找到一个明确的例证予以表明，阐明什么是公正有一个极为多元主义的进路，此外，我们还能发现对这样一种理念的拒绝，即基本权利具体化可以由法院作为代理审议者予以完成。确实，这正是其论证最终的走向。因而，尽管他广泛赞誉德沃金笔下的赫拉克勒斯（Hercules）法官，该法官出于对先例的尊重而非常认真对待实时性，但仍然准备着根据更为普适的争议观念超越这种实在法律渊源，哈贝马斯附和米歇尔曼（Michelman）的讽刺说，赫拉克勒斯是一个"孤独者"，意思是说，超越现状所需要的必要话语必须要由民众，而非专家精英来进行。

当然，哈贝马斯并不认为，任何个人或群体，无论是司法还是其他人，都能运用像罗尔斯或德沃金所使用的方法论那样的方法，来读完他的实质正义原

265

---

① J Habermas, *op cit* fn 7, 18.

则。实质原则只能是实际社会审议，寻找真理合作的"争辩过程"的产物。[①]他认为，既有的已知系列个人权利的自由个人主义范式不充分，因而予以拒绝。同样，他还认为，法律作为一种最大化福利工具的社会福利范式并不充分，因而予以拒绝。在那里，他用的是一种纯粹程序性的法律模式，伴随着法律制定程序，该程序通过一种自由平等话语的对话性意志形成："如果我们采取一种程序性理论，法律规范的合法性就会通过政治立法民主程序的合理性予以校正。"[②]

广泛社会话语的意义来源于这一事实，公共政治话语并不是抽象的哲学思想问题，而是一种在一个具有特定习惯的特定社会中，沿着追求自我理解的沟通进路而达成一致的努力。[③]用哈贝马斯使用的或许不幸的术语来说，合法化话语包括"伦理"讨论，这里，他表达的意思是，这关系到的是一个具体社会的习惯或风俗，以及一种"道德讨论"。在他看来，这也就是，从什么是善恶中提取出来的、具有普适性内涵的规范，或是和根本权利与义务相关的普适正义规范。[④]

此外，哈贝马斯认为，没有必要只是因为我们正在处理的是根本权利问题，就对社会包容性话语作出例外。[⑤]他也拒绝了阿克曼与米歇尔曼的观点，他们认为，宪法法院在保护人民的利益方面，可以以一种家长的方式，作为人民的代理人。对于哈贝马斯而言，这里有一个错误的认识，那就是，民主意志的形成是一个将之前存在的风俗归正的问题，相反，根据审议理论，实际辩论导致的是修正的结果。[⑥]

然而，在哈贝马斯界定司法机构的基本功能时，他确实承认对"适用话语"过程的解释需要，并且，他也接受在适用规范过程中努力实现法律内部融贯的恰当性。但无论怎样，他仍然坚持权力分立，将法律描述为一种"在民主立法与公正规范适用中解释与阐明的……权利体系"[⑦]，并由此坚持在立法的

266

---

① J Habermas, *op cit* fn 7, 280.

② J Habermas, *op cit* fn 7, 232.

③ J Habermas, *op cit* fn 7, 280.

④ J Habermas, *op cit* fn 7, 282: "和伦理问题不同，正义问题并不是固定地和一个特定集体及其生活方式相关联。在一个具体的法律社区中，法律如果要合法化，那么，它们至少必须符合以下道德标准，该标准主张具有超越该法律社区之外的普适效力。"

⑤ 尤尔根·哈贝马斯认识到，马伯里诉麦迪逊案中的理由在逻辑上并非无懈可击，参见 *op cit* fn 7, 240—41; 也可参见 C Nino, *op cit* fn 1, Chapter 6。

⑥ J Habermas, *op cit* fn 7, 277—78.

⑦ J Habermas, *op cit* fn 7, 234.

民主过程与既定权利、义务在具体情形中的适用之间，存在一种明确的区别。除此之外，立法的司法适用所采用程序的合法性本身是一个由民主审议过程决定的问题。

然而，司法解释合法性的评判是否与所使用法律推理的结果或方法有关，哈贝马斯却并没有完全予以明确。无疑，这将取决于所用的司法解释方法是否包括诉诸最终并不由法律确定的实质道德原则。因而，尽管可能将哈贝马斯所说的大多数解读为赞同如下观点，但这也没有明确，那就是，司法方法限于实现一种程序上恰当的，决定如何理解和适用特定法律的方法，但是，有的时候，情况似乎是，各个法律裁决所需的合法性意味着，法官必须超越这种如赫拉克勒斯一致和融贯的，法律上内在的解释规范，并纯粹运用司法话语来得出与现行法律相反的一个实质公正的结果。在宪法语境中，对这些问题的讨论，根据美国和德国路线，他预设，而非主张一种独特的宪法。整体上，就德国宪法的"价值"法哲学涉及适用概括性价值，而不是围绕规范的辩论这一点而言，他的立场是反对的。从这个意义上说，他严格限制宪法法院的角色，以使它不过成为一种普通法院解释角色的加强版，其角色在于使法律融贯：

法院重新开放合法化立法决定的各种理由，这样，它可通过运用它们，对个案以一种与现行法律原则相符合的方式，实现一种融贯的裁决；然而，它并不能以直接阐明与提出权利制度的明确立法方式来使用这些理由。①

因而，他所理解的立场似乎是，法律话语可以自认为是一种较高的理性假定，因为适用话语是规范适用的具体问题，并且因而在所涉及各方以及中立第三方之间的经典分配规则的明确框架之中，能够制度化。然而，出于同样的原因，它们并不能取代"适于规范与政策合理性，包容所有受影响者要求"的政治话语。②

267　　另一方面，哈贝马斯为宪法法院提出了一种保护性角色，即监督民主程序。根据他对宪法的这种程序性理解，"宪法法院恰恰应当对那种权利制度进行监督，该权利制度使公民"私人与公共自治变得同等可能。③ 通过一种比约翰·哈特·伊利的宪法解释代表强化理论④略显具体的等形式，哈贝马斯提出，"宪法法院必须在其权限范围内行为，以确保法律制定程序符合审议政治

① J Habermas, *op cit* fn 7, 262.

② J Habermas, *op cit* fn 7, 266.

③ J Habermas, *op cit* fn 7, 283.

④ JH Ely, *Democracy and Distrust: A Theory of Judicial Review*, Cambridge, MA: Harvard University Press, 1980.

合法化的条件"①。追求这一目标似乎并不会受到现行，或是瑕疵政治过程的限制，并且似乎为法院采取干预主义政策留下了相当的余地，但是，这需要更为具体地说明与辩证，尤其是因为，哈贝马斯有关私人自治与公共自治的理论都同样涉及这样的观点，也就是，如果所有个人都要享受这些自治的话，自治就需要大量的物质供给。如果为了实现理想言论条件的恰当界点，需要一定程度社会、经济平等来提供民主合法性的话，那么，根据其立法民主信誉而进行的立法审查就能影响到核心的经济与社会政策。

同样，对于支持维持法律事实性的政治理由，如果哈贝马斯认真对待，那么，就可以认为，司法审查必须包括对实证主义民主形式的司法监督。如果立法机构制定出无须诉诸争议道德与政治判断即可解释与适用的具体规则，那么，它们就会被认为是在宪法民主范围之外运作，是对审议政治所欲实现的目标的破坏。

即便是这种首要的审查权力，也仍然给我们遗留下持久的问题，也就是谁来控制统治者，以及谁来将法官控制在所要求的角色之内，即适用实在法，守护审议民主前提及其市场基础。最终，该角色必定是自我强制执行的，因而，在法官、立法者和公民之间互锁式的伦理角色中，最为伦理性的角色是法官对于实在法的义务，与作为对固有权利含糊表述争议内容的道德仲裁者的角色相比，这是一种法官更加熟悉的义务。

整体而言，尤尔根·哈贝马斯现在的研究支持这一结论，那就是，审议民主理论意味着，我们应当努力提高代议政治中的话语质量，而不是将政治争议的解决交由专家法律人，即便他们确实在政治、经济方面享有一定程度的独立性，而这是社会中很少群体所享有的。实际上，如果认为，就诸如根本权利的恰当内容等争议性政治问题而言，诸如与任期、任命、薪水及养老金有关的司法独立，是支持增强法院权力，而不是维持他们作为事实的公正裁判者，以及既有实在法行使者的一部分理由，那么，这就会对民主理想造成极大的破坏。

---

① J Habermas, *op cit* fn 7, 274.

第十四章　伦理实证主义的民主方面[①]

　关于司法者与立法者在当代民主中的角色问题，还存在重要的宪法问题。这里，这些问题的探讨是在如下建议的语境之中进行的，也就是，法律实证主义传统对具体确定法官与立法者应当如何履行他们职责的原则具有重要作用。

它需要阐明、运用一种法律理论，也需要阐明、运用一种民主理论，并且是在一个各种理论都遭到怀疑的时代进行。因为对象是法律实证主义，这一任务也就显得尤为艰巨，由于哲学与社会科学的发展，这一范式遭到系统性质疑。今天，法律实证主义被广泛认为在智识上、经验上以及道德上无法立足，而法律实证主义者也不再拥有信心，这种信心来自对过去被认为引导从业者的正统理论的拥笃。

法律实证主义的智识问题主要来自法律实证主义者赋予规则的角色，将其作为一种控制行为，包括政府行为的方式，这有悖于当代语言的不确定性观点。法律实证主义的经验问题主要在于，它们被认为不能在实际法律制度中确定法律、道德与政治之间的界限。在道德方面，法律实证主义被频繁塑造为彻底的失败，过去曾经容忍过奴隶制度[②]、希特勒的民主社会主义[③]以及南非的

---

① 本章内容大大得益于出席"澳大利亚民主中的司法能动主义和司法审查"研讨会的每一个人的热情参与，尤其是费雷德·绍尔，他在项目的每一阶段都提供大力支持。

② R Cover, *Justice Accused*, New Haven, CT: Yale University Press, 1975.

③ See HLA Hart, "Positivism and the separation of law and morals", *Harvard Law Review*, Vol 71, 1958, 593; and LL Fuller, "Positivism and fidelity to law: a reply to Professor Hart", *Harvard Law Review*, Vol 71, 1958, 630.

种族隔离制度①，而现在则抵制人权运动的进步性制度化。还有人认为，它还要对以下问题负责：法律制度不能契合不断变迁的情势，法官对影响他们法院诉讼当事人的个体及社会现实不敏感，以及职业行为常遭鄙视的律师的无道德性或不道德性。②

民主获得了一个相当好的名声，它近乎普遍地流行，尽管这使我们更难，而不是更容易找到一条达致满意民主理论的路径。除了民主政府和政治平等之间的观念关联，除了政府受制于定期的人民选举的高度一致认识，以及附随而来的最低限度的公民自由与政治权利外，没有任何单独的融贯民主理论，能够既在我们应该拥有何种民主方面引导我们，又可以得到专业参与人与一般公民的支持，而这些人正是需要将其付诸实践者。我们似乎注定要在一种不兼容民主理想的动态混合体中运作，这个混合体的一方面是市场模式，根据这种模式，政治权力是一种商品，而选举者是外部消费者，通过购买提供给他们最想要的政治交易来满足他们的个人愿望；这个混合体的另一方面是参与或审议理论，它们依赖于对公共话语加诸一种控制性政治影响的不太可能的前景，这里的公共话语的目的是实现对什么构成正义和公益的共识。

尽管存在这些困难，对于一些相当常见的问题，本章仍然提出了得出一定初步答案的框架——这些答案具有要求一般批准以及产生实际引导的前景。就以一阶政治法律决策内容来区分公民的特定实质问题而言，这些答案是相对中性的，但是，对于这种争议的解决，这些答案却使确定民主上可接受的法律过程及程序成为可能，并对那些操作这些制度者应该如何处事进行指导。

我将该原则的政治法律框架称为"民主实证主义"。从法律实证主义的传统意义上看，民主实证主义是实证主义的，传统上，法律实证主义与通过具体明确引导行为的强行性规则疏导政府权力的政治重要性紧密相连，这些规则具有真正的排他性效力，能够无须诉诸争议性道德和政治判断而适用——这些规则具有经验上可确定的来源，以及宪法上可界定的人类行为来源。③ 民主实证主义是民主的，原因在于，它确定这些权威规则来源于经验上可确定的制度行

① See D Dyzenhaus, *Hard Cases in Wicked Legal Systems*: *South African Law in the Perspective of Legal Philosophy*, Oxford: Clarendon Press, 1991.

② See W Simon, *The Practice of Justice*: *A Theory of Lawyers' Ethics*, Cambridge, MA: Harvard University Press, 1998.

③ 更技术一点，民主实证主义是一种规定性刚性实证主义，它预设了柔性实证主义（即这样一个命题：一个具有概念妥当性的法律体系，可能将道德作为一种承认规则的标准而予以包容），却提出，没有一种法律体系应该包容这种标准。See TD Campbell, "The point of legal positivism", *King's College Law Journal*, Vol 9, 1998, 61—87, at 68—70.

为，而这些制度行为是民主程序的结果。民主程序被用以最大化所有受约束他们的规则影响者，其方式是靠近一种理想状况，该状况也即赋予受规则和决策约束者之选择以同等重视。这就将民主这一术语限定于政府寻求实现个人自决平等的那些制度，其方式或是通过直接参与立法与行政程序，或是通过选举其职责为代表他们立法和治理的代表，这些代表要受制于定期选举，持续批判的机会与问责制度，问责制度要求对批判作出公开回应，而无论是在选举问责之前，还是之后。①

民主实证主义

就其所涉及的实证主义方面会与其民主元素发生冲突而言，民主实证主义是一种存在张力的理论。例如，一项民主政治程序可能得出一个偏离实在法，而支持更具体、更不形式性的结果。或是，实在法之治的要求可能会阻止民选政府运用司法功能，或通过体现含糊道德标准的法律。

我们可以消减民主与实证主义之间的这种张力，方式是将那些构成选举程序与制度要求的规则排除在外，比如言论自由，这些制度要求赋予了民主决策以合法性。这些要求甚至可能包括作为推进政治平等的规则之治，但仍可以被排除在民主变革之外，依据是由民主构成，但却不能因此而在不损害制度民主声誉的前提下被舍弃。这一举动并没有解决民主理论的那一核心问题，该问题主要涉及具体决定这些无形民主的根本元素究竟应该是什么的恰当决策程序，但是，自我毁灭的"民主"决策根本上都不是民主，对于任何真正的民主理论而言，这都是一个必不可少的组成部分。此外，只要能够表明，法律实证主义本身是民主的一个前提条件，并因而部分是由任何可接受的民主制度构成，那么，法律实证主义和民主之间的张力就会消解。除此之外，一种体现规定性合法性规范的法律与政府制度是构成民主制度的一部分前提假定。根据这种观点，政府是否必须根据一种实在法体系行为这一问题仍然未对民主解决开放。

272　　　　要坚持这一分析，我们就必须跳出术语才能澄清，尽管这使政治、法律制

---

① 　一个比民主实证主义更为人所熟悉的词语可能是宪法实证主义，但是，这也并不足以反映出以下事实，也就是，相关宪法关注于确定通过规则的统治，或更具体地说，通过实在规则的统治。对于我的政治法律理想，另一种描述可能是法治之内的民主，但是，这也仅当我们对法治作一种实证主义解释的时候才合适。通过这种方式，相关法律适应了适用既有具体规则的实证主义模式，这些规则能够不直接诉诸争议性价值判断而得到理解和执行。

度的经验描述成为可能，我们也要转向民主与法律实证主义的理性与合法性的本质，对于进一步阐明这两种概念而言，这是不可或缺的。就法律实证主义而言，主要的证立任务和社会性规则的社会功利及其道德意义有关，这些和不受约束的个人自治或官方的自由裁量权力相对应，还与政治权力分配、运用和控制中的规则之治的道德妥当性有关。在《伦理实证主义法律理论》[1] 一书中，我研究了规则之治的此类工具性优点，主要关涉如下方面：可预测性、常规性合作、行为控制、行为便利、纠纷解决、个体自治、经济效率、权力分配、实质正义的形式条件，以及对民主话语的关注。在那里，我指出，这就是为什么一个社会有具体强行性规则是好事的主要原因，这些规则排除了某些个体成员对某些他们自己行为的问题运用他们自己的判断。

尽管所有这些理由对理解民主实证主义都很关键，包括它对法律权威与法律义务的阐述，但是，我并不会在这里将它们一一演绎。然而，那些对民主尤其重要的规则之治的合理性，值得予以强调。这些理性集中于这一命题，即尽管排除了根据各种情形、具体情势使用专家意见和作出调整决策的前景，但是，当这些决策需要价值判断时，赋予官员宽泛的自由裁量权仍然是不恰当的，因为价值判断的内容取决于运用自由裁量权的那些人的个人或集体世界观，也取决于他们对利益各方影响的接受程度，而就变化而言，案件情境的变化并没有享有自由裁量权力与承受压力的那些官员的个人信念与利益那般多。

在政治冲突和评判争议剧场中，睿智运用这种自由裁量权所承诺的专家及特定正义优势，因民主实证主义在那里所允许的范围而遭否定，这是因为，意见与影响在制度中没有合法性。从规则内容中抽取出来，尽管本身可能是，也可能不是阶级、性别和宗教态度的体现，但是，规则的缺席增加了当事人遭受争议政治或歧视性态度的可能，而这些在法律制度中，如在社会整体上一样具有地方性。争议在于，规则之治可以是一种有效的方式，可以提高未经授权意识形态、偏见和非法私利在权力行使过程中的中立程度。

指出规则之治的各种收益并不意味着，社会生活整体上应当严格依据规则，或说应当有一个实在规则体系，涵括社会生活的方方面面。相反，这一命题是，只要有政府——也就是，惩罚与损害执行的非选择性——就必须依据规则治理。确实，法律实证主义非常符合爱泼斯坦（Epstein）提出的政治理论，

273

---

① TD Campbell, *The Legal Theory of Ethical Positivism*, Aldershot: Dartmouth, 1996. See also F Schauer, *Playing by the Rules: A Philosophical Examination of Rule-Based Decision-Making*, Oxford: Clarendon Press, 1991.

该理论支持政府仅根据若干简单规则负责有限领域。[1] 然而，根据社会关系中不合理统治的普遍作用来看，在大多数复杂社会中，法律领域应当远比自由主义者所能做的任何想象都更为广泛。

此外，就规则是带来可预测变革的有力工具，民主则部分因自治而合理而言，从允许人民在公共领域、通过公共领域实现他们的共同目标来看，注意到规则与民主的范围很重要。如果规则之治与有效政府具有一种正相关关系，这里的有效政府以符合那些拥有合法权力者的目标来界定，那么，恰如它能实现一种更有效的专政那样，它也能实现一种更有效的民主（如果这是运行中的制度）。[2] 规则在产生所欲结果方面具有效率，建立在这一有效性基础之上的理由无力面对这样的证据，那就是，无论是在一般情形，还是在具体情境中，它们都并不能这样。那么，在此种或彼种情形中，实在规则之治是不是所欲的，对此，民主过程是或不是一种合法的决策来源呢？总而言之，通过设立一般标准，而非颁布具体规则，是否能更好地实现某些政治目标，对此，有着诸多有趣并且明显均衡的讨论。

对于规则至上，这种实质性经验挑战的答案指引我们走向较少偶然性的规则之治理由，这些理由更多的和产生民主理论的政治权威有关。例如，可以认为，政治权力的任何运用都必须具有被统治者同意所批准的实质内容，并且，这只能可预期地通过规则而非统治者的民主权威来实现。任何缺乏者都会将公民置于一定程度的非法强制之中。该制度破坏了政治合法性的原则，也就是，任何人都不应该受制于他人不受民主限制的意志，直至国家官员——也就是，决策能够获得强制惩罚或非自愿损害支持的那些人——具有自由裁量权力的确切程度。如果规则是控制政府官员的一个必要元素，那么可以推出，排他性规则是民主强制权威的一个必要条件。

这一命题的一个形式可见于卢梭社会契约模式的那些方面[3]，它们与确保

---

[1]　RA Epstein, *Simple Rules for a Complex World*, Cambridge, MA: Harvard University Press, 1995.

[2]　此外，有人可以指出，作为多数人之治的民主，比其他制度要更依赖于规则之治，这是因为，以规则选择来制度化所有人的共同权力，要比以个案为基础整合决策更为容易。当然，民主只能存在于对统治者的定期选举之中，因而，有人就会指出，这就是许多民主制度都相似的那一方面，但是，那并不是要将民主选择的范围变得比所需要的更小。在另一个极端中，所有的公民都可以决定各个特定的问题，但是，这并不现实。规则的选择似乎是一种妥协，它通过降低投入成本来最大化效率，并且最大化决策的影响。

[3]　J Waldron, "Rights and minorities: Rousseau revisited", in J Chapman and R Wertheimer (eds), *Majorities and Minorities*, New York: New York University Press, 1991.

民主过程中自决的平等相关联。卢梭将他自己与我们现在所称的民主的民粹主义多数决形式区分开来，在这个形式中，所作出的决策是吸引大多数私利支持的决策。这一过程可能会得出适用于所有人的规则，却无法实现公意（general will）——指向公益（common good）的一种意志。民主实证主义作为一种立基于选举来实现公益的程序，无论它可能是什么，立基如此抽象、理想，确实没有必要。① 然而，对于这种模式，我们可以找到一种修正形式，并且提出，与作出个别决策相比，议会形成的一种规则选择本质上要更容易接受。有三个理由可以支持这一命题。第一是议会的所有成员都可能受到规则的影响，并因而会认真对它进行审查。关于这一点，卢梭证明了它附随的真实性，方式是在他的共和国中坚持经济与社会的同质性，因而所有规则确实以同样方式影响所有公民——我们可能寻求靠近，却很难实现的情况。

我们为什么限定由议会来选择规则——也就是与人的种类及情形类型有关的规范——的第二个原因在于，处理这些规则类型会防止所作出的决策依据纯粹个人或特定群体的身份，而他们则因此更容易遭到自私多数派的剥削。对伤害与歧视施加的诸如规则的限制，尽管可以通过选择特定或不当确定目标的个人或群体而在形式上予以规避，但是，这一要求的确制度化了伤害与歧视的不可接受性，并且，通过要求对类型与种类而非特殊性进行立法辩论，它还有利于减少伤害与歧视的发生概率。

这就将我们引向支持由民主议会进行规则选择的第三个，也是更基本的理由，这就是，强制权力的道德合法性取决于该权力与一种在道德上可证立的规范形式的相符程度。这种形式必须是一般的，而不是特殊的。道德的最低要求是，根据一种可接受的理由相关的人，该理由致力于相关人在不同时刻的类似情形中适用，或至少到他们改变了他们的道德信念之时。这种普适性要求的政治形式是，政府根据人与情势特征相关的理由对待公民，而这只能通过符合规则的对待方式系统地进行。因而，对道德上合理的政治权威，尽管规则之治绝不是一种保障，但无论如何，它也是一个前提条件。一个不以这种方式限制其选择的制度，就不会符合道德合法性。

对于偏好规则的第三个理由，我称之为道德形式优势，在审议民主语境中，对它可以进一步研究，因为此语境使实际辩论成为合法民主过程的一个前提条件。可以认为，通过将其限定于一种规则的选择，这一辩论被道德化了，

---

① 关于这一进路的经典批判，可参见 J Schumpeter, *Capitalism*, *Socialism and Democracy*, 5th edn, London: Allen & Unwin, 1976。

因为这种限制需要给出原则性理由用以证明类别，而类别是其他规则形成的特征。如果辩论要求的理由是认识论性质的，因为该要求建立在这一主张之上，那就是，涉及一个决策所有受影响者的公共话语促进了正当结果的得出，那么，我们就接近了成熟的卢梭主义。

如果我们将这些理由综合在一起，关于规则之治是民主的重要组成部分，我们就得出一个道德政治理由的有力融合———一些理由表明，规则选择增强了民众的权力；一些理由表明，它有利于道德化多数决主义，或是通过扩大多数派的规模，或是通过对选择内容进行道德审查。这揭示了实证主义与民主之间的一种亲密关系，并且消减了民主与实证主义之间的张力，这种张力在民主实证主义中是隐性存在的，就此而言，这令人欣慰。

这些理由只是为政治合法性建立了实践中的必要条件。在规则内容方面，对于可接受的结果，它们并不能提供保障，对于规则之治所欲服务的理念，它们也不能保障整体的效率，就此而言，它们的力量是有限的。另一方面，就处理造成不平等与不正义的普遍存在的社会经济力量而言，它们也存在天然困难，不仅如此，在确定我们可借以评断政治后果的道德与政治价值内容时，也存在根本的认识论问题，尽管如此，这些理由确实形成了民主实证主义一种有力的明显情形。

所有这些都为解决一些看起来难以解决的———哲学的、经验的以及评判的———问题扫清了障碍，这些问题常被用作驳斥实证主义的理由，或是用以表明，没有一种民主理论既可以描述民主实际上是或可能是什么，又可以为兼容于规则之治的制度提供令人信服的合理性。展开这一工作时，良善立法与良善司法的一些取向性原则就浮现出来了。

法律实证主义的哲学问题

276 法律实证主义的哲学问题主要和规则认识论及存在论有关。认识论问题是，规则本身没有意义，它们是通过观念与语言机制获取意义的，该机制也就是，特定文化中的人们赋予文本构成他们语言表述的含义。这并不仅仅是规则具有一种中心含义，而是不同的个人与组织在边缘可以进行不同的解读。该中心含义本身也和个人及组织所作出的认知贡献有关，这些个人与组织对他们的意义赋予了相关符号，而在组织之间和个人之间，这种认知贡献都是不同的。只要一个文本清晰、确切，对它作出的不能否认的正确解读，以及需要我们运用不同的解释技巧，对一种并不完全清晰确切的文本，得出一种合理却并不是最终正确解读的不确定领域之间，传统上说，在这两者之间作出区分是可能的。

然而，根据激进的认识论批判，理解与解释之间并不存在区别。每一种语言行为都是一种赋予含义的过程。此外，解释必然是创造性、主观性的。并不存在"在那里"（out there）的固定含义，只有个人根据他们个人与文化构成所理解的符号和能指（signifiers）——它们从特定组织与个人的语言实践中提炼出来——是唯一我们得以借之确定一个规则是同一规则者。意义的这种相对性似乎有损这一理念，即规则能够对行为施加重要限制，即便是善意理解规则。对于文本的所有解读总会存在一种内嵌的灵活性，这使如普通、自然或一般含义的概念，招致怀疑直至嘲讽，而它们是法律实证主义研究传统的中心。

实证主义的这一哲学问题展开了大量且困难的领域。这里，我要解决的并不是语言哲学的实质问题，而是它与法律实证主义信誉之间的关系问题。关于人类沟通，哲学怀疑论的力量在于，我们可能被迫得出结论认为，我们只是认为我们彼此理解，而事实上，绝大多数时候，我们并不了解。或许，我们因为共同理解的幻觉而受到保护，免受这种主观性精神上毁灭的孤独打击。然而，实际上，根据哲学理由，有人指出，对于这类无疑改善生活的信念，由于超越了进化认识论或精神分析解释法，因而，我们并没有拥有合理理由。

我们提出，共同理解能够通过语言进行沟通，对此，哲学家被认为无法证立，然而，采取这一进路来表明哲学的失败，而非沟通的失败仍然具有吸引力。对于以语言交换为基础，通常辅以文本的随处可见的互相理解经验，如果哲学理论不能解释，那么，我们就会发现，所缺的是理论，而不是经验。一般而言，我们可能会说，语言哲学似乎将我们置于起步之处——也就是，意味着我们对于我们的存在以及我们能力的属性没有真正理解。所有的语言哲学都不过是在揭开人际交往惊人经验的表象。因而，我们如何成功做到这一点，对此，如果因为没有人给出一个令人满意的解释，我们就停止尝试沟通，就显得愚蠢。

对常识的这一重申甚至可能具有一定的哲学力量，在哲学历史上，这种常识本身就是一个循环发生的事件，对于语言哲学所谓的失败，这样一种严肃（no-nonsense）进路的问题在于，这种失败更多的是一种宣示，而不是沟通怀疑主义的原因。我们具有通过话语与共同文本的方式超越非常有限的文化限制的能力，对此，我们确实有着诸多真实的疑问，但是，对于（规则）含义的怀疑理论可能有助于解释——具有这些疑问，但不是去损害在其他方面自信且成功的过程——我们为什么可能是正确的。

277　　此外，对于哲学理由，如果我们采用一种更为实证的进路，那么，我们就会发现，它的批判并不是都指向努力提高共同理解程度的无效方面。实际上，维特根斯坦的核心立场，也就是将语言与共同生活方式相关联，这可以被解读为一种证明，这种证明隐含在它为恰当语境中的真正沟通提出一种解释的努力中。另外，如果我们不仅将沟通视为在那里有待享有的特定物，而且将其作为一种或多或少实现的可能，那么，对于批判，我们就可以视之为给出了改进的路标，而非撤退的理由。

　　例如，在法律情形中，我们可将整个事业理论化为包括在大众沟通中的一种系统运用。法律确实涉及调整整个社会的大胆目标，方式是通过澄清要求什么、允许什么以及制度性起用什么，这显然是一个招致沟通失败的宏大工程。根据实证主义模式，法律尤其具有宏伟的沟通目标，原因在于，它需要以一种情境无涉的方式来表述一般规则，从而使这些规则能够被大量人以近乎同样的方式理解。这远远不同于我们学者说话的情境，远远不同于我们具有最大沟通成就感的情境——也就是我们和具有类似生活经验的少数人进行实际活动的情境。

　　在这种沟通技巧中，存在具有一致含义的、治理众多人口的一致规则，借此，我们可以取得一定的成功，我们的信心得到以下主张的支持，也就是，这部分人已经拥有了他们共同享有的其他语言规则，根据这些规则，他们都能够对同一文本得出相似的解读。因而，我们解释一些规则，即法律规则的可沟通性时，运用的是之前就存在的其他规则，也就是语言规则。然而，损害法律规则可沟通性的哲学批评具有最大影响力的，恰恰是在语言规则层面。我们不能通过引用其他规则来解释语言规则，从而陷入无穷的回溯之中。在这种解释层面上，语言规则必须仅仅被看作是赋予一系列技巧以不完善、不充分表达方式的尝试，而这些技巧是具有共同经验、面对面互动中的相关者在具体社会情境中所学习到的。然而，如果语言本身不是一个适用规则，并因而推出一种正确含义的问题，那么，我们就仍然能够强调，法律是一个适用其他规则，也就是行为规则的问题，这些行为规则在相关行为的描述之前，就已经有了习惯意义，并且独立于相关描述。[1]

278　　提议指出，如果我们将人类沟通看做一种脆弱甚至危险的成就，需要不断

---

[1] 辩论要求也可以在一种民主消费者模式的语境中进行解释，其被认为和信息的汇聚有关，在这种情形中，我们并不背负这样一种非常理想的民主理论。后一选项更多地关注规则民主的第二个理由——也就是，它减少了自私多数派或更糟糕的自私少数派或个人的可能影响。

更新与强化，并将语言规则主要看作是表述这些成就，而非创造它们的努力，那么，作为实践理论家，如何通过与更广泛范围的人进行成功交流来实现这看似不可能的成就，如何超越我们直接的社会网络习惯，我们将会指望语言哲学成为一种理念来源。接下来，法律哲学的关键问题就变成了谁应该承担表述这些沟通的任务，以及他们应当如何展开创制和/或适用它们的过程。

在这种情况下，将法律视为纠纷与执行情形中，由裁判者裁决的法律主体与法律制定者之间的一种沟通过程，就不无道理，对于这些裁判者，其任务是分辨法律制定者在权威文本中所表达出来的意图，这些意图并不是该立法欲以实现的进一步目的，如果存在这种目的的话，相反，它是文本打算传递给其受众的含义。这一过程需要在一种无限的共同认识基础上进行，尽管它们都有其偶然性，但这些共同认识确实能够让我们将所谓法律法规的预期普通含义，作为法律法规。这不是因为，特定语词和句子自动附有普通含义这样的东西。在立法沟通中，普通含义观念的作用是一种假定，通过一种范式假定，也就是立法者打算沟通的内容正是他们认为他们所选择文本会表达的内容，这和所指向的受众将会认为的"普通"或"自然"含义有关——这种假定是包括法官在内的主体有权，同时也被要求依靠的。立法者可以努力通过法典进行沟通，而如果能够为人清楚地理解，普遍地了解，这也就可能有效。然而，恰巧的是，不断最大化沟通成功的最佳可实践性基础是，对"普通含义"的互相关注。

因而，就规则的成功沟通而言，普通含义在制定法解释中的优先性就可以被认为是一种附带机制。普通含义可代表一种"共同基础"，在此基础上，纠纷可以得到解决，而行为可以得到控制和便利。[①] 将普通或普通语言理念的功能规定为正确解读一个法律文本的主要、默认标准者，正是与众多各样的受众成功沟通的假定。当因为没有或缺少共同的含义，而不存在这种沟通基础时，那么，其他标准就会介入进来，例如规定性定义（stipulative definition）。

除此之外，至少在两种意义上，无须损害立法的沟通目标，就可以将普通含义语境化。首先，确定一个共同含义要从社会情境类型的共同认识与经验开始，这些社会情境是话语活动的地方。法律追求超越特定语境，但这一事实并不意味着，它能够实现与情形类型有关的去语境化。其次，立法需要在立法本身的实践语境中加以解读——也就是，需要理解立法功能与运行中的特定立法

① See F Schauer, "Statutory construction and the co-ordinating function of plain meaning", *Supreme Court Review*, 1990, 231; and DA Strauss, "Why plain meaning?", *Notre Dame Law Review*, Vol 72, 1997, 1565.

制度的形式。这并不是要求，一个实在规则的含义需要接受根据先前立法与案例法而进行的重大修正，但是，这的确使规则得以被解读为对现有法律体的修正。因而，民主实证主义允许，普通含义要与立法角色的特定观念关联起来，要与历史上偶然出现在那一司法辖区内，为改善立法机构与主体之间沟通所采用的沟通机制关联起来。

然而，当立法打算消解在一个社会中被认为正常，或作为其组成部分的认识与行为模式，因而采用普通含义时，那么，大量的困难就会呈现出来，因为语言体现该语言使用者既有的世界观与意识形态。而正是由于这个原因，以下主张才显得有道理，那就是，没有规则可以以一种意识形态中性的方式进行解读，并且，没有任何一种方式，可以让法律推理实现完全脱离（总是问题重重）相关社会文化认知的自治。然而，一种政治制度能做的是从社会上各种可用的话语中进行筛选，将那些反映立法者选择支持的信念与认识的话语筛选出来。对于之前存在的社会所接受的含义，在很大程度上，这是一个渐进式的改变或澄清过程。

在这样一个基础上，我们可阐明基本的实证主义裁判原则，也就是，在按照实证理解的法律事业语境中，根据目标受众相关权威文本的普通或规定含义适用既有的规则。这并不是说，这一目标总能实现。一些规则可能没有普通或规定含义，而具有这种含义的规则也可能不容易适用于未知的情形。然而，该基本原则确实明确了立法者应该努力去做什么，并且被需要作为一个依据，以此对裁判过程中的适用、不适用与创制法律作出有效区分，从而使我们得以对相当感性的词语"法律能动主义"赋予一些认知内容，这些内容由司法决定，对于它们可能具有的这种普通与规定含义，这些司法决定试图或不试图寻求将以此为依据来适用法律，作为他们主要与基本的目标。

280 在这种宽泛的定义中，我们可以区分消极性司法能动主义与积极性司法能动主义，前者是未能以其普通与规定含义适用法律，后者在作出一个司法判决时，或是在特例中，或是通过创造一个成为先例的裁决，而这不受现有权威法律文本的保障。消极性司法能动主义是未能适用法律；积极性司法能动主义是创制新法律。两种司法能动主义可以共同运行，却可以分别确定与评判。[1] 例如，可以认为，当积极性司法能动主义指向补充，而非推翻现有规则时，消极性司法能动主义更不容易被证明合理。司法能动主义概念预先假定，寻求确定

① 出于澄清的目的，可能有必要将各种形式的司法能动主义和所谓的具体化过程加以区分，后者是将一种概括术语适用于任何特定物所必须作出的那类决策，而无论这些概括术语多么清晰和具体。

既有法律的具体内容是合理的，并且，在没有这样的法律时，它就没有什么适用性。对此，我认为，法律实证主义寻求其对于司法能动主义意义的最大化。

这里并没有假定，日常语言富有普通含义，因而，这种实证主义目标必须考虑到这一事实，那就是，日常普通含义通常取决于参加者所熟悉的社会语境中沟通的发生。相反，之所以选择实证良善立法的语言，乃是因为，它适合越过语境与社区进行沟通，除了其他条件外，这还包括对适用宽泛评判性语言的拒绝，对可经经验验证属性的偏好，以及当术语出现疑问时给出定义的意愿。

在实现这种沟通的过程中，有的时候，所出现的困难可以通过解读文本的传统机制予以克服，该机制的目的是减少缺乏清晰性、减少含糊性——正如立法机构所了解的那样，该机制使其能够将它的预期含义变得更明确，由此，那些有的时候被描述为制度守护者，功能是维护法律自治的各种制定法解释技巧，就可以被看作那些诸多语言习惯的自然延伸，这些语言习惯的目的在于增进互相沟通。

这一进路直接损害了法律实证主义的标准形象，也就是，它是这样一种法律进路，该进路认为词语具有固有意义，这些意义就在那里，待由所有人机械地理解与遵守，而无须考虑语境与社会差异。相反，如果从一般意义上说，大范围沟通是一种社会所欲实现的目标，这里并没有什么机械性，那么，普通含义也不过是如法律推定那样的一个目标，尽管在追求这一目标时，法律并不孤单，它紧随着不断进行的社会建构的含义，法律事业的可行性所依赖的正是这种含义的成功取得。

确实，在这一过程中，裁判的角色必然非常有限，并且需要在一个一般的政治过程语境中来看待，该政治过程适于阐明共同活动现有的不同、可能模式之间的选择，直至可以将某些选择明确与确定为那一制度中的权威规范。政治对话与立法过程可能并不容易被视为改善沟通的一种练习（尽管它们更容易被看作阐明与作出选择），然而，将法律作为一种沟通过程，目的是明确阐明社会与经济活动一般要求的理念，这却恰恰取决于这样一种语境。在裁判理论之前，实证主义需要这样一种立法理论，该理论关注于当我们制定一个文本，而该文本将被用作命令与强制性秩序的权威工具时，我们正在做的事情，并使其融贯。

通过这种方式，实证主义的哲学问题可能得到解构，或许是重构，直到在一个存在强势既得利益（包括律师及其代理人）反对实现大范围人际沟通这个目标的世界中，它们成为更实际的挑战。

这就使究竟谁和谁沟通的问题悬而未决。边沁主义模式假定了立法主权的中心地位，这区别于法律执行者，而委托给法院一种只是澄清制定法的法律制定功能，实质上是将它们变得更加具体和更加明确。然而，实证主义还被用作普通法法律发展的基础，方式是通过规则的推演，这些规则来自作为先例依据的个案判决。同样，如果一经作出，判决就限制了法院在之后类似案件作出判决时所考虑的因素的范围，那么，先例也可以是排他性的。

人们可能会认为，在制定法与普通法之间进行选择取决于民主规范，而非实证主义规范。尽管对于个案判决获取法律权威的方式，以及这些先例中所谓的默示规则，在其一般性与具体性形式方面，如何被阐明的方式，仍然存在持续的怀疑，但是，从一个特定案件的明确判决推演而来的全部特性，普通法判决都可以具有。然而，并不明确的是，普通法与制定法能同样体现实证主义理想，原因在于，在一个依赖先例的制度内部，存在一种内在矛盾，这里的先例本身并非为确定先前存在的法律而进行的先例推理结果。普通法发展的理念必然既体现消极性，也体现积极性司法能动主义元素。通过将司法能动主义限于最高级别的法院，并将它重塑为分享立法主权，这一问题就能在很大程度上得以解决，但是，对于负有立法与司法权力分立的宪法义务的司法辖区而言，这里也存在问题。①

那么，这就要求我们将最高法院的法律制定方法论阐述为某种不同于全面先例性的东西。这些概念技巧的最终结果可能在原则上符合实证规范，而法官造法是否可取，就成了有待民主实证主义中的民主要素来决定的一个问题。现在，普通法推理更多地是追求以后总德沃金式的模式，而非实证主义模式，它越来越多地使用一般性道德原则，并且，新普通法不断扩展的可能渊源也产生影响，因而，作为对与这种流动、复兴、扩散性普通进路有关的普通法的一种描述，法律实证主义正越来越显得不充分。然而，这并不排除重申边沁主义者根据实证及民主依据对普通法所作的批判。对于法律实证主义者来说，普通法及模仿普通法方法的制定法解释，不幸地缺乏准确性、清晰性和可预测性。对于民主主义者，在一个具有开放来源的普通法制度中，存在某种令人担心的东西，这种开放来源源自各种司法裁判的创新，对于司法机构来说，这似乎具有吸引力，此外还包括一种变体诸多的国际人权法理学，这会以一种使其更少承担民主责任的方式威胁到司法造法的巩固。②

---

① See TD Campbell, "Legal positivism and political power", in A Vincent, *Political Theory: Tradition and Diversity*, Cambridge: CUP, 1997, 172—92.

② 这可能既适用于澳大利亚现行的诽谤法制度，也适用于英国的《1998 年人权法案》。参见 TD Campbell, "Human rights: a culture of controversy", *Journal of Law and Society*, Vol 26, 1999, 6—26.

法律实证主义的经验问题

对实证主义的一些哲学问题进行重构之后，作为实现沟通发展的再次努力的刺激，我们批判的关注点必须转向实证理解的法律程序，以及如下证据对于法律实证主义的意义，该证据表明，在一致含义的社会建构领域中，实证主义理想在法律实践中并没有得以实现。

因而，就大范围沟通目标而言，在对抗制度中，律师的功能是否不破坏这种似乎已经确定的一致含义呢？如果一种解读不能帮助他的客户，那么，律师是否不必然提出一种不同的解读呢？此外，法官——尤其是后现代司法辖区中的上诉法官——是否不会公开使用沟通过程的灵活性，从而在不寻求遵守甚或创制具体规则的情况下，对社会经济纠纷实现一种个体正义，提供建构性解决方案呢——而这被广泛视为偏离了适用任何既有法律过程中所需要作出的政治选择。此外，是否没有证据表明，通过先例和制定法证立判决的要求程序，事实上歪曲了这一现实，那就是导致作出特定判决的力量，可以更好地通过意识形态假设、阶级、种族和性别关系得到更好的解释，并且歪曲了法院在特定政治经济情势中所能实现目标的现实？

这就是困扰着法律实证主义的经验问题领域。它指出，法律和法律实证主义要求我们相信的简直没有什么相似。法律规则很少是清晰的，而即便它们是清晰的时候，法官也并不总是遵守它们：他们在裁判的过程中改变法律，并且在他们的判决中给出理由，这些理由并不足以说明结果，而通常不过是对依据其他理由的判决所进行的合理化。因而，在这个制度中，通过程序的操控和技术专长的使用，要实现根据规则中心分析无法实现的结果，仍然存在着无限的空间。

对于这几点，简单的回答是，它们并不适用于当代法律实证主义，后者是一种重要的规定性法律理论，该理论设立标准，根据这些标准对现行实践进行评断和批判——如果以上几点指控正确的话。因而，"伦理实证主义"的标签用以表明，我们正在处理的是那些法律实证主义元素，它们追求一种形式良好的法律体系，也就是，法律并不源于对法律概念的任一分析，或对当前实践的描述，相反，而是来自一种政治哲学，该哲学清醒地认识到政治生活的悖论——也就是，我们需要国家，却没有理由害怕它们——该悖论的部分解决方案依赖于确定实在法的统治。简而言之，表明实际法律制度并不是实证的运

283

行，并不是否定它们应该如此的主张。因而，认为法律实证主义未能诠释一种描述性，或一种天然保守的进路，就是错误的。①

在进一步的意义上，伦理实证主义所认为的法律是伦理性的，原因在于，一般认为，如果没有制度机构及其主体与公民的伦理义务，就没有任何一种规则体系本身可以产生任何有益的结果，或是防止任何政府之恶。如果主体在可能时通常的做法是寻求逃避他们的法律义务，如果公民对通过民主程序的立法不感兴趣或不参与，如果法律人成功工作去颠覆法律适用，而法官在践行法律现实主义，那么，就规制之治理性中所蕴涵的价值而言，就不会有规则体系能够有效运作。确实，常常被归咎于法律实证主义的恶行，比如性别、宗族和阶级歧视，或许可以更好地被视为擅自偏离规则，这些规则因这些因素不相关而予以排除，并不是因为规则之治不能对抗这些不当偏见。

然而，据称，我们需要注意，一个理论有两种经验：一个和现状（actualities）有关，一个和潜在（potentialities）有关。认为现行体系并非实证主义可以被视为与伦理实证主义无关，但是，认为任何体系都不能符合伦理实证主义就不那么容易被反驳了。无法向着其执行取得任何有用进步，就此而言，这是无法实现的理想主义，因而以一种轻蔑的语气来赞美这一理想就毫无意义。

面对这种进路的攻击，法律实证主义显得如此不堪，以至于，从历史上来看，该理论可能通过将法律存在和法律遵守的重合变成一个定义问题，而对该问题予以回避。因而，就有了这一命题，主权的存在，以及由此而来的法律义务的存在，取决于功效（或对权威命令的一般服从），这就使得法律的存在取决于对可确定人类权威的一种特定程度的相符，因而也就有了这一谚语，即效力以功效为前提。②

284   这一相当循环的主张根据霍布斯的法律区分理论予以重新解释，霍布斯将法律区分为内心范畴的（*in foro inferno*）和外部范畴的（*in foro externo*）——对于这种区分，可以这样说明，即我们遵守我们承诺的义务是建立在他人也这样做的条件上，理由并不是一种道德互惠或公正，而是这样一个基本事实：除非人们都遵守承诺，否则，就不会有承诺的收益。我们可以概括一下这一进路：在法律实证主义合理性中，发挥这样一种实质作用的规则理性作了这一预设，那就是，会出现为了实现规则承诺的收益而必要的规则遵守。

---

① 这一点很好地提出于 AJ Sebok，"Misunderstanding legal positivism"，*Michigan Law Review*，Vol 92，1995，2054。

② HLA Hart，*The Concept of Law*，Oxford：Clarendon Press，1962，100—01。

在一些行为控制规则的情形中，几乎每一个体的服从都会有收益，几乎每一违反行为都会有危害。故意杀人罪就是这样的一个例子。道德形式优势同样也可能不会遭到瑕疵遵守的破坏。然而，在很多其他类型的理性中，比如合作规则、纠纷避免与解决规则中，收益并不来自于个体遵守，而是来自于一般遵守，有的时候甚至是几乎普遍的遵守，比如遵守大多数道路交通规则的情况。

迄今为止，伦理实证主义所依赖的规则理性包括规则遵守效果的结果主义假定，它的一般吸引力难以经受经验研究的检验，而它的相关性可能随着相关社会经济生活领域，以及它所适用的社会类型的变化而变化。这就意味着，对于法律实证主义而言，确定各种遵守的界限就很重要，在这一界限处，规则之治的收益可在不同结果主义规则理性方面发挥作用。仍有几个问题需要回答："这些界限是什么"，"它们可以取得吗"，以及"如果遵守程度没有达到这些界限，我们应该做什么"以及"'我们'到底是谁"。这些问题将在下文进行进一步研究。

不完美世界中的伦理实证主义

对伦理实证主义中一些经验预设的分析给我们提出了一个问题，对于阐明伦理实证主义而言，这是一个根本性的问题——也就是，它对现实制度中实证主义不足的回应，这些不足包括不能达到合作界限、不存在适当的实证法律、法律和司法伦理的失败，以及缺少实现宪法变革的现实机制。依次考虑这些问题，我提出了伦理实证主义的实践意义如何根据不同缺陷类型而变化。所出现者类似绍尔推定性实证主义的刚性形式[1]，根据绍尔的理论，伦理实证主义裁判规范可以依据实证主义的不足而予以废除。这一进路威胁、破坏排他性规则的全部逻辑，方式是为公民选择他们的义务提供基础，却接受，排他性规则适用性的局限并不必然导致在一个法律体系中引入广义的自由裁量权。

合作界限

在一个完美的实证主义世界中，任何一部无法达到遵守功效界限的法律，　285

---

[1] See F Schauer, "Rules and the rule of law", *Harvard Journal of Law and Public Policy*, Vol 17, 1991, 645.

都不会被颁布。在现实世界中，遵守会是一个重大的问题。在这个现实的世界中，人们会指出，主体没有义务遵守任何没有达到那一界限而颁布的任何规则。这样一种反应处于实证主义传统之中，也就是将功效作为效力并因而成为义务的一个条件。另一方面，宽恕个人根据他们自己对效率界限的评估，而选择不遵守命令规则，会威胁实现必要的服从界限。命令性法律理念和法律解决各种因徒困境所列出的合作等问题时的功能相关。赋予主体作出他自己决定的权利就是放弃寻找克服因徒困境的强制性合作策略。允许个人判断就使得合作容易遭受自我偏袒的危害，即便是出于善意，对他们的行为结果，那些人也很容易自欺欺人，更不要说遵循他们近期私利的情况了。出于这些原因，为了最大化服从程度，就很有理由坚持一种非常严苛的推定性实证主义形式，这样，比如行政与司法部门，对于其他情形中所谓的不服从依据，就不应该据之而不执行一部法律。执行机构负有避免选择性执行的义务，因为这会威胁到法律实证主义所信奉的不歧视目标。然而，立法者也负有一种义务，那就是，不颁布、保留不符合它们功效所必要的实际服从标准的特定类型法律。

对于合作规则的合理性而言，尽管服从界限有着批判意义，但是，关于这些程度是什么，以及它们是否得到满足的决策，最好不是在评估特定案件中要做什么时。关于合作因不能服从而无效，对此，予以回应是一个法律执行和政治问题，而不是一个个人主体或法院的问题。

缺少实证良好的法律

当出现一个纠纷需要解决却没有规则可以适用，或当相关的规则明显含糊，或在其他方面不清晰时，（法律）主体和法官要做什么呢？凯尔森所支持的一个传统答案是，他们，或至少是法官，应当什么都不做。在这种情形中，不应出现刑事指控，而在民事纠纷中，损失应该保持损失原样，原因在于，不能根据司法创造而提供救济。

至少是根据支撑确定规则的一些价值来看，这似乎并不令人满意。如果我们要有规则来协助纠纷解决，当没有这样的规则，而我们又面对着一个我们需要解决的问题时，我们应该怎么做？在这种语境中，依靠"无规则，无解决"的原则似乎并不充分，尽管，对于将自由裁量作为一种偏见和武断工具的所有否定理由，如果我们予以采纳，那么，不对纠纷强加解决方案，可能可以得到辩解。

286　　总而言之，当纠纷威胁造成严重的不正义或社会秩序混乱时，在这种次优的情形中，支持以下意义上的积极性司法能动主义，也就是，不经具体法律权威而作出判决，甚或是通过先例制度创制新法律，就很有吸引力。假定这种制造先例的判决受制于立法审查，那么，这就可能有助于现有纠纷的解决，从而避免将来的冲突，并与民主相容。

这里出现的问题，主要与根据相关法律的领域及类型，不完美实在法相关的司法能动主义之适当性的各种变体有关，同时也与对这种发展进行有效立法审查的可行性有关。不作为（inaction）问题集中于对明显恶行不提供救济，并且没有其他解决损害纠纷的替代方式等做法的实质不正义。作为问题更多的在于它给能够接近法院的那些人所提供的机会方面，从而使他们能够使用经济力量来妨害他人的合法预期和利益。①

在现行法空白的情形下，这可能取决于这些空白的原因。积极性司法能动主义的支持者会指出，立法机构不能解决重要的问题，这些问题的解决需要作出选择，而这些选择，无论如何决定，都会使其失去选民的支持，或是导致我们政党内部的分歧，并因而造成一个适合法院来填补的立法真空。然而，相反的观点是，如果立法遭到众多少数派的反对，那么，它就缺乏民主合法性，并且，在立法机构的恰当与不恰当不作为之间进行挑选和选择时，会涉及对被忽略问题的重要性，以及对应当如何解决它们的争议作出恰当回应，作出不合法价值判断。

法律与司法伦理的失败

这里，我脑海中的法律与司法伦理主要与适用实在法时，对法律及司法角色的认知与执行有关。这种法律伦理观念指向与法治方面的法律参与者角色相关，并因而取决于需要用以选择恰当司法方法与立法规范的价值判断，也和遵守这种所选择的方法和规范有关。对于伦理实证主义者，例如法官，其首要的伦理义务是，对于他们可得的这种实在法律，适用实证主义司法判决方法。

法律现实主义最初的可信性依赖于这一明显事实，那就是，至少短期来　287

① 许多法律实证主义者将这种次优情形视为可能有益的机会，这种机会使睿智的法官能够有助于法律的发展，这种利益提供了受欢迎的灵活性，从而为了正义来适应个体情境，或使法律变得整体上更加融贯。这就导致一个关于法律如何更好制定的有趣观点，也就是，哪种方式制定的法律更好呢？是由有希望公正的法官对详细了解的个案情形进行回应的方式，还是根据通常远不了解个体情境的立法机构阐明的立法政策目的的方式？

看，任何特定案件中的法律都是一个法院就那一案件的发现。就那一判决并不适用相关规则中确定的相关案件事实的准确发现而言，这是偏离实证主义模式的。在一个特定案件中，实证主义模式失败的原因可能是，法院运用了不恰当的审判理论，或是因为出于其他理由而未能遵守一种可接受的实证主义模式，这些理由包括偏离恰当的诉讼规范。执业伦理以及，尤其是审判伦理的这些问题，在同行压力的界限之外，以及在法律现实主义原理也常常适用的司法上诉制度之外，不能轻易得到控制。

然而，在诸多对法律体系的攻击中，很难区分出对法律内容的批判和对其执行的批判。有些批判者认为，法律体系偏向一个社会中经济上强势、文化上占支配地位的群体，但他们所指出的很多失败却与适当程序的实证主义模式并不相关，而是与操作这一制度的那些人的不能有关。

解决司法伦理中的不足问题，是规则之治最难解决的一个问题。从内部来说，对于这一制度，法院层级与上诉可能性具有极大的重要性，然而，当法律文化接受法律现实主义，将其作为一种解放规范，而不是作为一种令人不悦的事实时，那么，要改变情势就会存在真正的问题。法院必须被赋予最终决定特定案件的权力，否则，权力分立就轰然崩塌。另一方面，如果法院对他们所适用的方法具有最终的话语权，那么，通过选择忽略或修改提交给它们的任何规则，通过适用自由变化的解释方法技巧，他们就能明确地篡夺根据任何理论也本应该正当归属于立法者的权力。

对于不道德的裁判，并没有明确的最佳回应，这是因为，任何修改这一问题的努力——除非，或许是通过公共对话的方式——都容易破坏司法机构的独立性，而这恰恰是实证主义法律体系所要求的。在这一领域中，法律实证主义可能依赖伦理，理由仅在于没有其他可接受的替代性选择。理论上，伦理实证主义坚持这一观点，法律方法是一个与整个政体相关的合法性问题，包括立法机构。此外，除了没有有力理由支持不将这一权力赋予立法机构外，没有什么更有力理由支持赋予司法者决定它自己方法的权力。或许，要求法官负责解释他们的操作方法，在宪法上存在着一种对可行制度的需求。然而，即便我们并不需要信任法官来为司法程序设定适当的标准，在很大程度上，遵守这些标准，也会是一个司法自我调节的问题。

需要依靠司法伦理的问题，因对司法行为进行立法审查的可能性而得到消减，但是，由于存在各种事项和强势施压群体，立法审查的真实情况会是，不道德司法推理常常缺席裁定。在这种语境中，实证主义可能会将对司法能动主义进行日常立法审查作为一种正常的可接受机制，赞同其政治妥当性与效率，而司法能动主义则需明确告知，而后接受立法审查。这种透明性可以被看作民主实证主义意识形态的组成部分。

宪法障碍

次优情境的最后范畴，与当没有合法宪法变化的有效机制时，宪法法院要做什么有关——如果我们要为立法的司法审查寻找一个合法的实证规则渊源，那么，这一问题就会以一种确切的形式出现。

如果我们认为，宪法应当以与其他任何实在法相同的方法进行解释，那么，我们就会遇到这一问题：除了宪法修正案外，对于法院所作的宪法判决，没有其他的立法审查。这既可以被看作是一个宪法法院纪律的问题，也可以被看作是保持宪法与时俱进的困难问题。

正是因为这类原因，有人指出，法律实证主义尤其不适合于宪法领域。由于功能原因，作为历史上政治组织的长期依据，宪法往往包括一些高度不确切的术语。限制执行与立法机构决定宪法问题作用的，正是这个合宪性理念。代际沟通问题让法律实证主义的普通含义理想变得更加难以适用。因而，法院无疑会感到有必要根据它们对当前需要的理解来发展宪法，尤其是当宪法修正的正式程序阻碍变革的时候。当然，也有人会指出，这正是宪法所要做的，否则根本权利就没有什么意义了。另一方面，人们也很容易确信，和其他法律领域相比，解释的灵活性更适合宪法。①

如果为了允许频繁通过公民选举而进行宪法修正，不管是遵守何种被认为适当的根本权利程序，只要可能重新制定变更宪法的规则，那么，这就是一个可以大大消解的问题。这会使政治走向一定的精确性，并与一些规则取得一定的关联，这些规则调整争议的宪法制度和概念，比如代议、平等和司法权力。如果常规的修正可以制度化，那么，原则上来说，宪法为什么不应该合理具体、清晰和与时俱进，这就不存在什么理由了。

在自然情况下，这种变化一般是无法取得的，因而，宪法障碍现象就伴随着无可救药的术语不确切问题。在这些情形中，就需要有次优的解决方案，但是，这些方案是什么却又很不清楚。仅举出一个例子，来自澳大利亚宪法案件的审查，这些案件对那一司法辖区中的司法能动主义问题如此至关重要，以至

① 但书参见 F Schauer，"Constitutional positivism"，*Cornell Law Review*，Vol 25，1993，797。

于似乎可以明确的是，任何宪法解释制度，如依靠宪法来揭开如代议政府这样的宽泛概念，及其具体化的社会政治前提，那么，就可能会如此彻底，以至于会通过使大量的普通法领域受制于无尽的宪法挑战，从而损害根据实证主义模式理解的普通法律的运行。[①]

通过将其限定于某些有效人权或根本价值的观念，这种次优司法能动主义形式的前景并不乐观，这部分是因为，在很多司法辖区中，宪法解释扩展到了联邦问题，并因而不能被限定于个人权利问题，此外还因为，无论是民主还是其他情形下，人权的领域与范围或是天然存在争议，或是因为过于宽泛以至于不能从立法中剔除。注意到以下这一点很有益，也就是，尽管在世界政治中，人权概念的作用日益渐增，并且，对于任何政治制度而言，对某些需要维护与改进的人类利益，确定其优先性具有不可否认的重要意义，但是，这些权利在形式与内容方面可能是什么，对此，反对存在任何优先了解的有力哲学理由并没有给出满意的回答。如果有一份任何理性人都认为是真理或正确的具体普适权利的清单，那么，要将这些权利的执行交给一小群专家裁判者，理由就会很有力，尽管由于选择专家的问题以及要确保防止他们的人性弱点，这些理由并不是压倒性的。

然而，实际情况是，多元化与差别是拥有一种民主来源的实在法律体系的特征，为经济和社会生活提供了一个框架，这构成了其合理性的特征，而对于这些，所有认识都更适用于具体化人权中所涉及的基本判断。共同反思可能会对确认平等原则达成一致，但是，这并不意味着，关于个人与群体之间的何种相似与差异，可以作为相似与不同对待方式的恰当依据，一致认识也同样会到来。在决定裁决中所出现的所有相关性与程度问题，以及哪一种具有充分的具体性，以影响人民的实际状况问题时，天然地富有争议，原因在于，关于最适合得出政治上权威决策的政治过程是什么，无论我们如何认为，都没有理由将它们的解决方案排除在这些政治过程之外。

随着契约、宪章与权利宣言更加具体，所有这些也变得更加清晰，这是进步的。认为查明与具体化这些权利可适用的内容，更是一个适于政治，而非司法过程的问题，这一观点并未被作为人权发展基础的价值承诺——如果将人权理解为一个在政治社区中需要保护与推进的优先利益。然而，这仍然给我们留

---

① 关于这些案件的探讨，比如 *Australian Capital Television Pty Ltd v Commonwealth*（1992）177 *CLR* 106 以及 *Theophanous v Herald & Weekly Times Ltd*（1994）182 CLT 104，可参见 TD Campbell and J Goldsworthy（eds），*Judicial Power，Democracy and legal Positivism*，Aldershot：Dartmouth，2000，Chapters 17 and 18.

下了问题，那就是，这些政治过程应该是什么，以及如果我们对变更宪法没有一种可用的程序，那怎么办？

为什么我们可能寻求偏离伦理实证主义模式，对于原因的调查促成关注点产生变化，即转向政治改革，这将减少这种压力的概率，却并不建议伦理实证主义的假定需要予以系统的推翻。这引导我们继续转向民主实证主义的民主元素，关于实际法律政治制度的缺陷，在我们可以对各种次优解决方案得出最终观点之前，需要进一步考察一下这些民主元素。

民主场景

如我已经指出的那样，可能要求法院偏离他们实在法义务的，不仅仅是法律实证主义与民主之间的那种关联，还在于缺少恰当的民主程序。有人认为，赋予法院根据宽泛道德标准审查立法的权力，而法院用这些权力来明确措辞含糊的根本权利，这有损实证主义，然而，即便是这些人，只要是通过审查推定法律的形式与程序效力，那么，他们也仍然要指望法院来维护民主框架，这种框架乃是法律的政治合法性的前提条件。

我们已经注意到，民主实证主义既指向法院的活动，也同样多地指向立法与一般政治过程。在这个领域中，无论是在不能颁布实证良好的法律方面，还是在形式可能令人满意的法律颁布之前就存在民主程序的不足方面，都会出现不足之处。让司法者成为裁决他们自己行为的裁判者，似乎并不合适，同样，将民主决策委托给立法者进行自我审查，似乎也不合适。

无论是就其起源（或许因为未经充分辩论），还是就其内容（或许因为限制了集会自由）而言，立法都可能不民主。这两个缺陷都会导致司法审查成为对次优情形的一种回应，这种情况或是出现在立法者在构成或程序方面不民主时，或是出现在立法者尽管在这些方面民主，却颁布了实质不民主的法律之时。对于有权力宣布不民主立法无效的司法审查，这些是主要的，但却并非唯一被认为是恰当的宪法机制，以及权力分立合法部分的情形。例如，有了民主实证主义，就有了制作依赖充分具体性及清晰性的一般法律之宪法效力的空间。

从某种程度上说，如果司法审查受制于具体的程序与实体规则，那么，就不存在实证主义困难。因而，如果明确列出某些适用标准，并且无须诉诸争议道德及政治观点就能够适用，那么，法院就可能有权力对所有的立法适用这些标准。实际上，这类权力中，有些无疑是为了使法院承认法律的推定渊源为权威，并因而承认法律实证主义中承认规则的作用。

291　　当超越联邦权力问题时，在立法为第一种意义上的不民主情形——也就是，它是一种程序不民主过程的产物——中，如果这些程序性要求在它们的意义方面没有争议的话，那么，立法的司法审查就可能显得特别直接，尽管除了履行正当民主和立法程序形式外，任何其他要求都会存在诸多问题。

　　在立法内容方面不民主的情况下，如果该内容与宪法中所确定民主过程的变化相关联，那么，司法审查就没有这么多问题——例如，通过不考虑人口分布的选举范围变化。同样，这里也会存在对这类审查规则确切性的担心，这些规则可能不过是政治平等的宽泛标准，但是，对此，通过将审查规则变得更为确切，就可以在理论内部进行处理。实际上，很难弄清楚一种民主实证主义类型的司法审查——也就是，依据清晰、具体规则的司法审查——原则上应限于民主形式与内容问题，因为这里并不存在什么反实证主义或反民主的东西，在确定语词上优先于其他法律的规则。反对意见仅出现在当这些以一种非民主的方式固定下来之时，或是包含含糊观念的时候，比如平等或非歧视，而这又恰恰可以被法官用以推翻任何他们不赞同的相关立法。① 关于立法行为的司法审查，反对意见必须建立在宪法非法性或审查规则的实质含糊性上，而不是建立在具有这些规则的制度事实上。

292　　然而，这并不是要合法化立法的司法审查制度，这一制度是法院的创造，并且，法院在寻求免于立法修正，方式是宣称司法审查具有一种天然的宪法优先性，依据的是一种政治哲学，而不是一种历史上存在的宪法或制定法。例如，无论是审判的性质，还是权力分立的理念，对于要求司法者根据宪法默示既是形式民主又是实质民主的守护者，都无法给出充分的理由。马伯里诉麦迪逊案是一个巧妙的政治学杰作，却不是一个天衣无缝的推理杰作。② 主张议会的行为在接受宪法审查时，议会不能成为它自己案件的法官是正确的，但是，最高法院对它自己的权力作出判决时，同样的逻辑也同样适用。除了通过教授适当伦理外，任何政治制度都无法解决谁监督监督者的问题。在缺少明确宪法规定时，谁应该在高层级上审查政府任何分支行为的合宪性，对于这一终极政治难题，根本就没有制度性的答案。然而，在民主实证主义理论内，原则上并

---

① 因而，在 *Leeth v Commonwealth* （1992）174 CLR 455，at 502 一案的多数意见中，高伦法官沿着美国宪法第 14 条修正案（保障每一个公民平等的法律保护）的解释进路，认为，澳大利亚宪法中固有的司法权力包括"平等司法的概念"。

② C Nino, *The Constitution of Deliberative Democracy*，New Haven，CT：Yale University Press，1996.

不反对对立法行为进行司法审查的理念。问题在于，这些规则可能是什么，以及它们如何被授予权威与如何被适用，如何来具体化。

立法的司法审查的现实是，它们的标准很少得到民主的认证，并且，当它们进行了这样的认证时，它们所采取的也是这么不具体的形式，因而被排除在正常的民主过程之外，而这些问题的决定恰是自决的中心。当民主内容扩展到包括一系列根本权利，而这些根本权利的范围超越可以赋予其明确内容的民主过程类型时，这一点就尤其明显。民主中包括什么，对此，如果我们具有一种扩展理念，并且对根本民主权利以宽泛、毫不纯粹的程序术语来表述，那么，将民主法律恰当内容的判断从立法机构那里剔除出去，并以法官是民主的守护者为据而将其赋予法官，那么，这就是将多数最重要的政治问题剔除出了民主过程，并因而可能损害一种更基本的权利——自治权利。[①]

对于当代司法辖区中的大多数公民而言，这一结论可能并没有那么不受欢迎，因为，作为一种法律来源，当前，立法者和民主政治家并没有一个好名声，尤其是当他们的私利出现问题的时候。人们可能认为，在一群人由于其角色以无原则、不可信及党派性的方式行为时，审查越多越好。对于很多人来说，公正的司法者可能是比平民议会更好的法律渊源，尤其是关涉民主程序，而对该程序，民主理论内部就存在不信任政治实践者的理由时。如果阐明民主实证主义的确会激起这样一种公然的反民主反应，那么，这可能就表明，其中一些这类感情既是热衷赋予法官进一步自由裁量权的理由，也是对制定法律法规默许增强司法审查权力意愿的依据。

法官比政治家更适合制定良法，这一的命题将我们引向民主争论的核心，下文将予以展开。首先，有两个理由需要考虑：一个是源于假定法官公正的理由；另一个是源自政治家可宽恕性（venality）的理由。

在解释沟通现实时，尽管哲学可能没用，但是，在减少它自己的实践者的虚伪与主张时，哲学却能够成为自足的（self-referentially）有力工具。因而，分析与批判哲学有效地回击了以下主张，也就是，对于以这些优先道德知识证立对他人强加义务的主张，信息与公正是充分的理由。法律实证主义缔造者托马斯·霍布斯试图从启蒙私利中推导出国家的权威和核心社会法律义务的效力，之前及之后，哲学家们就一直在努力为道德的合理性寻找其他且更崇高证明的途径，并为我们应当如何不借助未经检验的人类理性诉求，批判与发展

293

---

① See J Waldron，"A right-based critique of constitutional rights"，*Oxford Journal of Legal Studies*，Vol 13，1993，18.

我们的道德信念，提供指导。核心的现代例子是康德的主张，也就是说，一种行为，如果所有理性人都乐于视其为普遍性的，换言之，也就是对处于相似情境中的所有相似者都适用，那么，它就是正确的。更新近一些，自由主义哲学家约翰·罗尔斯将此和其他一些关于道德观点公正性的启蒙观点进行了综合，因为这并不赋予一个个人或一类人对于他人的任何优先权。

这些理论家教给了我们很多，然而，尽管他们无疑都已经给出了标准，这些标准不仅能够帮助我们确定道德问题，而且还可以帮助我们提高道德判断的质量，但是，一次又一次，最终的结果都表明，对于一种对强制性惩罚支持的命令性规则体系，他们并不能给出令人满意的理由，从而让我们得以解决真正的道德争议。尤其是如我们通常那样，从与相关纠纷中所牵涉个人无任何私人关系，以及从有能力不仅仅因为是我们自己，或是我们与那个他人具有某种特殊关系而对自己或他人进行例外的意义上，来界定公正，这是决定一些公共道德问题的一个正确基础。然而，这类标准和无尽的价值争议——也就是，关于人生中什么值得、什么重要以及什么有意义的争议——非常匹配。考虑到文化、个体与品味的多元性，公正的确不能解决采用共同价值中所涉及的问题，尽管在决定我们所重视者应该如何被分享方面，它可能有所助益。

在一个具有实证规则的司法语境中，公正能产生可客观证明的决策，但这只是因为，可用的规则使得法官可能接近一种价值中立的立场。然而，这种制度化的价值中立，在处理实在道德争议时，却使得恰当的司法方法没有了效用。除此之外，要求法官放弃价值中立会威胁到他们在那些中立必不可少——也就是说，对具体的事实情境无须诉诸争议性个人意见，即会出现有伦理恰当的规则解释，它们也会得到确切执行——的问题中的能力。

拟制司法公正的假象给我们留下了这一问题：议会的偏见与无知、多数派的自私以及权势少数派更大的自私。如果我们不鼓励宪法变革，从而使法官得以为我们作出重大价值选择，那么，我们要如何重新调整和复兴民主过程，从而使这些过程能够得出的规则，不仅仅是实证良善的，并且在内容上也是宽容的？根据一些（市场类型）民主理论，可以预期与赞同的是，政治家是无原则的，或识时务的，这是因为，回应民众意见的变化正是他们的工作。此外，可以预期和赞同的是，至少是在参与再选的动机意义上，那些政治家是自私的，因为，正是这一点使得政府对民意进行回应。然而，如果没有一个框架来针对他们，从而使他们不以操控支持他们的多数而忽略不支持他们的少数的方式行为，违反他们的政治取向的角色，这样的人是否也能履行立法者与领袖的角色呢？

知情公正并不足以维护代表他人作出价值判断的权利，通过弄清楚接受这一主张的后果，我们可以重新展开对伦理实证主义民主背景的一般认识。对于民主理论而言，拒绝这样一种价值认识论意味着什么？一种可能性是，这等同于一种道德相对主义，关于共同价值观和社会争议理想，它要求我们放弃任何超出偶然一致的认知，接受个人对他或她认为什么重要的评断，并提供一种制度，对个人来说，该制度要尽可能多地赋予他们所想要的。继而，民主就是欲望的整合——欲望最大化的理想。

对历史上与法律实证主义相连的民主模式来说，这就是其经典功利主义的表达形式。对于坚持强调个体自治的任何理论来说，支持个人在政府中享有平等话语权仍然是一个明显的要素，这会最大化欲望的实现。在这个模式中，关键元素是一种有效的政治市场，该市场对提供的交易、以投票为对价的选择自由，以及政治候选人之间的机会平等，有着通畅的信息。

然而，关于价值观，是否能够取得可证立的客观上的一致，对此，我们的怀疑意味着，我们可能支持，却不能证立经典理论所依赖的功利主义原则。我们应该最大化最大多数人的最大幸福原则，不过是努力取得知情、并且同情式公正所要求立场的那些人所提出的诸多原则之一。如果我们能够取得主体间一致，并且如果那种一致包括对希望取得这种一致的一致，那么，从某种程度上来说，我们就可以绕过这一困难，但是，这是否给了迫使不赞同所希望共识的那些人理由呢？或许并不是这样，然而，接下来，在一个价值观不能被客观证立的世界中，对于多数强迫少数，并不存在可确定的反对意见，反之亦然。在这种语境中，对于争议问题，最大化偏好的理念似乎是一种实用主义进路，因而，我们可以继续展开民主的功利主义合理性，也就是，比起其他任何政府方法，通过使统治者受制于再选的方式，我们更可能让统治者按照大多数人的利益进行统治。

在这种实用主义市场进路中，一个重大的缺陷在于，在为他们自己购买交 295
易品时，个人选民同时也在为他人挑选交易品，因而，也就有了缺少共识的问题，从而导致多数决规则，以及与政治平等这一最初前提不相容的问题；同时还会产生修正纯粹实证进路的诱惑，继而宣称在一个政治选举中投票是对什么属于公益表达一种意见，而不是表达与个人私利有关的一种偏好。加上这一争议的前提，也就是最大多数人共有的公益观点，在认识论上具有优先性，因为对于决定什么是公益，以及什么能够最好地促进那一目标而言，多数决实际上是正确性的一种指导，因而，对于证立多数人决策而言，由于损失的少数派可以确信，这一结果是最可能服务公益的一个，于是，我们就得到了一个更有希望的依据。

出于本章目的的考虑，规范性民主实证主义包括一种最大化个体自治的义务，但受制于民主的否定。这就意味着，在其他条件相同时，政府应当最大化消极自由，并就决定其他条件是否平等规定平等的政治权力，并且，如果不这样的话，尽管同时寻求减少多数主义的不当负面效应，通过尽可能多地引入让个人偏好更多地取向公益观念的机制与文化，立法所能确保者，也仅在于它赋予了平等政治权利以实际效用。

这可能被认为存在不一致，因为一个模式要求个人根据他们的私利进行选举，甚或辩论，从而最大化私利的总和，而另一种模式则要求选举者根据一种理想进行选择和辩论，而在这种理想中，他或她的利益只起到一部分作用。然而，这里并不存在形式上的困难，因为人们能够从他人福利中得到满足，从而使他们的利益包容他人利益。然而，当一些投票纯粹根据私利这一理由，而其他投票则依据对公益更加利他主义的评断进行时，确实会出现问题，这样就会歪曲总体决策，偏向具有狭隘私利观念的那些人。

假定这些问题可以得到控制，那么，什么样的机制可足以引导民主程序走向公益模式，而这些又会如何影响司法能动主义与司法审查问题呢？我已经提出了一个策略：实证良善的规则之治。我们已经看到，这一进路并不支持司法能动主义（或许它除非是作为一种矫正或次优技巧）。然而，规则之治的确提出，对立法行为就法律清晰性与具体性进行正式司法审查的妥当性。在这样一种制度中，法院会被要求宣布指向特定个人，甚或是特定群体的推定法律无效，比如掳夺公权法案等，此外，还可宣布那些严重不清晰或过于概括，以至于不能为法律主体和法院提供真正指导的推定法律（宪法含糊性问题）无效，这更具有争议。我们可以将对立法的这种正式司法审查称为"规则检验"[1]。

当寻求增强多数投票的可接受性时，另一种更常被用到的优良机制是这一要求，也就是，将有效审议和公开批评作为民主程序的重要组成部分。这特别有趣，因为，这一模式被认为引导我们走向一种宽泛范围的司法审查制度，它强调的是对根本权利的普遍认知，而似乎源于自然法传统的，恰恰正是这一模式。然而，这类审议同样也是经典功利主义民主市场理论的特征，主要是作为一种信息来源，用以增强消费者的能力，以获取他们真正想要的，并进而获取能够满足他们所欲者（决策）。当然，这些功能还和旨在发现一种公益的探讨

---

① 澳大利亚最近的一个例子，可参见 *Polyukhovich v Commonwealth*（War Crimes Case）（1991）172 CLR 501, at 535。该案中，多数意见支持首席法官梅森的观点，即"联邦不能颁布一项法律，该法律只判决一个特定的人，或特定的一些人犯有一项由过去行为组成的罪行，并就那一罪行强加处罚"。

有关，但是，审议还被赋予了其他功能，比如追求共识，这就会减少多数人压迫的问题，此外，更雄心勃勃地说，还存在共同取得一种改良的公益观念的可能。后者为审议提出了一个认知主张，依据是，一个角色影响的所有各方，就集体存在的条件进行真正的审议，对于公益，这样审议的结果更可能是得出一个正确的理解或建构性解释。

如果这具有充分的合理性，那么，就有理由要求民主合法性纳入一种公开讨论的要求，这一要求不仅体现在民主选举阶段，还要贯穿于立法出现时起持续的过程。然而，任何审议民主形式的建构性标准——尤其是主张认知权威的那种——都如此难以在一系列实证良好的规则中予以反映，以至于很难以一种满意的司法审查方案予以适用。

法院对它们自己审议所适用的标准，比如以先前权威给出它们的理由，并不适合审议民主，这是因为，这些规范具有一种更加局限的功能，并且，部分是为了限制能够引入的理由的范围。从某些方面来看，法院可能是专家推理的论坛，然而，法律领域内部的推理限制，以及对谁可以参与审议的限制，都意味着，就话语理论所要求的可用理由和可用理由的来源而言，法院并不拥有那种公开对话的条件。此外，我们已经看到，没有理由认为，某种形式的审议方法可以让我们将我们的道德推理委托给任何有限的人群，无论他们是否具备法律资格和经验。事实上，最具说服力的审议民主形式是这样的，它们将所要求的讨论视为弥散在一个社会内部，而审议导向决定，但其本身却不是决定的一部分，这些决定体现了易受相关群体决策影响的那些人的反思偏好。①

无论怎样，公开讨论和磋商，披露相关信息，明确提及在立法起草、议会程序和颁布过程中必须考虑的要素清单，其具体形式要求都是可以想象的。这也与审议式民主实证主义者对实质司法审查的批判相一致，后者认为，要建立一个制度，宪法法院可以适用之前颁布的公约或具体权利宪章来审议立法，依据的是该立法对这些具体权利的意义，而该立法或被临时推翻、送返、重新解释，或只是对立法给出一种表明它与这些权利相冲突的宣告意见，由此来建立法院与立法机构之间的一种对话，但无论如何，在这种对话中，立法机构具有最终的话语权。这一过程有助于阐明与执行基本权利，而无须重新折回立法机构的政治权威问题，并因而提供一种无须积极性司法能动主义的司法审查形式。②

297

---

① 尤其是 J Habermas, *Between Facts and Norms*，London：Polity Press，1996。
② 英国、新西兰、加拿大以及最近在英国就《1998年人权法案》，都给出了大量实际的替代性选择。

在民主实证主义中，这些基本权利可能包括新法律的充分公开讨论、信息以及与咨询有关的那些民主权利。如果对民主理论的审议方面加以重视，那么，这些民主权利就会得到兑现，部分原因在于，新立法颁布时必须满足的要求超越了正式的政治参与权利，进而要求超越立法会议本身之外的实际公开谈论过程。这些要求可以通过所建议立法发展的互动过程得到补充，借此，一些司法主导的机构有权回溯到立法机构颁布的，似乎破坏已界定的根本实在权利的那些法律。民主实证主义也可能开拓出一些路径，通过这些路径，立法议会能够更好地关注于它们的立法任务，并在审议程序方面更加开放、更加有序。这些是激进的建议，这些建议的提出主要是为了表明这一意义，也就是，除了依赖法院的救济性能动主义外，对于实证主义与民主缺陷，还有其他回应，法院公正的属性并不足以解决价值争议，而是应该留待解决其他重大但更专业性的任务，特别是，将体现价值承诺所有争议的现行法律适用于具体情形之中。有人指出，这是一种真正民主制度的一个必要的组成部分。

第十五章　为人权立法

对于宪法性权利法案，即便是最狂热的支持者也认为存在进行人权立法的空间，也就是，可以有旨在保护与执行人权的立法。例如，宪法性权利法案废除了种族歧视法案、平等机会或土地权利立法的需求。对于权利法案，尤其是那些常被用以推翻民主颁布的立法的法案，有人甚为怀疑，同时这些人却完全致力于人权目标。对于这些人而言，人权立法承载着更为重大的意义，原因在于，对于人权的保护与推进而言，这乃是国家的关键贡献。

我用"人权立法"一词并不是指立法性（或制定性）权利法案，也就是并不是指，为了指导司法解释①，或是为了给其他立法确定一项司法审查制度，而颁布的一般道德原则的表述。② "人权立法"是指，以一种立法方式来推进人权，也就是颁布一系列清晰、明确的规则，无须使用取向宽泛的道德推理就可以遵守及适用。③ 整体上，立法的这种规范性模式，以及与之相伴的规则之治的美德都来自于一种规定性法律实证主义民主理论。④

基于本章目的的考虑，我很有理由不考虑权利法案或严格限制它，从而探讨赋予人权立法以特殊地位的理念，这一地位反映出一种被确定为人权的利益得到一种提高的优先权。这里的目的在于，对于在某种程度上符合拥有权利法

---

① 例如新西兰《1990 年权利法案》。

② 例如英国《1998 年人权法案》。

③ 1975 年《澳大利亚种族歧视法案》及其各种对应州立法就是例证。有趣的是，这些被提出当作一种澳大利亚权利法案模式，参见 Justice Roslyn Atkinson，"Are anti-discrimination statutes a model for a bill of rights?"，public lecture，University of Queensland，16 September 1999。

④ TD Campbell，*The Legal Theory of Ethical Positivism*，Aldershot：Dartmouth，1996.

案理性的人权，要赋予其一种准宪法地位，也就是说，要对民主程序中发生的不道德性进行一些限制。这些民主程序意图给出明确表达并服务于所有公民愿望及利益的决策机制，但却常常会遭到歪曲，歪曲的方式是抬高数量众多的多数派或优势、强势少数派不合法的自我偏好。

300

在我的脑海中，人权立法的宪法角色类型包括相对温和的机制，也就是，当其与其他之前或之后的立法，或与普通法冲突，或可能会冲突时，赋予人权立法以解释的优先地位。因而，议会不会损害普通法根本原则进行立法的假定就会由以下假定予以补充，或取而代之，也就是，议会不会以减损现有人权立法效力与适用的方式进行立法。只有后来的立法清晰且明确地取代现有人权立法的时候，这一假定才会得到驳斥。对于人权立法，以下要求是适当的，也就是，只有通过可比拟于《加拿大权利和自由宪章》"但书"条款的特定语词形式，对其进行废除或修正。①

这一形式的宪法化既符合上诉法院法官朗斯（Laws）的提议，也符合Factortame（No2）②一案中的逻辑，也就是，1972 年英国《欧洲共同体法案》是一部"宪法性制定法"，因为它不能"默示废除"。在朗斯看来：

一般制定法可以默示废除，宪法性制定法却不可以。因为，废除一部宪法性法案，或废止一项根本权利，需要由制定法予以实现，法院要适用标准：是否表明了立法者的实际——而非估计、建构或假定的——意图是使该法被废除或废止生效？我认为，要符合该标准，只有在后来制定法中明示表达，或是用语非常具体，以至于能得出一项压倒性的实际决定推论，使提议结果生效。一般的默示废除规则并不符合这一标准。相应的，它也不适用于宪法性制定法。③

对于英国《1998 年人权法案》④，甚至是对一般立法中被认为在某种程度

---

① 一种行为的某些规定是"决定性"，这是 ACT 立法中使用的一种术语，用以确定只能明示或因必要而废除的规定，通过这一理念，可以实现某种类似于此的目标。更刚性的措施是，在一部要修正现行立法的法案中，要求一种特定的"方式和形式"，比如《1986 年澳大利法案（Cth）》中所规定的那样。参见 J Goldsworthy，"Parliamentary sovereignty and statutory interpretation"（in press）。

② R v Secretary of State for Transport ex p Factortame Ltd（No 2）［1991］IAC 603.

③ 上诉法院法官朗斯宣称："一部宪法性制定法仅能通过这样一种方式予以废除或修正，该方式通过之后制定法字面的明确用语，对触及根本权利或公民和国家之间关系的规定产生重大影响。"（Thoburn［2002］13 Wl R 247，at 263.）

④ See J Burrows，"The changing approach to the interpretation of statutes"，VUWLR，Vol 22，2002，981.

上具有根本性的特定制定法权利，也可以采用一种相似的进路。[①]

　　再进一步说，通过要求人权立法只能由类似于宪法修正的特定程序予以颁 301
布、废止或修正，我们可能赋予了人权立法一种程序上独特的宪法地位。这些
特定程序既可能让人权立法的变革变得更加困难，也可能使其变得更加容易。
要让它变得更加困难，比如通过不仅仅要求一种简单多数的表决方式，其理由
在于，这会保护权利免受自私或无知多数派之害。使改变人权立法变得更加容
易的理由在于，这会让弱势少数派有可能对人权立法进行更优先的控制。例
如，根据比例代表制选出的上议院可能会被赋予通过人权立法的权力，而无须
获得根据最多数者当选（first-past-the-post）原则而选出的下议院的同意。

　　另一种可能性是，要求人权立法通过全民公决予以通过。这取决于人口、
政治和法律变量等许多知识，从而了解这样一种程序是否能够针对强势少数派
或自私多数派之弊，提供一种更好的保护，但是，这种进路有可能会赋予人权
立法一种优先的宪法地位，这种地位会确保它能被用以推翻一般立法，即便是
在宪法性制定法与之后立法之间明确不兼容之时。

　　实际上，为了鼓励多数主义政治程序对人权给予更少歧视、更多移情考
虑，而对弱势少数派提供更好的保护，还有很多不具有那么激烈的固定化，或
"宪法化"程序要求的方式。其中一些可以借鉴英国《1998 年人权法案》，比
如对政府部长的这样一个要求：当向议会提交新立法时，他们要就所提议立法
与既有人权立法的兼容性提供说明。[②]

　　特别是，立法机构的人权委员会具有制度化角色，该委员会的构成方式或
许会赋予弱势少数派数据上不成比例的代表。由于其制度化角色具有多种变
体，据此，该委员会有权要求政府，不仅是要求对提议立法中的人权明显威胁
给出理由，实际上还要推进具体类型的人权立法，或者为了解决所认为的人权
缺陷，而对现有人权立法建议修正，并且对他们认为可能破坏人权法令的立
法，予以推迟颁布。

　　这种宪法机制可以被看作是议会委员会质询与实际推迟权力的延伸，例如 302
澳大利亚参议院法案审议常设委员会（Australian Senate Standing Committee
for the Scrutiny of Bills），其工作职责要求，如果任何提议立法在他们看来有
悖于"个人权利与自由"，他们就要引起相关部长，随后是引起参议院的注意。

---

　　① 　*R v Home Secretary ex p Leech* [1994] QB 198 and *R v Lord Chancellor cx p Whitham* [1998] QB
575. Note *Cullen v Chief Constable of the Royal Ulster Constabulary* on Thursday 10 July 2003 with respect to
the right to consult a lawyer as contained in the Northern Ireland (Emergency Provisions) Act 1987.

　　② 　See also the Queensland Legislative Standards Act 1992.

因而，在其 2003 年第二次报告中就表明，它使移民及多元文化和本土事务部关注到这一事实，即《2002 年移民立法修正法案（NO 1）》中，关于一些溯及既往的条款，没有给出理由，并且，关于这些规定为什么溯及既往，以及它们是否会给任何人造成不利，委员会还寻求"部长"的建议，并且补充指出："在部长回应未定的情况下，对于委员会可能认为不当侵犯个人权利与自由，违反委员会工作范围原则 1（a）（I）的这些规定，委员会可要求参议院关注。"①

在同一报告中，还记录了一个类似的程序，即关于自然正义规则与另一个法案相关的废除问题：

多年来，提出自然正义规则都是为了确保法律适用的公平。眼见它们只是为了避免"适用困难"而遭到摒弃是不正常的。因而，就现有规定中的缺陷，以及为什么这样一种极端修正案被认为对解决这些缺陷是必要的，委员会寻求了部长的意见。②

委员会显然是对部长回应不满：

对于这一回应，委员会表示感谢，并认同，在该案中，可能存在废弃自然正义规则的实质理由。然而，对于个人权利而言，这些权利具有核心地位，因而，仅应当在例外情形下予以排除。这些规定中缺乏程序公正，这就构成了对这类权利的侵犯，不过，在这些情形中，这是否构成不当违反，对此，委员会则留待参议会予以决定。③

在另一个问题上，委员会对刑法中严格责任的扩展予以了关注。在一项法案中提议新的内容，该内容是："出于规制之目的，当他人知道，或合理相信两个人不是事实上的配偶时，一个人作出安排，从而使得两个人看似是事实上的配偶，那就是犯罪"。对于委员会而言，这似乎是以这样一种方式来变革，那就是，只要对于检控方而言，证明了解这一方面艰涩、技术性的法律并不必要，那么该方式就可引入严格责任。

除了对特定法案人权意义的评论功能之外，委员会还寻求以立法提案的形式推进变革，方式是插入这样的要求，也就是，所有法案都要对所提议立法给出全面、清晰的解释，尤其是当其对个人权利与民主程序具有可能的影响时：

---

① 关于《2002 年移民立法修正法案（NO 1）》，参见 *Alert Digest No 3 of 2002 to the Minister for immigration and Multicultural and Indigenous Affairs*，63。

② *Ibid*，64．

③ *Ibid*，66．

委员会强调，解释备忘录应当包括一份完整的法案背景和与预期效果的解释。当涉及可能影响个人权利或议会属性的规定时，尤其需要这样。解释备忘录应当不仅仅是一份附随条款注释的简要介绍，因为后者很大程度上是条款的再现。解释备忘录的目的是在法案通过过程中协助议员。通常情况下，除了条款注释外，还包括对这些问题的重要讨论。

委员会和代理政务次长（Parliamentary Secretary）将这一问题提交首相和首席议会顾问。 303

这些机制，无论是实际的，还是想象的，都具有一系列目的，尤其是：（a）提高争论的质量与方向，以降低偏颇与信息不畅对多数主义的影响，并减少特权少数派对议会控制；（b）对于可能不利地威胁重要权利的立法，通过质询或推迟，从而保护弱势少数派与个人的利益，或是对于推进这类利益的立法，推进其通过进程；以及（c）提供一个证立人权立法优先排序的制度化方式。

此类机制并不能取代对一种审议性政治文化的需要，原因在于，在寻求作出决定，而该决定被认为或是符合所有公民的同等利益，或是代表对那种标准道德的合理偏离时，那些所涉及的领导者、积极分子以及选举人都要作出真诚、良善的承诺。然而，它们可能被视为帮助加强这样一种文化，而同时又不以法院中心的权利法案通常所采取的那样的方式损害民主权利。

特别需要指出，关于什么构成"个人权利与自由"，在参议院法案审议常设委员会的工作范围中没有具体确定，宽泛的人权立法就可以被当作是它的一种权威且具体的表达，这种宽泛人权立法的存在可以强化立法委员会的监督作用。确实，这种委员会的工作范围，以及他们评论与建议的政治力量可以予以强化，方式是通过颁布一种不可司法的权利法案，该法案以一种简明、流畅的方式确定他们负责保护及改善的权利。当对一般立法也有司法审查和无效的规定时，这种审查就成了一种预测法院可能会说什么的问题，而不是一个对抽象表述的权利进行最佳立法例证的独立评判问题，但是，对于抽象人权在实践中意味着什么，这一程序能适用于一种不那么法定主义，而更为道德化的推理和争论形式。在这种语境下，可被称为"民主权利法案"，就尚有存在空间，这是对根本权利非司法化的抽象表述，这些根本权利被以不同的方式使用，以影响立法程序的日程及结果，从而在不赋予司法者推翻或积极重新解释所颁布立法的权力的前提下，实现对人权问题更近一步的关注。

人权立法

确定这些思想后，我们就可以进一步探讨人权立法的理念。人权立法可能是什么？它的特征是什么？什么将其从其他保护人权的工具中区别出来？这一概念如何予以制度化？

304 　　这些问题给我们提出了一系列动态的概念，在能够对以上问题作出回答之前，需要对这些概念进行一定的明确界定。关于"立法"本身，我们应该注意到，这一术语可被用来指涉法律制定的类型，或是指涉一种法律类型。作为一种法律制定类型，立法是一个复杂的程序，通过这些程序，权威个人或集体，也就是立法者，根据在相关司法辖区内，其结果被承认为创制权威法律的一种程序，创造出一系列互相关联的规则和原则。立法通常涉及一种形式界定的过程，通过这一过程，政策决定和承诺以一种宪法承认的方式转化为可司法的规则。在民主（人权立法具有一定回应的唯一政府类型）社会中，这是一个由广泛代表选出的议会，或大会的工作。

　　作为一种法律类型（区别于一种法律制定类型）社会，立法是指，在一个由司法辖区内，提前且以一般术语决定什么合法、什么非法的书面规则及原则的集合。在这种意义上，立法区别于规则与原则由他们所指涉者——包括法院——遵守或适用时，就这是他们的责任如何被界定而言，所作出的裁决。

　　为了强化立法和司法，也就是法律制定和法律适用之间的区别，这些定义都精雕细琢。当我们颁布了无须超越语言共同体成员语境理解之外的任何解释，即可以适用于特定事实情境的具体、清晰规则之时，这种区别就尤为明确。① 当法律制定程序产生的不是清晰规则，而是更多地从价值判断，而非对行为的清晰描述规定性取得适用性的一般原则，那么，这种区别的明确性就要低很多。在这些情形下，由于将一种原则适用到一种特定事实情境中总会涉及一定程度的创造性，因而，所作出的法律适用本身可能是一种法律制定形式。无论从程序上，还是从结果上看，这种司法性法律制定本身并不是立法，除非是裁决明确或默示地创造了一个规则，就如这样一种情况，也就是，一个原则的特定适用为以后的适用设定了一个具体的描述性先例，从而将该原则变成了一项规则。

---

　　① N Naffine, R Owens and I Williams (eds), *Intention in Law and Philosophy*, Aldershot: Dartmouth, 2001, 291—320.

在这些情形下，我们所谈的可能不是司法性法律制定（judicial law-making），而是司法性立法（judicial legislation）。然而，较优的选择是，将适用原则过程中创制规则的实践当作一种法律制定，而不是立法过程，并将"立法"用于确定规则的创制，而不是用于对特定情形合法性作出裁决的过程。这类规则或规范的立法标签可被否定，恰如一个法律制定机构也无权适用它所制定的规则那样。尽管立法的概念可被用以涵括以此种方式源自法院的规则体系，但我认为，尽管法律制定实践具有和颁行法律同样的规范地位，但拒绝将其视为立法，借此标识出权力分立的宪政意义很重要。这并不是要否认法院确实做了某些制定法律的事情，而是这种明确的区别有利于重申如下民主原则，那就是，立法（立法机构的产物）超越法院所可能拥有的任何法律制定权。

事实上，将司法性法律制定排除在立法的范畴之外，既有概念力量，也有实践便利。首先，一旦司法性法律制定出现，那么，它必然是在裁判过程中，也就是在决定特定情境的合法性时所作出的。其次，司法性法律制定的方式和立法者，也就是那些以抽象形式制定规则，以决定特定情形合法性者的法律制定极为不同。

至此而言，我的概念工具可使我们能正确地探讨为权利法案立法，实际上，我们在将一项立法性权利法案与一项宪法性权利法案作对比时，已经这样做了。根据定义，立法性权利法案是一般立法过程的结果，而非特定宪法创制程序或革命性历史事件的结果。此种"立法性"权利法案部分可以区别于一般立法，部分以内容，也就是所制定法律的类型相区分，部分以功能，也就是立法性权利法案在法律与政治制度中被赋予的作用相区分，比如解释指导。

就内容而言，权利法案具有抽象形式的原则声明的特征，通常具有主导性道德内容，原因在于，相关核心概念都涉及价值判断，主张某些利益的优先性与保护它们的制度机制。通常，就它们的实体内容而言，权利法案简单、有力、鼓舞人心。它们关注自由、平等、正义、隐私和生命本身。就其程序内容而言，它们以抽象术语规定参与性权利，比如选举权、言论权及结社权。

就功能而言，美国司法审查模式的日益流行提出了这一预设，即权利法案在立法的合宪性司法审查范围内运作。这具有历史性的不准确性。整体而言，权利法案并没有定义上的实质功能。[1] 实际上，就制定法权利法案来说，它们

---

① M Tushnet, *Taking the Constitution Away from the Courts*, Princeton, NJ: Princeton University Press, 1999.

的作用一般仅限于一种解释性的作用，即要求法院在解释一般立法时，将这种法案的要求考虑在内，或许是通过一种使该立法符合立法性权利法案的方式进行。新西兰立法性权利法案就是一个例证。英国《1998 年人权法案》代表的是一个更为复杂的形式，该形式赋予了这种法案更广泛的功能范围，包括法院若认为一般立法不能以符合《欧洲人权公约》的方式解释时，可以作出"不相符宣告"的权力。

306 　　如果立法者能够颁布权利法案，那么，认为无论人权立法是什么，它都包括立法性权利法案就显得很自然。确实，这似乎就是人权立法的范例。然而，我并不赞同这样一种设想，原因并不是权利法案不关涉人权，而是因为，权利法案不符合我的规范性立法模式。显然，立法性权利法案是立法机构的产物，从这一意义上来看，它们是立法，而不是具体的宪法程序，或法院在宪法解释过程中所默示的。然而，就其内容或形式而言，立法性权利法案并不是立法，这是因为，其抽象性道德原则表述占据主导地位，与具体的法律规则形成对照。如果我们将立法作为一种法律制定类型，这是立法者通常所采用的方式，那么无疑就是由立法者颁布权利法案；继而权利法案就可以成为立法程序的产物。然而，如果我们就把立法作为一种法律类型，那么，经过立法处理的权利法案，就不适于被视为立法了。

　　拒绝将立法性权利法案作为一种立法类型的分类，至少有两个理由。第一个，也是争议较少的理由在于，权利法案和立法在功能上不同。一般而言，它们或是被法院用来使立法无效，进而使之不再是立法，或是要求法院根据道德原则创制新的法律。即便是当它们明确被限于一种解释的作用时，它们也容易被法院用以进行事实上的立法审查。这就意味着，权利法案不仅仅不是一般立法，作为一种法律类型，它们根本就不是立法。

　　当然，如我已经指出的那样，权利法案可能会被赋予其他角色。因而，一部权利法案可能并不能够由法院直接执行，而是用以服务于引导政府及立法者的功能。例如，我已经提出，一部立法性权利法案，本身无须是立法，就可以被用作人权审查委员会的一个标准。类似语词者，在英国的联合人权委员会就存在，该委员会的运行与《欧洲人权公约》有关，后者经《1998 年人权法案》，被纳入英国，其目的范围有限，此种目的就是一例。然而，若要将这类权利法案看做立法例证，那么，这就更加明确不能使之在概念上正确。

　　不将立法性权利法案视为立法的第二个，也是主要的理由在于，它们一般被远远地排除在良善立法的理想之外，以至于根本就被否认是立法描述。就其依据"良善"立法观念（当然，我们这里主要是指形式，而非实体良善的立法），而不是评判中立的"立法"含义而言，这在概念上具有争议。

将某些政治决策制定过程排除于立法类型之外，这种观念恰当性的背后具 307
有特定的评断性因素。因而，一个治理制度，若赋予特定人就特定情形与特定
当事人作出有拘束力决策的特定权威，那么，该制度就不适于被称为一个法律
制度，原因在于，缺少适用的一般规则，从而无法使人民提前知道在该政治制
度中，他们的行为何种是、何种不是强行性的。根据这种观点，"棕榈树正义"
就根本不是法律正义，因为支配它的规则仅限于这样的程序性规则，这些规则
确定了谁有权作出决策，却没有确定这些决策在形式或内容上可是什么的限
制。可以认为，从这种极端的宪法情形中进行推演，沿着朗·富勒①对可欲清
晰性所描述的进路，法律制定具有一定的内部规范，这些规范要求符合以下标
准，比如清晰、公开、融贯、适用、一般性及可预测性。这些标准是规定性
的，但是，实际上，它们确实由我们视之为法律，尤其是我们视为立法者所
构成。

这种立法模式是实证主义法治理论的核心部分，并且和这样一种民主理论
联系在了一起，对于立法过程中民主决策的作用，该理论赋予其一种规范性意
义。因而，在其"立法法理学"②中，杰里米·沃尔德伦指出，立法的尊严与
完整要求我们尊重体现在其本质中的妥协，立法本质是一种民主妥协和对他人
观点包容的结果，方式是通过直接指向问题（而非继承下来的文本）的开放、
公开的争论。立法文本是有着深刻社会争议情境中的理性程序之结果，它因此
而得到尊重。即便是在明显地过度包容或过度不包容之时，立法也不是留待法
院清理的对象。沃尔德伦将立法视为体现"合意"政策决策的一种文本，它产
生于一场争论，在此争论中，所有受影响的当事人都是参与者，其结果由这样
一种程序来决定，这种程序赋予了所有相关者的选择以同等重视。③

用以确定其概念本质的一些良善立法的理想，可以在这些文本中得到例 308
证，比如《1992 年立法标准法案》（Qld），该法案确定了一定的"基本立法原
则"，用以确保昆士兰（Queensland）立法具有"最高标准"，这些原则由昆
士兰议会顾问办公室（Office of the Queensland Parliamentary Counsel）予以

① L Fuller, *The Morality of Law*, New Haven, CT: Yale University Press, 1969.

② J Waldron, *Law and Disagreement*, Oxford: OUP, 1999.

③ 也见 L Wintgens (ed), *Legisprudence: A New Theoretical Approach to Legislation*, Oxford:
Hart, 2002. 本书研究的是"立法法理学"（Legisprudence），这种法律制定的研究进路更多关注探究
"理性立法"超出比如融贯性之外的标准问题，而转向立法者在确定事实、权衡其他选择、计算结果及
其优势劣势方面的义务，以及根据后来经验修改立法的准备义务。

推进。这些是"与支撑构成法治基础的议会民主的立法相关的原则",该"立法充分考虑（a）个人的权利与自由；以及（b）议会制度"①。这些原则的例子不胜枚举，包括避免过度依赖单纯的行政权力，确保自然正义，限制行政权力的委托，确保刑事案件中的举证责任，维持对搜查令的严格限制，避免自证其罪，不溯及既往，要求给予豁免的正当理由，对强制征收实现公平补偿，充分考虑本土传统，以及要求立法"明确且以一种充分清晰、确切的方式起草"，这一点很重要。② 该法案要求，法案必须包括该法案与根本立法原则相一致性的简单评估，并且，如果不符合根本立法原则，则要求给出不一致的理由。

无论我们采用何种良善立法的概念，也无论我们在多大程度上将这些标准写入立法概念之中，有一点可以明确，那就是，权利法案不符合这些标准中的一部分。我将这类法案排除在了人权立法的范畴之外，原因在于，它们试图推进人权目标，但其方式却有悖于立法的原则，包括对民主立法程序的尊重。这就为将人权概念作为权利法案（对他人而言，或许是一种补充），无论是否具有立法性，创造了一定替代选择的逻辑空间。

这一立场的政治合理性正是权利法案作为一种法律形式为人所熟悉的困难。从形式上说，权利法案由含糊的道德主张组成，其形式使得它们不适合实现引导行为、解决纠纷以及促进合作等目的。其他问题的出现则和它们的反民主作用有关，也就是，它们使法院得以推翻选举产生的立法会议的立法。第一个困难具有宪法上的中立性，但是，对于形式正义的公正性和规则之治的效率却具有根本性，而规则之治的效率可用以服务人权目标。实践中，含糊的权利根本就不是权利。

第二个困难是宪法性的，原因在于，它认可这样一种民主理念，根据该理念，个人对什么是法律具有一种形式平等的话语权。按照后一种进路，无论权利法案是否被当作立法，可以肯定的情形是，民选议会颁布了一部权利法案，据此废除其未来的民主责任，并侵蚀权力的分立。考虑到这两个反对意见，可以推出，避免权利法案变成可能的形式不公正以及实际上的不民主，有着人权方面的理由。

这种法案可能不公正（且无效率），原因在于，权利法案可能是形式良好的法律。因而，任何情形下不被处以死刑的权利就能如所希望的那样清晰、明确、可操作且可预见，但是，权利法案却往往并不如此。通常，它们基本是

---

① 《1992 年立法标准法案》（Qld），s 4。
② *Ibid*，s（3）（k）.

以道德语言，由高度抽象的主张组成。实际上，就其使法官得以推翻立法，通过直接诉诸根本道德价值来保护弱势少数派，从而限制禁锢少数派与民粹多数派的功能而言，这可以被认为是本质性的。然而，从富勒类型的规则之治标准来看，就权利法案与之相符的程度而言，它们的确给出了一种人权立法的范例。

接下来出现的问题就是，人权立法的制度功能可能是什么。第一，也是主要的回答必定是，有或可能有这样一种宪法要求，即在一个司法辖区内要有人权立法，从而使人权目标不被忽略或被降低到一个从属地位。因而，所有州都要有权利法案的要求就被所有州都要有广泛人权立法的要求所取代。由于比可能从根本道德价值的司法"解释"或司法推翻立法的稀有个例中所出现的立法更激进、更具体，这有可能确保立法更有效率。

事实上，赋予人权立法任何实现相关立法具体目标之外的特定功能，都没有必要。如果适用这种法律有利于人权，那么，这本身就是颁布它的充分理由。对于承担着其中相关义务的那些主体，无论它（他）们是政府部门、私人组织，还是公民个人，人权立法都可以直接适用。

然而，一些否定性人权的后果是民主选举制度制度失灵的典型自然后果，需要予以避免，对此，支持权利法案的很多理由都给出了重要的看法。即便是权利法案所给出的解决方案，由于与它所要保护的那种权利相悖，或是因为最终在制约固有权力方面没有效果，因而也未被接受，但是，这也并不能削弱批判选举民主的力量，而不过是对提出的解决方案产生怀疑。因而，查明这种民主缺陷是否能够通过赋予人权立法固定的优先性机制从而进行修正就是一个恰当的人权目标，对于指向权利法案的反对意见而言，人权立法并不容易遭到攻击。

这就将我们带回到本章引言中所指明的宪法机制中，也就是这一理念，人权立法高于一般立法，人权立法影响一般立法的解释，并且或许会以一种独特的方式颁布或保护该立法，该方式用以赋予它一定程度的固定性，却不阻碍它的进步发展。

超级制定法

建议承认一种具体立法类型——人权立法——具有一种特殊的、准宪法的地位，这在一定程度上迎合了埃斯克里奇（Eskridge）和费内（Ferejohn）提出的"超级制定法"（super-statutes）的理念。

在埃斯克里奇和费内看来：

［一部］超级制定法是［一部］法律，或一系列法律，这些法律（1）追求为国家政策建立一种新的规范性或制度性框架；并且（2）不断地"坚守"公共文化，从而（3）超级制定法及其制度规范性原则对法律具有广泛的影响——包括制定法四大支柱之外的影响。通常，超级制定法仅在对一个棘手社会或经济问题进行漫长的规范争论后才颁布，但是，漫长的斗争并不能保证一部法律具有超级制定法的地位。该法律还必须证明，作为一种解决方案，一个标准或一个规范具有持久的活力，从而使得早期的批评遭到驳斥，使它的政策与原则成为公共文化中的自明之理。①

310　　　埃斯克里奇与费内给出的超级制定法的例子包括《1890 年谢尔曼反托拉斯法》、《1964 年民权法案》以及《1973 年濒危物种法案》。它们分别以自己的方式表明：

占据人们据以确定他们权利义务，解释者据以适用一般法律，曾被称为"根本法律"、基本原则的法律领域。今天，这种法律可被视为"准宪法"——如宪法那样根本、高级，却更容易被推翻，或更可能为立法者或法官及执行者决定的其他选择所取代。②

在一些方面，超级制定法理念对我的人权立法理念给出了一个模型。超级制定法比一般、更为单纯的立法具有更好的宪法地位，这就使改变超级制定法变得很难，而超级制定法则对其他立法具有解释意义。特别需要指出的是，除非是以明示的方式进行，否则，这种立法不能被之后的立法推翻，这符合我赋予人权立法地位的核心方面。③ 人权立法如超级制定法一样，不能被默示废除。

然而，就其他方面而言，超级制定法与人权立法有所差异。超级制定法通过漫长岁月累积的广泛政治支持获取它们的地位。④ 人权立法则因为被正式确定为此类法律而获取这种地位。无疑，人权立法也希望取得广泛持久的承认，但是，比如用以保护少数派的立法，可以作为人权立法合法地运行，无须根据

---

① WN Eskridge and J Ferejohn，"Super-statutes"，*Duke Law Journal*，Vol 50，2001，1215—76，at 1215.

② *Ibid*，1216—17.

③ *Ibid*，1235："法院不断重申'通过一部监管制定法的推论来废除反托拉斯法非常不受欢迎'"，并且只找到了反托拉斯和监管规定之间存在简单矛盾的案件，引用自 *United States v Philadelphia National Bank* 374 ITS 321，350—51 1962.

④ *Ibid*，1230："超级制定法地位的关键在于公共文化的接受。这不能强制，也不能收买。这是一个反复实验纠错的过程，当它成功之时，就会创造出它自己的引力场（gravitational field）。"

定义仅适用于超级制定法的那种广泛、深刻的政治支持。

同样，人权立法的颁布总是要代表国家政策或规范的一个重大转变，也并不存在这样的要求。① 事实上，很多人权立法可被用来加强与精炼现行的人权保护，例如普通法中已经存在的那些。人权立法并不需要重点的实用主义变化。

再次指出，在埃斯克里奇和费内看来，根据它们的基本原则和相关立法目标，比如自由贸易、种族平等或濒危物种保护的一种进步理解，对超级制定法进行字面解释乃是其一个特征。因而，我们知道，1866 年《民权法案》是"后重建时期司法官担心破坏支持隔离政治共识而狭义解释的"，并且，仅在"二战后民权运动复兴了这些法律中的利益，而在 20 世纪 60 年代，沃伦法院以自由主义解释赋予了其新生命"之时，它们才获取超级制定法的地位。② 所谓的"动态解释"（dynamic readings）③，是对待权利法案诸多司法方法的一个共同特征，但是，这些解释与人权立法的民主基础是对立的，而立法会议恰是据此确切决定权利的范围与界限的。

这并不是说，人权立法要"严苛地"解释④，也不是说，当法官确实很有理由诉诸基础广泛的司法推理时，它们不应该诉诸从立法和普通法中推出的原则。当法律中存在漏洞需要填补时，就没有理由将立法中体现的原则排除在相关司法推理之外。然而，为一种新的司法创造性渊源提供依据并不是人权立法的作用。这是进入了权利法案的路径。⑤ 人权立法的主要特征并不是可得出司法创造性的宽泛原则表述。人权立法中所涉及的原则在于提供一种语境，该语境帮助赋予立法中确定的规则以意义，而不是赋予法院一种委托立法的依据。形式良善的立法不仅要确定目标，还要列出如何以及在多大程度上追求这些目标，其方式是确定清晰的规则，这些规则用以反映立法机构意图颁行权利的要素。赋予这类立法的高等优先性是通过这种方式予以操作化的，也就是，规则在与其他法规或普通法判决发生冲突时具有优先性。

311

---

① *Ibid*，1230："我们的第一个超级制定法标准是，它们以新的原则或政策对当时存在的调整底线作出的重大修改。"

② *Ibid*，1225—26.

③ *Ibid*，1247. 这里，这一术语是用来确定司法解释的目的性、发展性、进步性和自由主义方法："超级制定法应自由地，以一种普通法的方式，但同时要根据制定法目的、原则以及制定法文本中所提出的妥协来进行理解。"

④ *Ibid*，1226.

⑤ *Ibid*，1265：作者引用英国《1998 年权利法案》作为一个具有准宪法地位的超级制定法的例子，并且指出，司法机构认为，这种制定法应"自由而神圣地"进行解释。

为使通过人权立法保护人权的策略可行，还需要解决三个问题：（a）人权立法能否区别于一般立法？（b）人权能否化约为无须诉诸道德及其他争议性判断而直接适用的具体规则？（c）人权立法能否无须危及新的反民主异议而优先？

人权立法能否区别于一般立法？

312   人权立法只是可以通过赋予它的宪法优先性而区别出来，但是，这并不能帮助我决定何种立法应当被赋予这种优先性。若将人权立法确定为用以，且的确是寻求执行国际人权法律方面的国际条约义务的立法，这就很容易解决。这就是通过国际法中的渊源来确定人权立法。澳大利亚的一个范例为 1975 年《种族歧视法》，这是为了执行《消除一切形式种族歧视国际公约》而在很多司法辖区内颁布的一种立法类型。关于什么可以作为人权立法的一个选集，可参见大卫·金利（David Kinley）[1] 的论断。

这一进路确实简洁，但是，却无法排他地界定人权立法。《世界人权宣言》（UDHR）或两大公约（《公民权利和政治权利国际公约》和《经济、社会和文化权利国际公约》）的每一条都会产生一个公约，并且，很多公约，比如《消除对妇女一切形式歧视公约》是用来补充，而非阐明 UDHR 和两大公约的。

然而，如果我们采用一种更为宽泛的观点，将促进例如 UDHR 中所确定的人权目的的任何制定法囊括在内，那么，这就有可能将所有与保护生命、身体完整、财产及基本福利有关的制定法规范包括进来。按照这种方法，几乎所有的立法都可以，或至少部分可以算作人权立法。[2] 当然，追求尊重 UDHR 的任何政府都可以将其刑法的基本规定视为人权立法。生命权至少需要禁止与惩罚谋杀，因而按照对 UDHR 的一个宽泛解读，就可能将刑法视为一种将某些人权变得更加具体，从而更好保护人权的扩展实践。任何法律领域都可以采用一种相似的方法，从而使人权和一般立法之间的界限变得毫无意义，尤其是当我们像对待更传统、更一般优先的公民权利和政治权利那样，赋予社会、经济和文化权利以同等地位之时。

然而，除了将全部法案确定为人权立法之外，还可能将法案的某些部分，或某些条款具体确定为处理人权问题，借此表明其作为人权立法的特殊地位。因而，就刑法而言，人权立法就可以被确定为处理《公民权利和政治权利国际

---

① D Kinley (ed), *Human Rights in Australian Law*, Sydney：Federation Press，1998.

② *Ibid.*

公约》中所确定的正当程序保护的那部分内容，比如第 14 条第 3 款所列出的，对被告人的最低保障措施，这就是公正审判权所要求的部分内容。

这样一种挑选过程是极为复杂的，除非收益明显且重大，否则就不值得采取。这就是说，返回到实证主义的基础前提乃是明智之举，对于它而言，筛选过程可以是相关政府订立的，可无争议地确定为处理人权的国际协议。这并不要求将所有权利取向的国际法律渊源确定为人权权威，比如源于不同司法辖区内权利法案适用的判例法，尽管在确定那些非立基于人权立法时，会牵涉到道德与政治选择，而这则与之相关。

与此同时，对于什么可作为一种人权，简单接受国际人权条约或司法观点，似乎并不充分，无法穷尽什么可被作为人权立法。人权的内容与界限乃是有关道德和政治的实质问题，对此，存在一种合理的争议，根据人权原则，这应当通过民主程序予以解决。各个司法辖区必须自己决定将什么作为人权，以及将某种权利确定为人权意味着什么。之所以采用人权立法，而非权利法案，作为该理念一个完整部分的原因在于，这提供了一个机会，通过各个自决司法辖区的民主审议与决策制定程序，从而决定这些范围可运作的内容。关于什么可以作为人权，存在着合理的争议，这一事实并不能使政治组织无法提出及变更它们对这些问题的看法，也不能使它们无法通过明确的文本决定来对什么是、什么不是人权立法作出明确的法律决定。由外部决定什么作为人权会损害赋予各个民族国家的人权义务。

人权能否化约为无须诉诸道德判断而直接适用的具体规则？

如果人权是所有司法辖区应当优先保护的根本利益宣言，那么，在基本价值上，它们可能就是宣言。这就给人权立法概念提出了一系列问题，主要是（a）人权的道德地位问题，（b）人权大多数表述的抽象形式，以及（c）人权在人权话语默示的相关义务方面特别缺乏具体性。[1]

人权的道德地位

有人可能认为，人权是一系列具体、清晰规则不能反映的道德主张，尤其

---

[1] TD Campbell, *op cit* fn 4.

页边：313

是从这些规则无须就其内容运用道德判断就可以适用而言。例如，一项体面生活标准的权利就包括一个道德术语（"体面"），从经验上看，该术语是不确切的，因而要取决于不同经济类型中，人们对道德上可接受的生活条件的判断。根据这种观点，整个人权立法事业都是误导性的。人权是宽泛的道德原则，而不是可经验适用的规则。

314 　　对这种论证进路，一个回应是指出，一些人权也被赋予了确切的描述性内容。不应处以死刑是举过的一个例子。应当享有两周带薪假期是 UDHR 规定的另一个确切要求。然而，就人权而言，这种确切性相对而言不常见，并且，像两周带薪假期这类的规定一直因为其具体性而遭到强烈批判，因为这有损于普适性，而在这种情况下，这同样对人权具有根本重要的意义。①

　　然而，给出的反例确实表明，在用以确定规定性权利的标准内容上，将人权变得不仅仅具体，而且在道德上中性，并不存在天然的问题。什么是以及什么不是死刑，不存在什么描述性争议。但是，对于休闲权（right to leisure）的目的而言，关于什么可以作为"休闲"，却缺乏清晰的描述，而对于什么是每年两周带薪假期，则不存在这个问题。此外，随着 UDHR 继续向前发展，人权可被看作是一个增加经验具体性的过程，方式是采用更具体化的国际文本与发展判例法。

　　当然，作为非道德类型走向具体化的这一举动本身就会被批判为一种无理由的人权实在化。当然，如果人权仅仅由实在法确定，即便是通过国际人权法，那么，我们也的确会有理由忧虑，尤其是如果它朝着规则法案方向发展的话。② 总是有必要道德化地使用人权来批判这种人权法的实证具体化，认为这种具体化不符合适当的人权标准。

　　这里，我们遇到人权话语的一个悖论。当国家接受宽泛的人权原则，比如生命权或法律面前人人平等权，却通过比如死刑，或不为被告提供法律服务，从而否定这些权利时，那么，这些权利要求我们做什么，对此，就有必要更为细致地规定了，从而也就有了走向具体性的动力。然而，确定非常特殊问题方面的一项人权，比如一个特定的流产制度，又似乎有损于人权话语的关键作用。

---

① M Cranston, *Human Rights Today*, London：Ampersand 1962，42.

② 近期关于人权立法的忧虑，也参见伦敦大学学院（University College，London）近期有关人权立法研讨会上所提交的论文，尤其是 David Chandler，"The bureaucratic gaze of international human rights law：a case study of Bosnia"，以及 Anthony Carty，"Legalisation of human rights discourse in a co-ercive international legal order".

这里，向前推进的方式是融合人权价值的主张，比如同等价值、尊重人、人类尊严与自治（或许还可以将它们包含于一项非司法性民主权利法案中，用以指导立法者与政府），这些价值在它们所适用的具体社会情境中，以可经验确定后果的方式对这些价值的要求进行了具体规定，但同时要保持这种形式可以不断进行修正和发展。这就要求发展人权规则，也就是发展在人权价值方面具有共同理由的那些规则。这就是承认，人权包括，却超越了号召通过法律保护一定的利益，并且承认，保护与推进此类权利的一种途径是通过法律机制。而要被确定为人权立法的，正是这些机制，而不是这类人权。同时，所有人权话语的依据仍然是一系列道德和政治价值。

这一进路具有很多优势。首先，它将人权话语继续作为批判所有法律，包括宪法的一个依据。其次它有利于消解人权概念长期存在的一个问题，也就是，此类权利所谓的普适性与各种文化和社会制度之间明显的相对不同：人权是普适的，而人权规则相对于社会类型而言，如果以经济制度或更宽泛方式界定的话，却又是相对的。

然而，人权话语超越了价值的普适性，进而至少对一些人权规则主张普适性，这一点是很明确的。生命权确实要求一般地禁止杀害。平等价值也的确要求一般地禁止实在法中适用种族标准。尊重人和否定表达自由相悖。人类尊严也的确要求奴隶制非法化。自治也与结社自由及选举机会权利方面十分确切的民主权利不可分割。

人权规则存在争议是不可否认的，但是，人权话语追求超越抽象价值的主张，而将这些价值具体化为所有社会中与社会、经济和政治安排相关的具体要求，同样也不可否认。人权的道德作用是支持确保对某些根本人类利益具体保护的、道德上不可抗拒的要求，给出具体的规则，而遵守这些规则是以一种经验客观的方式所确定的，是人权方案的一个实质部分。因而，人权立法就是某种人类有权期待的东西，然而即便是这种较为刚性的立场也并不要求人权通过人权立法来构成。

人权的抽象

有人认为，人权实质上是抽象的，与它们是道德抽象的主张一样，部分渊源于自然权利，存在于控制或推翻现行政治权威的革命运动的相关政治宣言中的人权之中。人权依然具有这种角色，就此而言，尽管与更为具体的要求，比如"无代表不纳税"结合起来可能会更有用，但仍然有理由关注抽象的道德主张。然而，认为人权实质上是抽象的道德主张，支持着这样一种信念，那就是，人权的主要功能在于为法院提供道德原则，而法院可以用这些原则修正它们认为与这些价值相冲突的立法，这一认识仍然存在。这也就是为什么人们常常认为，我们需要作为宽泛价值主张的权利法案，而踌躇于以任何确定的具体规则来确定人权。

一旦我们抛弃了这一认识，如何使人权更能得到保护，作为其中的一个手段，寻求更确切人权形式的道路就已经为我们打开。无论怎样，当我们适用人权话语批判现行和提议的立法时，以这些具体形式来确定人权总是存在着危险。这也就是说，在人权抽象形式和这些价值在具体情境下相关的更为具体的表达之间，我们需要维持一种动态的辩证关系。

开放性相关义务

人权规则为什么不能涵括人权，提出的第三个原因是发现或施加相关新义务权利的开放性。这里，我们略过立法和普通法的界限，触及了法律规范的一个特征。英美普通法是一个强调救济和行为原因的体系，因而，法律权利取决于确定先法律义务，忽略或违反该义务会导致一种不当，据此，可以作出一项赔偿的法律主张，或是因为一项刑事违法行为而执行法律惩罚。

与之相对，就法律权利的情形而言，之所以被称为一种权利取向的道德，要始于个体或人拥有一定要被或应当被法律保护的权利，也就是利益的根本主张。而对于需要保护与推进的相关权利而言，谁负有义务，以及究竟这些义务可能是什么，就因而成了一个开放性的问题。①

就人权而言，人们通常认为，国家是人权义务，也就是与人权有关义务的主要承担者，尽管也存在同样有力的认识认为，此类义务适用于所有人和人类集体。无论怎样，人们都认为，国家负有首要义务，使此类可能存在的普适人权获得尊重。现在，需要有一些非国家主体的义务予以补充，比如跨国公司。即便是在权利所有者相当明确的情况下，相关义务的性质和范围也鲜能得到设定。因而，政府可能接受它们负有发展权利的相关义务，但是，对于这些义务是积极性还是消极性的，以及在各个情形中这些义务可能是什么，却有着极为

① DN MacCormick, "Rights in legislation", in P Hacker and J Raz (eds), *Law, Morality and Society*, Oxford: Clarendon Press, 1977.

不同的看法。权利进路的逻辑在于，在我们解决如何保证那项权利的问题之前，那项权利就已经确定了。

根据这种观点，人权立法就包括具体权利的归属（ascription），也就是非常具体事务和条件的权利，但是，对于通过相关义务的方式会涉及什么，答案仍是开放的。这样，通过"良善立法"规范，这种立法就会因不能以可预见的方式提供一个调整人类互动的依据而存在缺陷，可以认为，人权立法理念中存在着一定的不融贯。

对于这一主张，可以通过以下方式进行反驳，也就是指出，我们已经跨越了这一人权发展的历史阶段，并已经开始认识到，人权的有效保护取决于以确切保护相关利益的方式来具体化相关义务。如果人权不仅仅是令人愉悦的修辞，那么，它们就必须先在相关义务问题上，在立法中予以具体化，尤其是因为政府绝不是侵犯人权的唯一来源。对于这种发展，任何阻止都可以归因于这样一种欲望，也就是，保留司法对这些义务是什么的决策权。

然而，认同权利概念可以通过一系列义务确定的方式，有益地用以确定受保护的核心利益，从而可以对一种相对义务无涉的权利进路理念作出一定让步。除此之外，可以期待，这些义务的内容必须能够不断修正，原因在于，这些利益会以新的方式遭到威胁，或是因为新型的救济方式而成为可能。然而，这就只是支持对人权立法的不断、持续修正，尤其是对相关权利的地位和其他细节，并且不涉及对人权立法概念的拒绝。实际上，这强化了发展人权立法，以阐明在当时情境中谁负有相关具体义务。

人权立法能否无须危及反民主异议而优先？

将认可人权立法理念道路复杂化的第三个问题是，赋予这种任何特殊地位都有损于它意图保护的民主，因而这本身也就像以法院为中心的权利法案那样，构成对人权的侵犯。人权立法优先于法院行使的权利法案，部分依据在于有效民主的理念，这本身足以提出人权立法理念问题，因为很多人权话语都建立在对民主的批判基础之上，因而就民主政治的不择手段而言，这就包括了对立法的贬低。

这是杰里米·沃尔德伦在其"立法法理学"中所探讨的话题之一。① 沃尔德伦试图表明，代议立法机构仅因它们是如下信念制度化的产物，就值得尊

---

① J Waldron，*The Dignity of Legislation*，Cambridge：CUP，2000.

重，该理念即每个人的意见都具有同等价值，并应当得到尊重，借此，沃尔德伦试图重新建立他所称的"立法尊严"。支持法院行使的权利法案的标准理由指出，此类权利法案是保护民主所必要的[1]，这样就在赞扬民主和消解民主之间展现出双重标准，借此就系统地贬低了民主。与法院行使的权利法案视为理所当然的那种多数主义私利形象相比，还存在完全不同的民主模式，表明这一点并不困难，诚如沃尔德伦所说的那样。[2]

无论如何，我已经指出，有必要阻止实际民主走向一种异常模式的倾向，在这种模式中，一些人民与多数派利益不一致，他们的利益将会仅因为他们是少数派这一偶然事实，而打上折扣。问题在于，如何不像法院行使的权利法案的情形中那样，通过赋予少数派以特权来对抗这种倾向。

将民主变得更加民主，并予以保持的策略中，一个关键要素是培育这样一种文化，在这种文化中，人们认同，选举应当建立在公益与公平社会正义的观念之上，而不是依据个人或组织基于私利的算计。这并不符合将选举当作一种保护某些利益的权力来源，这些利益必须根据它们正当的重要性进行选择，而不是仅仅因为它们恰好符合选举人的利益。这种文化可以通过很多制度化方式予以培育。其中，一些和言论自由等这类公民政治权利有关；另外一些和教育权等社会经济权利有关。

在有效民主的这些宽泛社会前提之外，对那些忽略公益者，还有很多具体的限制机制可以用来施加系统的制度压力，方式是朝着某种民主方向调整决策议程及其程序。在这些机制中，一些仅在权利法案的功能是维持民主条件的时候，才认为权利法案是正当的。在努力解决反民主权利法案意义的尝试中，使立法机构变得对人权更加负责，而对部门利益更少负责的机制常常被提出，并得到采用。我们已经看到，这些包括法案委员会的审查，以及上议院的推迟权力。

在法院中心式权利法案情形中，解药往往比诅咒更糟糕，但是，很有理由认为，要防止多数派出现走向非法私利的倾向，如果民主被看作是一种治理模式，用以在一个致力于正义与人权的制度中实例化平等政治权力，那么，整体而言，较不激进的机制并不是反民主机制。在这种语境中，宪法赋予弱势少数派以权力，这样在决定议程、争论和推迟某些威胁其福利的问题时，他们就能

---

① JH Ely, *Democracy and Distrust: A Theory of Judicial Review*, Cambridge, MA: Harvard University Press, 1980.

② TD Campbell, "Legal positivism and deliberative democracy", *Current Legal Problems*, Vol 15, 1998, 68—92 and J Waldron, *op cit* fn 17.

够发挥出更有效的作用，而这无须被视为一种民主的缺陷。实际上，这种程序可以被视为提高立法尊严、尊重法治的方式。

　　或许，这里的关键因素在于，这些机制在多大程度上能够通过宪法或超出民主立法者变更权力的普通法习惯予以实施？以及它在多大程度上是立法者自己自我否定条令的结果？显然，后者在民主上更可取，尽管它仅在浸染着一种重要人权文化的司法辖区中才可行。挑战在于，不削弱公民民主权利所体现的这些人权而推进这种文化。出于这种目的，与其将人权交付司法权，更好的做法是赋予人权立法一种准宪法的地位。

319

教育部青年基金项目"中国法律伦理教育考察"（项目编号：10YJC820075）

中国政法大学教学改革项目"我国法律职业伦理教育考察——以中国政法大学为例"

中国政法大学青年学术创新团队"全球化与全球问题研究"

中国政法大学青年基金项目"学生培养方案研究"

图书在版编目（CIP）数据

法律与伦理实证主义/（澳）坎贝尔著；刘坤轮译 .—北京：中国人民大学出版社，2014.1
（法学译丛·法治诚信系列）
书名原文：Prescriptive legal positivism：law，rights and democracy
ISBN 978-7-300-18747-1

Ⅰ.①法… Ⅱ.①坎… ②刘… Ⅲ.①法律—伦理学—研究 Ⅳ.①D90-053

中国版本图书馆 CIP 数据核字（2014）第 014917 号

"十二五"国家重点图书出版规划
法学译丛·法治诚信系列
主编　曹义孙
副主编　李士林　缪建民
法律与伦理实证主义
［澳］汤姆·坎贝尔（Tom Campbell）著
刘坤轮　译
Falü yu Lunli Shizhengzhuyi

出版发行	中国人民大学出版社				
社　　址	北京中关村大街 31 号		**邮政编码**	100080	
电　　话	010 - 62511242（总编室）		010 - 62511398（质管部）		
	010 - 82501766（邮购部）		010 - 62514148（门市部）		
	010 - 62515195（发行公司）		010 - 62515275（盗版举报）		
网　　址	http：//www. crup. com. cn				
	http：//www. ttrnet. com（人大教研网）				
经　　销	新华书店				
印　　刷	北京市鑫霸印务有限公司				
规　　格	170 mm×250 mm　16 开本		**版　　次**	2014 年 2 月第 1 版	
印　　张	20 插页 2		**印　　次**	2014 年 2 月第 1 次印刷	
字　　数	340 000		**定　　价**	59.00 元